行政書士
ハンドブック

事務所経営と許認可業務の
ノウハウ＆マニュアル

行政許認可手続研究会　代表　後藤紘和／編著

大成出版社

第3版はしがき

本書は、初版のタイトルを『行政書士のための許認可申請ハンドブック』、第２版を『行政書士のための最新・許認可手続ガイドブック―その理論・実務と記載例―』として発刊してきました。

しかしながら、第２版を発行してから８年を経た今日、行政書士の業務の対象である各種許認可申請手続に必要な手引きや様式集さらには記載例までのほとんどすべてが、その許認可手続を所管する各省庁や各都道府県庁のホームページなどで入手することが可能になりました。

したがって企業や国民は、パソコンさえ操作できれば、これらのホームページを利用して、許認可申請手続のかなりの段階まで、自らが申請書類などを作成することができ、事業を営んだり生活していく上で必要な許認可を取得することも、それほど面倒ではない時代になりつつあります。そしてこの傾向は今後益々拡大し、発展していくものと考えられます（例えば、司法書士の業務の対象である各種登記申請手続、税理士の業務の対象である各種税務申告手続、さらには社会保険労務士の業務の対象である各種保険加入申請手続等はもう既に一部オンライン化されています)。

このような厳しい時代背景の中で、許認可申請手続業務を生業としている行政書士にとっての最大の関心事は、いかにして依頼者と業務を獲得するかということに尽きると思われます。

そこで本書の編集にあたっては、法律関連職事務所として成功するための、行政書士が備えるべき次に掲げる諸条件を主題にして論じることにしました。

第1に、依頼者と業務に恵まれて、仕事が途切れることのない事務所にするための経営方法。

第2に、依頼された目的を達成するための、依頼者や行政官との交渉能力、さらには、与えられた課題を適切に処理するための、判断能力や解決能力を身につける方法を。

第3に、行政書士の登録者数と兼業状況の変遷と推移を辿ることによって、その実態を分析し、併せて、行政書士制度は、押しつぶすともろくも崩れてしまうカルメ焼きのように、いかにも脆弱で頼りなく、なおかつ、制度発足以来62年を経た今日に至るも、未だにその存立さえも危ぶまれる不安定要素を抱えたままであることについても論及する。

第4に、法律関連職としての行政書士に求められる、職業倫理と専門家責任について。

第5に、許認可申請手続の専門家として必要な、行政手続法を始めとする許認可申請手続上の基本的な知識を深めるための参考文献の紹介。

第6に、許認可申請手続に必要な手引きや様式集・記載例等は、前記ホームページに譲り、本書では、許認可を確実に取得するために必要なノウハウとマニュアルを披歴した。

なお、行政書士が、許認可申請手続の専門家として、依頼者から高い評価を得られるまでにこれらの業務に習熟して欲しいとの、読者に対する筆者の期待を込めて、既刊の類書ではほとんど欠落している許認可申請手続に係る根拠法令を、本書ではすべて併記するようにした。

第7に、私たちの業務の対象業種である建設業界、不動産業界、産廃業界、風俗営業界の過去10〜20年間における業者数等の変動と、各業界の最近の動向と今後の課題／将来性について。

第8に、今後拡大が期待される遺産相続手続に必要な、ノウハウとマニュアル。

したがって、このような編集方針を的確に表現するために、本書のメインタイトルを『行政書士ハンドブック』、サブタイトルを『事務所経営と許認可業務のノウハウ&マニュアル』に、研究会の名称も「行政許認可手続研究会」にそれぞれ改めました。

なお、本書をお読みいただくにあたりましては、先に発刊した拙著『行政書士　実務成功の条件と報酬額―行政書士制度改革への展望―』をも併せて読んでいただければ、本書の主題についてより一層理解が深まり、法律関連職として生きて行くために必要な勇気と希望がわいてくるに違いありません。

大方からご好評をいただいた本書の初版、第2版を発展させ、かつ従来と異なる分野の課題を取り上げて論じた本書が、行政書士を始めとする多くの法律関連職から再び広範な支持が得られるならば編著者としてこの上ない喜びです。

最後に、東京都公安委員会における「風俗営業許可申請手続」の論稿を執筆するにあたり、行政書士にとっては何とも厄介な、東京都の申請手続上の諸問題について有益な示唆を与えてくれた、東京都行政書士会所属の渡辺人支氏、並びに本書出版の労をおとりいただいた大成出版社の皆様に対して、この場を借りて心から厚く御礼申し上げる次第です。

読者に捧げたい　我が職業人生のモットー

闘争のうちに汝は汝の権利を見出さねばならない。
権利のための闘争は権利者の自分自身に対する義務である。
権利の主張は社会公共に対する義務である。

イェーリング著『権利のための闘争』日沖憲郎訳　岩波文庫版より

2013年7月

行政許認可手続研究会
編集代表　**後藤紘和**

第２版はしがき

1999年２月初版発刊以来６年の歳月が流れました。

その間平成14年５月の商法等の会社法の大改正は、私たち行政書士の業務分野である建設業、宅地建物取引業、産業廃棄物処理業及び風俗営業等の営業許認可制度に多大な変革をもたらしました。

その上行政書士制度自体にも国民の私たちに対するニーズの多様化に伴う変革の波が押し寄せ、永年の懸案であった代理権や行政書士法人制度が新たに法定化され、いよいよ営業許認可手続の専門家としてその真価を試される時代が到来しました。

行政書士制度の歴史上かつてその例を見ないこのような社会環境の激変は、当然私たちに対して、旧態以前の行政書士業務からの脱却と、新しい時代に向けてのより高度で専門的な知識と能力、さらには、国民の期待に応えられるより豊かな人格的資質とを身に付けるべく不断に努力し続けることを要請しています。

本書はこのような要請に応えるべく、初版を全面的に書き改め、編集方針も見直したものです。

特にその中でも、産業廃棄物処理業と風俗営業の許認可制度については、類書が他にないことや、今後取り扱う件数が益々増大するであろうこと等を予想して、記載例を登載する等本書の大半を費やして詳細に論述しました。

本書の構成は以下のとおりです。

第１編　風営適正化法と風俗営業等の概要
第２編　風俗営業の許可申請手続等の基礎知識
第３編　風俗営業の許可申請手続等の進め方
第４編　建設業の許可申請手続等の進め方
第５編　宅建業の免許申請手続等の進め方
第６編　産廃業の許可申請手続等の進め方
第７編　行政手続法
第８編　行政書士の職務と責任

近い将来、営業許認可手続はペーパーレス時代を迎えると思われます。そのような時代にあっても、営業許認可制度を法令で学びとるという基本的スタンスは、その手続の専門家である行政書士として絶対に崩してはならないとする、研究会の基本的理念に基づいて編集された本書の価値は、今後も高まることこそあれ、決して失われることはないとの自負と、その基本的理念を読者の方々に対する研究会の心からのメッセージと致します。

2005年３月

営業許認可手続研究会
代表　**後藤紘和**

営業許認可手続を専門とする行政書士の基本的な役割は、所管行政庁の恣意的な行政指導を排除し、その行政庁に対して行政手続法の本旨に従った正当な手続を粘り強く求め、もって、申請者等の行政手続上の権利を擁護することである。

その役割を果たすためには、当該営業許認可手続について、所管行政庁と同等、あるいはそれ以上に精通することが求められる。

そして、このような使命に応えるためには、行政書士のみの集団による研究では足りず、どうしても他の専門家の知識や経験が必要となる。

そこで本書の改版にあたっては、当研究会の構成メンバーに司法書士、税理士、中小企業診断士、社会保険労務士、一級建築士等の資格を持つ専門家を迎え、それぞれの立場から専門的アドバイスを受けて執筆し編集しました。初版にくらべると、格段に進歩し、読者の期待にもより一層応えられる実務書に成長したと思います。

なお、今般の改版を機に、本書をより広範な読者を対象にするため、タイトルを『行政書士のための許認可申請ハンドブック』から『行政書士のための最新・許認可手続ガイドブック―その理論・実務と記載例―』とし、さらに、本書がめざす目的をより明確にするために、編著者の名称も「行政手続研究会」から「営業許認可手続研究会」に改称すると共に、同研究会の構成メンバーも前述のとおり大幅に入れ替えましたので、念のために申し添えます。

営業許認可手続研究会（順不同）

代表	行政書士	後藤（ごとう）紘和（ひろかず）
メンバー	行政書士	正治（しょうじ）亨（とおる）
同	行政書士	谷田部（やたべ）智敬（としひろ）
同	司法書士	原（はら）直次（なおじ）
同	税理士	橋本（はしもと）一哉（かずや）
同	中小企業診断士	羽田（はねだ）輝男（てるお）
同	社会保険労務士	山浦（やまうら）英一（えいいち）
同	一級建築士	山崎（やまさき）勝（まさる）
同	一級建築士	久保（くぼ）宗一（そういち）

【執筆担当者】

第６編を除く全編	後藤紘和
第６編	正治　亨
パチンコ店に係る図面	山崎　勝

初版はしがき

国民や企業が、私たち行政書士に許認可申請手続等の行政手続を依頼する動機は多種多様ですが、依頼する側の行政手続に対する考え方に着目すると、依頼者側は、次のいずれかの判断に基づいて、行政書士にその手続を依頼するか否かを決定していると思われます。

まず第一に、本人や会社が普段やりつけない行政手続に時間や労力を費やすより、私たち専門家に頼んだ方が時間も費用も節約できると判断したときに、第二に、本人や会社にその行政手続をやり遂げるだけの知識・経験・技術がないために、私たち専門家に頼まなければ行政手続が進まないと判断したときです。

第一の行政手続として考えられるのは、自動車保管場所証明申請、古物営業許可申請、飲食店営業許可申請、建設業や貸金業の毎営業年度終了報告手続、さらには（市町村）建設工事指名競争入札参加資格審査申請等で、これらの手続は専門的な知識・経験・技術がそれほど必要ではなく、従ってその大部分は本人申請になると思われます。

他方、第二の行政手続として考えられるのは、①建設業許可や宅地建物取引業者免許の新規申請・更新申請・各種変更届、建設業経営事項審査申請と（都道府県区）建設工事指名競争入札参加資格審査申請、さらには、②パチンコ店・ゲームセンター等の遊技場、ショーパブ・ショークラブ・外国人クラブ等の接待サービス業の風俗営業許可申請等で、これらの手続はかなり高度で専門的な知識・経験・技術が必要であり、従ってその大部分は行政書士に依頼することになると思われます。

本書は、数ある行政書士の仕事の内、第二の行政手続について、行政書士の、行政書士による、行政書士のための実務書として、当研究会が6年の歳月をかけて執筆・編集したものです。

本書の編纂に当っては、

まず第一に、顧客から仕事の依頼を受けるときから、その仕事を完了するまでの一連の手順をわかりやすく解説すること

第二に、許認可申請手続を行う行政書士の立場と、それを審査する行政庁の立場の両サイドから行政手続を検討すること

第三に、所管庁から発行されている実務書あるいは他の出版社からの類書とは一線を画し、できるだけ重複を避け、それらの本では触れられていない行政手続のノウハウを、可

能な限り提供すること

第四に、行政手続の基本となる行政手続法と、それに関連する個別の各種許認可申請手続及び各行政機関の聴聞手続等の資料を登載することにより、行政書士がより高度で専門的な知識と、多種多様な仕事に対応できるような情報を提供すること

第五に、行政書士の職務範囲はどこまでなのか、そして、その職務遂行に当ってはどのようなことに注意し、さらに、職務遂行上の過失により依頼者に損害を与えた場合には、行政手続の専門家としてどこまで責任を負わなければならないのか、という問題についても、判例を引用して言及することを念頭において執筆・編集しました。

従って本書は、

まず第一に、ベテランの行政書士には、より高度で専門的な知識を修得するための専門書として、経験の浅い行政書士・行政書士を目指している人・その事務所の職員には、基本的な知識を習得するための学習書として

第二に、弁護士、税理士、社会保険労務士、司法書士、建築士等には、自身の業務の関連知識修得のための参考書として

第三に、建設業者、不動産業者、遊技場経営業者、娯楽施設経営業者、接待サービス業者には、営業上の法的規制を知るための必読書として

第四に、これらの行政手続を担当する公務員には、公正で透明な行政を目指すための指針として

必ずやお役に立つと確信しております。

最後に、本書が、国民と行政庁の共通の法的ルールである行政手続法の本旨に従い、国民の行政手続上の権利を守り、行政庁の行政手続上の正義が実現される一助となれば、これに勝る喜びはありません。

1999年４月

行政手続研究会

代表　後藤紘和

目　次

第2編　許認可業務のノウハウ&マニュアル

第1編

事務所経営のノウハウ&マニュアル

第１章　行政書士報酬をめぐる諸問題

●行政書士報酬の算定条件と算定例

新たに行政書士会に入会してきた方や、特定の許認可申請手続業務を初めて受託する行政書士から筆者がよく質問されるのは、「報酬額をいくらにすればいいのですか」という初歩的ながらもかなり難解な問いです。

そこでこのような問いに答え、かつ筆者の行政書士歴41年の経験から得た、建設業許可申請手続等及び風俗営業許可申請手続等の業務を中心にして論述した「行政書士報酬の算定条件と算定例」を、拙著『行政書士　実務成功の条件と報酬額―行政書士制度改革への展望―』〔2012年４月、大成出版社〕39～47頁に掲載しました。

論述するにあたっては、これら二業務以外の許認可申請手続業務はもちろん、行政書士のすべての業務にも応用できること、さらには、依頼者と行政書士双方にとって普遍的で客観的な方法であることを命題にしており、必ずや読者の参考に資すると思います。

●タイムチャージ方式による行政書士報酬の算定基準

行政書士がその業務に関し受ける報酬の額については、現在のところ、２年ごとに公表される「行政書士会及び日本行政書士会連合会の報酬額の統計」があるのみで、標準的なものは存在しません。

したがって、行政書士がその業務に関し受ける報酬の額を定める場合には、そのたびに相当な戸惑いと苦渋の決断を迫られているはずです。

そこで筆者は、このような精神衛生に悪影響を及ぼす事態を回避するために、開業以来、前掲書48～54頁に掲げているような、「タイムチャージ方式による行政書士報酬の算定基準」を考案し、採用しています。

読者におかれましても、同論稿を参考にして、合理的で明確な報酬算定方法を考案されるようお勧めする次第です。

●依頼者が納得する適正で妥当な請求書の作り方

行政書士は通常、建設業許可申請手続等の許認可申請手続を終了した段階で、依頼者にその申請書類の控えと共に請求書を渡し、後日その請求書に基づく報酬を受領することにしています。

したがって、その請求書は、依頼者が納得する適正で妥当なものでなければなりません。

そこで、その業務をどのように遂行したかを明確にし、依頼者の理解と納得が得られるように筆者が考案して現在使用している、「建設業許可申請手続等」及び「風俗営業許可申請手続等」に関する請求書のひな形を、前掲書61〜78頁に掲げておりますので、そちらをご参照ください。

ブレイク

よき職業人になるための４カ条

『誠実、前向き、応答、存在感』

誠実とは、率直な態度で人や仕事に接し、中途半端に投げ出さないこと。

前向きとは、どうしてできないかではなく、どうしたらできるかと考えること。

応答とは、質問されたり、頼まれたりしたことを聞きっぱなしにしない、必ずアクションを起こして最後までやり遂げること。

存在感とは、いついかなるときも必ず役に立つ人、そばにいてほしい人になること。

一言でいえば、頼りにされる人物になることである。

2009.2.5　東京新聞夕刊「けいざい潮流」より

第２章 「行政書士報酬額に関する統計調査」に見る取扱い業務ランキング

——業務の種類と業務ごとの取扱い者数の割合及び取扱い業務のランキングと報酬額の最頻値を詳解——

〔平成23年１月（日本行政書士会連合会）アンケート調査結果〕より

1．業務の種類は、おおむね有斐閣六法全書の「編・グループ構成」に準じて区分してあります。

2．回収数に占める回答数の割合＝回答者数／2,041。ただし、５％に満たない場合はデータを省略してあります。

3．「ランク」とは、回答数／回収数の割合が高い順にランク付けしたものです。

なお、取扱い業務のランキングベストテンは以下のとおりです。

順位	番号	割合	業務
第１位	162	41.3%	建設業許可変更届出（事業年度終了）知事許可〔税理士との兼業者が取り扱うケースが多い〕
第２位	156	33.9%	建設業許可申請（法人・更新）知事許可
第３位	168	26.8%	建設業経営状況分析申請〔税理士との兼業者が取り扱うケースが多い〕
第４位	169	25.3%	建設業経営規模等評価申請及び総合評定値請求申請〔税理士との兼業者が取り扱うケースが多い〕
第５位	201	24.4%	農地法第５条　許可申請〔土地家屋調査士との兼業者が取り扱うケースが多い〕
第６位	155	24.2%	建設業許可申請（法人・新規）知事許可
第７位	084	23.4%	遺産分割協議書の作成
第８位	166	22.3%	建設業許可変更届出（役員・その他）
第９位	198	21.6%	農地法第３条　許可申請〔土地家屋調査士との兼業者が取り扱うケースが多い〕
第10位	154	20.0%	建設業許可申請（個人・更新）知事許可

4．「最頻値」とは、当該業務で受領した１件あたりの報酬額（消費税込み、立替金含まず）のうち、最も回答の多かった金額を求めたものです。なお、＊印を付した報酬額は、「最頻値」ではなく、千円未満を四捨五入した「平均値」です。

5．本『報酬額統計調査』では、当該業務の申請者の諸条件、営業所・事業所等の規模、さらには地域性等が不明なので、「最頻値」及び「平均値」は、単なるデータ上の値に過ぎません。実務上は、事務所の状況と申請者の諸条件を勘案して個別に報酬額を算定してください。

6．厚生及び労働関係の業務には、昭和55年改正法（法律第29号）附則第２項に規定する経過措置者（当該法律の施行日である昭和55年９月１日以前に登録入会している者）のみ取り扱うことができるものも含んでいます。

7．本『報酬額統計調査』の詳細については、「月刊日本行政」2011年４月№461を参照してください。

コード	回答数／回収数	ランク	業務の種類	最頻値（円）
○行政通則法編				
001	――	――	聴聞・弁明の機会の付与手続	50,000
○財政・租税法編　□租　税				
002	――	――	事業所税申告	20,000
003	――	――	不動産取得税申告	15,000
004	――	――	酒類販売業免許申請	100,000
○警察・防衛法編　□災　害				
005	――	――	火気使用設備等の設置届	30,000
006	――	――	防火対象物使用開始届	30,000
007	――	――	危険物製造所設置認可申請	10,000
008	――	――	消防計画書の作成	＊54,000
○警察・防衛法編　□交　通				
009	19.5%	11	自動車保管場所証明書（車庫証明）	5,000
010	7.9%	27	自動車保管場所届出書（軽自動車車庫証明）	5,000
○警察・防衛法編　□営　業				
011	――	――	風俗営業許可申請　１号　キャバレー	200,000
012	――	――	同　２号　料理店	150,000
013	3.8%	47	同　２号　社交飲食店	200,000
014	――	――	同　３号　ダンス飲食店	200,000
015	――	――	同　４号　ダンスホール等	200,000
016	――	――	同　５号　低照度飲食店	＊187,000
017	――	――	同　６号　区画飲食店	100,000
018	――	――	同　７号　マージャン店	150,000
019	――	――	同　７号　パチンコ店等	300,000
020	――	――	同　７号　その他の遊技場	＊215,000
021	――	――	同　８号　ゲームセンター等	300,000
022	――	――	性風俗特殊営業営業開始届出（店舗型）	120,000
023	――	――	同　（無店舗型）	100,000
024	――	――	同　（映像送信型）	100,000
025	――	――	深夜における酒類提供飲食店営業営業開始届出	100,000
026	9.2%	26	古物商許可申請	50,000

○警察・防衛法編　□外　　事				
027	―――	――	国籍取得等の手続	50,000
028	―――	――	帰化許可申請（被雇用者）	150,000
029	―――	――	同　（個人事業主及び法人役員）	150,000
030	―――	――	同　（簡易帰化）	100,000
031	―――	――	渉外身分関係手続（結婚、離婚、養子縁組等）	50,000
032	―――	――	在留資格認定証明書交付申請（居住資格）	100,000
033	―――	――	同　（就労資格）	150,000
034	―――	――	同　（非就労資格）	150,000
035	―――	――	同　（投資・経営）	100,000
036	―――	――	在留資格変更許可申請（居住資格）	50,000
037	―――	――	同　（就労資格）	50,000
038	―――	――	同　（非就労資格）	50,000
039	―――	――	同　（投資・経営）	84,000
040	―――	――	在留期間更新許可申請（居住資格）	50,000
041	―――	――	同　（就労資格）	30,000
042	―――	――	同　（非就労資格）	30,000
043	―――	――	同　（投資・経営）	50,000
044	―――	――	永住許可申請	100,000
045	―――	――	在留資格取得許可申請	50,000
046	―――	――	再入国許可申請	10,000
047	―――	――	資格外活動許可申請	10,000
048	―――	――	就労資格証明書交付申請	20,000
049	―――	――	一般旅券申請	30,000
050	―――	――	日本国査証申請	30,000
051	―――	――	外国査証申請	30,000
052	―――	――	外国向け文書の認証手続	30,000
053	―――	――	対日投資等に関する手続	20,000
○国土整備法編　□公物・公共施設				
054	―――	――	道路位置指定申請	250,000
055	―――	――	屋外広告物設置許可申請	30,000
056	5.8%	33	道路占用許可申請・道路使用承認申請	50,000
057	―――	――	道路幅員証明書取得業務	5,000
058	―――	――	河川関係許可申請	55,000
059	―――	――	公共物用途廃止・普通財産払下げ申請	200,000
060	―――	――	公共物使用許可申請	50,000
○国土整備法編　□都市計画				
061	13.9%	22	開発行為許可申請（第29条）	300,000
062	7.0%	29	同　（第34条）	150,000
063	―――	――	建築確認申請（100㎡未満）	＊115,000
064	―――	――	工場設置認可申請	194,000
○環境法編				
065	―――	――	一般廃棄物処理業許可申請	100,000
066	―――	――	一般廃棄物処理施設設置許可申請	210,000

067	10.3%	25	産業廃棄物処理業許可申請〔収集運搬・積替保管を除く〕	100,000
068	3.8%	46	同　〔収集運搬・積替保管を含む〕	200,000
069	――	――	同　〔中間処理（焼却、破砕等）〕	500,000
070	――	――	同　〔最終処分〕	＊533,000
071	――	――	産業廃棄物処理業・変更許可申請〔収集運搬・積替保管を除く／含む〕	100,000
072	6.1%	31	同　・更新許可申請〔収集運搬・積替保管を除く／含む〕	50,000
073	――	――	産業廃棄物処理施設設置許可申請〔中間処理（焼却、破砕等）〕	500,000
074	――	――	同　〔最終処分（埋立、その他）〕	*3,050,000
075	――	――	特別管理産業廃棄物処理業許可申請〔収集運搬・積替保管を除く〕	80,000
076	――	――	同　〔収集運搬・積替保管を含む〕	200,000
077	――	――	特別管理産業廃棄物処理業・変更許可申請〔収集運搬・積替保管を除く／含む〕	80,000
078	――	――	同　・更新許可申請〔収集運搬・積替保管を除く／含む〕	100,000
079	――	――	自動車解体業許可申請（都道府県知事の許可）	200,000
○教育・文化法編				
080	――	――	宗教法人設立（規則認証）申請	500,000
081	――	――	学校法人設立認可申請	500,000
082	――	――	地縁団体認可申請	100,000
○民　法　編				
083	13.1%	23	遺言書の起案及び作成指導	50,000
084	23.4%	7	遺産分割協議書の作成	50,000
085	4.6%	43	相続分なきことの証明書作成	10,000
086	――	――	遺留分特例に基づく合意書の作成	50,000
087	14.8%	19	相続人及び相続財産の調査	50,000
088	4.4%	44	遺言執行手続	100,000
089	4.8%	40	離婚協議書作成	20,000
090	――	――	任意成年後見契約に関する手続	50,000
091	16.9%	16	内容証明郵便作成	10,000
092	――	――	電子内容証明書作成	20,000
093	17.7%	13	契約書作成	10,000
094	――	――	一般社団法人の設立手続	200,000
095	――	――	一般財団法人の設立手続	100,000
096	――	――	一般社団・財団法人から公益社団・財団法人への公益認定申請	150,000
097	――	――	特例民法法人から公益社団・財団法人への移行認定申請	＊394,000
098	――	――	特例民法法人から一般社団・財団法人への移行認定申請	500,000
099	――	――	特定非営利活動法人設立認証申請（NPO法人設立）	100,000
○商　法　編				
100	――	――	会社設立手続	100,000
101	――	――	会社の合併、分割手続	200,000
102	――	――	議事録作成	10,000
103	――	――	会計記帳・決算書類作成	30,000
○刑　法　編				
104	――	――	告訴状・告発状の作成	30,000
105	――	――	請願書・陳情書の作成	20,000

○労働法編　□労働基準				
106	――	――	労働保険新規適用申請	30,000
107	――	――	労働保険年度更新　概算・確定保険料申告書（継続事業）	30,000
108	――	――	同　同　（一括有期事業）	30,000
109	――	――	同　同　（有期事業）	30,000
110	――	――	労働保険適用廃止（保険料確定手続を含む）（継続事業）	20,000
111	――	――	同　（一括有期事業）	20,000
112	――	――	同　（有期事業）	20,000
113	――	――	就業規則	50,000
114	――	――	就業規則変更	30,000
115	――	――	賃金・退職金・旅費等諸規定	100,000
116	――	――	変形労働時間制に関する労使協定	20,000
117	――	――	一般労働者派遣事業許可申請	100,000
118	――	――	同　更新許可申請	50,000
119	――	――	特定労働者派遣事業届	50,000
120	――	――	有料職業紹介事業許可申請	210,000
○社会保障・厚生法編　□社会保険				
121	――	――	社会保険新規適用手続	30,000
122	――	――	社会保険月額変更届	5,000
123	――	――	社会保険算定基礎届	10,000
124	――	――	介護保険制度申請（指定居宅サービス事業者申請）	150,000
125	――	――	同　（指定居宅介護支援事業者申請）	100,000
126	――	――	同　（介護保険施設開設許可申請）	＊184,000
○社会保障・厚生法編　□社会福祉				
127	――	――	社会福祉法人設立認可申請	200,000
○社会保障・厚生法編　□医療・公衆衛生				
128	――	――	医療法人設立認可申請	800,000
129	――	――	特定保健用食品の許可審査手続	＊15,000
130	――	――	公害法関係申請	15,000
131	――	――	薬局開設許可	＊200,000
132	――	――	化粧品製造販売許可	315,000
133	――	――	医薬品製造販売許可	＊413,000
134	――	――	医療器具販売許可	＊326,000
135	――	――	飲食店営業許可申請	50,000
136	――	――	食品製造業許可申請	＊52,600
137	――	――	旅館営業許可申請	100,000
○経済法編　□市場秩序				
138	――	――	中小企業等協同組合設立認可申請	300,000
139	――	――	同　定款変更認可申請書	100,000
140	――	――	同　決算関係書類提出書	84,000
141	――	――	同　役員変更届出書	50,000
142	――	――	独占禁止法第９条の規定による報告書・届出書	＊11,000

143	―――	――	株式取得、合併・分割・共同株式移転・事業等の譲受けに関する計画届出書	＊150,000
144	―――	――	中小企業等協同組合の届出	50,000
145	―――	――	自賠責保険請求	10,000
○事業関連法編　□金融・証券				
146	―――	――	貸金業登録申請	100,000
147	―――	――	投資助言・代理業者登録申請（法人）	263,000
148	―――	――	公庫等金融機関に対する融資申込み	100,000
149	―――	――	公的補助金・助成金の受給申請	20,000
○事業関連法編　□貿易・為替				
150	―――	――	輸出入許可・承認等手続	100,000
151	―――	――	各種国際間貿易取引通信文作成	＊144,000
152	―――	――	英文等各種外国語による契約書作成	50,000
○事業関連法編　□商　工　業				
153	18.3%	12	建設業許可申請（個人・新規）知事許可	100,000
154	20.0%	10	同　（個人・更新）知事許可	50,000
155	24.2%	6	同　（法人・新規）知事許可	150,000
156	33.9%	2	同　（法人・更新）知事許可	50,000
157	5.2%	38	同　（法人・新規）大臣許可	150,000
158	5.7%	34	同　（法人・更新）大臣許可	100,000
159	5.4%	37	同　（一般・特定新規）	100,000
160	4.7%	42	同　（許可換え新規）	100,000
161	15.2%	18	同　（業種の追加）	50,000
162	41.3%	1	建設業許可変更届出（事業年度終了）知事許可	30,000
163	7.0%	28	同　（事業年度終了）大臣許可	50,000
164	15.9%	17	同　（経営業務の管理責任者）	20,000
165	17.2%	15	同　（専任技術者）	20,000
166	22.3%	8	同　（役員・その他）	10,000
167	―――	――	建設工事紛争処理申請	30,000
168	26.8%	3	建設業経営状況分析申請	20,000
169	25.3%	4	建設業経営規模等評価申請及び総合評定値請求申請	50,000
170	6.6%	30	建設工事等入札参加資格審査申請	30,000
171	―――	――	同　（電子申請）	20,000
172	―――	――	物品買入れ等入札参加資格審査申請	25,000
173	―――	――	同　（電子申請）	20,000
174	―――	――	役務（清掃等）入札参加資格審査申請	30,000
175	―――	――	解体工事業登録申請	50,000
176	―――	――	建設工事に係る資材の再資源化等に関する法第10条届出	＊20,000
178	4.7%	41	建築士事務所登録申請（新規）	50,000
179	5.6%	36	同　（更新）	30,000
180	4.0%	45	同　（変更）	20,000
181	―――	――	建築士法第23条の6の規定による設計等の業務に関する報告書	10,000
182	―――	――	測量業者登録申請（新規）	100,000
183	―――	――	同　（更新）	42,000

184	―――	――	測量法第55条の８第１項の規定に基づく書類（財務に関する報告書）	30,000
185	5.6%	35	宅地建物取引業者免許申請（新規）知事	100,000
186	5.9%	32	同　（更新）知事	50,000
187	―――	――	同　（新規）大臣	200,000
188	―――	――	同　（更新）大臣	100,000
189	―――	――	宅地建物取引業者名簿登載変更届（事務所、役員、専任取引主任者、その他の内の１事項）	10,000
190	―――	――	宅地建物取引主任者資格登録申請	10,000
191	―――	――	資力確保措置の状況についての届出	10,000
192	―――	――	マンション管理業者登録申請	100,000
193	―――	――	マンション管理規約作成	100,000
194	―――	――	経営革新計画書の作成	100,000
195	―――	――	農業経営改善計画書の作成	＊32,000
196	―――	――	事業承継計画書の作成	100,000
197	―――	――	中小企業事業承継再生計画書の作成	100,000
○事業関連法編　□農林・水産				
198	21.6%	9	農地法第３条許可申請	30,000
199	4.9%	39	農地法第３条の３の届出	30,000
200	17.3%	14	農地法第４条許可申請	50,000
201	24.4%	5	農地法第５条許可申請	50,000
202	10.5%	24	農地法第４条の届出	30,000
203	13.9%	20	農地法第５条の届出	30,000
204	13.9%	21	農用地除外申出	50,000
○事業関連法編　□資源・エネルギー				
205	―――	――	登録電気工事業者登録申請	50,000
206	―――	――	電気工事業開始届	30,000
207	―――	――	採取計画認可申請（都道府県知事の許可）	＊1,035,000
208	―――	――	採石業者登録申請（都道府県知事の登録）	＊48,000
○事業関連法編　□運　　輸				
209	―――	――	一般貸切旅客自動車運送事業経営許可申請（貸切バス）・（運輸開始届出書含む）	300,000
210	―――	――	一般貸切旅客自動車運送事業（貸切バス）営業報告書	30,000
211	―――	――	同　（貸切バス）事業実績報告書	5,000
212	―――	――	同　（譲渡譲受・合併・分割・相続）許可申請	210,000
213	―――	――	同　（事業計画変更）認可申請	50,000
214	―――	――	一般乗用旅客自動車運送事業経営許可申請（タクシー）・（運輸開始届書含む）	300,000
215	―――	――	一般乗用旅客自動車運送事業（タクシー）営業報告書	30,000
216	―――	――	同　（福祉タクシー事案）新規許可申請	200,000
217	―――	――	同　（譲渡譲受・合併・分割・相続）認可申請	＊225,000
218	―――	――	同　（事業計画変更）認可申請	20,000
219	―――	――	一般乗合旅客自動車運送事業（法令試験セミナー含む）新規許可申請	＊410,000
220	―――	――	同　（譲渡譲受・合併・分割・相続）許可申請	＊344,000
221	―――	――	同　（事業計画変更）認可申請	＊39,000

222	――	――	特定旅客自動車運送事業新規許可申請	＊231,000
223	――	――	同　（事業計画変更）認可申請	＊110,000
224	――	――	（旅客自動車運送事業）事業計画変更届出・変更届出	＊28,000
225	――	――	旅客運送事業改善報告書	＊50,000
226	――	――	有償貸渡許可申請（レンタカー・リース）	50,000
227	――	――	自家用自動車有償運送許可申請	30,000
228	――	――	一般貨物自動車運送事業経営許可申請（運輸開始届出書含む）	500,000
229	――	――	同　実績報告書	10,000
230	――	――	貨物自動車運送事業改善報告書	30,000
231	――	――	一般貨物自動車運送事業（譲渡譲受・合併・分割・相続）許可申請	100,000
232	――	――	同　事業計画変更認可申請（局事案）	30,000
233	――	――	同　同　（支局事案）	80,000
234	――	――	同　事業計画変更届出・変更届出	15,000
235	――	――	第一種利用運送（自動車）新規登録申請	150,000
236	――	――	同　事業承継届出	30,000
237	――	――	同　変更届出	50,000
238	――	――	第二種利用運送事業新規許可申請	＊261,000
239	――	――	同　（事業計画変更）認可申請	＊55,000
240	――	――	同　変更届出	＊43,000
241	――	――	特殊車両通行許可申請	21,000
242	――	――	同　（電子申請）	30,000
243	――	――	自動車の回送運行許可申請	10,000
244	――	――	道路運送車両の基準緩和認定申請	157,500
245	――	――	自動車運転代行業の認定申請	30,000
246	――	――	旅行業登録申請	100,000
247	――	――	倉庫業登録申請（約款・料率表含む）	350,000
○知的財産法編　□著　作　権				
248	――	――	著作権登録申請（プログラム関係を除く）	＊58,000
249	――	――	プログラムの著作物に係る登録申請	＊81,000
250	――	――	半導体集積回路の回路配置利用権登録申請	＊120,000
251	――	――	種苗法に基づく品種登録申請	＊185,000
252	――	――	特許権移転登録申請	＊50,000
253	――	――	専用実施権設定登録申請	＊46,000
254	――	――	商標権移転登録申請	＊48,000
255	――	――	知的資産経営報告書作成	200,000
256	――	――	知的資産の調査	＊47,000

第3章 行政書士の実態調査に見る登録者数と兼業状況の変遷と推移

○行政書士の登録者数の変遷

過去53年間の本表のデータから判明した、社会保険労務士等他の法律関連職制度にはない行政書士制度の特異な現象。

① 昭57．4．1から昭59．4．1までの間に、行政書士の登録者数が67,293人から32,835人に半減した主な原因としては、昭和58年1月10日法律第2号「行政書士法の一部を改正する法律」による昭和58年4月1日からの「行政書士会の登録即入会制」への移行により、行政事務経験による登録者のうち27,144人が行政書士会へ入会しなかったことが挙げられる。

② 行政事務経験による登録者は、昭和57年度をピークに年々減少している。

③ 行政事務経験者と試験合格者の資格別登録者に占める割合は昭和59年度に逆転し、それ以降試験合格者が多数を占めるようになり、平成12年度には、試験合格者が行政事務経験者の2倍を超え、その差は広がり続けている。

④ 試験合格者は、資格別登録者に占める割合が昭和32年度において、約11%（1,073人）に過ぎない少数派であったが、それ以降試験合格者の割合と人数は年々増加し続け、昭和45年度には約17%（5,809人）に、昭和55年度には約25%（16,192人）に、平成2年度には5割（17,451人）を超え、平成12年度には約59%（20,773人）に、平成22年度には約67%（26,930人）に達して多数派に転じており、その間、試験合格者の資格別登録者に占める割合は約56%増加し、その人数も25倍およそ26,000人増加している。

⑤ 税理士資格による登録者は概ね3,000〜6,000人台を推移しており、その他の弁護士等資格による登録者は概ね100〜300人台を推移している。

⑥ 行政書士の新規登録者は、昭和45年から50年度までの5年間で約6,600人、昭和50年から55年度までの5年間及び昭和55年から61年度までの6年間でそれぞれ約8,000人（昭和50年から57年度までは新規入会者。）、通算して約22,000人増えており、その結果、昭和45年度には12,406人であった登録者数は、16年後の昭和61年度には2.8倍の34,573人を突破しており、この期間での登録者が他にその例を見ないいかに驚異的な増加率であったかがわかる。

⑦ 昭和32年には全国の登録者数が9,000人台に過ぎない弱小組織であった行政書士会は、55年後の平成24年10月1日には個人会員数43,230人、法人会員数272人の計43,502人を擁する大組織に成長した。

⑧ なお、本稿の「**行政書士の登録者数と兼業状況の推移**」を精査すれば、後掲【参考文献】③の筆者の著書中、第Ⅴ稿※5（104Ｐ）での行政書士の存続を脅かす諸相に係る論述が、正鵠を射たものであることも検証できるはずである。

(注)1　①は試験合格者、⑤は税理士が構成比の約95%を占める弁護士・弁理士・公認会計士資格者の合計、⑥は行政事務経験者、⑨は登録者の合計である。

2　昭和50年度及び55年度のグラフは、入会している者の数に基づいて図示してある。

【出典】① 自治省行政課編「地方自治月報」行政書士に関する調の統計を掲載した我が国唯一の公的刊行物。

② 地方自治制度研究会編「(月刊) 地方自治」ぎょうせい発行行政書士に関する実態調査等の統計を掲載した我が国唯一の刊行物。

図1　行政書士の登録者数の推移（1957～2010年）

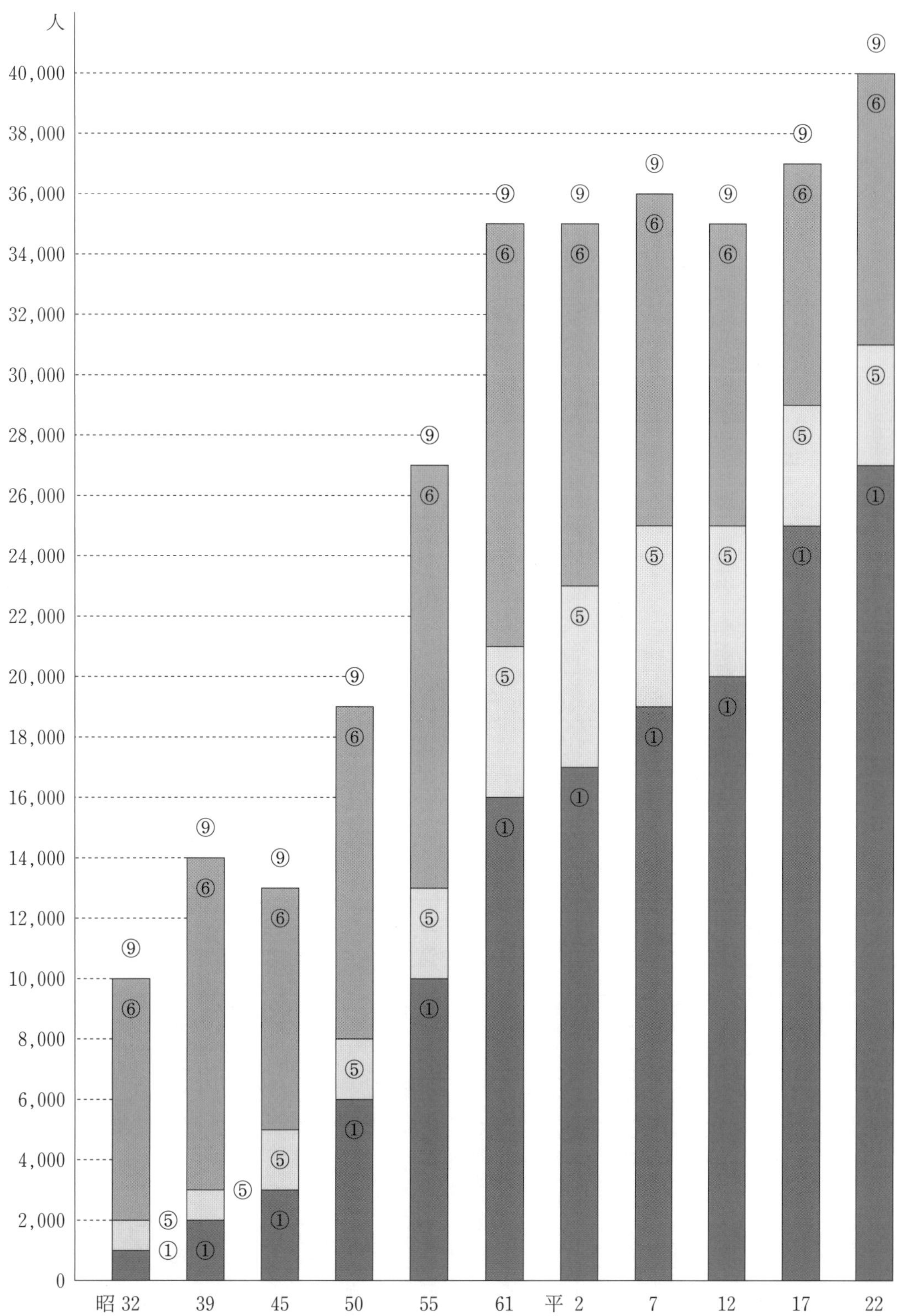

表1　行政書士の登録者数の推移（1957～2010年）

区分／年度	法第2条に該当する者						法附則第2項に該当する者 ⑦	小計	合計	昭和55年改正法附則第2項に該当する者
	第1号① 試験合格者	第2号② 弁護士資格者	第3号③ 弁理士資格者	第4号④ 公認会計士資格者	第5号⑤ 税理士資格者	第6号⑥ 行政事務経験者		②～⑦＝⑧	①～⑦＝⑨	
昭和32年8月1日現在の登録者数	1,073	691				3,257	4,765	8,713	9,786	
昭和32年8月1日現在の登録者数に対する構成比（%）	11.0	7.0				33.3	48.7	89.0	100.0	
昭和39年1月1日現在の登録者数	2,557	855				6,547	4,396	11,798	14,355	
昭和39年4月1日現在の登録者数に対する構成比（%）	17.8	6.0				45.6	30.6	82.2	100.0	
昭和45年4月1日現在の登録者数	3,162	2,176				5,556	1,508	9,240	12,406	
昭和45年4月1日現在の登録者数に対する構成比（%）	25.5	17.5				44.8	12.2	74.5	100.0	
昭和48年4月1日現在の登録者数 （内入会者数）	8,866 4,212	5,139 2,021				28,219 7,848	3,715 1,451	37,073 11,320	45,939 15,532	
昭和49年4月1日現在の登録者数	10,154	15	95	174	4,162	28,734	3,331	36,511	46,665	
昭和50年4月1日現在の登録者数 （内入会者数）	11,034 6,025	17 2,000	119	199	4,344	29,446 9,546	3,124 1,397	37,249 12,943	48,283 18,968	
昭和50年4月1日現在の登録者数に対する構成比（%）	22.9	0.0	0.2	0.4	9.0	61.0	6.5	77.1	100.0	
昭和51年4月1日現在の登録者数	―	―	―	―	―	―	―	―	―	

昭和52年４月１日現在の登録者数	12,737	20	117	161	5,373	34,428	3,159	41,258	53,995	
昭和53年４月１日現在の登録者数	13,312	21	103	172	5,666	34,979	3,036	43,977	57,289	
（内入会者数）	8,069	3,060				11,260	1,337	15,657	23,726	
昭和54年４月１日現在の登録者数	14,804	17	99	172	6,017	37,324	2,980	46,609	61,413	
昭和55年４月１日現在の登録者数	16,192	16	102	182	6,209	38,626	2,620	47,754	63,946	
（内入会者数）	9,860	3,604				12,027	1,114	16,745	26,605	
昭和55年４月１日現在の登録者数に対する構成比（％）	25.3	0.0	0.2	0.3	9.7	60.4	4.1	74.7	100.0	
昭和56年４月１日現在の登録者数	――	――	――	――	――	――	――	――	65,214	
昭和57年４月１日現在の登録者数	18,499	10	82	159	6,545	39,998	2,000	48,794	67,293	
（内入会者数）	12,349	4,354				12,573	993	17,920	30,269	
昭和58年４月１日現在の登録者数	――	――	――	――	――	――	――	――	――	
昭和59年４月１日現在の登録者数	14,396	2	22	118	4,804	12,854	639	18,439	32,835	
昭和60年４月１日現在の登録者数	――	――	――	――	――	――	――	――	――	
昭和61年４月１日現在の登録者数	15,797	4	17	134	5,050	13,061	510	18,776	34,573	
昭和61年４月１日現在の登録者数に対する構成比（％）	45.7	0.0	0.0	0.4	14.6	37.8	1.5	54.3	100.0	
昭和62年４月１日現在の登録者数	――	――	――	――	――	――	――	――	――	
昭和63年４月１日現在の登録者数	16,679	5,172				12,036	500	17,708	34,387	
平成元年４月１日現在の登録者数	17,088	5,272				11,697	458	17,427	34,515	
平成２年４月１日現在の登録者数	17,451	5,331				11,404	434	17,169	34,620	

平成２年４月１日現在の登録者数に対する構成比（%）	50.4	15.4				32.9	1.3	49.6	100.0	
平成３年４月１日現在の登録者数	17,841	5,384				11,226	397	17,007	34,848	
平成４年４月１日現在の登録者数	18,173	5,478				11,076	302	16,856	35,029	
平成５年４月１日現在の登録者数	18,619	5,516				10,805	268	16,589	35,208	
平成６年４月１日現在の登録者数	19,010	5,555				10,532	248	16,335	35,345	
平成７年４月１日現在の登録者数	19,373	5,631				10,287	218	16,136	35,509	
平成７年４月１日現在の登録者数に対する構成比（%）	54.6	15.9				28.9	0.6	45.4	100.0	
平成８年４月１日現在の登録者数	――	――	――	――	――	――	――	――	――	
平成９年４月１日現在の登録者数	20,083	7	13	109	3,896	11,457	172	15,654	35,737	14,336
平成10年４月１日現在の登録者数	20,340	8	12	110	3,897	11,131	154	15,312	35,652	13,695
平成11年４月１日現在の登録者数	20,540	9	12	106	3,845	10,740	141	14,853	35,393	13,003
平成12年４月１日現在の登録者数	20,773	10	11	104	3,794	10,351	120	14,390	35,163	12,373
平成12年４月１日現在の登録者数に対する構成比（%）	59.1	0.0	0.0	0.3	10.8	29.44	0.34	40.9	100.0	38.4
平成13年４月１日現在の登録者数	――	――	――	――	――	――	――	――	――	――
平成14年４月１日現在の登録者数	21,421	13	12	102	3,777	9,901	93	13,898	35,319	11,212
平成15年４月１日現在の登録者数	22,724	12	11	105	3,786	9,701	78	13,693	36,417	10,652
平成16年４月１日現在の登録者数	24,008	10	11	108	3,801	9,600	69	13,599	37,607	10,140
平成17年４月１日現在の登録者数	24,607	10	11	108	3,827	9,482	60	13,498	38,105	9,603

平成17年４月１日現在の登録者数に対する構成比（%）	64.6	0.0	0.0	0.3	10.0	24.9	0.2	35.4	100.0	25.2
平成18年４月１日現在の登録者数	――	――	――	――	――	――	――	――	――	――
平成19年４月１日現在の登録者数	25,373	12	13	129	3,952	9,362	42	13,510	38,883	8,364
平成20年４月１日現在の登録者数	25,642	13	14	142	4,000	9,357	35	13,561	39,203	8,151
平成21昭和32年現在の登録者数	26,340	12	16	150	4,037	9,260	31	13,506	39,846	7,687
平成22年４月１日現在の登録者数	26,930	12	19	153	4,126	9,212	23	13,545	40,475	7,281
平成22年４月１日現在の登録者数に対する構成比（%）	66.5	0.0	0.0	0.4	10.2	22.8	0.1	33.5	100.0	18.0

(注)１　昭和45年度の数値は、現実に業務を行っている者の数であり、48年、50年、53年、55年及び57年については、入会者数も掲載した。

２　昭32．８．１から昭48．４．１まで及び昭63．４．１から平８．４．１までの法２条２～５号該当者の内訳が不明のため、その合計数のみを掲載した。

３　沖縄県分は、昭和47年度から加えられている。

○行政書士の兼業状況の変遷

過去35年間の本表のデータから判明した、社会保険労務士等他の法律関連職制度にはない行政書士制度の特異な現象。

① 本表のような「行政書士の兼業状況」に類する調査は、他の法律関連職制度には見当たらず、行政書士制度特有のものである。

② 行政書士業務を専業としない他の法律関連職の兼業者が、全体の４割も占める資格制度は他には見当たらず、行政書士制度特有のものである。

③ 兼業者は、現在の我が国の行政書士を除く法律関連職12業種の全てに渉っている。

④ 昭和49年には38％にしか過ぎなかった行政書士の専業率は、昭和59年には43.8％、平成元年には45.0％、平成10年には50.6％と兼業率を上回り、平成21年には58.5％と徐々にではあるが、確実に上昇してきている。

⑤ しかしながら一方で、昭和49年には1,838人にしか過ぎなかった税理士は、昭和59年には4,923人、平成元年には5,474人、平成10年には5,220人、平成21年には5,679人と増え続け、過去35年間では約３倍に膨れ上がっている。

⑥ さらに、昭和49年には813人にしか過ぎなかった宅地建物取引主任者すなわち宅地建物取引業者は、昭和59年には2,971人、平成元年には3,693人、平成10年には3,440人、平成21年には3,033人と高止まりし、それでも過去35年間では約４倍に膨れ上がっている。

⑦ それ以外の兼業者である司法書士、土地家屋調査士及び社会保険労務士にあっては、昭和49年から現在まで概ね2,000～4,000人台を推移している。

⑧ 昭和49年の会員数は17,006人、内専業者は6,467人、兼業者は10,539人であったものが、35年後の平成21年にはそれぞれ39,846人、23,297人、16,549人と、それぞれ概ね、2.3倍、3.6倍、1.6倍に激増している。

⑨ 兼業者の累計Ｑが平成２年を境に、年々減少していることは注目に値する。
過去22年にも及ぶ不動産不況のあおりを受けて、司法書士兼業者Ｈ及び土地家屋調査士兼業者Ｊが経営に行きづまり、次々に廃業に追い込まれていることが、その主な原因と考えられる。

㈟ Ａは会員数、Ｂは専業者、Ｃは兼業者、Ｇは税理士が構成比の約95％を占める弁護士・弁理士・公認会計士兼業者の合計、Ｈは司法書士兼業者、Ｊは土地家屋調査士兼業者、Ｋは社会保険労務士兼業者、Ｌは宅地建物取引業兼業者、「他」は建築士・測量士・不動産鑑定士・海事代理士兼業者等の合計、Ｑは兼業者の累計である。

【出典】① 自治省行政課編「地方自治月報」行政書士に関する調の統計を掲載した我が国唯一の公的刊行物。
② 地方自治制度研究会編「（月刊）地方自治」ぎょうせい発行行政書士に関する実態調査等の統計を掲載した我が国唯一の刊行物。

【参考文献】① 後藤紘和編著『行政書士法の解説』昭和57年ぎょうせい
② 後藤紘和編著『行政書士制度の成立過程―帝国議会・国会議事録集成』平成元年ぎょうせい
③ 後藤紘和編著『行政書士実務成功の条件と報酬額―行政書士制度改革への展望』平成24年大成出版社
④ 地方自治制度研究会編『新詳解行政書士法』平成22年ぎょうせい

図2　行政書士の兼業状況の推移（1974〜2009年）

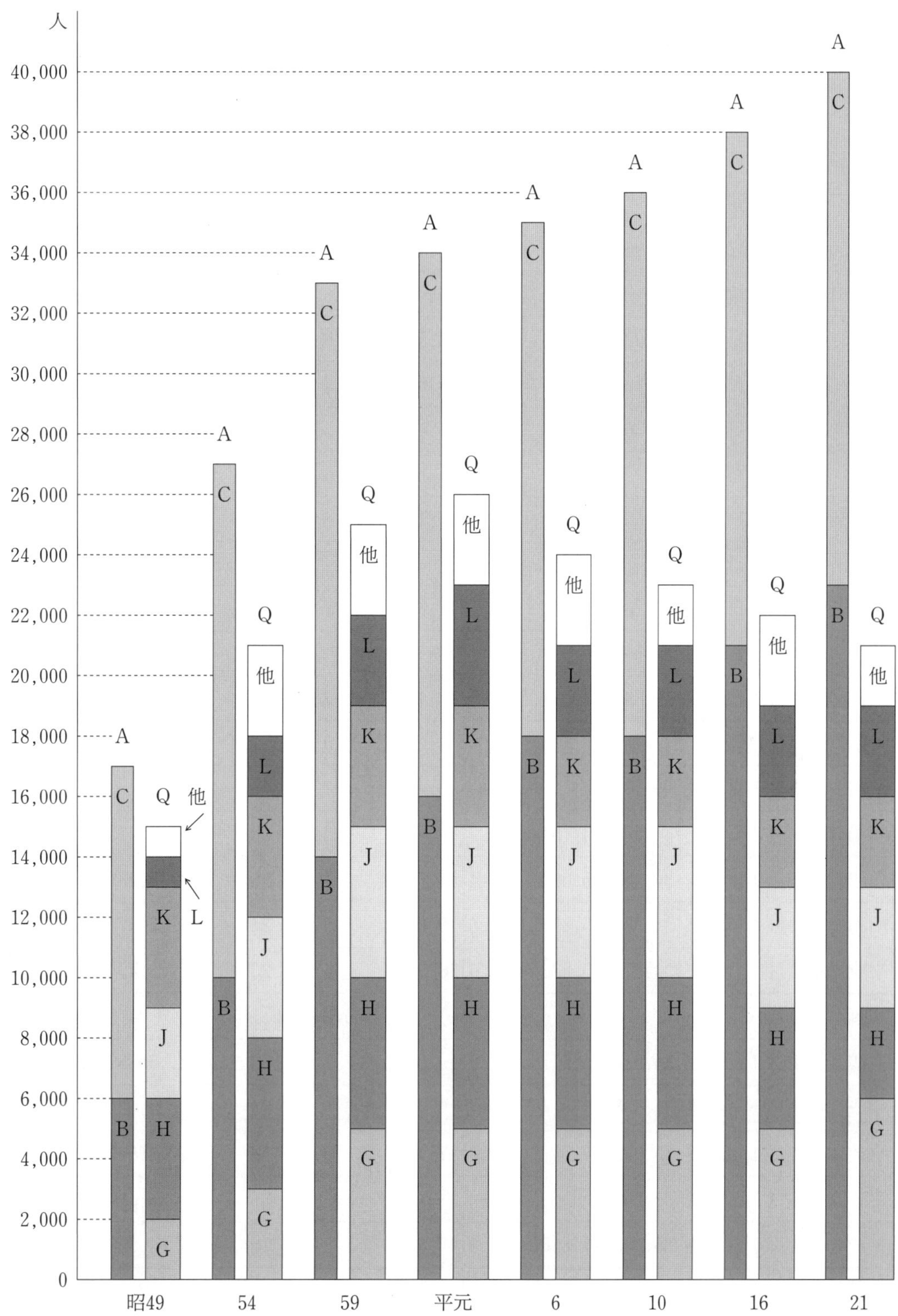

表２　行政書士の兼業状

区　分／年　度		専業・兼業の内訳							兼
	A 会員数	B 専業者	B／A 専業率（%）	C 兼業者	D 弁護士	E 弁理士	F 公認会計士	G 税理士	（D～G）（小計）
昭和49年４月１日現在	17,006	6,467	38.0	10,539	6	23	161	1,838	2,028
割　　合（%）					0.0	0.1	1.1	11.9	13.1
昭和50年４月１日現在	18,968	7,568	39.8	11,400	7	25	171	1,980	2,183
昭和51年４月１日現在	——	——	——	——	——	——	——	——	——
昭和52年４月１日現在	22,027	8,489	38.5	13,538	6	38	112	2,065	2,761
昭和53年４月１日現在	23,726	9,034	38.1	14,692	5	39	123	2,926	3,093
昭和54年４月１日現在	25,364	9,909	39.1	15,455	5	37	126	3,238	3,406
割　　合（%）					0.0	0.2	0.6	15.3	16.1
昭和55年４月１日現在	26,605	10,441	39.2	16,164	8	44	139	3,542	3,733
昭和56年４月１日現在	——	——	——	——	——	——	——	——	——
昭和57年４月１日現在	30,269	12,697	41.9	17,572	7	34	145	4,300	4,486
昭和58年４月１日現在	——	——	——	——	——	——	——	——	——
昭和59年４月１日現在	32,835	14,371	43.8	18,464	2	23	158	4,923	5,106
割　　合（%）					0.0	0.1	0.6	19.8	20.5
昭和60年４月１日現在	——	——	——	——	——	——	——	——	——
昭和61年４月１日現在	34,573	14,754	42.7	19,819	5	20	168	5,213	5,406
昭和62年４月１日現在	34,382	15,609	45.4	18,773	4	25	163	5,282	5,474
昭和63年４月１日現在	34,387	15,334	44.6	19,053	5	24	161	5,372	5,562
平成元年４月１日現在	34,515	15,526	45.0	18,989	6	25	161	5,474	5,666
割　　合（%）					0.0	0.1	0.6	20.9	21.6
平成２年４月１日現在	34,620	15,577	45.0	19,043	7	25	162	5,552	5,746
平成３年４月１日現在	34,848	15,814	45.4	19,034	8	24	159	5,624	5,815
平成４年４月１日現在	35,029	17,607	50.3	17,422	8	18	155	4,842	5,023
平成５年４月１日現在	35,208	——	——	——	——	——	——	——	——
平成６年４月１日現在	35,345	17,836	50.5	17,509	5	16	163	4,958	5,142
割　　合（%）					0.0	0.1	0.7	21.0	21.7

況の推移（1974～2009年）

業	状	況							Q (D～P) (累計)
H 司法書士	I 建築士	J 土地家屋調査士	K 社会保険労務士	L 宅地建物取引主任者	M 測量士	N 不動産鑑定士	O 海事代理士	P その他	
3,991	794	3,090	3,849	813	381			569	15,515
25.7	5.1	19.9	24.8	5.2	2.5			3.7	100.0
4,126	845	3,413	4,087	696	494	49		916	16,809
——	——	——	——	——	——	——		——	——
4,402	937	3,635	3,835	1,079	610	54		762	18,075
4,626	968	3,795	3,988	1,444	678	93		1,019	19,704
4,764	1,006	4,189	4,192	1,606	746	81		1,202	21,192
22.5	4.7	19.8	19.8	7.6	3.5	0.4		5.6	100.0
4,827	997	4,354	4,093	2,099	924	136		806	21,969
——	——	——	——	——	——	——		——	——
5,027	964	4,458	4,168	2,467	1,070	149		656	23,445
——	——	——	——	——	——	——		——	——
4,968	1,071	4,384	4,238	2,971	1,274	144		688	24,844
20.0	4.3	17.6	17.1	12.0	5.1	0.6		2.8	100.0
——	——	——	——	——	——	——		——	——
4,952	1,097	4,869	3,923	3,141	1,444	145		973	25,950
4,826	1,126	4,828	3,966	3,523	1,643	163		516	26,065
4,778	1,107	4,816	3,922	3,614	1,632	163		534	26,128
4,750	1,105	4,809	3,880	3,693	1,630	163		543	26,239
18.1	4.2	18.3	14.8	14.1	6.2	0.6		2.1	100.0
4,753	1,110	4,793	3,826	3,738	1,616	164		554	26,300
4,711	1,089	4,747	3,788	3,711	1,592	162	40	519	26,174
4,585	1,030	4,696	3,159	3,342	1,533	104	40	293	23,805
——	——	——	——	——	——	——	——	——	——
4,533	1,014	4,661	3,060	3,317	1,493	98	43	293	23,654
19.2	4.3	19.7	12.9	14.0	6.3	0.4	0.2	1.2	100.0

平成７年４月１日現在	35,509	——	——	——	——	——	——	——	——
平成８年４月１日現在	35,659	18,038	50.6	17,621	8	21	175	5,116	5,320
平成９年４月１日現在	35,737	——	——	——	——	——	——	——	——
平成10年４月１日現在	35,652	18,023	50.6	17,629	7	20	180	5,220	5,427
割　　合（%）					0.0	0.1	0.8	22.3	23.2
平成11年４月１日現在	35,393	——	——	——	——	——	——	——	——
平成12年４月１日現在	35,163	17,908	50.9	17,255	8	18	179	5,179	5,384
平成13年４月１日現在	35,024	——	——	——	——	——	——	——	——
平成14年４月１日現在	35,319	18,382	52.0	16,937	11	17	181	5,223	5,342
平成15年４月１日現在	37,417	——	——	——	——	——	——	——	——
平成16年４月１日現在	37,607	20,699	55.0	16,908	10	17	187	5,307	5,521
割　　合（%）					0.0	0.1	0.9	24.4	25.4
平成17年４月１日現在	38,105	——	——	——	——	——	——	——	——
平成18年４月１日現在	38,875	——	——	——	——	——	——	——	——
平成19年４月１日現在	38,883	22,190	57.1	16,693	13	19	210	5,531	5,773
平成20年４月１日現在	39,203	——	——	——	——	——	——	——	——
平成21年４月１日現在	39,846	23,297	58.5	16,549	13	23	241	5,679	5,956
割　　合（%）					0.1	0.1	1.2	27.4	28.8

(注) 1　「兼業状況」欄中、「D～G」欄は法第２条第２号から第５号までに掲げる行政書士となる
2　複数の兼業を行っている者がいるため、「D～P」欄の累計数は「C」欄の兼業者数と一
3　昭和51、56、58、60、平成５、７、９、11、13、15、17、18及び20年度については、兼業

——	——	——	——	——	——	——		——	——
4,415	992	4,614	2,984	3,358	1,464	97	48	295	23,587
——	——	——	——	——	——	——		——	——
4,257	964	4,477	2,961	3,440	1,410	96	53	306	23,391
18.2	4.1	19.2	12.7	14.7	6.0	0.4	0.2	1.3	100.0
——	——	——	——	——	——	——		——	——
4,010	924	4,299	2,856	3,430	1,536	87	60	286	22,692
——	——	——	——	——	——	——		——	——
3,810	867	4,111	2,765	3,296	1,284	86	72	279	22,002
——	——	——	——	——	——	——		——	——
3,658	810	3,994	2,761	3,250	1,244	85	83	326	21,732
16.8	3.7	18.4	12.7	15.0	5.7	0.4	0.4	1.5	100.0
——	——	——	——	——	——	——		——	——
——	——	——	——	——	——	——		——	——
3,410	754	3,721	2,673	3,108	1,144	77	88	338	21,086
——	——	——	——	——	——	——		——	——
3,273	716	3,532	2,620	3,033	1,078	76	91	325	20,700
15.7	3.5	17.0	12.7	14.7	5.2	0.4	0.4	1.6	100.0

資格を有する者、「H～O」欄はその他の法律関連職、「P」欄は「D～O」欄以外の者である。
致しない。
状況の調査を実施していない。

第4章　事務所経営の実際

行政書士事務所の経営の実際については、紙幅の都合で本書には収録できませんでした。

詳しくは、既刊の拙著『行政書士　実務成功の条件と報酬額―行政書士制度改革への展望―』の中の「II 行政書士報酬の算定と事務所経営」において、次のような諸点について論及しておりますので、そちらをご参照ください。

1　行政書士報酬の算定条件と算定例
2　行政書士（専業）A事務所の過去5年間における経営状況の推移
3　行政書士と他の法律関連職事務所の経営指標
(1)　行政書士A事務所の経営指標
(2)　法律関連職（行政書士、税理士、公証人役場・司法書士、社会保険労務士）事務所の経営指標
4　タイムチャージ方式による行政書士報酬の算定基準
5　行政書士A事務所の直前1年分の決算書

ブレイク

自らを奮い立たせる
人を信じれば自ずと道は開ける
どんな苦難をも克服する精神力

ブレイク

結果を見極めず、善意だけでよかれと
思って取り組む仕事は、しばしば、
問題を大きくし、解決を困難にする
元米財務長官ポール・オニール氏の発言(2000.12.21 東京新聞より)

第５章 行政書士として成功するための資質と条件
―『ABA ロイヤーズハンドブック』をベースにして―

本書は、1962年アメリカ法曹協会により発刊されて以来、弁護士が法律業務を遂行するにあたってのよきガイドブックとして10万部以上も利用されてきた（発刊に寄せてより）大ベストセラーです。

したがって、今から27年（原書は31年）前に出版されたにもかかわらず、筆者が今までに読破した―論旨が空疎で貧弱な上に、末梢的な論点にのみこだわりさほど説得力もなく、ややもすると読者の独習意欲を削ぐような―我が国の法律（関連）職が著した既刊の類書に比べると、すべての行政書士にとっても、極めて有益で示唆に富み、かつ普遍的な主題が凝縮されており、何よりも逆境を撥ね除けて事務所を発展させるための、珠玉の論稿が掲載されております。

そこで本稿では、行政書士として成功するための資質と条件を身に付けていただくために、同ハンドブックから、目次と、(1)依頼者との関係とパブリック・リレーションズ、(2)報酬及びその請求、(3)単独開業弁護士における経営、の３論文を抜粋して掲載するつもりでおりました。

しかしながら、誠に残念なことに、「ABA の当該著作物は、日本弁護士連合会が、当時、同ハンドブック掲載に使用するという条件で、ABA から翻訳の許諾を得ている」との理由から、本書に転載・引用することができなくなりました。

それでもなお、筆者としては、どうしても掲載することをあきらめ切れず、一時、筆者において翻訳することも考えましたが、かなりの時間を要することがわかり、とりあえず今回は、前記３論文の中見出しのみを紹介することに止めました。それだけでも、読者には、充分お役に立つと考えたからです。

なお、本書は非売品なので、本文を希望する読者は、筆者までご連絡ください。

【出典】『ABA ロイヤーズハンドブック（1982年版）』アメリカ法曹協会弁護士業務部編著　1986年日本弁護士連合会弁護士業務対策委員会翻訳・発行

目　次（抄）

（執筆者名は省略してあります。）

（略）／4 継続的職業教育

第2部　法律事務所の人員と設備

1 事務所の場所とデザイン／2 法律事務所のための文書作成／3 図書室（略）／4 非法律職員

第3部　法律事務所のシステムと管理

1 タイムキーピング／2 財務の記録と管理／3 報酬及びその請求／4 所得の決定と配分／5 ファイリング、日程管理、情報検索（略）／6 保険（略）

第4部　法律事務所の組織

1 単独開業弁護士における経営／2 人員補充の時期（略）／3 アソシエイト／4 パートナーシップ／5 法人化——その利害（略）／6 経営方法（マネージメント・メソッド）（略）／7 適格年金制度を利用した退職制度の樹立（略）／8 引退のための計画

うまくいかない時もある

Sometimes Something Goes Wrong

Stuart Melvin Kaminsky 作 上条ひろみ訳 同名短編小説のタイトル

〔ベスト・アメリカン・ミステリ　ハーレム・ノクターン〕

HAYAKAWA POCKET MYSTERY BOOKS №1768より

強靱な精神力と
人間的魅力を合わせ持つ
行政書士をめざして

気力、体力、知力を鍛えて
何事にもチャレンジし続ける
当事務所へ変わらぬご支援を

第６章 行政書士に求められる職業倫理と専門家責任

第１節■行政書士倫理と懲戒処分

本節のあらまし

本節では、行政書士が守るべき倫理と規範、さらには、それと表裏一体の関係にある懲戒処分についても言及する。

言及するにあたっては、次に掲げる資料と論稿を利用する。

1　行政書士倫理綱領
2　「行政書士に関する実態調査及び平成22年度行政書士試験結果について」から、行政書士及び行政書士法人に対する都道府県知事の指導監督の状況
3　行政書士及び行政書士法人に対する懲戒処分事例等の公表について
4　『ABA ロイヤーズハンドブック』から、「倫理と経済」と題する論稿

1　行政書士倫理綱領

「行政書士倫理綱領」については、重要な条文のみを掲げ、それ以外は条文見出しと条番号のみを掲げることとする。

行政書士倫理綱領

行政書士は、国民と行政のきずなとして、国民の生活向上と社会の繁栄進歩に貢献することを使命とする。

1　行政書士は、使命に徹し、名誉を守り、国民の信頼に応える。
2　行政書士は、国民の権利を擁護するとともに義務の履行に寄与する。
3　行政書士は、法令会則を守り、業務に精通し、公正誠実に職務を行う。
4　行政書士は、人格を磨き、良識と教養の陶冶を心がける。
5　行政書士は、相互の融和をはかり、信義に反してはならない。

第１章　一般的規律

第１条（行政書士の責務）／第２条（説明及び助言）行政書士は、依頼の趣旨を実現す

るために、的確な法律判断に基づき、説明及び助言をしなければならない。／第3条（秘密保持の義務）／第4条（目的外の権限行使の禁止）／第5条（品位を損なう事業への関与）／第6条（業務の公正保持等）／第7条（不当誘致等の禁止）／第8条（名義貸しの禁止）／第9条（違法行為の助長等の禁止）／第10条（広告宣伝）／第11条（事務従事者に対する指導監督）

第2章　依頼者との関係における規律

第12条（依頼に応ずる義務）／第13条（依頼の拒否）／第14条（不正の疑いがある事件）／第15条（受任の趣旨の明確化）／第16条（報酬の提示）行政書士は、事件の受任に際して、依頼者に対し、事案の難易、時間及び労力その他の事情に照らして、適正かつ妥当な報酬を提示しなければならない。〔第2項略〕／第17条（業務取扱の順序及び迅速処理）／第18条（書類等の作成）／第19条（預り書類等の管理）／第20条（預り金の管理等）／第21条（事件の中止）／第22条（帳簿の備付及び保存）／第23条（依頼者との金銭貸借等）／第24条（賠償保険）

第3章　行政書士及び行政書士会との関係における規律

第25条（規律の遵守）／第26条（誹謗中傷等の禁止）／第27条（自治の確立）／第28条（事業への参加）／第29条（資質の向上）／第30条（品位保持）行政書士は、業務上必要な知識の習得及び実務の研鑽に努力するとともに、たえず人格向上を図り、行政書士としての品位を保持しなければならない。／第31条（紛議の処理）

第4章　業務に関する規律

第32条（業務の規律）／第33条（法令遵守の助言）

「行政書士倫理綱領」に関する筆者の見解

日本行政書士会連合会が定めている「行政書士倫理綱領」は、行政書士が守るべき倫理・規範として、前文と、第1章一般的規律、第2章依頼者との関係における規律、第3章行政書士及び行政書士会との関係における規律、第4章業務に関する規律の全33条から構成されている。

しかしながら、この倫理綱領には、見逃すことのできない、例えば第17条（業務取扱の順序及び迅速処理）、第18条（書類等の作成）、第22条（帳簿の備付及び保存）等のように、行政書士以外の他の法律関連職には見当たらず、かつそれほど必要とも思われず、何よりも、法律関連職であれば、当然会員個々の判断に委ねられるべきこれらの事務処理上の裁量権についてまで介入し、未だに私たち会員に対して、無意味で過大な義務を課している規定が含まれていることから、かなり不完全な倫理綱領であると筆者は考えている。

2　行政書士及び行政書士法人に対する都道府県知事の指導監督の状況

都道府県知事の指導監督には、法上、行政書士又は行政書士法人の事務所への立入検査（法第13条の22）、行政書士又は行政書士法人に対する懲戒処分（法第14条、法第14条の２）、行政書士会の報告義務（法第17条）、行政書士会に対する報告請求及び勧告（法第18の６）等がある。

そこで、総務省自治行政局行政課が各都道府県に対し調査を行った、平成21年度の各都道府県知事の指導監督の状況の要旨を次に掲げる。

なお、掲載にあたっては、それぞれの状況ごとに、行政処分等の対象となった典型的な事例を各１件づつ掲げることとする。

1　懲戒処分の状況

行政書士又は行政書士法人に対する懲戒処分は、行政書士又は行政書士法人が、法若しくはこれに基づく命令、規則その他都道府県知事の処分に違反したとき、行政書士たるにふさわしくない重大な非行があったとき、行政書士法人の運営が著しく不当と認められるときに、当該行政書士又は行政書士法人に対し、戒告、業務の停止、業務の禁止、解散等の処分を行うことができるものである（法第14条、法第14条の２）。

昭和50年度から平成21年度までの行政書士及び行政書士法人に対する懲戒処分の状況については、表４[注1]を参照されたい。

懲戒処分の対象となった典型的な事例

・年　　　度　平成21年度
・処　分　者　神奈川県知事
・処分年月日　平成22年３月８日
・処 分 内 容　業務の禁止*（法第14条）
・処分の対象となった事件の概要

在留資格認定証明申請業務等において、遅延、不履行、顧客への虚偽の説明及び公文書偽造のほか、誠実義務にも違反。※なお、同人には、平成17年８月に同種の法令違反により、一月間の業務停止処分歴あり。

＊　業務の禁止処分を受けた場合は、本法第２条の２第７号の欠格事由に該当し、第７条第１項第１号の規定により登録を抹消される（ただし、業務の禁止から３年を経過すれば、再度登録を申請することができる。）。また、業務禁止処分後に行政書士の業務を行えば、本法第19条違反となり、業務停止期間中に業務を行った場合には、処分違反として業務禁止処分を受けることもあり得る。

さらに、行政書士が第14条の規定による戒告、２年以内の業務の停止、業務の禁止の懲戒処分、行政書士法人が第14条の２の規定による戒告、２年以内の業務の全部又は一部の停止、解散の懲戒処分を受けたときは、都道府県の公報に公告されることとなる（法第14条の５）。

2　立入検査の状況

行政書士又は行政書士法人の事務所への立入検査は、都道府県知事が必要であると認めるときに、当該職員にその事務所に立ち入らせ、その業務に関する帳簿等を検査させるものである（法第13条の22）。

平成21年度中の行政書士又は行政書士法人の事務所への立入検査の状況については、表５[注1]を参照されたい。

立入検査の対象となった典型的な事例

・検 査 者　愛知県
・検査目的　職務上請求書を使用した住民票の写し等の不正取得事件の再発防止、使用管理の適正化
・検査事項　職務上請求書の保管及び使用状況、事件簿及び領収書の副本の記載並びに保存状況、行政書士事務所の表札、報酬額の掲示
・検査結果　職務上請求書の記載事項の一部不備等について指導した。

3　懲戒処分の措置請求の状況

懲戒処分の措置請求は、何人も、行政書士又は行政書士法人が懲戒処分事由に該当すると思料するとき、管轄の都道府県知事に対し、当該事実を通知し、適当な措置を求めることができるものであり（法第14条の３第１項）、都道府県知事は、この請求があったとき、通知された事実について必要な調査をしなければならないとされている（法第14条の３第２項）。

平成21年度中の都道府県知事に対する行政書士又は行政書士法人への懲戒処分の措置請求の状況については、表６[注1]を参照されたい。

都道府県知事に対する懲戒処分の措置請求の対象となった典型的な事例

・調　査　者　熊本県
・請求の主旨

熊本県産業廃棄物収集運搬業の許可の更新申請の手続を怠ったことに加えて、熊本県知事の許可証を自ら偽造し、依頼人へ送付したとして措置請求がなされたもの。

・請求受理後の措置

調査の結果、請求内容のとおり事実を確認したため、業務の禁止処分を行った。

４　行政書士会からの報告の状況

行政書士会は、所属の行政書士又は行政書士法人が、法若しくはこれに基づく命令、規則その他都道府県知事の処分に違反したと認めるときは、その旨を都道府県知事に報告しなければならないとされている（法第17条第２項）。

平成21年度中の道府県知事に対する行政書士会からの報告の状況については、表７[注1]を参照されたい。

行政書士会から都道府県知事への報告の対象となった典型的な事例

・報　告　者　神奈川県行政書士会

・報告の主旨

受任した入国管理局への申請手続を行わずこれを放置し、また、放置したことを隠すために、入国管理局名義の文書を偽造し、依頼者に交付したとして、法第10条及び13条、神奈川県行政書士開会側第57条（品位保持義務）等違反を理由に廃業勧告処分を行った。

・報告受理後の措置　調査の結果、知事による業務禁止処分を行った。

５　行政書士会に対する報告請求及び勧告の状況

道府県知事は、行政書士会に対して必要があると認めるときは、報告を求め、又はその行う業務について勧告することができるとされている（法第18条の６）。

平成21年度中の行政書士会に対する報告請求及び勧告の状況については、表８[注1]を参照されたい。

行政書士会に対する都道府県知事の報告請求の対象となった典型的な事例

・報告請求者　福島県

・請求及び報告の主旨

司法書士業務を行った福島県内の行政書士法人及び行政書士の懲戒処分を行ったことから、福島県行政書士会に対して、会員への綱紀の厳正な遵守を周知すること及びその周知内容について報告を求めた。

・報告受理後の措置　県行政書士会から報告書が提出され、会員への周知を求めた内容について、指導がなされたことを確認した。

注１　本稿中、表４から表８までは、地方自治制度研究会編・ぎょうせい発行「(月刊) 地方自治」第765号・平成23年８月号中、70～101頁の橋間亮二（総務省自治行政局自治行政課）の論稿「行政書士に関する実態調査及び平成22年度行政書士試験結果について」に掲載されているので、そちらの文献を参照されたい。

なお、本稿をまとめるにあたりましては、上記論稿が大変参考になりました。
同執筆者に対しまして、改めて心から謝意を表するものです。

注２　本稿に掲載した「行政書士及び行政書士法人に対する都道府県知事の指導監督の状況」に関する原資料は、「日本行政書士会連合会情報公開規則」（平成11年１月21日制定）に基づき、各都道府県行政書士会及び行政書士会会員に限り、閲覧又はその写しを請求することができるので、関心のある読者はそちらから入手されたい。

3　行政書士及び行政書士法人に対する懲戒処分事例等の公表について

日本行政書士会連合会「事業、財務及び懲戒処分等の公表に関する規則」（平成17年８月19日制定）に基づく、都道府県知事及び都道府県行政書士会会長による、行政書士又は行政書士法人に対する懲戒処分等の事例については、日本行政書士会連合会発行の「月刊日本行政」にその都度公表されているので本稿では割愛する。

4　職業倫理意識の向上と実務に成功するためのガイドライン

職業倫理に対する意識が高い行政書士は、結局のところ、実務にも成功することは明らかである。職業倫理意識の向上と実務成功の条件は、車の両輪のように連動しているものであり、一方の車輪が故障してしまうと、もう片方の車輪もそれにつられて動かなくなってしまうように、その二つのうちのどちらが欠けても、自動車という名の読者の事務所は走り出さないのである。

したがって、法律関連事務所として開業している読者が、実務者として成功をめざすのであれば、「行政書士倫理綱領」だけに止まらず、さらに高いレベルの職業倫理を身につける必要がある。

筆者は、このような、職業倫理意識の向上と実務成功の条件は、密接不可分であることに早い段階から気づき、この課題を絶えず意識しながら自らの事務所を運営してきているのである。

次に紹介する論稿は、まさに、職業倫理意識の向上と実務成功の条件を主題にした、的確で説得力のある論稿であり、なおかつ筆者も、この二つの課題を成し遂げるための実践学習書として肌身離さず活用している論稿である。

しかしながら、誠に残念なことに、アメリカ法曹協会弁護士業務部編著　日本弁護士連合会弁護士業務対策委員会翻訳・発行『ABA ロイヤーズハンドブック』1986年版に掲載された本論稿は、著作権の関係で、本書には転載・引用することができなくなった。

したがって、ここには中見出しだけの紹介になるので、本文を希望する読者は、筆者までご連絡いただきたい。

倫理と経済／Cullen Smith
倫理は自然には身につかない／実務に成功するためのガイドライン／経済に直接関係する責任規範の諸規定／結論　（同ハンドブック7～17頁）

5　行政書士の職業倫理感を視点とした、業務上の過失に対する問題処理の巧拙

行政書士業務の中心である、行政許認可制度の多くは、例えば、建設業許可、宅地建物取引業者免許、さらには、産業廃棄物収集・運搬業許可のように、その有効期間が5年間から7年間と定められております。したがって、これらの許認可業者は、その期間ごとに否応なく許認可の更新手続をする必要に迫られることになります。

他方、このような行政許認可手続に占めるそれらの更新手続は、許認可行政庁にとって、法律を施行していく上で、欠かすことのできない重要な任務であることも、法律関連職には広く知られているところです。

そこで、以上のようなことを踏まえて、本稿では、大多数の行政書士が携わり、なおかつ、その誰もが陥るリスクを抱えている許認可申請手続の中の更新申請手続のうち、その手続をうっかり失念してしまった、次の事件を事例にして、行政書士の職業倫理感覚の優劣による、懲戒処分を受けない者と受ける者の問題処理の巧拙について、わかりやすく図示化して言及いたします。

熊本県産業廃棄物収集運搬業の許可更新申請手続を怠ったことに加え、当該県知事名義の産業廃棄物収集運搬業の許可証を自ら偽造し、依頼人へ送付して、「業務の禁止処分」を受けた事件

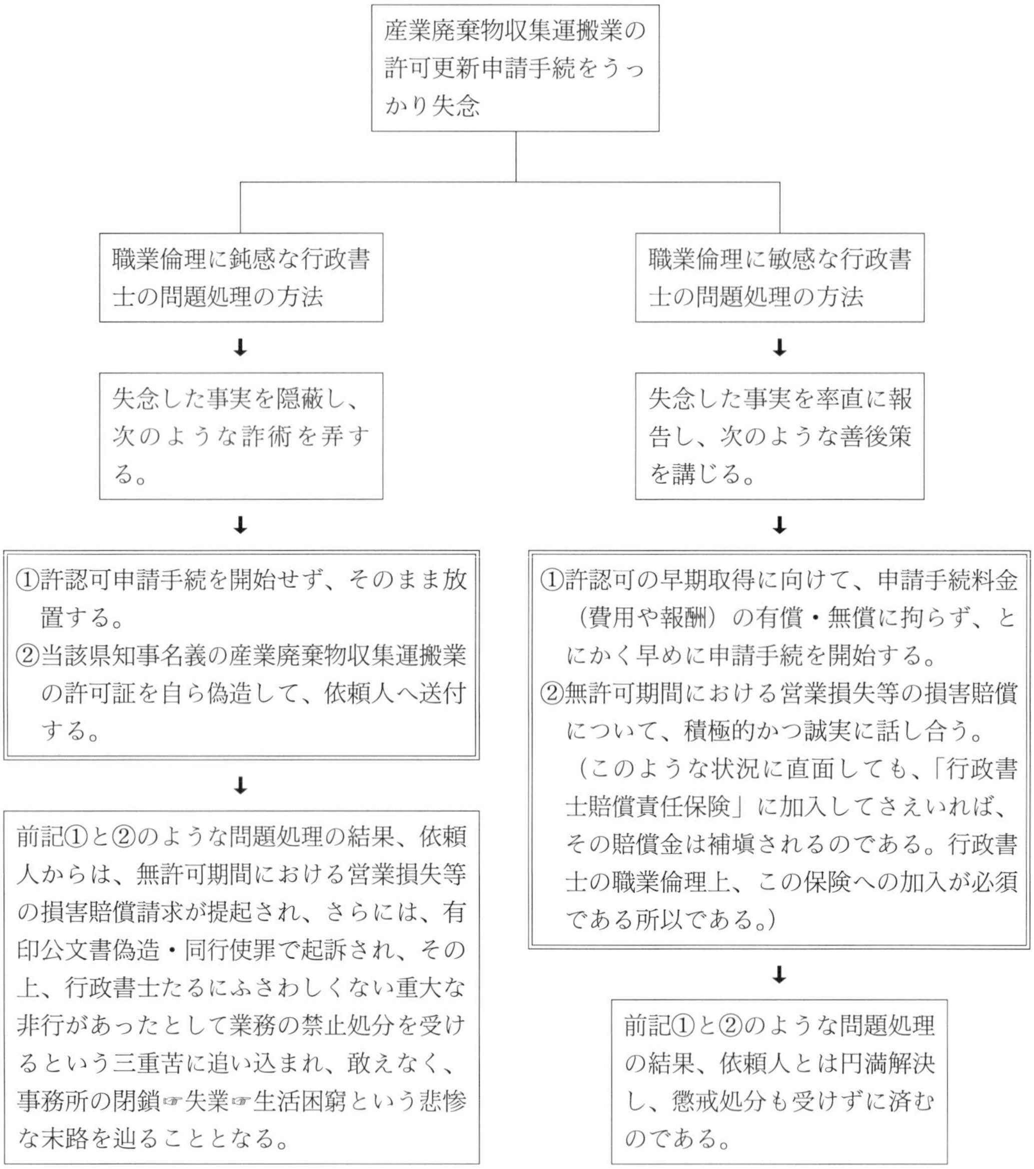

産業廃棄物収集運搬業の許可更新申請手続をうっかり失念

職業倫理に鈍感な行政書士の問題処理の方法

↓

失念した事実を隠蔽し、次のような詐術を弄する。

↓

①許認可申請手続を開始せず、そのまま放置する。
②当該県知事名義の産業廃棄物収集運搬業の許可証を自ら偽造して、依頼人へ送付する。

↓

前記①と②のような問題処理の結果、依頼人からは、無許可期間における営業損失等の損害賠償請求が提起され、さらには、有印公文書偽造・同行使罪で起訴され、その上、行政書士たるにふさわしくない重大な非行があったとして業務の禁止処分を受けるという三重苦に追い込まれ、敢えなく、事務所の閉鎖☞失業☞生活困窮という悲惨な末路を辿ることとなる。

職業倫理に敏感な行政書士の問題処理の方法

↓

失念した事実を率直に報告し、次のような善後策を講じる。

↓

①許認可の早期取得に向けて、申請手続料金（費用や報酬）の有償・無償に拘らず、とにかく早めに申請手続を開始する。
②無許可期間における営業損失等の損害賠償について、積極的かつ誠実に話し合う。
（このような状況に直面しても、「行政書士賠償責任保険」に加入してさえいれば、その賠償金は補填されるのである。行政書士の職業倫理上、この保険への加入が必須である所以である。）

↓

前記①と②のような問題処理の結果、依頼人とは円満解決し、懲戒処分も受けずに済むのである。

第2節■行政書士の信義則上の義務の不履行を理由に損害賠償請求が認容された事例

一般貨物自動車運送事業の許可申請手続に基づき、申請物件が許可要件を充足するか否かについて、担当行政庁に確認することもなく、依頼者に誤った判断を告げたとして、行政書士の信義則上の義務の不履行を理由に損害賠償請求が認容された事例。

（大阪地裁平成5年(ワ)第503号、損害賠償等請求事件
平成5年10月25日民事部判決、一部認容）

※判決文は、拙著『行政書士のための最新・許認可手続ガイドブック』2005年　大成出版社458～462頁に登載されておりますので、そちらの文献をご参照ください。

第3節■○○○許認可申請手続事務委任契約書（文例）

委任者株式会社○○○○を甲、受任者行政書士○○○○を乙として、甲乙間において下記の申請手続事務（以下「本件事務」という）の委任契約を締結した。

事務の表示：風俗営業（第7号営業パチンコ店）の許可申請手続

第1条　甲は乙に対して、本件事務を所管庁の受付窓口に提出するまで、又は提出できる状態まで委任し、乙はこれを受任する。

本件事務の処理に関連して、本件事務以外の手続が必要となったときは、甲乙別途協議する。

第2条　乙は甲から依頼された本件事務を、委任契約及び行政書士法の本旨に従い、誠実に履行することを約す。

第3条　乙は、適宜乙の事務所の行政書士及び事務員に、本件事務を処理又は補助させ、甲の承諾を得て他の事務所の行政書士、弁護士、公認会計士、税理士、社会保険労務士、司法書士、土地家屋調査士等に本件事務を処理又は補助させることができる。

甲は乙に本件事務に関する一切の書類を提示し、本件事務の処理に関し積極的かつ全面的に乙に協力するものとする。

第4条　甲は乙に対し、本件事務の着手金○○○○○○円及び証紙・印紙代、郵券、旅費、宿泊費、交通通信費等の諸費用○○○○○○円を支払い、乙は平成○○年○○

月○○日これを受領した。

甲は理由の如何を問わず、乙に着手金の返還を求めることができない。

甲が着手金又は諸費用を支払わないときは、乙は本件事務処理に着手せず、又はその処理を中止することができる。

第５条　1．甲は本件事務処理が終了したときは、直ちに報酬として○○○○○○円、又は行政書士会の報酬規定に基づく報酬の○○割を乙に支払う。乙はこの報酬を請求するときは、その請求書を甲に交付する。但し、第４条の着手金はこれを報酬に充当するものとする。

2．甲が乙の承諾なしに申請を取りやめ、取下げ等により終了させ、又は正当な理由なしにこの契約を解約したとき、若しくは甲の責任により本件事務の処理を不能にしたときでも、乙は甲に第１項の報酬全額を請求することができる。

甲が報酬を支払わないときは、乙は甲から預り保管中の第４条記載の諸費用と第５条記載の報酬とを相殺し、また本件事務に関する書類その他の物件を留置することができる。

第６条　乙は本件事務終了後、所管庁から許認可・免許・登録等が下りることを保証するものではない。また甲は許認可・免許・登録等が下りなかったことに関して、名目の如何を問わず、いかなる損害賠償請求権も行使しないものとする。

第７条　甲及び乙は、相手方がこの契約に違反したとき、又は著しい背信行為をしたときは、いつでもこの契約を解除することができる。

前項によりこの契約が解除されたときは、甲及び乙は遅滞なく債権債務を精算し、契約の終了に伴う必要な措置を講ずるものとする。

第８条　この契約又はこの契約に関連して生ずる甲乙間の全ての紛争は、まず、民事調停手続によって解決することを、甲と乙とは合意する。

第９条　（特約条項）

以上の合意の成立を証するため、この契約書２通を作成して甲と乙とが記名押印し、各自その１通を所持する。

平成○○年○○月○○日

（甲）（所在地）○○県○○市○○町○丁目○○番地
（名　称）株式会社　○　○　○　○
（代表者）代表取締役　○　○　○　○　㊞

（乙）（事務所）○○県○○市○○町○丁目○○番地
（代表者）行政書士　○　○　○　○　○　㊞

第4節■行政書士の職務と責任に係る主要参考文献

1　川井健編『専門家の責任』1993年　日本評論社

2　山川一陽他編『専門家責任の理論と実際』1994年　新日本法規出版

3　専門家責任研究会編「専門家の民事責任」別冊NBL28号　1994年　商事法務研究会

4　専門家責任研究会編「専門家の民事責任」NBL539～542、544～547、550～553、557号 1994年2～4、5～6、8～9、11月　商事法務研究会

5　地方自治制度研究会編『行政書士法の解説』1951年　港出版合作社

6　地方自治制度研究会編『新詳解行政書士法』2010年　ぎょうせい

7　後藤紘和編著『行政書士法の解説』1982年　ぎょうせい

8　後藤紘和編著『行政書士制度の成立過程帝国議会・国会議事録集成』1982年　ぎょうせい

9　後藤紘和著『行政書士開業マニュアル』1990年　東京法経学院出版

10　松沢智著『税理士の職務と責任』1985年　中央経済社

11　徳永秀雄・高見忠義著『司法書士法解説』1987年　日本加除出版

12　長尾治助・稲本洋之助「委任・準委任」『民法コンメンタール』14巻　契約(4)　加除式　ぎょうせい

13　石川明「法律専門職の注意義務」手形研究487号　1993年　経済法令研究会

14　現代民事法研究会「共同研究専門的職業人の誤情報提供と損害賠償責任」比較法雑誌23巻4号　1990年　日本比較法研究所

15　小池良一「専門職業人の賠償責任保険」『損害保険の法律問題』金融・商事判例増刊号 №933　1994年　経済法令研究会

16　小島武司「弁護士過誤訴訟に関する諸問題」『現代法律実務の諸問題』日本弁護士連合会編 平成元年版（下）　第一法規

17　加藤新太郎著『弁護士役割論』1992年　弘文堂

18　日本弁護士連合会調査室編著『条解弁護士法』1993年　弘文堂

19　アメリカ法曹協会弁護士業務部編『ABAロイヤーズハンドブック』1986年　日本弁護士連合会弁護士業務対策委員会発行

20　棚瀬孝雄著『現代社会と弁護士』1987年　日本評論社

21　小島武司著『弁護士―その新たな可能性―』1981年　学陽書房

22　日本弁護士連合会弁護士業務対策委員会編『日本の法律事務所』1988年　ぎょうせい

23　大場民男著『弁護士活力の拡大法』1985年　高千穂書房

24　石村善助著『現代のプロフェッション』1969年　至誠堂

25　福原忠男著『弁護士法』1976年　第一法規

26　住吉博著『新しい日本の法律家―弁護士と司法書士』1988年　テイハン

27　石井成和他編『講座現代の弁護士』全４巻　1970年　日本評論社

28　江藤价泰著『司法書士の実務と理論』1991年　日本評論社

29　埼玉訴訟研究会編『司法書士と登記業務―いわゆる登記職域訴訟をめぐって』1991年　民事法研究会

30　行政書士の登録を受けた者が禁錮以上の刑に処せられたときには、執行猶予付であっても、登録が抹消されるとした事例（名古屋高判　昭和57年５月27日　判例タイムズ475号）。

31　行政書士が除籍謄本の交付を申請する際には、職務上義務づけられている申請書への職印押捺をしなければならず、さらに、行政書士は行政手続に精通している者であるから、町長の啓蒙指導（手数料納付につき手続上簡便で安価な方法を利用するよう指導する等）の対象になる者ではないとした事例（福岡高決　昭和61年３月31日　家裁月報38巻７号）。

32　行政書士でない者による、文化庁長官に対する「第一発行年月日登録申請」（著作権法第76条参照）のための手続書類の作成、提出の代行という委任契約は、行政書士法第19条第１項に違反し無効であるとした事例（東京地判　昭和63年７月22日　判例タイムズ683号）。

33　行政書士がその業務範囲を超えて弁護士法72条違反の所為に及んだ事例≪判決要旨≫

(1)　相続財産や相続人の調査、相続分なきことの証明書や遺産分割協議書等の書類の作成、右各書類の内容について他の相続人に説明することは行政書士の業務の範囲内である。

(2)　行政書士が、紛争の生じている遺産分割で依頼者のため折衝を行うのは、弁護士法72条１項に定める「法律事務」に当たり、行政書士の業務の範囲外である。

(3)　行政書士は、遺産分割の折衝に関する報酬を請求できない。

（東京地裁平４（ワ）第7470号、報酬金請求事件、平成５年４月22日　民事第17部判決一部認容・控訴）判例タイムズ829号

34　「シンポジウム・専門家の民事責任」私法第57号　日本私法学会　1995年　有斐閣

35　『行政書士法人の手引』2004年　日本行政書士会連合会

36　三木常照著『行政書士の役割』2004年　西日本法規出版

37　兼子仁著『新版行政書士法コンメンタール』2005年　北樹出版

38　司法書士報酬算定研究会編著『司法書士報酬算定の手引き』2008年　日本加除出版

39　青山登志朗編著『増補版行政書士業務必携』2009年　大成出版社

40　小関典明他著『行政書士のための事務所運営と実践業務マニュアル』2009年　三共法規

41　黒田泰著『行政書士のためのマーケティングマニュアル』2010年　第一法規

42　行政許認可手続紛争解決研究会編『行政許認可手続と紛争解決の実務と書式』2010年　民事法研究会

○司法書士と行政書士の職域をめぐる参考文献

『専門家の責任と権能―登記と公証―』小野秀誠著　2000年　信山社

〔目次〕抜粋

第１部　司法書士の責任と職域

第1編　司法書士の責任と権能

第2編　司法書士と行政書士の業際問題

第1章　はじめに／第1節　職務の対象と相互の関係／第2節　問題の所在／第3節　弁護士と司法書士の業際問題

第2章　立法の沿革／第1節　初期の官制／第2節　司法書士・行政書士制度の沿革／第3節　行政書士法の沿革

第3章　付随業務、相談業務／第1節　業務の区分／第2節　現代的意義／第3節　私法上の効果

第4章　むすび／第1節　取締規定と業務の独占、自由競争／第2節　業務内容の実質化

第2部　公証人の職務と責任

第3部　登記制度の維持と専門家

ブレイク

勤勉、実直な生活様式をめざして

目標達成に熱心に取り組む

やることすべてに優秀さを追求する

時間に間に合うようペース配分をする

ブレイク

リベラルでナイーヴな感覚に

ユーモアで味付けを

第７章　行政手続法の基礎知識

第１節■行政手続法における行政許認可手続の法的意義

本稿には、行政許認可手続に関する我が国唯一の一般法であり、かつ、行政許認可申請・届出手続を主たる業務としている行政書士として当然身に付けておくべき行政手続法の条文から、第１章総則では第１条（目的等）と第２条（定義）を、第２章申請に対する処分及び第４章行政指導並びに第５章届出の各章ではそれらの全条分を掲げることといたします。これらの条文を読むことにより、読者は自ら行政手続法における行政許認可手続の法的意義を認識できると思われます。

●行政手続法（平成５年11月12日法律第88号）（抄）

最終改正：平成18年６月14日法律第66号

第１章　総則

（目的等）

第１条　この法律は、処分、行政指導及び届出に関する手続並びに命令等を定める手続に関し、共通する事項を定めることによって、行政運営における公正の確保と透明性（行政上の意思決定について、その内容及び過程が国民にとって明らかであることをいう。第46条において同じ。）の向上を図り、もって国民の権利利益の保護に資することを目的とする。

２　処分、行政指導及び届出に関する手続並びに命令等を定める手続に関しこの法律に規定する事項について、他の法律に特別の定めがある場合は、その定めるところによる。

（定義）

第２条　この法律において、次の各号に掲げる用語の意義は、当該各号に定めるところによる。

一　法令　法律、法律に基づく命令（告示を含む。）、条例及び地方公共団体の執行機関の規則（規程を含む。以下「規則」という。）をいう。

二　処分　行政庁の処分その他公権力の行使に当たる行為をいう。

三　申請　法令に基づき、行政庁の許可、認可、免許その他の自己に対し何らかの利益を付与する処分（以下「許認可等」という。）を求める行為であって、当該行為に対して行政庁が諾否の応答をすべきこととされているものをいう。

四　不利益処分　行政庁が、法令に基づき、特定の者を名あて人として、直接に、これに義務を課し、又はその権利を制限する処分をいう。ただし、次のいずれかに該当するものを除く。

イ　事実上の行為及び事実上の行為をするに当たりその範囲、時期等を明らかにするために法令上必要とされている手続としての処分

ロ　申請により求められた許認可等を拒否する処分その他申請に基づき当該申請をした者を名あて人としてされる処分

ハ　名あて人となるべき者の同意の下にすることとされている処分

ニ　許認可等の効力を失わせる処分であって、当該許認可等の基礎となった事実が消滅した旨の届出があったことを理由としてされるもの

五　行政機関　次に掲げる機関をいう。

イ　法律の規定に基づき内閣に置かれる機関若しくは内閣の所轄の下に置かれる機関、宮内庁、内閣府設置法（平成11年法律第89号）第49条第１項若しくは第２項に規定する機関、国家行政組織法（昭和23年法律第120号）第３条第２項に規定する機関、会計検査院若しくはこれらに置かれる機関又はこれらの機関の職員であって法律上独立に権限を行使することを認められた職員

ロ　地方公共団体の機関（議会を除く。）

六　行政指導　行政機関がその任務又は所掌事務の範囲内において一定の行政目的を実現するため特定の者に一定の作為又は不作為を求める指導、勧告、助言その他の行為であって処分に該当しないものをいう。

七　届出　行政庁に対し一定の事項の通知をする行為（申請に該当するものを除く。）であって、法令により直接に当該通知が義務付けられているもの（自己の期待する一定の法律上の効果を発生させるためには当該通知をすべきこととされているものを含む。）をいう。

八　命令等　内閣又は行政機関が定める次に掲げるものをいう。

イ　法律に基づく命令（処分の要件を定める告示を含む。次条第２項において単に「命令」という。）又は規則

ロ　審査基準（申請により求められた許認可等をするかどうかをその法令の定めに従って判断するために必要とされる基準をいう。以下同じ。）

ハ　処分基準（不利益処分をするかどうか又はどのような不利益処分とするかについてその法令の定めに従って判断するために必要とされる基準をいう。以下同じ。）

ニ　行政指導指針（同一の行政目的を実現するため一定の条件に該当する複数の者に対し行政指導をしようとするときにこれらの行政指導に共通してその内容となるべき事項をいう。以下同じ。）

〔中略〕

第2章　申請に対する処分

（審査基準）

第5条　行政庁は、審査基準を定めるものとする。

2　行政庁は、審査基準を定めるに当たっては、許認可等の性質に照らしてできる限り具体的なものとしなければならない。

3　行政庁は、行政上特別の支障があるときを除き、法令により申請の提出先とされている機関の事務所における備付けその他の適当な方法により審査基準を公にしておかなければならない。

（標準処理期間）

第6条　行政庁は、申請がその事務所に到達してから当該申請に対する処分をするまでに通常要すべき標準的な期間（法令により当該行政庁と異なる機関が当該申請の提出先とされている場合は、併せて、当該申請が当該提出先とされている機関の事務所に到達してから当該行政庁の事務所に到達するまでに通常要すべき標準的な期間）を定めるよう努めるとともに、これを定めたときは、これらの当該申請の提出先とされている機関の事務所における備付けその他の適当な方法により公にしておかなければならない。

（申請に対する審査、応答）

第7条　行政庁は、申請がその事務所に到達したときは遅滞なく当該申請の審査を開始しなければならず、かつ、申請書の記載事項に不備がないこと、申請書に必要な書類が添付されていること、申請をすることができる期間内にされたものであることその他の法令に定められた申請の形式上の要件に適合しない申請については、速やかに、申請をした者（以下「申請者」という。）に対し相当の期間を定めて当該申請の補正を求め、又は当該申請により求められた許認可等を拒否しなければならない。

（理由の提示）

第8条　行政庁は、申請により求められた許認可等を拒否する処分をする場合は、申請者に対し、同時に、当該処分の理由を示さなければならない。ただし、法令に定められた許認可等の要件又は公にされた審査基準が数量的指標その他の客観的指標により明確に定められている場合であって、当該申請がこれらに適合しないことが申請書の記載又は添付書類その他の申請の内容から明らかであるときは、申請者の求めがあったときにこれを示せば足りる。

2　前項本文に規定する処分を書面でするときは、同項の理由は、書面により示さなければならない。

（情報の提供）

第9条　行政庁は、申請者の求めに応じ、申請に係る審査の進行状況及び当該申請に対する処分の時期の見通しを示すよう努めなければならない。

2　行政庁は、申請をしようとする者又は申請者の求めに応じ、申請書の記載及び添付書類に関する事項その他の申請に必要な情報の提供に努めなければならない。

（公聴会の開催等）

第10条　行政庁は、申請に対する処分であって、申請者以外の者の利害を考慮すべきことが当該法令において許認可等の要件とされているものを行う場合には、必要に応じ、公聴会の開催その他の適当な方法により当該申請者以外の者の意見を聴く機会を設けるよう努めなければならない。

（複数の行政庁が関与する処分）

第11条　行政庁は、申請の処理をするに当たり、他の行政庁において同一の申請者からされた関連する申請が審査中であることをもって自らすべき許認可等をするかどうかについての審査又は判断を殊更に遅延させるようなことをしてはならない。

2　一の申請又は同一の申請者からされた相互に関連する複数の申請に対する処分について複数の行政庁が関与する場合においては、当該複数の行政庁は、必要に応じ、相互に連絡をとり、当該申請者からの説明の聴取を共同して行う等により審査の促進に努めるものとする。

〔中略〕

第4章　行政指導

（行政指導の一般原則）

第32条　行政指導にあっては、行政指導に携わる者は、いやしくも当該行政機関の任務又は所掌事務の範囲を逸脱してはならないこと及び行政指導の内容があくまでも相手方の任意の協力によってのみ実現されるものであることに留意しなければならない。

2　行政指導に携わる者は、その相手方が行政指導に従わなかったことを理由として、不利益な取扱いをしてはならない。

（申請に関連する行政指導）

第33条　申請の取下げ又は内容の変更を求める行政指導にあっては、行政指導に携わる者は、申請者が当該行政指導に従う意思がない旨を表明したにもかかわらず当該行政指導を継続すること等により当該申請者の権利の行使を妨げるようなことをしてはならない。

（許認可等の権限に関連する行政指導）

第34条　許認可等をする権限又は許認可等に基づく処分をする権限を有する行政機関が、当該権限を行使することができない場合又は行使する意思がない場合においてする行政指導にあっては、行政指導に携わる者は、当該権限を行使し得る旨を殊更に示すことにより相手方に当該行政指導に従うことを余儀なくさせるようなことをしてはならない。

（行政指導の方式）

第35条　行政指導に携わる者は、その相手方に対して、当該行政指導の趣旨及び内容並びに責任者を明確に示さなければならない。

2　行政指導が口頭でされた場合において、その相手方から前項に規定する事項を記載した書面の交付を求められたときは、当該行政指導に携わる者は、行政上特別の支障がない限り、これを交付しなければならない。

3　前項の規定は、次に掲げる行政指導については、適用しない。

一　相手方に対しその場において完了する行為を求めるもの

二　既に文書（前項の書面を含む。）又は電磁的記録（電子的方式、磁気的方式その他人の知覚によっては認識することができない方式で作られる記録であって、電子計算機による情報処理の用に供されるものをいう。）によりその相手方に通知されている事項と同一の内容を求めるもの

（複数の者を対象とする行政指導）

第36条　同一の行政目的を実現するため一定の条件に該当する複数の者に対し行政指導をしようとするときは、行政機関は、あらかじめ、事案に応じ、行政指導指針を定め、かつ、行政上特別の支障がない限り、これを公表しなければならない。

第5章　届出

（届出）

第37条　届出が届出書の記載事項に不備がないこと、届出書に必要な書類が添付されていることその他の法令に定められた届出の形式上の要件に適合している場合は、当該届出が法令により当該届出の提出先とされている機関の事務所に到達したときに、当該届出をすべき手続上の義務が履行されたものとする。

第2節■行政手続法に係る主要参考文献

1　「行政手続法制定への提案―法律案要綱(案)」ジュリスト　1984年　有斐閣

2　総務庁行政管理局編『行政手続法の制定にむけて』1990年　ぎょうせい

3　『公正・透明な行政手続をめざして』臨時行政改革推進審議会「公正・透明な行政手続法制の整備に関する答申」1992年　㈶行政管理研究センター
4　総務庁行政管理局編『逐条解説行政手続法』1994年　ぎょうせい
5　総務庁行政監察局編『身近なところからの行政事務の改善』1991年　大蔵省印刷局
6　総務庁行政監察局編『規制行政の改善を目指して』1992年　大蔵省印刷局
7　「特集行政手続法の立法課題」法律時報　1993年　日本評論社
8　大橋洋一「行政手法からみた現代行政の変容」ジュリスト　1993年
9　「特集行政手続法の制定」ジュリスト　1994年
10　「特集規制緩和の課題と論点」ジュリスト　1994年
11　「研究会行政手続法」ジュリスト1049、1052、1054、1056、1058、1061、1063、1065、1067、1069、1072、1074、1075、1076号
12　「特集オンブズマン・行政相談・行政手続」ジュリスト　1994年
13　紙野健二「行政手続法の運用課題」法律時報　1994年
14　「行政手続法と地方公共団体」EX　1994年　ぎょうせい
15　「特集行政手続法施行と今後の課題」法律のひろば　1994年　ぎょうせい
16　㈶経済広報センター編『はやわかり行政手続法』1994年　学陽書房
17　宇賀克也著『新版行政手続法の解説』1994年　学陽書房
18　兼子仁他編著『行政手続条例制定の手引』1995年　学陽書房
19　佐藤英善編著『自治体行政実務・行政手続法』地方自治総合研究所監修　1994年　三省堂
20　兼子仁著『行政法総論』1983年　筑摩書房
21　兼子仁著『自治体法学』1988年　学陽書房
22　磯部力他編著『自治体行政手続法』1993年　学陽書房
23　内閣法制局内行政法実務研究会編『ケーススタディ行政法実務』1993年　ぎょうせい
24　法務省訟務局編『判例行政手続法』1994年　加除式　ぎょうせい
25　青木康著『新版行政手続法指針』1991年　ぎょうせい
26　『特集租税行政手続』日税研論集第25号　1994年　㈶日本税務研究センター
27　宇賀克也著『アメリカ行政法』1988年　弘文堂
28　南博方著『紛争の行政解決手法』1993年　有斐閣
29　阿部泰隆著『行政の法システム』1992年　有斐閣
30　阿部泰隆著『政策法務からの提言』1993年　日本評論社
31　加藤雅編著『規制緩和の経済学』1994年　東洋経済新報社
32　兼子仁著『地方自治法』1984年　岩波新書
33　兼子仁著『行政手続法』1994年　岩波新書
34　村松岐夫著『日本の行政・活動型官僚制の変貌』1994年　中公新書
35　岩崎博充著『公的規制の全研究・官僚統制列島日本が危ない』1994年　ごま書房
36　依田薫著『日本の許認可制度のすべて』1993年　日本実業出版社

37　行政手続法自治体実務研究会編著『行政手続法実務の手引』1995年　第一法規
38　総務庁行政管理局編『データブック行政手続法1995年版』1995年　第一法規

○行政許認可手続と紛争解決をめぐる参考文献

『行政許認可手続と紛争解決の実務と書式』

行政許認可手続紛争解決研究会編　平成22年　民事法研究会

本書の大きな特色は、第1に、許認可の手続に関して、申請からその後の紛争（不服審査および行政事件訴訟）に至るまでの一連の流れを1つの章の中で連続的に解説されている点にあり、第2に、その章立てが、開発関係や風俗営業法関係など、類型的な事例ごとにいわば縦割りとして構成されていることである。〔中略〕

また、法的問題に関しては、許認可申請手続に固有の紛争類型を中心に、その争訟方法を解説し、書式を掲載する構成となっている。特に、申請手続に関する病理現象ともいえる、申請を受理しない、申請の棚上げ（不作為）に関して、争訟手続に乗せるための最新の法理論が解説されるとともに、書式も、単なる形式的な書式にとどまらない、事案に応じた具体的な書式を掲載しており、争訟実務上、例をみない実践的な内容になっており、実務に利用してもらえば執筆者一同大きな喜びである。〔後略〕

〔本書の特色と利用の仕方〕より

目次

ブレイク

よく訓練された者にのみ
女神は微笑む

第 2 編

許認可業務の
ノウハウ&マニュアル

第1章　建設業の許可申請手続

第1節■建設業の許可申請・届出手続及び経営事項審査申請・届出手続

建設業の許可申請・届出手続及び経営事項審査申請・届出手続に必要な手引き及び様式集や記載例については、その許可事務等を所管する国土交通省や各都道府県庁のホームページなどで入手することが可能になりました。したがって、これらの手続をする場合には、そちらのホームページも併せて参考にしてください。

1　申請手続の着手時から終了時までの手順表

Ⅰ　申請者・希望業種・申請理由の確認

1　法人・個人の別　　株式・有限・合同・個人

2　営業所所在地　　＿＿＿＿＿都道府県＿＿＿＿＿市区町村

3　許可区分と業種

ア　新規・更新・業種の追加＿＿＿＿＿・営業所の変更（追加）・変更（＿＿＿＿＿）

イ　（大臣・知事）・（特定・一般）・（28業種のうち、＿＿＿＿＿＿＿＿＿＿）

4　申請理由　　請負・融資・独立・その他＿＿＿＿＿＿＿＿＿＿＿＿＿＿＿＿＿＿＿

5　商号・名称、代表者名、所在地、TEL、FAX

6　コメント（紹介者等）

Ⅱ　許可要件の説明・調整・確認

1　「経営業務の管理責任者」の要件と常勤性を説明し、調整・確認

2　「専任技術者」の要件と常勤性を説明し、調整・確認

3　「主任技術者（国家資格者）」の要件と常勤性を説明し、調整・確認

4　「令第3条の使用人（営業所長等）」の要件と常勤性を説明し、調整・確認

5　「自己資本の額500万円以上」の要件を説明し、調整・確認

6　「営業所」の要件を説明し、調整・確認

7　コメント

Ⅲ　その他

1　過去の建設業登録または建設業許可の有無及び宅建業等の兼業の有無を確認
2　許可までの申請者・当事務所・他官庁・所管行政庁のスケジュール調整・確認
3　許可手数料・手続報酬・印鑑類の説明
4　商業登記（本店・支店・目的・役員）変更手続の説明・確認
5　コメント

Ⅳ　仕事の段取り

1　手数料・手続報酬等全額受領
2　書類の収集・作成・捺印・製本（職印・証紙）・提出
3　事務所控えのコピーを取り☞ファイリング
4　申請者☞「許可申請書類の控え」送付
5　申請手続終了日から約１か月後に申請者へ許可確認☞業者票作成☞ファイリング
6　コメント

2　新規申請準備についてのご依頼（法人・個人）

＿＿＿＿＿＿＿＿＿＿御中

新規申請準備についてのご依頼

貴社にはできるだけご負担をおかけしないために、とりあえず下記✓印の書類のみをとりそろえてください。

1　監査役を除く役員全員の略歴書（エンピツ書き）　各1通
2　経営管理者の経営経験証明書　各3通
3　専任技術者の実務経験証明書・卒業証明書写し・免許証写し　各2通
4　直前1年分の完成工事（1年に10件位）と未成工事（3件位）
※　別紙の工事経歴書にエンピツでお書きになるか、工事内容がわかる契約書・見積書・請求書・領収書など、いずれかの帳簿類をお持ちください。
5　直前1年分の法人事業税の納税証明書（都道府県税事務所でとること）　1通
6　直前5〜7年分の確定申告書類の原本全部　各1部
7　定款の原本（写し）　1通
8　会社の登記事項証明書（目的欄に建設業が入っているか確認）　1通
9　従業員数　技術員　　人（内専任技術者　　人）・事務員　　人
10　株主名簿（定款又は確定申告書通りであるときは不要）　1通
11　取引金融機関（　　　　銀行　　　　信金　　　　支店）
12　前回の建設業許可申請書類の控及び他の営業許可（宅建業免許申請書類の控・電気工事業者登録申請書類の控・建築設計事務所登録申請書類等の控）
13　会社の横ゴム印、社印、会社実印
14　監査役を除く役員全員のみとめ印
（13・14の印鑑は、書類ができ次第改めてご連絡致しますので、そのときにご用意ください。）
15　都道府県許可申請手数料（収入証紙代等）　9万円

上記書類のうち、とりそろえることが困難なものについては、当事務所へお気軽にお申し付けください。

（建設業種一覧表）

1 土木工事業(土)	8 電気工事業(電)	15 板金工事業(板)	22 電気通信工事業(通)
2 建築工事業(建)	9 管工事業(管)	16 ガラス工事業(ガ)	23 造園工事業(園)
3 大工工事業(大)	10 タイル・れんが ブロック工事業(タ)	17 塗装工事業(塗)	24 さく井工事業(井)
4 左官工事業(左)	11 鋼構造物工事業(鋼)	18 防水工事業(防)	25 建具工事業(具)
5 とび・土工工事業(と)	12 鉄筋工事業(筋)	19 内装仕上工事業(内)	26 水道施設工事業(水)
6 石工事業(石)	13 ほ装工事業(ほ)	20 機械器具設置工事業(機)	27 消防施設工事業(消)
7 屋根工事業(屋)	14 しゅんせつ工事業(しゅ)	21 熱絶縁工事業(絶)	28 清掃施設工事業(清)

建設業新規準備法人

御中

新規申請準備についてのご依頼

貴事業所にはできるだけご負担をおかけしないために、とりあえず下記✓印の書類のみをとりそろえてください。

1　事業主の略歴書（エンピツ書き）　各1通
2　経営管理者の経営経験証明書　各2通
3　専任技術者の実務経験証明書・卒業証明書写し・免許証写し　各2通
4　直前1年分の完成工事（1年に10件位）と未成工事（3件位）
※　別紙の工事経歴書にエンピツでお書きになるか、工事内容がわかる契約書・見積書・請求書・領収書など、いずれかの帳簿類をお持ちください。
5　直前1年分の個人事業税の納税証明書（都道府県税事務所でとること）　1通
6　直前5～7年分の確定申告書類の原本全部　各1部
7　従業員数　技術員　　人（内専任技術者　　人）・事務員　　人
8　取引金融機関（　　　　銀行　　　　信金　　　　支店）
9　前回の建設業許可申請書類の控及び他の営業許可（宅建業免許申請書類の控・電気工事業者登録申請書類の控・建築設計事務所登録申請書類等の控）
10　店舗の横ゴム印　┐10・11の印鑑は、書類ができ次第改めてご連絡
11　事業主のみとめ印┘致しますので、そのときにご用意ください。
12　都道府県許可申請手数料（収入証紙代等）　9万円

上記書類のうち、とりそろえることが困難なものについては、当事務所へお気軽にお申し付けください。

（建設業種一覧表）

1 土木工事業(土)	8 電気工事業(電)	15 板金工事業(板)	22 電気通信工事業(通)
2 建築工事業(建)	9 管工事業(管)	16 ガラス工事業(ガ)	23 造園工事業(園)
3 大工工事業(大)	10 タイル・れんが ブロック工事業(タ)	17 塗装工事業(塗)	24 さく井工事業(井)
4 左官工事業(左)	11 鋼構造物工事業(鋼)	18 防水工事業(防)	25 建具工事業(具)
5 とび・土工工事業(と)	12 鉄筋工事業(筋)	19 内装仕上工事業(内)	26 水道施設工事業(水)
6 石工事業(石)	13 ほ装工事業(ほ)	20 機械器具設置工事業(機)	27 消防施設工事業(消)
7 屋根工事業(屋)	14 しゅんせつ工事業(しゅ)	21 熱絶縁工事業(絶)	28 清掃施設工事業(清)

建設業新規準備個人

3　建設業事業年度終了報告書の提出についてのお願い（法人・個人）

建設業事業年度№１　　　　報告案内・法人

平成　　年　　月　　日

＿＿＿＿＿＿＿＿＿＿＿御中

更新はＨ　　年　　月ですが、それまでにこの手続をしておく必要があります。準備でき次第ご返送ください。

企業の安全と発展を共に考える
営業許認可手続の専門家
埼玉県越谷市東越谷７丁目134番地１
後　藤　紘　和　事　務　所
TEL　048（965）5154
FAX　048（965）5158
URL　http://www.officegoto.jp
EML　houmu@officegoto.jp
PBLO　担当者＿＿＿＿＿＿＿＿

建設業事業年度終了報告書の提出についてのお願い

建設業許可については、建設業法により、毎事業年度終了後４か月以内に「事業年度終了報告書」を提出することが規定されております。

この報告書を提出していないと、５年毎の許可更新手続がかなり面倒になりますので、毎年の決算期毎に報告書を提出されるようお勧め致します。

つきましては、この報告書を提出するために下記書類等を取りそろえていただきたく、よろしくお願い申し上げます。

同封した書類の必要箇所に捺印の上、☑印の書類と一緒にご返送してください。

記

□１　建設業事業年度終了報告書（捺印願います）　２　通

□２　直前＿＿年分の工事経歴書（別紙にエンピツ等で記入するか、請求書又は工事台帳等のコピーでも結構です）

□３　直前＿＿年分の確定申告決算書のうち、下記書類のコピー　１　部
　①決算報告書（貸借対照表・損益計算書（販売費及び一般管理費の内訳書含む）・完成工事原価報告書・株主資本等変動計算書・注記表）
　②固定資産減価償却内訳明細書及び③役員報酬及び人件費の内訳書

□４　直前＿＿年分の法人事業税の納税証明書（捺印願います）　１　通
　（納税証明書は当事務所でとります）

□５　前回までの許可申請書類（「事業年度終了報告書」を含む）のファイル

□６　貴社の横ゴム印、前回使用した貴社の代表取締役印

□７　手数料＿＿＿＿＿円×＿＿年分＝

上記書類の中で不明なものについては、お問い合わせください。
準備が済み次第、お電話くださるようお願い申し上げます。

建設業事業年度№２　報告案内・個人

平成　　年　　月　　日

＿＿＿＿＿＿＿＿＿＿御中

更新はＨ　　年　　月ですが、それまでにこの手続をしておく必要があります。準備でき次第ご返送ください。

企業の安全と発展を共に考える
営業許認可手続の専門家
埼玉県越谷市東越谷７丁目134番地１
後　藤　紘　和　事　務　所
TEL　048（965）5154
FAX　048（965）5158
URL　http://www.officegoto.jp
EML　houmu@officegoto.jp
PBLO 担当者＿＿＿＿＿＿＿＿

建設業事業年度終了報告書の提出についてのお願い

建設業許可については、建設業法により、毎事業年度終了後４か月以内に「事業年度終了報告書」を提出することが規定されております。

この報告書を提出していないと、５年毎の許可更新手続がかなり面倒になりますので、毎年の決算期毎に報告書を提出されるようお勧め致します。

つきましては、この報告書を提出するために下記書類等を取りそろえていただきたく、よろしくお願い申し上げます。

同封した書類の必要箇所に捺印の上、☑印の書類と一緒にご返送してください。

記

□１　建設業事業年度終了報告書（捺印願います）　２　通

□２　直前＿＿年分の工事経歴書（別紙にエンピツ等で記入するか、請求書又は工事台帳等のコピーでも結構です）

□３　直前＿＿年分の青色申告決算書又は白色申告収支内訳書の全面コピー　１　部

□４　直前＿＿年分の法人事業税の納税証明書（捺印願います）　１　通
（納税証明書は当事務所でとります）

□５　前回までの許可申請書類（「事業年度終了報告書」を含む）のファイル

□６　貴店の横ゴム印、前回使用した貴店の代表者印

□７　手数料＿＿＿＿＿＿円×＿＿年分＝

上記書類の中で不明なものについては、お問い合わせください。
準備が済み次第、お電話くださるようお願い申し上げます。

4　建設業許可更新のお知らせと更新準備についてのご依頼(法人・個人)

建設業更新№ 1　　　　許可更新案内・法人

平成　　年　　月　　日

＿＿＿＿＿＿＿＿＿＿＿＿＿御中

企業の安全と発展を共に考える
営業許可手続の専門家
埼玉県越谷市東越谷7丁目134番地1
後　藤　紘　和　事　務　所
TEL　048（965）5154
FAX　048（965）5158
URL　http://www.officegoto.jp
EML　houmu@officegoto.jp
PBLO 担当者 ＿＿＿＿＿＿＿＿

建設業許可更新のお知らせと更新準備についてのご依頼

拝啓　ますますご隆盛のこととお慶び申し上げます。日ごろは格別のご愛顧を賜り、ありがたく厚く御礼申し上げます。

さて、前回、当事務所が貴社からご依頼された建設業許可の有効期間は、来る　　年　月　　日をもって満了いたします。

つきましては、許可更新手続のために、さしあたり下記事項についてお手配をいただきたく存じます。

なお、更新手続をしないで許可を切らしますと、後日許可が必要になったときに、手続がかなり面倒になり、手数料等も相当高額になる場合がありますので、念のために申し添えます。

敬　具

□1　各業種毎に、直前＿＿年度分の完成工事と未成工事を、各年度毎に約10件ずつ同封の「工事経歴書」にエンピツ等で記入するか、パソコン等で出力したものをご用意ください。

□2　直前＿＿年度分の確定申告決算書類の中の

　（決　算　報　告　書の写し　1部
　　固定資産減価償却内訳明細書の写し　1部
　　役員報酬及び人件費の内訳書の写し　1部）

□3　前回の建設業の許可申請書類（「事業年度終了報告書」を含む。）の控

□4　都道府県許可更新申請手数料（収入証紙代等）　5万円

□5　貴社の横ゴム印、前回使用した貴社の代表取締役印

□6　監査役を除く役員全員のみとめ印

お願い　前回の許可更新時から現在までに、「経営業務の管理責任者」及び「専任技術者」並びに会社の登記事項（役員等）に変更があったときには、あらかじめ当事務所へご連絡ください。

上記書類のうち、とりそろえることが困難なものについては、当事務所へお気軽にお申し付けください。

なお、準備が済み次第、お電話くださるようお願い申し上げます。

建設業更新№.2　　　　　　　　　　　　　　　　　　　　許可更新案内・個人

平成　　年　　月　　日

＿＿＿＿＿＿＿＿＿＿御中

企業の安全と発展を共に考える
営業許認可手続の専門家
埼玉県越谷市東越谷7丁目134番地1
後藤紘和事務所
TEL　048（965）5154
FAX　048（965）5158
URL　http://www.officegoto.jp
EML　houmu@officegoto.jp
PBLO 担当者＿＿＿＿＿＿＿＿

建設業許可更新のお知らせと更新準備についてのご依頼

拝啓　ますますご隆盛のこととお慶び申し上げます。日ごろは格別のご愛顧を賜り、ありがたく厚く御礼申し上げます。

さて、前回、当事務所が貴社からご依頼された建設業許可の有効期間は、来る　　年　　月　　日をもって満了いたします。

つきましては、許可更新手続のために、さしあたり下記事項についてお手配をいただきたく存じます。

なお、更新手続をしないで許可を切らしますと、後日許可が必要になったときに、手続がかなり面倒になり、手数料等も相当高額になる場合がありますので、念のために申し添えます。

敬　具

□1　各業種毎に、直前＿＿年度分の完成工事と未成工事を、各年度毎に約10件ずつ同封の「工事経歴書」にエンピツ等で記入するか、パソコン等で出力したものをご用意ください。

□2　直前＿＿年度分所得税青色申告決算書等の4面全部の写し1部

□3　前回の建設業の許可申請書類（「事業年度終了報告書」を含む。）の控

□4　都道府県許可更新申請手数料（収入証紙代等）　5万円

□5　貴店の横ゴム印、前回使用した貴店の代表者印

お願い　前回の許可更新時から現在までに、「経営業務の管理責任者」及び「専任技術者」並びに名称・住所等に変更があったときには、あらかじめ当事務所へご連絡ください。

上記書類のうち、とりそろえることが困難なものについては、当事務所へお気軽にお申し付けください。

なお、準備が済み次第、お電話くださるようお願い申し上げます。

5 依頼先業者票

依 頼 先 業 者 票

F 番号		業者票番号	
営業種別			
許可番号			
営業所所在地 商号又は名称 代表者名・生年月日 電話番号 FAX番号	〒		
代表者住所			
紹介者・担当者			
申請年月日			
許可年月日			

営業種別		営業種別	
免許番号		免許番号	
免許年月日		免許年月日	

項目	内容
経営管理者	
専任技術者	資格 経験 その他
設立・資本金	設立 年 月 日・資本金
決算期	
完成工事高	
経常利益	

新規・更新・変更年月日	報酬額	新規・更新・変更年月日	報酬額
1 平成 年 月 日	¥	11 平成 年 月 日	¥
2 平成 年 月 日	¥	12 平成 年 月 日	¥
3 平成 年 月 日	¥	13 平成 年 月 日	¥
4 平成 年 月 日	¥	14 平成 年 月 日	¥
5 平成 年 月 日	¥	15 平成 年 月 日	¥
6 平成 年 月 日	¥	16 平成 年 月 日	¥
7 平成 年 月 日	¥	17 平成 年 月 日	¥
8 平成 年 月 日	¥	18 平成 年 月 日	¥
9 平成 年 月 日	¥	19 平成 年 月 日	¥
10 平成 年 月 日	¥	20 平成 年 月 日	¥

6　建設業経営事項審査・入札参加資格審査申請手続準備ご依頼書

＿＿＿＿＿＿＿＿＿＿＿＿＿＿御中

建設業経営事項審査・入札参加資格審査申請手続準備ご依頼書

貴社にはできるだけご負担をおかけしないために、とりあえず下記✓印の書類のみを、各１部ずつとりそろえてください。

Ⅰ　経営事項審査（経営状況分析）申請手続関係

□１　前回の建設業経営事項審査申請書類及び入札参加資格審査申請書類の控え　□

□２　申請日現在有効な、建設業許可の通知書または証明書（原本）　□

□３　最初に受けた建設業許可（登録）の通知書または証明書（写し可）　□

□４　最新の建設業許可申請書類の控え全部（都道府県庁の受付印確認）　□

□５　直前３年分の確定申告書類の控え全部（税務署の受付印確認）　□

□６　「工事経歴書」…ア建設工事の種類別に、イ直前３年分の各営業年度ごとに、ウ請負代金の合計額がその業種の１年分の完成工事高の７割以上になるようにエンピツで記入します。　□

□７　建設工事の種類ごとの、技術者の資格証書・卒業証書の写し及び略歴書（実務経験者のみ、認め印確認）　□

□８　建設業に従事する全職員についての――直前決算年度の社会保険被保険者標準報酬決定（改定）通知書・各人の採用時の社会保険被保険者資格取得確認及び標準報酬決定通知書の原本（社会保険事務所の受付印確認）　□

□９　労働条件等証明書（埼玉県経営事項審査申請用）（別紙用紙）　□

□10　常勤の役員（監査役は除きます）数＿＿人・建設業に従事する使用人数＿＿人（内技術者＿＿人）・小計＿＿人、兼業事業に従事する使用人数＿＿人、合計＿＿人　□

□11　経営事項審査受付日等連絡票（はがき）　□

□12　横ゴム印、代表取締役印、＿＿＿＿＿の認め印　□

□13　経営分析手数料と経営事項審査申請手数料等（概算）　□

１業種　24,940円、４業種　32,440円　（注）以下１業種増えるごとに
２業種　27,440円、５業種　34,940円　　　2,500円加算になります。
３業種　29,940円、６業種　37,440円

□○　その他の書類 □

※これから下の書類は、該当する場合にのみとりそろえてください。

以下の書類では、貴社の決算日に保険等に加入していることを確認します。

□14　雇用保険加入を確認できる次のいずれかの書類 □

労働保険（雇用保険分のみ）の領収済通知書、確定保険料申告書の控え、労働保険事務組合の労働保険料等納入通知書とその領収書

□15　建設業退職金共済事業加入・履行証明書 □

□16　退職一時金制度の導入が確認できる次のいずれかの書類 □

ア　労働協約書、イ　就業規則（10人以上の労働者で、労働基準監督署の受付印要）、ウ　中小企業退職金共済事業団の加入証明書または共済契約書、エ　特定退職金共済団体の加入証明書または共済契約書

□17　企業年金制度の導入が確認できる次のいずれかの書類 □

ア　厚生年金基金の加入証明書、イ　適格退職金契約の契約書、ウ　保険会社との協定書・保険会社からの通知書などで適格退職金契約である旨が表示されているもの

□18　法定外労働災害補償制度への加入を確認できる次のいずれかの書類 □

ア　㈶建設業福祉事業団、イ　㈳全国建設業労災互助会、ウ　民間の保険会社等の加入証明書・保険証券・加入者証

□19　建設業経理事務士等数を確認できる次のいずれかの書類 □

ア　建設業経理事務士の合格証書（１級（全科目)、２級）

イ　公認会計士・会計士補・税理士の資格証またはこれらの資格者になれることを証する書類（いずれも従業員であること）

II　建設工事入札参加資格審査申請手続関係

□１　ご希望の入札参加都道府県庁名＿＿＿＿・＿＿＿＿・＿＿＿＿ □

□２　ご希望の入札参加市区町村名＿＿＿＿・＿＿＿＿・＿＿＿＿・＿＿＿＿

＿＿＿＿・＿＿＿＿・＿＿＿＿・＿＿＿＿

＿＿＿＿・＿＿＿＿・＿＿＿＿・＿＿＿＿ □

□３　受注希望工事名（５業種以内）＿＿＿＿・＿＿＿＿・＿＿＿＿

＿＿＿＿・＿＿＿＿・＿＿＿＿ □

□４　建設業労働災害防止協会加入証明書の写し □

□５　会社の登記事項証明書 □

□６　住民票・身分（元）証明書 □

上記書類のうち、とりそろえることが困難なものについては、当事務所へお気軽にお申し付けください。

7 書類審査をスムーズに通すためのチェックリスト —建設業大臣・知事許可（新規・許可換・更新）共通—

建設業の許可を取得するためには、申請する建設業者が許可要件に該当していること、欠格条項に該当していないことのほかに、申請書類の内容が建設業法に違反していないことが要求されます。

そこでここでは、建設業法に違反せず、かつ申請書類相互間に矛盾が生じないようにするための書類作成上のチェックリストを掲載します。なお、このチェックリスト中の様式番号は、「建設業法施行規則の様式番号」です。

⑴　様式第１号……財務諸表の損益計算書に、完成工事高以外の売上高が計上されているにもかかわらず、この書類の項番[1][4]に兼業業種名の記入漏れがないかどうか。

⑵　別紙１……「役員（業務を執行する社員、取締役、執行役又はこれらに準ずる者）の氏名及び役名等」欄中、役員の常勤・非常勤の区別が、直前１年分の決算書類付属の「役員報酬手当等及び人件費の内訳書」の当該記載事項と一致しているかどうか。

⑶　様式第２号……直前１年分の請負代金の合計額が損益計算書上の完成工事高の所定の割合に達しているかどうか。一般建設業の許可申請の場合、１件の建設工事の請負代金が建築一式工事で4,500万円、その他の工事で3,000万円を超えていないかどうか*。

＊　建設業許可業者が元請工事の一部を下請に出すときに、その下請代金の合計額が3,000万円（建築一式工事の場合は4,500万円）以上になる場合には、その元請業者は「特定建設業」の許可を受けなければならないこととする規定（法第２条）に抵触していないかどうか、その請負工事の実態について説明を求められる場合があります。

⑷　様式第３号……「各事業年度における工事施工金額の合計額」が各事業年度の損益計算書上の「完成工事高」とそれぞれ一致しているかどうか。

⑸　様式第４号……技術関係使用人数は完成工事原価報告書上の「Ⅳ経費（うち人件費）」の金額に、事務関係使用人数は損益計算書上の「⑶販売費及び一般管理費の中の従業員給料手当」の金額にそれぞれ対応しているかどうか。

⑹　様式第７号……「経営業務の管理責任者」が許可の基準に適合していることを証明するための裏付け資料として、次の書類を提出・提示します。

ア　住民票抄本（発行後３か月以内のもの）

イ　常勤性を証明するものとして許可行政庁が求める書類の写しと原本

ウ　役職名及び経験年数を証明するものとして許可行政庁が求める書類

エ　法第７条第１号イ又はロの期間を証明するものとして許可行政庁が求める書類

注１　許可を受けようとする建設業に関して、７年以上経営業務を補佐した経験を証明するためには、さらに許可行政庁が定める裏付け資料の提出・提示を求められる場合があります。

注２　「経営業務の管理責任者」が他の会社の代表取締役や取締役に就任している場合等、許可申請会社（事業所）以外に兼業・兼務・兼職がある時には、さらに①常勤していない会社名義の非常勤証明書（本稿末尾文例参照）、②常勤する旨の本人名義の誓約書（本稿末尾文例参照）を要求されることがあります。

注３　全国の「経営業務の管理責任者」のデーターは、すべて国土交通省のホストコンピューターで管理されていますので、許可申請時点でその経営管理者が専任可能かどうか、各都道府県のオンラインパソコン端末機により即時に調査・判断されます。したがって、許可申請者は事前に、経営管理者本人が他の建設業許可業者（法人・個人問わず）の「経営業務の管理責任者」として登録されていないかどうか必ず確認してください。

⑺　様式第８号……「専任技術者」が許可の基準に適合していることを証明するための裏付け資料として、次の書類を提出・提示します。

ア　住民票抄本（発行後３か月以内のもの）

イ　常勤性を証明するものとして許可行政庁が求める書類の写しと原本

ウ　技術者の要件が国家資格者等の場合は、合格証・免許証等の写しを添付し、かつ、原本を提示し照合を受けます。

なお、第２種電気工事士、電気主任技術者及び技能検定２級合格者等は、必要期間分の実務経験証明書を添付します。

注　全国の「専任技術者」のデーターは、すべて国土交通省のホストコンピューターで管理されていますので、許可申請時点でその技術者が専任可能かどうか、各都道府県のオンラインパソコン端末機により即時に調査・判断されます。したがって、許可申請者は事前に、技術者本人が他の建設業許可業者（法人・個人問わず）の「専任技術者」として登録されていないかどうか必ず確認してください。

⑻　様式第９号……専任技術者の「実務経験証明書」の内容が許可の基準に適合していることを証明するための裏付け資料として、次の書類を提出・提示します。

ア　実務経験の内容を裏付けるものとして許可行政庁が求める書類

イ　証明期間の常勤（又は営業）を証明するものとして許可行政庁が求める書類

⑼　様式第12号……現住所・氏名・生年月日は住民票の、職名は会社の登記事項証明書の役員欄の、職歴のうち経営経験・実務経験に係るところは様式第７号・様式第８号の記載事項にそれぞれ一致していること。

⑽　様式第14号……株主（出資者）名・所有株数又は出資の価額等が、決算書類中の「株式数等の明細書」の記載事項に一致しているかどうか。

⑾　様式第16号中［完成工事原価報告書］……Ⅲ外注費以外のⅠ材料費等の金額がまったく計上されていない場合には、一括下請負の禁止（法第22条）の規定に違反している疑いをもたれるので注意すべきです。

⑿　様式第20号……営業の沿革は、会社の登記事項証明書上の登記事項や建設業許可の経歴に基づいて正しく記載されているかどうか。

⒀　様式第22号……主要取引金融機関名は、決算書類中の「勘定科目内訳書」の中の、「預貯金等の内訳書」や「借入金及び支払利子の内訳書」の記載事項に基づいているかどうか。

⒁　納税証明書……新規の許可申請時点の直前１年間に確定申告をしていない場合には、１年分の決算報告書を含む確定申告書を作成して都道府県税事務所へ提出した後、法人事業税または個人事業税の納税証明書を交付申請します。

⒂　許可を申請する会社（事業所）が、既に宅地建物取引業の免許を受けていたり、建築士事務所の登録・電気工事業の登録等をしている場合には、書類審査の段階でそれらの申請書類と照合されることがありますので、許可申請書とそれらの書類の内容に矛盾がないかどうか、事前に確認してください。

⒃　始末書……建設業者が新規に許可申請をする場合、その申請者（法人・個人）自身が過去に無許可で建設業を営んでいたときには、このことに対する下記文例のような始末書を提出します。

始末書（文例）

当社（私）儀、このたび建設業の許可申請をするにあたり、平成○年○○月○○日から平成○年○○月○○日までの間*、現建設業法の許可を受けずに建設業を営んでいたことは誠に申し訳ありません。

つきましては、今後このようなことのないよう十分注意しますので、何とぞよろしくお願い申し上げます。

＊　期間はその申請者が建設業を開始した日から申請日前日までとします。

⒄　建設業の許可更新申請書の受付窓口では、前回の許可申請時点から今回の許可更新申請時点までに提出されたすべての申請書類や変更届に基づいて書類審査を行います。

したがって、法第５条第１号から第４号までに掲げる事項に変更があったにもかかわらず、所定の変更手続をしていない場合には、事前にまたは許可更新手続と同時に変更届出書を提出してください。

なお、変更届の控えを紛失して変更手続をしたかどうかわからなくなった等の場合には、当該都道府県庁の「建設業者提出書類閲覧所」で自社の申請書類を閲覧してください。

⒅　万が一、何らかの理由により更新期限（許可の有効期間が満了する1か月前）までに更新手続をすることが不可能になった場合には、できるだけ早めに許可担当窓口に事情を説明して指示を受けてください。

⒆　建設業の許可更新申請にあたり、過去5年の間に1年以上建設請負工事の実績がない場合には、「許可を受けてから1年以内に営業を開始せず、又は引き続いて1年以上事業を休止したときには、許可を取り消さなければならない」とする規定（法第29条3号）に該当しないことを説明するために、その年度分の「営業概要書」（本稿末尾文例参照）を求められる場合があります。

常勤である旨の念書（文例）

当社の経営業務管理責任者及び専任技術者については、下記の通りであることを連名をもって念書します。

記

1　経営業務管理責任者である○○○○は、常勤の役員である。

2　専任技術者である○○○○は、専任の技術者である。

○○都道府県知事○○○○　様

平成○○年○○月○○日

経営業務管理責任者	住所	○○都道府県○○市○○町○○番地
	氏名	○○○○　㊞
専任技術者	住所	○○都道府県○○市○○町○○番地
	氏名	○○○○　㊞
許可申請者	所在地	○○都道府県○○市○○町○○番地
	商号または名称	株式会社○○○○
	代表者氏名	代表取締役　○○○○　㊞

注　この念書には、経営業務管理責任者、専任技術者及び許可申請者それぞれの実印を押印し、かつ「印鑑証明書」を添付します。

非常勤証明書（文例）

代表取締役　○○○○

上記の者は、平成○○年○○月○○日から、当社の非常勤代表取締役であることを証明致します。

平成○○年○○月○○日

所在地	○○都道府県○○市○○町○○番地
商号または名称	株式会社○○○○
代表者氏名	代表取締役　○○○○　㊞

誓約書（文例）

私は下記の法人の代表取締役になっておりますが、その法人の日常業務は下記の者に任せて、本申請に係る建設業に専念することを誓約致します。

記

代表取締役となっている法人			日常業務の執行者	
法人名	所在地	業種	役職名	氏名
(有)○○工業	○○県○○市○○町○−○−○	電気部品の組立業	専務取締役	○○　○○

平成○○年○○月○○日

住所　○○県○○市○○町○○番地

氏名　○○　○○　㊞

営業概要書（文例）

○○都道府県知事○○○○　様

当社（当事業所）儀、この度建設業の許可更新申請をするにあたり、平成○○年○○月○○日から平成○○年○○月○○日までの間、下記の建設工事について営業及び見積り行為をし、もって積極的な契約の誘因等の請負契約の準備的行為あるいは前提行為（建設業法第29条３号関係）をなしましたが、契約には至りませんでした。

つきましては、今後も建築工事の受注ができるように努めますので、本許可更新申請にあたりましては、よろしくご配慮くださるようお願い申し上げます。

記

	（見積り年月）	（発注者）	（工事名）	（見積り金額）
1	平成○○年○○月	○　○　○　○	○○邸新築工事	16,240千円
		（契約金額の合意ができなかったため契約不能）		
2	平成○○年○○月	○　○　○　○	○○邸新築工事	7,350千円
		（銀行ローンが組めなかったため契約不能）		
3	平成○○年○○月	○　○　○　○	○○邸新築工事	22,500千円
		（家族に不幸があったため契約不能）		

平成○○年○○月○○日

許可申請者　所　在　地　○○都道府県○○市○○町○○番地
商号または名称　株式会社　○　○　○　○
代表者氏名　代表取締役　○○○○　㊞

⒇　直前１年分の納税証明書中に「納付未済額」がある場合には、下記文例のような「納税計画書」を提出します。

納税計画書（文例）

当社（当事業所）儀、この度建設業の許可更新申請をするにあたり、法人事業税（個人事業税）金442,500円について、会社（事業所）の資金繰りが厳しく納付期限を過ぎた現在まで納付しておりません。

つきましては、資金繰りが好転する本年12月上旬には全額納付できると思われますので、この旨「納税計画書」をもって報告いたします。

平成○○年○○月○○日

許可申請者　所　在　地　○○都道府県○○市○○町○○番地
商号または名称　株式会社　○　○　○　○
代表者氏名　代表取締役　○○○○　㊞

8　建設業許可申請手続に着手する前に習得すべき重要な国土交通省通達等一覧

1　建設業法の一部を改正する法律の施行及び運用について〔昭和47年3月18日建設省計建発第45号〕　最終改正　平成7年6月20日建設省経建発第146号

2　建設業法に基づく許可事務の取扱いについて〔昭和47年3月18日建設省計建発第54号〕　最終改正　平成6年12月28日建設省経建発第394号

3　建設業法施行規則の一部を改正する省令の施行に伴う建設業の許可事務の取扱いについて〔昭和62年3月20日建設省計建発第54号〕　最終改正　平成8年6月27日建設省経建発第152号

4　建設業許可事務ガイドラインについて〔平成13年4月3日国総建第97号〕　最終改正　平成14年10月1日国総建第251号

5　建設大臣による建設業の許可の基準及び標準処理期間の公表等について〔平成6年9月30日建設省経建発第289号〕　最終改正　平成12年12月4日建設省計建発第230号

6　国土交通大臣に係る建設業許可の基準及び標準処理期間について〔平成13年4月3日国総建第99号〕　最終改正　平成19年3月30日国総建第395号

◆

注1　上記3の旧建設省の通達「建設業法施行規則の一部を改正する省令の施行に伴う建設業の許可事務の取扱いについて」は、上記4の国土交通省の通達「建設業許可事務ガイドラインについて」に引継がれた。

注2　上記5の旧建設省の通達「建設大臣による建設業の許可の基準及び標準処理期間の公表等について」は、省庁再編にともない、上記6の国土交通省の通達「国土交通大臣に係る建設業許可の基準及び標準処理期間について」に引継がれた。

注3　本一覧の通達等の全文については、建設業法研究会編『改訂25版建設業関係法令集』2008年　大成出版社刊を参照されたい。

9　建設業者の合併及び会社分割等に係る国土交通省通達等一覧

1　建設業者の合併に係る建設業法上の事務取扱いの円滑化等について〔平成20年3月10日国総建第309号〕

2　建設業の譲渡に係る建設業法上の事務取扱いの円滑化等について〔平成20年3月10日国総建第311号〕

3　建設業者の会社分割に係る建設業法上の事務取扱いの円滑化等について〔平成20年３月10日国総建第313号〕

4　経営再建中の建設業者に係る建設業法上の事務の取扱いについて〔平成12年６月１日建設省経建発第111号〕

5　会社更生手続開始の申立て等を行った建設業者に係る経営事項審査の取扱いについて〔平成20年３月10日国総建第315号〕

6　建設業者の営業譲渡又は会社分割に係る主任技術者又は監理技術者の直接的かつ恒常的な雇用関係の確認の事務取扱いについて〔平成13年５月30日国総建第155号〕

7　建設業者の経営統合等に伴う入札参加資格の設定について〔平成14年８月５日総行行第119号・国総建第211号〕

◆

注　本一覧の通達等の全文については、建設業法研究会編『改訂25版建設業関係法令集』2008年大成出版社刊を参照されたい。

別表１　建設業許可及び経営事項審査事務都道府県主管課一覧表

都道府県名	主管課	郵便番号	所在地	電話番号
北海道	建設部建設管理局建設情報課	060-8588	札幌市中央区北三条西６丁目	011(231)4111(代)
青森県	県土整備部監理課	030-8570	青森市長島１丁目１番１号	017(722)1111(代)
岩手県	県土整備部建設技術振興課	020-8570	盛岡市内丸10番１号	019(629)5954
宮城県	土木部事業管理課	980-8570	仙台市青葉区本町３の８の１	022(211)3116
秋田県	建設交通部建設管理課	010-8570	秋田市山王４丁目１番１号	018(860)2421
山形県	県土整備部建設企画課	990-8570	山形市松波２の８の１	023(630)2402
福島県	土木部技術管理課	960-8670	福島市杉妻町２の16	024(521)7460
茨城県	土木部監理課	310-8555	水戸市笠原町978番６号	029(301)4334
栃木県	県土整備部監理課	320-8501	宇都宮市塙田１の１の20	028(623)2386
群馬県	県土整備部建設企画課	371-8570	前橋市大手町１の１の１	027(223)1111(代)
埼玉県	県土整備部建設管理課	330-9301	さいたま市浦和区高砂３の15の１	048(830)5170
千葉県	県土整備部建設・不動産業課	260-8667	千葉市中央区市場町１番１号	043(223)3237
東京都	都市整備局市街地建築部建設業課	163-8001	新宿区西新宿２－８－１第２本庁舎	03(5321)1111(代)
神奈川県	県土整備局建築住宅部建設業課	231-8588	横浜市中区日本大通１	045(640)6301
新潟県	土木部監理課	950-8570	新潟市中央区新光町４番地１	025(280)5384
山梨県	県土整備部県土整備総務課	400-8501	甲府市丸の内１の６の１	055(223)1671
長野県	建設部建設政策課	380-8570	長野市大字南長野字幅下692の2	026(235)7291
富山県	土木部建設技術企画課	930-8501	富山市新総曲輪１の７	076(444)3316
石川県	土木部監理課	920-8580	金沢市鞍月１の１	076(225)1711
岐阜県	県土整備部建設政策課	500-8570	岐阜市藪田南２の１の１	058(272)8504
静岡県	交通基盤部建設支援局建設業課	420-8601	静岡市葵区追手町９の６	054(221)3058
愛知県	建設部建設業不動産業課	460-8501	名古屋市中区三の丸３の１の２	052(954)6503
三重県	県土整備部建設業室	514-8570	津市広明町13	059(224)2660
福井県	土木部土木管理課	910-8580	福井市大手３の17の１	0776(20)0468
滋賀県	土木交通部監理課	520-8577	大津市京町４丁目１の１	077(528)4114
京都府	建設交通部指導検査課	602-8570	京都市上京区下立売通新町西入藪の内町	075(414)5222
大阪府	住宅まちづくり部建築振興課	540-0008	大阪市中央区大手前３の７の４	06(6944)9344
兵庫県	県土整備部県土企画局建設業課	650-8567	神戸市中央区下山手通５の10の１	078(362)9249
奈良県	土木部建設産業指導室	630-8501	奈良市登大路町30	0742(27)5429
和歌山県	県土整備部県土整備政策局技術調査課	640-8585	和歌山市小松原通１の１	073(441)3085
鳥取県	県土整備部県土総務課	680-8570	鳥取市東町１の220	0857(26)7347
島根県	土木部土木総務課	690-8501	松江市殿町１	0852(22)5183
岡山県	土木部監理課	700-8570	岡山市内山下２の４の６	086(226)7463
広島県	土木局建設産業課	730-8511	広島市中区基町10の52	082(513)3822
山口県	土木建築部監理課	753-8501	山口市滝町１番１号	083(933)3610
徳島県	県土整備部建設管理課	770-8570	徳島市万代町１の１	088(621)2535
香川県	土木部土木監理課	760-8570	高松市番町４の１の10	087(832)3507
愛媛県	土木部土木管理課	790-8570	松山市一番町４の４の２	089(912)2640
高知県	土木部建設管理課	780-8570	高知市丸の内１の２の20	088(823)9815
福岡県	建築都市部建築指導課	812-8577	福岡市博多区東公園７－７	092(643)3718
佐賀県	県土づくり本部建設・技術課	840-8570	佐賀市城内１の１の59	0952(25)7168
長崎県	土木部監理課	850-8570	長崎市江戸町２番13号	095(894)3015
熊本県	土木部監理課	862-8570	熊本市水前寺６の18の１	096(333)2485
大分県	土木建築部土木建築企画課	870-8501	大分市大手町３丁目１番１号	097(506)4516
宮崎県	県土整備部管理課	880-8501	宮崎市橘通東２の10の１	0985(26)7175
鹿児島県	土木部監理課	890-8577	鹿児島市鴨池新町10の１	099(286)3490
沖縄県	土木建築部土木企画課	900-8570	那覇市泉崎１の２の２	098(866)2384

別表2　建設業許可及び経営事項審査事務地方整備局等担当課一覧表

地方整備局等名	担当課	郵便番号	所在地	電話番号	所管区域	登録免許税の納入税務署
北海道開発局	事業振興部建設産業課	060-8511	札幌市北区北8条西2丁目 札幌第一合同庁舎	011-709-2311	北海道	札幌北税務署
東北地方整備局	建政部計画・建設産業課	980-8602	仙台市青葉区二日町9－15	022-225-2171	青森・岩手 宮城・秋田 山形・福島	仙台北税務署
関東地方整備局	建政部建設産業第一課	330-9724	さいたま市中央区新都心 2－1 さいたま新都心合同庁舎 2号館	048-601-3151	茨城・栃木 群馬・埼玉 千葉・東京 神奈川・山梨 長野	浦和税務署
北陸地方整備局	建政部計画・建設産業課	950-8801	新潟市中央区美咲町 1－1－1 新潟美咲合同庁舎1号館	025-280-8880	新潟・富山 石川	新潟税務署
中部地方整備局	建政部建設産業課	460-8514	名古屋市中区三の丸 2－5－1 名古屋合同庁舎第2号館	052-953-8572	岐阜・静岡 愛知・三重	名古屋中税務署
近畿地方整備局	建政部建設産業課	540-8586	大阪市中央区大手前 1－5－44 大阪合同庁舎第1号館	06-6942-1141	福井・滋賀 京都・大阪 兵庫・奈良 和歌山	東税務署
中国地方整備局	建政部計画・建設産業課	730-0013	広島市中区八丁堀2－15	082-221-9231	鳥取・島根 岡山・広島 山口	広島東税務署
四国地方整備局	建政部計画・建設産業課	760-8554	高松市サンポート3－33	087-851-8061	徳島・香川 愛媛・高知	高松税務署
九州地方整備局	建政部計画・建設産業課	812-0013	福岡市博多区博多駅東 2－10－7 福岡第2合同庁舎別館	092-471-6331	福岡・佐賀 長崎・熊本 大分・宮崎 鹿児島	博多税務署
沖縄総合事務局	開発建設部建設産業・地方整備課	900-0006	那覇市おもろまち 2－1－1 那覇第2地方合同庁舎2号館	098-866-0031	沖縄	那覇税務署

別表３　登録経営状況分析機関一覧表

Ⅰ　**財団法人建設業情報管理センター（CIIC）**

東日本支部

〒104-0045　東京都中央区築地２丁目11番24号　第29興和ビル７階

電話番号（地区担当）	FAX番号（地区担当）
北海道・東北 TEL 03-3544-6903	北海道　FAX 03-3544-6932 青森・秋田　FAX 03-3544-6933 岩手・福島　FAX 03-3544-6934 宮城・山形　FAX 03-3544-6935
関　東 TEL 03-3544-6901	東京　FAX 03-3544-6905 千葉・長野　FAX 03-3544-6906 神奈川・山梨　FAX 03-3544-6907 茨城・群馬　FAX 03-3544-6925 栃木・埼玉　FAX 03-3544-6926
中部・北陸 TEL 03-3544-6902	愛知　FAX 03-3544-6927 岐阜・三重　FAX 03-3544-6928 新潟・静岡　FAX 03-3544-6929 富山・石川　FAX 03-3544-6930

北海道事務所

〒060-0004　北海道札幌市中央区北４条西３丁目１番地　北海道建設会館６階

電話番号	FAX番号
TEL 011-222-2688	FAX 011-219-1822

西日本支部

〒540-0005　大阪府大阪市中央区上町Ａ番12号　上町セイワビル９階

電話番号（地区担当）	FAX番号（地区担当）
近　畿 TEL 06-6767-2801	大阪　FAX 06-6767-2805 兵庫　FAX 06-6767-2806 福井・滋賀・奈良　FAX 06-6767-2808 京都・和歌山　FAX 06-6767-2810
中国・四国 TEL 06-6767-2802	鳥取・香川　FAX 06-6767-2814 島根・山口　FAX 06-6767-2815 岡山　FAX 06-6767-2816 徳島・愛媛・高知　FAX 06-6767-2817 広島　FAX 06-6767-2818
九州・沖縄 TEL 06-6767-2803	長崎・熊本　FAX 06-6767-2819 大分・鹿児島　FAX 06-6767-2821 佐賀・宮崎・沖縄　FAX 06-6767-2823 福岡　FAX 06-6767-2825

九州事務所

〒812-0013　福岡県福岡市博多区博多駅東３丁目14番18号　福岡建設会館６階

電話番号	FAX 番号
TEL 092-483-2841	FAX 092-483-2846

II　**登録経営状況分析機関一覧表（平成24年10月１日現在）**

登録番号	機関の名称	事務所の所在地	電話番号
1	㈶建設業情報管理センター	東京都中央区築地２－11－24	03-5565-6131
2	㈱マネージメント・データ・リサーチ	熊本県熊本市京町本丁４－43	096-278-8330
4	ワイズ公共データシステム㈱	長野県長野市田町2120－１	026-232-1145
5	㈱九州経営情報分析センター	長崎県長崎市今博多町22	095-811-1477
7	㈲北海道経営情報センター	北海道札幌市白石区東札幌一条４－８－１	011-820-6111
8	㈱ネットコア	栃木県宇都宮市鶴田町２－５－24	028-649-0111
9	㈱経営状況分析センター	東京都大田区大森西３－31－８	03-5753-1588
10	経営状況分析センター西日本㈱	山口県宇部市北琴芝１－６－10	0836-38-3781
11	㈱日本建設業経営分析センター	福岡県北九州市小倉南区葛原本町６－８－27	093-474-1561

第２節■建設業者の自衛に役立つ行政処分と罰則の基礎知識

建設業者が、その営業に関し法令違反にあたる行為等をした場合には、「指示」、「営業の停止」、「許可の取消し」及び「営業の禁止」等の行政処分だけではなく、「過料」、「罰金」及び「懲役」等の行政罰も科されます。

建設業の許可申請手続等を通じて、それらの業者を顧客としている行政書士にとり、関与先業者から、より一層の信頼を得るためには、このような、建設業法上の行政処分と罰則について精通しておくことも、その重要な一手段です。

そこで、本稿を編集するにあたっては、建設業者に係る行政処分と罰則について、行政書士や建設業に携わる関係者が共に学べるように工夫をこらしました。

建設業の監督官庁の担当職員等による、**営業所等に対する立ち入り検査の際の建設業関**

係者の適切な対応によって、法令違反を摘発されずに、行政処分や行政罰を避けるための指針にしていただければ幸いです。

さらに、この論稿は、税理士、社会保険労務士、司法書士及び土地家屋調査士等他の法律関連職では既に業務として法定化されている、「行政不服審査請求の手続の代理」を、近い将来、行政書士も業とする事態に直面した場合をも想定して叙述してあります。

●建設業法（昭和24年５月24日法律第100号）（抄）

最終改正：平成24年８月１日法律第53号

＝報告及び検査＝

建設業者に対する行政処分や行政罰は、国土交通大臣や都道府県知事による、建設業者に対する業務等に関する報告命令、又は担当職員による、営業所等へ立ち入り帳簿書類その他の物件を検査することから、開始される場合が少なくない。そこで、まず始めに、「都道府県知事等による報告の徴収及び検査」に関する条文から掲げることとする。

（報告及び検査）

第31条　国土交通大臣は、建設業を営むすべての者に対して、都道府県知事は、当該都道府県の区域内で建設業を営む者に対して、特に必要があると認めるときは、**その業務、財産若しくは工事施工の状況につき、必要な報告を徴し、又は当該職員をして営業所その他営業に関係のある場所に立ち入り、帳簿書類その他の物件を検査させることができる。**

2　当該職員は、前項の規定により立入検査をする場合においては、その身分を示す証票を携帯し、関係人の請求があったときは、これを呈示しなければならない。

3　当該職員の資格に関し必要な事項は、政令で定める。

【罰則】　１項＝52条〔100万円以下の罰金〕53条〔両罰規定〕

第42条の２　中小企業庁長官は、中小企業者である下請負人の利益を保護するため特に必要があると認めるときは、**元請負人若しくは下請負人に対しその取引に関する報告をさせ、又はその職員に元請負人若しくは下請負人の営業所その他営業に関係のある場所に立ち入り、帳簿書類その他の物件を検査させることができる。**

2　前項の規定により職員が立ち入るときは、その身分を示す証票を携帯し、関係人の請求があったときは、これを提示しなければならない。

3　中小企業庁長官は、第1項の規定による報告又は検査の結果中小企業者である下請負人と下請契約を締結した元請負人が第19条の3〔不当に低い請負代金の禁止〕、第19条の4〔不当な使用資材等の購入強制の禁止〕、第24条の3〔下請代金の支払い〕第1項、第24条の4〔検査及び引渡し〕又は第24条の5〔特定建設業者の下請代金の支払期日等〕第3項若しくは第4項の規定に違反している事実があり、その事実が私的独占の禁止及び公正取引の確保に関する法律第19条〔不公正な取引方法の禁止〕の規定に違反していると認めるときは、公正取引委員会に対し、同法の規定に従い適当な措置をとるべきことを求めることができる。

4　中小企業庁長官は、前項の規定により措置をとるべきことを求めたときは、遅滞なく、当該元請人につき第3条第1項の許可をした国土交通大臣又は都道府県知事に、その旨を通知しなければならない。

【罰則】　1項＝52条〔100万円以下の罰金〕53条

〓行政処分〓

建設業者の営業に関し、各条文中に条番号のみで規定されている、**「行政処分」が科される法令違反にあたる行為名等**を知りたい場合には、後掲「行政罰」中の当該条番号の欄を参照されたい。

第5章　監督[※1]

（指示及び営業の停止）

第28条　国土交通大臣又は都道府県知事は、その許可を受けた建設業者が次の各号のいずれかに該当する場合又はこの法律の規定（第19条の3、第19条の4及び第24条の3から第24条の5までを除き、**公共工事の入札及び契約の適正化の促進に関する法律**（平成12年法律第127号。以下「入札契約適正化法」という。）第13条〔施工体制台帳の提出等〕第3項の規定により読み替えて適用される第24条の7〔施工体制台帳及び施工体系図の作成等〕第4項を含む。第4項において同じ。）、入札契約適正化法第13条第1項若しくは第2項の規定若しくは**特定住宅瑕疵担保責任の履行の確保等に関する法律**（平成19年法律第66号。以下この条において「履行確保法」という。）第3条〔住宅建設瑕疵担保保証金の供託等〕第6項、第4条〔住宅建設瑕疵担保保証金の供託等の届出等〕第1項、第7条〔住宅建設瑕疵担保保証金の不足額の供託〕第2項、第8条〔住宅建設瑕疵担保保証金の保管替え等〕第1項若しくは第2項若しくは第10条〔建設業者による供託所の所在地等に関する説明〕の規定に違反した場合においては、当該建設業者に対して、**必要な指示**[※2]**をすることができる**。特定建設業者が第41条〔建設業を営む者及び建設業者団体に対する指導、助言及び勧告〕第2項又は第3項の規定による勧告に従わない場合において必要があると認めるときも、同様とする。

一　建設業者が建設工事を適切に施工しなかったために公衆に危害を及ぼしたとき、又は危害を及ぼすおそれが大であるとき。

二　建設業者が請負契約に関し不誠実な行為をしたとき。

三　建設業者（建設業者が法人であるときは、当該法人又はその役員）又は政令で定める使用人がその業務に関し他の法令（入札契約適正化法及び履行確保法並びにこれらに基づく命令を除く。）に違反し、建設業者として不適当であると認められるとき。

四　建設業者が第22条〔一括下請負の禁止〕の規定に違反したとき。

五　第26条〔主任技術者及び監理技術者の設置等〕第１項又は第２項に規定する主任技術者又は監理技術者が工事の施工の管理について著しく不適当であり、かつ、その変更が公益上必要であると認められるとき。

六　建設業者が、第３条〔建設業の許可〕第１項の規定に違反して同項の許可を受けないで建設業を営む者と下請契約を締結したとき。

七　建設業者が、特定建設業者以外の建設業を営む者と下請代金の額が第３条第１項第２号の政令で定める金額以上となる下請契約を締結したとき。

八　建設業者が、情を知って、第３項の規定により営業の停止を命ぜられている者又は第29条の４第１項の規定により営業を禁止されている者と当該停止され、又は禁止されている営業の範囲に係る下請契約を締結したとき。

九　履行確保法第３条第１項、第５条〔住宅を新築する建設工事の請負契約の新たな締結の禁止〕又は第７条第１項の規定に違反したとき。

2　都道府県知事は、その管轄する区域内で建設工事を施工している第３条第１項の許可を受けないで建設業を営む者が次の各号のいずれかに該当する場合においては、当該建設業を営む者に対して、**必要な指示をすることができる**。

一　建設工事を適切に施工しなかったために公衆に危害を及ぼしたとき、又は危害を及ぼすおそれが大であるとき。

二　請負契約に関し著しく不誠実な行為をしたとき。

3　国土交通大臣又は都道府県知事は、その**許可を受けた建設業者**が第１項各号のいずれかに該当するとき若しくは同項若しくは次項の規定による指示に従わないとき又は**建設業を営む者が**前項各号のいずれかに該当するとき若しくは同項の規定による指示に従わないときは、その者に対し、**１年以内の期間を定めて、その営業の全部又は一部の停止を命ずることができる**。

4　都道府県知事は、国土交通大臣又は他の都道府県知事の許可を受けた建設業者で当該都道府県の区域内において営業を行うものが、当該都道府県の区域内における営業に関し、第１項各号のいずれかに該当する場合又はこの法律の規定、入札契約適正化法第13

条第１項若しくは第２項の規定若しくは履行確保法第３条第６項、第４条第１項、第７条第２項、第８条第１項若しくは第２項若しくは第10条の規定に違反した場合においては、当該建設業者に対して、**必要な指示をすることができる。**

5　都道府県知事は、国土交通大臣又は他の都道府県知事の許可を受けた建設業者で当該都道府県の区域内において営業を行うものが、当該都道府県の区域内における営業に関し、第１項各号のいずれかに該当するとき又は同項若しくは前項の規定による指示に従わないときは、その者に対し、**１年以内の期間を定めて、当該営業の全部又は一部の停止**を命ずることができる。

6　〔略〕

7　〔略〕

【罰則】　３項・５項＝47条〔３年以下の懲役・300万円以下の罰金又は併科〕53条

※1　建設業者による不正行為等に対する、国土交通大臣が監督処分を行う場合の統一的な基準については、「建設業者の不正行為等に対する監督処分の基準について」（平成14年３月28日国総建第67号国土交通省総合政策局長通知）を参照されたい。

※2　「指示」とは、建設業者に本法に違反する事実があった場合又は本条第１項、第２項若しくは第４項に規定する事項に該当する事実があった場合に、**その法令違反又は不適正な事実の是正のため具体的に取るべき措置を命令するものであり、それは拘束力を有する行政命令である。**したがって、指示処分がなされると、非処分者が指示処分を不服とし、行政不服審査法の規定による審査請求又は異議の申立、あるいは行政事件訴訟法の規定による抗告訴訟等の手続きに訴え、その結果として当該処分が取り消されない限り非処分者を拘束する。

（許可の取消し）

第29条　国土交通大臣又は都道府県知事は、その許可を受けた建設業者が次の各号の一に該当するときは、当該建設業の**許可を取り消さなければならない。**

一　一般建設業の許可を受けた建設業者にあっては第７条第１号又は第２号、特定建設業者にあっては同条第１号又は第15条第２号に掲げる基準を満たさなくなった場合

二　第８条第１号又は第７号から第11号まで（第17条において準用する場合を含む。）のいずれかに該当するに至った場合

二の二　第９条〔許可換えの場合における従前の許可の効力〕第１項各号（第17条において準用する場合を含む。）の一に該当する場合において一般建設業の許可又は特定建設業の許可を受けないとき。

三　許可を受けてから１年以内に営業を開始せず、又は引き続いて１年以上営業を休止した場合

四　第12条〔廃業等の届出〕各号（第17条において準用する場合を含む。）の一に該当

するに至った場合

五　不正の手段により第３条第１項の許可（同条第３項の許可の更新を含む。）を受けた場合

六　前条第１項各号の一に該当し情状特に重い場合又は同条第３項又は第５項の規定による営業の停止の処分に違反した場合

2　国土交通大臣又は都道府県知事は、その許可を受けた建設業者が第３条の２〔許可の条件〕第１項の規定により付された条件に違反したときは、**当該建設業者の許可を取り消すことができる。**

第29条の２　〔略〕

（許可の取消し等の場合における建設工事の措置）

第29条の３　〔略〕

（営業の禁止）

第29条の４　国土交通大臣又は都道府県知事は、建設業者その他の建設業を営む者に対して第28条第３項又は第５項の規定により営業の停止を命ずる場合においては、その者が法人であるときはその役員及び当該処分の原因である事実について相当の責任を有する政令で定める使用人（当該処分の日前60日以内においてその役員又はその政令で定める使用人であった者を含む。次項において同じ。）に対して、個人であるときはその者及び当該処分の原因である事実について相当の責任を有する政令で定める使用人（当該処分の日前60日以内においてその政令で定める使用人であった者を含む。次項において同じ。）に対して、**当該停止を命ずる範囲の営業について、当該停止を命ずる期間と同一の期間を定めて、新たに営業を開始すること**（当該停止を命ずる範囲の営業をその目的とする法人の役員になることを含む。）**を禁止しなければならない。**

2　国土交通大臣又は都道府県知事は、第29条第１項第５号又は第６号に該当することにより建設業者の許可を取り消す場合においては、当該建設業者が法人であるときはその役員及び当該処分の原因である事実について相当の責任を有する政令で定める使用人に対して、個人であるときは当該処分の原因である事実について相当の責任を有する政令で定める使用人に対して、**当該取消しに係る建設業について、５年間、新たに営業**（第３条第１項ただし書の政令で定める軽微な建設工事のみを請け負うものを除く。）**を開始することを禁止しなければならない。**

【罰則】　１項＝47条〔３年以下の懲役・300万円以下の罰金又は併科〕53条

（監督処分の公告等）

第29条の５　〔略〕

（不正事実の申告）

第30条　建設業者に第28条〔指示及び営業の停止〕第１項各号の一に該当する事実がある

ときは、その利害関係人は、当該建設業者が許可を受けた国土交通大臣若しくは都道府県知事又は営業としてその建設工事の行われる区域を管轄する都道府県知事に対し、その事実を申告し、適当な措置をとるべきことを求めることができる。

2　第３条第１項の許可を受けないで建設業を営む者に第28条第２項各号の一に該当する事実があるときは、その利害関係人は、当該建設業を営む者が当該建設工事を施工している地を管轄する都道府県知事に対し、その事実を申告し、適当な措置をとるべきことを求めることができる。

＝行政罰＝

建設業法は、準用規定が多用されており、かつ、国土交通大臣許可及び都道府県知事許可ごとに、一般建設業許可と特定建設業許可がそれぞれ個別に区分されており、さらに、土木工事業及び建築工事業並びに経営分析及び経営事項審査に係る規定を加えると、相当な数にのぼり、それらの業種に対する法的な規制も許可等の種別ごとにそれぞれ異なっております。

そのため、建設業者に対する行政処分や行政罰は、建設業法に基づいて行われているにもかかわらず、何とも複雑でわかりにくい法律構成となっていることが、建設業の関係者にとって悩みの種になっているところです。

そこで、本稿では、建設業法「第８章罰則」の条文をそのまま掲げるのではなく、建設業許可等の種別ごとに罪名及び罰条が容易にわかるような体裁をとりました。

第８章　罰則

第45条	〔登録経営状況分析機関等に係る罰則なので罪名及び罰条省略〕
第46条	〔同上〕
第47条	**３年以下の懲役又は300万円以下の罰金・併科あり・両罰規定あり（53条）**
第１号	無許可建設業（第３条第１項違反）
第１号の２	下請契約の締結の制限違反（第16条違反）
第２号	営業停止の処分違反（第28条第３項・第５項）
第２号の２	営業禁止の処分違反（第29条の４第１項）
第３号	建設業許可の不正取得又は更新（第３条第１項・第３項）
第48条	〔国家資格技術検定指定試験機関等に係る罰則なので罪名及び罰条省略〕
第49条	〔監理技術者登録講習実施機関等に係る罰則なので罪名及び罰条省略〕
第50条	**６月以下の懲役又は100万円以下の罰金・併科あり・両罰規定あり**
第１号	許可申請書又はその添付書類虚偽記載（第５条、第17条、第６条第１項）
第２号	変更等届出義務違反又は届出書虚偽記載（第11条第１項～第４項、第17条）
第３号	許可基準不適合届出義務違反（第11条第５項、第17条）

第４号	経営状況分析・経営規模等評価申請書又はその添付書類の虚偽記載（第27条の24第２項、第27条の26第２項、第27条の24第３項、第27条の26第３項）
第51条　〔監理技術者登録講習実施機関等に係る罰則なので罪名及び罰条省略〕	
第52条　100万円以下の罰金・両罰規定あり	
第１号	全ての建設工事現場における主任技術者又は監理技術者設置義務違反（第26条第１項～第３項）
第２号	土木・建築一式工事現場における主任技術者設置・当該許可業者に施工させる義務違反（第26条の２）
第３号	許可取消し等の場合の建設工事の措置通知義務違反（第29条の３第１項後段）
第４号	経営状況分析申請書類・経営規模等評価報告義務違反・虚偽報告（第27条の24第４項、第27条の26第４項）
第５号	建設業所管庁・中小企業庁に対する報告義務違反・虚偽報告（第31条第１項、第42条の２第１項）
第６号	建設業所管庁・中小企業庁による立入り検査拒否（第31条第１項、第42条の２第１項）
第53条　法人の代表者又は法人若しくは人の代理人、使用人、その他の従業者が、その法人又は人の業務又は財産に関し、次の各号に掲げる規定の違反行為をしたときは、その行為者を罰するほか、その法人に対して当該各号に定める罰金刑を、その人に対して各本条の罰金刑を科する。 一　第47条　**１億円以下の罰金刑** 二　第50条又は前条　**各本条の罰金刑** ㊟　本条は両罰規定である。 一　両罰規定とは、犯罪が行われた場合に、その行為者を罰するほか、その行為者と一定の関係にある法人又は人も共に処せられるべき旨を定めた規定で、一般に本条と同様の犯罪が「法人又は人の業務又は財産に関し」て行われた場合に、財産刑として科されるのが通例である。 二　したがって、本条によれば、法人に対しては第53条各号に定める罰金刑が科され、人に対しては第47条にあっては300万円以下の罰金刑、第50条、第52条にあっては100万円以下の罰金刑がそれぞれ科されることになる。	
第54条　〔国家資格技術検定指定試験機関等に係る罰則なので罪名及び罰条省略〕	
第55条　10万円以下の過料・両罰規定なし	
第１号	廃業等の届出義務懈怠（第12条、第17条）
第２号	建設工事紛争審査会による調停出頭要求拒否（第25条の13第３項）
第３号	建設業標識の掲示義務違反（第40条）
第４号	建設業許可業者表示の制限違反（第40条の２）
第５号	建設業者の帳簿等備付け・保存等義務違反・虚偽記載（第40条の３）

第3節■建設業許可申請手続等のための主要参考文献

1　建設業許可事務都道府県主管課等発行『建設業許可申請の手引き』最新版
2　建設業許可行政研究会編著『改訂21版建設業の許可の手びき』2012年　大成出版社
3　建設業法研究会編『改訂25版建設業関係法令集』2008年　大成出版社
4　建設業法研究会編著『改訂11版建設業法解説』2008年　大成出版社
5　全国建設関係行政書士協議会編著『建設業許可Ｑ＆Ａ第４版』2004年　日刊建設通信新聞社
6　河野純一著『建設業許可申請手続き』2003年　自由国民社
7　後藤紘和編著『全訂版建設業財務諸表の作り方』2008年　大成出版社
8　澤田保著『全訂版わかりやすい建設業の会計実務』2008年　大成出版社
9　望月正芳著『誰にでもわかる建設業の会計』2011年　大成出版社
10　建設工業経営研究会編『平成19年全訂版建設業会計提要』2007年　大成出版社
11　『経営状況分析申請の手引き』㈶建設業情報管理センター発行　最新版
12　『経営事項審査申請の手引き』経営事項審査事務都道府県主管課等発行　最新版
13　建設業許可行政研究会編著『改訂８版新しい建設業経営事項審査申請の手引』2011年　大成出版社
14　建設業法研究会編著『新訂５版建設業経営事項審査基準の解説』2011年　大成出版社
15　『建設工事指名（一般）競争入札参加資格審査申請書類作成要領』全官公庁、公共企業体・政府関係機関（公社・公団・事業団等の特殊法人）、各都道府県・政令指定都市・市町村発行　最新版
16　公共工事入札契約適正化法研究会『公共工事入札・契約適正化法の解説』2001年　大成出版社
17　建設業法研究会編著『改訂３版公共工事標準請負契約約款の解説』2009年　大成出版社
18　建設業技術者制度研究会編著『改訂７版建設業法と技術者制度』2009年　大成出版社
19　建設業経営構造改善対策研究会編著『施工体制の適正化マニュアル』2003年　大成出版社
20　建設産業政策研究会編著『建設業データブック』2004年　大成出版社
21　建設業再生・再編研究会編著『建設業の再生・再編ハンドブック』2003年　大成出版社
22　建設工事紛争研究会『中央建設工事紛争審査会仲裁判断集ＣＤ－ＲＯＭ版』2002年　大成出版社
23　建設副産物リサイクル広報推進会議編『建設リサイクルハンドブック2011』2011年　大成出版社
24　大成出版社編『改訂４版建設リサイクル法に関する工事届出等の手引（案）』2010年　大成出版社
25　ソフトウエア【建設業】許認可プロシリーズ① for Windows　㈱クリックス
26　ソフトウエア【経審分析システム】㈱クリックス
27　ソフトウエア【財務諸表転換システム】㈱クリックス

第４節■建設業許可業者数・新規及び廃業等業者数の推移（平成７～24年度）

前掲〔「行政書士報酬額に関する統計調査」に見る取扱い業務ランキング〕によれば、建設業許可変更届出（事業年度終了）手続は第１位に、法人の建設業知事許可更新申請手続は第２位にそれぞれランクされており、行政書士が取り扱う他の業務を圧倒しています。

そこで、これらの業務の客観的な市場規模を知ることは、行政書士の当該業務の営業活動を進めていく上での一つの重要なファクターであるとの筆者の考えから、次に「建設業許可業者数・新規及び廃業等業者数の推移（平成６～23年）」を国土交通省のホームページから見ていくこととします。なお、各都道府県における各年度ごとのそれらの統計については、当該都道府県庁のホームページ等から探ることができますのでぜひアクセスしてみてください。

【調査結果の概要】

平成25年３月末（24年度末）現在における建設業許可業者数調査の結果（概要）については、以下のとおり。

１．全国許可業者数

・　平成25年３月末（24年度末）現在の建設業許可業者数は469,900業者で、前年同月比▲13,739業者（▲2.8％）の減少となった。

２．都道府県別許可業者数

・　都道府県別許可業者数は、東京都（43,690業者。全体の9.3％）、大阪府（36,270業者。全体の7.7％）、神奈川県（26,829業者。全体の5.7％）で多く、鳥取県（2,156業者。全体の0.5％）、島根県（2,983業者。全体の0.6％）、高知県（2,988業者。全体の0.6％）で少ない。

３．一般・特定別許可業者数

・　一般建設業の許可を取得している事業者は462,538業者で、前年同月比▲14,564業者（▲3.1％）の減少となり、一般建設業許可業者数が最も多かった平成12年３月末時点と比較すると▲115,171業者（▲19.9％）の減少。

・　特定建設業の許可を取得している事業者は43,753業者で、前年同月比▲1,552業者（▲3.4％）の減少となり、特定建設業許可業者数が最も多かった平成17年３月末時点と比較すると▲7,423業者（▲14.5％）の減少。

４．業種別許可業者数

・　許可を取得している事業者が多い上位３業種は、「建築工事業」170,554業者（許可業者の35.3％）、「とび・土工工事業」159,264業者（同32.9％）、「土木工事業」139,049業者（同28.8％）。許可を取得している事業者が少ない上位３業種は、「清掃施設工事業」540業者（同0.1％）、「さく井工事業」2,701業者（同0.6％）、「熱絶縁工事業」12,566業者（同2.6％）。

・　前年同月に比べて取得業者数が増加した許可業種は13業種。増加率の上位３業種は熱絶縁工事業5.1％（607業者）、ガラス工事業3.6％（493業者）、防水工事業3.3％（807業者）。

・　前年同月に比べて取得業者数が減少した許可業種は15業種。減少率の上位３業種は清掃施設工事業▲4.1％（▲23業者）、建築工事業▲3.9％（▲6,853業者）、造園工事業▲3.8％（▲1,117業者）。

・　複数業種の許可を受けている事業者の割合は49.5％で前年同月比0.5ポイント増加。

５．資本金階層別業者数

・　「資本金の額が1,000万円以上2,000万円未満の法人」が24.5％と最多。以下、「資本金の額が300万円以上500万円未満の法人（23.9％）」、「個人（20.1％）」と続く。

・　個人及び資本金の額が３億円未満の法人の数は480,798業者となっており、建設業許可業者数全体の99.4％を占めている。

６．兼業業者数

・　建設業以外の営業を行っているいわゆる兼業業者の割合は26.1％で、前年同月比で0.7ポイント上昇。

国土交通省：「建設業許可業者数調査の結果について（概要）」
―建設業許可業者の現況（平成25年３月末現在）―

付表１　建設業許可業者数・新規及び廃業等業者数の推移

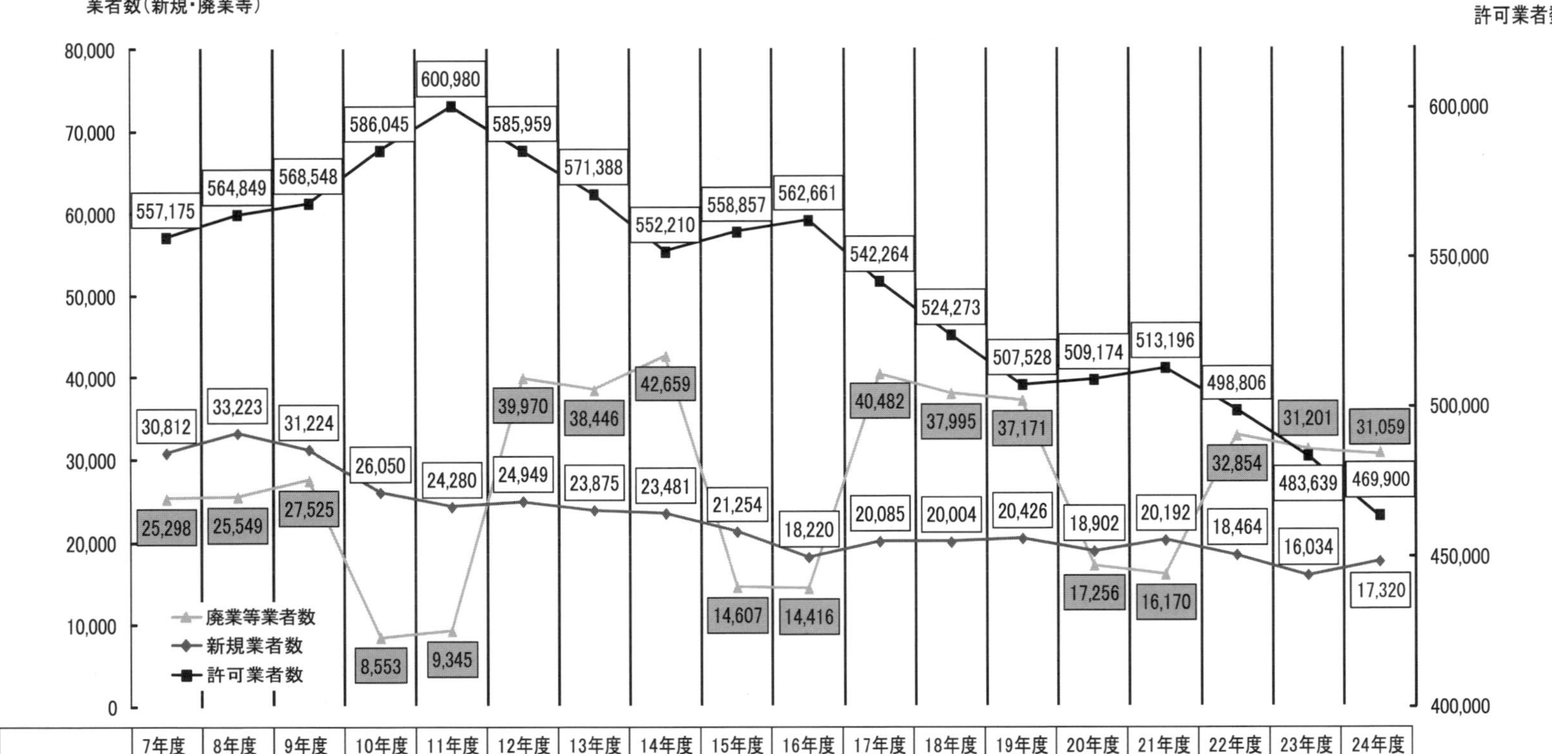

	7年度	8年度	9年度	10年度	11年度	12年度	13年度	14年度	15年度	16年度	17年度	18年度	19年度	20年度	21年度	22年度	23年度	24年度
許可業者数	557,175	564,849	568,548	586,045	600,980	585,959	571,388	552,210	558,857	562,661	542,264	524,273	507,528	509,174	513,196	498,806	483,639	469,900
新規業者数	30,812	33,223	31,224	26,050	24,280	24,949	23,875	23,481	21,254	18,220	20,085	20,004	20,426	18,902	20,192	18,464	16,034	17,320
廃業等業者数	25,298	25,549	27,525	8,553	9,345	39,970	38,446	42,659	14,607	14,416	40,482	37,995	37,171	17,256	16,170	32,854	31,201	31,059
年度間増減	5,514	7,674	3,699	17,497	14,935	−15,021	−14,571	−19,178	6,647	3,804	−20,397	−17,991	−16,745	1,646	4,022	−14,390	−15,167	−13,739

※　許可業者数については各年度末（3月末時点）の数、新規業者数、廃業等業者数については各年度の数を表す。

（出所）国土交通省

付表2　都道府県別建設業許可業者数の推移

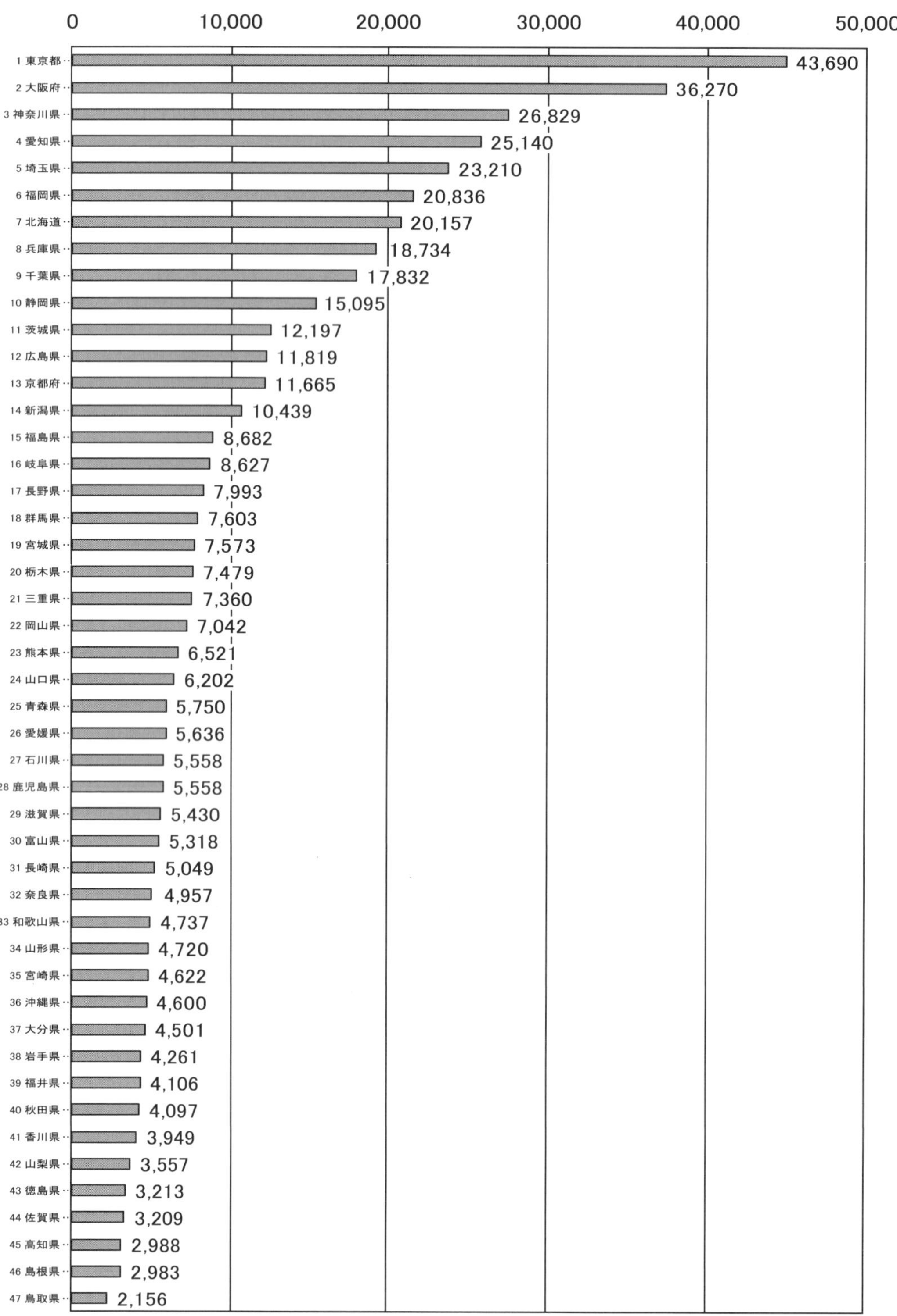

（平成25年3月末現在）　　（出所）国土交通省

第５節■建設業業界の最近の動向と今後の課題／将来性

建設業者の許可申請や届出手続、さらには経営事項審査申請や入札参加資格審査申請手続を生業としている行政書士にとって、建設業業界の盛衰は、そのままそれらの取扱い業務量の多寡につながる最も重大な関心事であります。

そこで、「建設業業界の最近の動向と今後の課題／将来性」について的確に論及している文献を紹介し、読者の参考に供したいと思います。

経営情報出版社刊・中小企業動向調査会／編『業種別業界情報 2011年版』《建設業》の部中、総合建設業、住宅建設業、土木工事業、プレハブ建築業、内装工事業、屋根工事業、塗装工事業、道路工事業、左官業、空調工事業、防水工事業、昇降設備工事業、電気通信工事業についての論稿。

他に、業種別企業体を対象に、金融機関の融資判断のための手引きとして利用されている銀行研修社刊『最新業種別審査小事典 2009年版』も、建設業の業界動向を探る上でかなり参考になると思われます。

第2章　宅地建物取引業者の免許申請手続

第1節■宅地建物取引業者の免許申請・届出手続

宅地建物取引業の免許申請・届出手続に必要な手引き及び様式集や記載例については、その免許事務を所管する国土交通省や各都道府県庁のホームページなどで入手することが可能になりました。

したがって、これらの手続をする場合には、そちらのホームページを参考にしてください。

◇　宅地建物取引業免許申請手続に着手する前に習得すべき重要な国土交通省通達

「宅地建物取引業の解釈・運用の考え方について（通知）」〔平成13年1月6日国土交通省総動発第3号〕国土交通省総合政策局不動産業課長から各地方支分部局主管部長宛て〔最終改正　平成24年12月4日国土交通省総動発第124号〕

注　上記通達は、国土交通省のホームページで検索できます。

1　宅地建物取引業者免許申請手続準備ご依頼書

＿＿＿＿＿＿＿＿＿＿＿＿御中

申　請　準　備　に　つ　い　て　の　ご　依　頼

貴社にはできるだけご負担をおかけしないために、とりあえず下記√印の書類のみをとりそろえてください。

1．略歴書（本籍地も記入してください。）
　役員全員（監査役、代表執行役、執行役を含む。）、政令第2条の2で定める使用人、専任の取引主任者、相談役、顧問。
2．専任取引主任者の「取引主任者証」コピー
　※現在の宅建業免許期間が切れる向こう2か月以内に、「取引主任者証」の有効期間が切れる場合には、取引主任者法定講習を申し込んで受講票のコピーも貼付する。
3．専任取引主任者の顔写真（たて4㎝よこ3㎝）
4．定款の原本又はコピー1部（設立後1年以内に免許申請する会社のみ。）

5．法人の登記事項証明書……目的欄に、宅建業が入っているか確認します。

6．納税証明書

○直前１年分のもの。

○申請日前３か月前以内に発行されたもの。

○「様式（その１）」（納税すべき税額と納税額の証明）の証明書。

法人の場合……法人税の納税証明書

個人の場合……所得税の納税証明書　　請求先・税務署（国税）

※未納税額がある場合には納税についての計画書

※新規申請の場合の注意

新設法人の場合……………………決算期未到来ならば法人等設立報告書のコピー

個人で給与所得者であった場合…給与支給者から発行された源泉徴収票

7．貸借対照表、損益計算書（販売費及び一般管理費の内訳を含む。）及び利益金処分計算書

○直前１年間の事業年度のもの。

8．事務所の写真

①事務所の建物全体

②入口付近の写真（商号表示（看板）写真）

建物の外からの入口で、商号（看板）が写っているもの。

③事務所の内部の写真

２方向以上から、業者票・報酬額表・事務机・電話・応接室等が写っているもの。

9．株主名簿（定款に記載されていれば不要です。）

10．その他（参考資料等）

○前回の「宅建業免許申請書類の控」及び「宅建業名簿登載事項変更届出書類の控」

更新申請の場合

○過去５年間の「取引台帳」又は「取引に係る契約書」全部

○前回の免許日から今回の申請日までの間に、会社の役員等に変更があったときには、あらかじめお申し出ください。

新規申請の場合

○事務所を借りている場合（申請者と事務所の所有者が異なる場合）には、賃貸借契約書又は事務所の使用承諾書など、事務所の権利（貸借）関係を証するもの。

○次に該当する新規申請の場合には、過去５年間の「取引台帳」又は「取引に係る契約書」全部を持参。

①個人で免許を受けているものが、法人で新規に免許申請する場合。
②法人で免許を受けているものが、個人で新規に免許申請する場合。
③過去３年以内に免許を受けていたものが、新規に免許を申請する場合。

（免許期間満了後の再新規申請、廃業後の再新規申請）

○他の営業許可（建設業免許申請書類の控・電気工事業者登録申請書類の控・建築設計事務所登録申請書類の控）申請書類の控

11．会社の横ゴム印、社印、会社実印
12．役員全員及び従事者全員のみとめ印

11．12．は書類ができ次第、改めてご連絡致しますので、そのときにご用意ください。

13. 県免許手数料（収入証紙代）　33,000円

上記項目のうち、取りそろえることが困難なものについては、当事務所へお気軽にお申し付けください。

宅建業新規・更新準備

2 書類審査をスムーズに通すためのチェックリスト ―宅地建物取引業大臣・知事免許（新規・免許換・更新）申請共通―

宅地建物取引業の免許を取得するためには、申請する法人または個人が免許要件に該当していること、欠格条項に該当していないことのほかに、申請書類の内容が宅地建物取引業法に違反していないことが要求されます。

そこでここでは、宅地建物取引業法に違反せず、かつ申請書類相互間に矛盾が生じないようにするための書類作成上のチェックリストを掲載します。なお、このチェックリスト中の書類名は、「宅地建物取引業法施行規則の様式書類名等」に対応しています。

(1)　ⓐ宅地建物取引業経歴書・ⓑ決算書・ⓒ納税証明書・ⓓ取引台帳相互間の相関関係

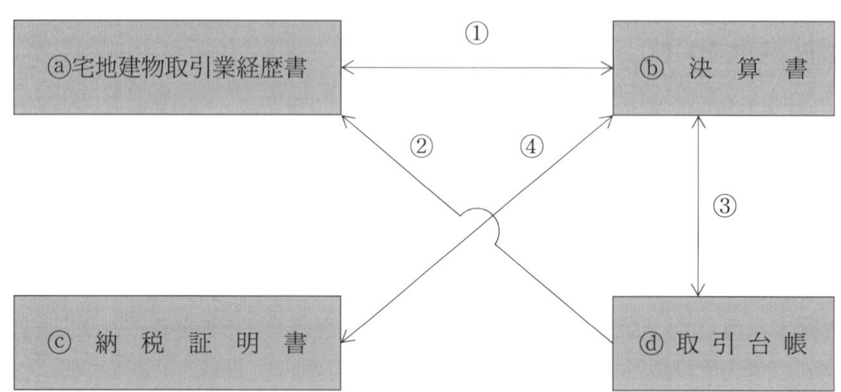

①　「宅地建物取引業経歴書」の直前5年分の各事業年度ごとの、ア代理又は媒介の手数料合計金額及びイ売却・購入及び交換の合計金額が、各年度の「決算書」中の、アについては損益計算書上の仲介手数料等に、イについては損益計算書上の売上高及び仕入高にそれぞれ対応しているかどうか。

②　「宅地建物取引業経歴書」の直前5年間各事業年度ごとの、ア代理又は媒介の実績欄及びイ売却・購入及び交換の実績欄における件数・価額・手数料が、各年度の「取引台帳」の当該記載事項にそれぞれ対応しているかどうか。

③　①と②の相関関係の当然の帰結として、直前5年分の各事業年度ごとの「取引台帳」上の合計金額が、「決算書」の損益計算書上の仲介手数料等並びに売上高及び仕入高にそれぞれ対応しているかどうか。

④　直前5年分の各事業年度ごとの損益計算書上の「法人税及び住民税」の金額が、各々の「納税証明書」の申告額に対応しているかどうか。

(2)　代表取締役（又は事業主）が他の会社の代表取締役や取締役に就任している場合で、

①　免許申請会社（事業所）に常勤する場合には、その会社（事業所）に常勤している旨の公的証明書（健康保険被保険者証等）又は常勤する旨の本人名義の下記文例のような誓約書と、常勤していない会社名義の非常勤証明書を提出します。

誓　約　書（文例）

私は下記の法人代表取締役になっておりますが、その法人の日常業務は下記の者に任せて、本申請に係る宅地建物取引業に専念することを誓約いたします。

記

代表取締役となっている法人			日常業務の執行者	
法人名	所在地	業種	役職名	氏名
㈲○○工業	○○県○○市○○町○—○—○	電気部品の組立業	専務取締役	○○　○○

平成○○年○○月○○日

住所　○○都道府県○○市○○町○○番地

氏名　○○　○○　　㊞

②　免許申請会社（事業所）に常勤しない場合には、本・支店を問わず「政令の使用人」を定めて、当該使用人がその会社（事業所）に常勤している旨の公的証明書（健康保険被保険者証等）を提出します。

(3)　専任の取引主任者が常勤していることを証明するために、次の裏付け資料を求められる場合があります。

健康保険被保険者証のコピー又は取引主任者が事務所に専任常勤する旨の下記文例のような誓約書、定期券のコピー、出勤簿（更新申請の場合）及び住民票抄本

宅地建物取引主任者が事務所に専任常勤する旨の誓約書（文例）

平成○○年○○月○○日

都道府県知事　○○　○○　様

事務所所在地　○○都道府県○○市○○町○○番地
商号又は名称　株式会社　○○不動産
代 表 者 氏 名　代表取締役　○○　○○　㊞
取引主任者住所　○○都道府県○○市○○町○○番地
取引主任者氏名　○○　○○○　㊞

当社及び私は、下記の条件等により、宅地建物取引業法第15条第１項及び第２項の専任取引主任者として、当該事務所に専任させること及び専任常勤することを、両者連名で誓約いたします。

１　入社に至る経緯（入社直前の勤務先を明記します）
　取引主任者○○○○○は、平成○○年○○月○○日付けで株式会社○○ハウスを退職した後、家事に従事し、平成○○年○○月○○日付けで株式会社○○不動産に入社しました。

２　通勤の状況
(1)　通勤距離　７km
(2)　通勤方法　自動車
(3)　所要時間　15分
(4)　交通費の支給状況　ガソリン代として１か月5,000円を支給する。

３　勤務条件
(1)　勤務時間　午前10：00～午後５：00
(2)　休　　日　毎週水・木曜日
(3)　給　　与　１か月10万円

４　その他専任常勤できる事由（取引主任者以外の職務があればその職務名を明記します）
(例) 給与収入が被扶養の範囲を超えたときには、配偶者の社会保険の被扶養者からはずれて、当社（当事業所）の社会保険か国民健康保険等に加入することを誓約します。
(例) 専任の取引主任者の職務以外に、当社（当事業所）の建設業の経営管理者、専任技術者並びに建築士事務所の管理技術者を兼務しております。

注１　専任の取引主任者が、他の会社の代表取締役や取締役に就任している場合等、免許申請会社（事業所）以外に兼業・兼務・兼職があるときには、常勤していない会社名義の非常勤証明書等を求められる場合があります。

注２　宅地建物取引主任者が、前の勤務先を退職・離職して、または事業を廃業して、新たに専任の取引主任者に就任したときには、さらに①前の勤務先からの退職証明書、②出向元からの出向辞令、③廃業届の控え等を求められる場合があります。

注３　全国の宅地建物取引主任者のデーターは、すべて国土交通省のホストコンピューターで管理されていますので、免許申請時点でその主任者が専任可能かどうか、各都道府県のオンラ

インパソコン端末機により即時に調査・判断されます。したがって、免許申請者は事前に、主任者本人が「宅地建物取引主任者資格登録簿」の勤務先を変更する等、免許申請上その資格登録簿が適正なものになっているかどうか必ず確認してください。

(4)　新規の免許申請の場合には、貸借対照表上の流動資産に販売用不動産の金額が、損益計算書上の売上高及び仕入高に不動産の販売・購入・交換による金額や仲介手数料等が計上されている決算書を提出すると、無免許で宅地建物取引業を営んでいたもの（法第12条該当）とみなされ、免許申請書が受け付けられない場合（法第５条１項４号適用）がありますので特に注意が必要です。

(5)　新規の免許申請時点で決算期が到来していない新設法人の場合は、「開始貸借対照表」及び「法人等設立報告書（税務署提出済のもの）の写し」を添付します。

(6)　免許を申請する会社（事業所）が、既に建設業の許可を受けていたり、建築士事務所の登録・電気工事業の登録等をしている場合には、書類審査の段階でそれらの申請書類と照合されることがありますので、免許申請書とそれらの書類の内容に矛盾がないかどうか、事前に確認してください。

(7)　宅地建物取引業の免許更新申請書の受付窓口では、前回の免許申請時点から今回の免許更新申請時点までに提出されたすべての申請書類や変更届に基づいて書類審査を行います。したがって、「宅地建物取引業者名簿登載事項」に変更があったにもかかわらず、所定の変更手続をしていない場合には、事前に又は免許更新手続と同時に変更届出書を提出してください。なお、変更届の控えを紛失して変更手続をしたかどうかわからなくなった等の場合には、当該都道府県庁の「宅地建物取引業者名簿閲覧所」で自社の申請書類を閲覧してください。

(8)　万が一、何らかの理由により更新期限（免許の有効期間が満了する１か月前）までに更新手続をすることが不可能になった場合には、できるだけ早めに免許担当窓口に事情を説明して指示を受けてください。

(9)　宅地建物取引業の免許更新申請にあたり、過去５年の間に１年以上取引（成約）の実績がない場合には、「免許を受けてから１年以内に事業を開始せず、又は引き続いて１年以上事業を休止したときには、免許を取り消さなければならない」とする規定（法第66条６号）に該当しないことを説明するために、その年度分の下記文例のような「営業概要書」を提出します。

営 業 概 要 書（文例）

平成○○年○○月○○日～平成○○年○○月○○日の間の営業活動は下記のとおりです。

記

時　　期	物件概要	経　　過
平成○○年○○月○○日	○○市○○町○丁目 ○○番地 地目　宅地 地積　165.29㎡ 総額　金 4,800万円	銀行ローンが組めなかったために、契約を白紙に戻したもの（仲介業務）。
平成○○年○○月○○日	○○市○○町○丁目 ○○番地 地目　宅地 地積　619.00㎡ 総額　金12,800万円	隣地地主から生活用水の配水管の埋設の同意が得られなかったために、契約を白紙に戻したもの（売買業務）。

平成○○年○○月○○日

事務所所在地　○○都道府県○○市○○町○○番地
商号又は名称　株式会社　○○不動産
代表者氏名　代表取締役　○○　○○　㊞

⑽　直前3年分の納税証明書中に「未納税額」がある場合には、下記文例のような「納税計画書」を提出します。

納税計画書（文例）

当社（当事業所）儀、この度宅地建物取引業の免許更新申請をするにあたり、法人税（所得税）金442,500円について、会社（事業所）の資金繰りが厳しく納付期限を過ぎた現在まで納付しておりません。

つきましては、資金繰りが好転する本年12月上旬には全額納付できると思われますので、この旨「納税計画書」をもって報告いたします。

平成○○年○○月○○日

事務所所在地　○○都道府県○○市○○町○○番地
商号又は名称　株式会社　○○不動産
代表者氏名　代表取締役　○○　○○　㊞

別表　宅地建物取引業者免許（知事免許）に関する都道府県窓口一覧表

都道府県	担当部局名	〒	所在地	電話番号	都道府県コード
北海道	建設部住宅局建築指導課	060-8588	札幌市中央区北三条西６丁目	011-231-4111	０１
青森県	県土整備部建築住宅課	030-8570	青森市長島１－１－１	017-734-9692	０２
岩手県	県土整備部建築住宅課	020-8570	盛岡市内丸10－１	019-629-5931	０３
宮城県	土木部建築宅地課	980-8570	仙台市青葉区本町３－８－１	022-211-3242	０４
秋田県	建設部建築住宅課	010-8570	秋田市山王４－１－１	018-860-2565	０５
山形県	県土整備部建築住宅課	990-8570	山形市松波２－８－１	023-630-2211	０６
福島県	土木部建築指導課	960-8670	福島市杉妻町２－16	024-521-7523	０７
茨城県	土木部都市局建築指導課	310-8555	水戸市笠原町978－６	029-301-4722	０８
栃木県	県土整備部住宅課	320-8501	宇都宮市塙田１－１－20	028-623-2488	０９
群馬県	県土整備部監理課	371-8570	前橋市大手町１－１－１	027-226-3525	１０
埼玉県	都市整備部建築安全課	330-9301	さいたま市浦和区高砂３－15－１	048-830-5488	１１
千葉県	県土整備部建設・不動産業課	260-8667	千葉市中央区市場町１－１	043-223-3238	１２
東京都	都市整備局住宅政策推進部不動産業課	163-8001	新宿区西新宿２－８－１第二本庁舎３階	03-5320-5072	１３
神奈川県	県土整備局総務部建設業課	231-8588	横浜市中区日本大通１	045-210-1111	１４
新潟県	土木部都市局建築住宅課	950-8570	新潟市新光町４－１	025-280-5439	１５
富山県	土木部建築住宅課	930-8501	富山市新総曲輪１－７	076-444-3355	１６
石川県	土木部建築住宅課	920-8580	金沢市鞍月１－１	076-225-1778	１７
福井県	土木部建築住宅課	910-8580	福井市大手３－17－１	0776-20-0505	１８
山梨県	県土整備部建築住宅課	400-8501	甲府市丸の内１－６－１	055-223-1730	１９
長野県	建設部建築指導課	380-8570	長野市大字南長野字幅下692－２	026-235-7331	２０
岐阜県	都市建築部建築指導課	500-8570	岐阜市藪田南２－１－１	058-272-8680	２１
静岡県	くらし・環境部建築住宅局住まいづくり課	420-8601	静岡市葵区追手町９－６	054-221-3072	２２
愛知県	建設部建設業不動産業課	460-8501	名古屋市中区三の丸３－１－２	052-954-6582	２３
三重県	県土整備部建築開発課	514-8570	津市広明町13	059-224-2708	２４
滋賀県	土木交通部住宅課	520-8577	大津市京町４－１－１	077-528-4231	２５
京都府	建設交通部建築指導課	602-8570	京都市上京区下立売通新町西入藪の内町	075-414-5343	２６
大阪府	住宅まちづくり部建築振興課	540-8570	大阪市中央区大手前２丁目	06-6944-6804	２７
兵庫県	県土整備部まちづくり局都市政策課	650-8567	神戸市中央区下山手通５－10－１	078-362-3612	２８
奈良県	土木部まちづくり推進局建築課	630-8501	奈良市登大路町30	0742-27-7563	２９
和歌山県	県土整備部都市住宅局公共建築課	640-8585	和歌山市小松原通１－１	073-441-3243	３０
鳥取県	生活環境部くらしの安心局住宅政策課	680-8570	鳥取市東町１－220	0857-26-7399	３１
島根県	土木部建築住宅課	690-8501	松江市殿町１	0852-22-5226	３２
岡山県	土木部都市局建築指導課	700-8570	岡山市内山下２－４－６	086-226-7504	３３
広島県	土木局建築課	730-8511	広島市中区基町10－52	082-513-4185	３４
山口県	土木建築部住宅課	753-8501	山口市滝町１－１	083-933-3883	３５
徳島県	県土整備部住宅課建築指導室	770-8570	徳島市万代町１－１	088-621-2604	３６
香川県	土木部住宅課	760-8570	高松市番町４－１－10	087-832-3582	３７
愛媛県	土木部道路都市局建築住宅課	790-8570	松山市一番町４－４－２	089-912-2758	３８
高知県	土木部住宅課	780-8570	高知市丸の内１－２－20	088-823-9861	３９
福岡県	建築都市部建築指導課	812-8577	福岡市博多区東公園７－７	092-643-3718	４０
佐賀県	県土づくり本部建築住宅課	840-8570	佐賀市城内１－１－59	0952-25-7164	４１
長崎県	土木部建築課	850-8570	長崎市江戸町２－13	095-894-3093	４２
熊本県	土木部建築住宅局建築課	862-8570	熊本市水前寺６－18－１	096-333-2536	４３
大分県	土木建築部建築住宅課	870-8501	大分市大手町３－１－１	097-506-4682	４４
宮崎県	県土整備部建築住宅課	880-8501	宮崎市橘通東２－10－１	0985-26-7195	４５
鹿児島県	土木部建築課	890-8577	鹿児島市鴨池新町10－１	099-286-3707	４６
沖縄県	土木建築部建築指導課	900-8570	那覇市泉崎１－２－２	098-866-2413	４７

◇関東地方整備局建政部建設産業第二課	330-9724	埼玉県さいたま市中央区新都心２－１ さいたま新都心合同庁舎２号館	048-601-3151	００

（出所　国土交通省）

第２節■宅地建物取引業者の自衛に役立つ行政処分と罰則の基礎知識

宅地建物取引業者が、その営業に関し法令違反にあたる行為等をした場合には、「指示」、「営業の停止」、及び「免許の取消し」等の行政処分だけではなく、「過料」、「罰金」及び「懲役」等の行政罰も科されます。

宅地建物取引業者の免許申請手続等を通じて、それらの業者を顧客としている行政書士にとり、関与先業者から、より一層の信頼を得るためには、このような、宅地建物取引業法の行政処分と罰則について精通しておくことも、その重要な一手段です。

そこで、本稿を編集するにあたっては、宅地建物取引業者に係る行政処分と罰則について、行政書士や宅地建物取引業に携わる関係者が共に学べるように工夫をこらしました。

宅地建物取引業者の監督官庁の担当職員等による、**営業所等に対する立ち入り検査の際の宅地建物取引業関係者の適切な対応によって、法令違反を摘発されずに、行政処分や行政罰を避けるための指針**にしていただければ幸いです。

さらに、この論稿は、税理士、社会保険労務士、司法書士及び土地家屋調査士等他の法律関連職では既に業務として法定化されている、「行政不服審査請求の手続の代理」を、近い将来、行政書士も業とする事態に直面した場合をも想定して叙述してあります。

●宅地建物取引業法（抄）（昭和27年６月10日法律第176号）

最終改正：平成23年６月24日法律第74号

＝報告及び検査＝

宅地建物取引業者に対する行政処分や行政罰は、国土交通大臣や都道府県知事による、宅地建物取引業者に対する業務等に関する報告命令、又は担当職員による、営業所等へ立ち入り帳簿書類その他の物件を検査することから、開始される場合が少なくない。そこで、まず始めに、「都道府県知事等による報告の要求及び検査」に関する条文から掲げることとする。

（報告及び検査）

第72条　国土交通大臣は、宅地建物取引業を営むすべての者に対して、都道府県知事は、当該都道府県の区域内で宅地建物取引業を営む者に対して、宅地建物取引業の適正な運営を確保するため必要があると認めるときは、**その業務について必要な報告を求め、又はその職員に事務所その他その業務を行なう場所に立ち入り、帳簿、書類その他業務に関係のある物件を検査させることができる。**

2　内閣総理大臣は、前条第２項の規定による意見を述べるため特に必要があると認めるときは、同項に規定する宅地建物取引業者に対して、**その業務について必要な報告を求め、又はその職員に事務所その他その業務を行なう場所に立ち入り、帳簿、書類その他業務に関係のある物件を検査させることができる。**

3　国土交通大臣は、すべての取引主任者に対して、都道府県知事は、その登録を受けている取引主任者及び当該都道府県の区域内でその事務を行う取引主任者に対して、取引主任者の事務の適正な遂行を確保するため必要があると認めるときは、**その事務について必要な報告を求めることができる。**

4　第１項及び第２項の規定により立入検査をする職員は、その身分を示す証明書を携帯し、関係人の請求があったときは、これを提示しなければならない。

5　第１項及び第２項の規定による立入検査の権限は、犯罪捜査のために認められたものと解してはならない。

6　内閣総理大臣は、第２項の規定による報告を求め、又は立入検査をしようとするときは、あらかじめ、国土交通大臣に協議しなければならない。

【罰則】　１項・２項＝83条１項５号・６号〔50万円以下の罰金〕84条〔両罰規定〕
３項＝83条１項５号〔50万円以下の罰金〕84条

＝行政処分＝

宅地建物取引業者の営業に関し、各条文中に条番号のみで規定されている、**「行政処分」が科される法令違反にあたる行為名等**を知りたい場合には、後掲「行政罰」中の当該条番号の欄を参照されたい。

（指示及び業務の停止）

第65条　国土交通大臣又は都道府県知事は、その免許（第50条の２第１項の認可を含む。次項及び第70条第２項において同じ。）を受けた宅地建物取引業者が次の各号のいずれかに該当する場合又はこの法律の規定若しくは**特定住宅瑕疵担保責任の履行の確保等に関する法律**（平成19年法律第66号。以下この条において「履行確保法」という。）第11条〔住宅販売瑕疵担保保証金の供託等〕第１項若しくは第６項、第12条〔住宅販売瑕疵担保保証金の供託等の届出等〕第１項、第13条〔自ら売主となる新築住宅の売買契約の新たな締結の制限〕、第15条〔宅地建物取引業者による供託所の所在地等に関する説明〕

若しくは履行確保法第16条〔準用〕において読み替えて準用する履行確保法第7条〔住宅販売瑕疵担保保証金の不足額の供託〕第1項若しくは第2項若しくは第8条〔住宅販売瑕疵担保保証金の保管替え等〕第1項若しくは第2項の規定に違反した場合においては、当該宅地建物取引業者に対して、**必要な指示**※をすることができる。

一　業務に関し取引の関係者に損害を与えたとき、又は損害を与えるおそれが大であるとき。

二　業務に関し取引の公正を害する行為をしたとき、又は取引の公正を害するおそれが大であるとき。

三　業務に関し他の法令（履行確保法及びこれに基づく命令を除く。）に違反し、宅地建物取引業者として不適当であると認められるとき。

四　取引主任者が、第68条又は第68条の2第1項の規定による処分を受けた場合において、宅地建物取引業者の責めに帰すべき理由があるとき。

2　国土交通大臣又は都道府県知事は、その免許を受けた宅地建物取引業者が次の各号のいずれかに該当する場合においては、当該宅地建物取引業者に対し、1年以内の期間を定めて、その業務の全部又は一部の停止を命ずることができる。

一　前項第1号又は第2号に該当するとき（認可宅地建物取引業者の行う取引一任代理等に係るものに限る。）。

一の二　前項第3号又は第4号に該当するとき。

二　第13条、第15条第3項、第25条第5項（第26条第2項において準用する場合を含む。）、第28条第1項、第32条、第33条の2、第34条、第34条の2第1項若しくは第2項（第34条の3において準用する場合を含む。）、第35条第1項から第3項まで、第36条、第37条第1項若しくは第2項、第41条第1項、第41条の2第1項、第43条から第45条まで、第46条第2項、第47条、第47条の2、第48条第1項若しくは第3項、第64条の9第2項、第64条の10第2項、第64条の12第4項、第64条の15前段若しくは第64条の23前段の規定又は履行確保法第11条第1項、第13条若しくは履行確保法第16条において読み替えて準用する履行確保法第7条第1項の規定に違反したとき。

三　前項又は次項の規定による指示に従わないとき。

四　この法律の規定に基づく国土交通大臣又は都道府県知事の処分に違反したとき。

五　前3号に規定する場合のほか、宅地建物取引業に関し不正又は著しく不当な行為をしたとき。

六　営業に関し成年者と同一の行為能力を有しない未成年者である場合において、その法定代理人が業務の停止をしようとするとき以前5年以内に宅地建物取引業に関し不正又は著しく不当な行為をしたとき。

七　法人である場合において、その役員又は政令で定める使用人のうちに業務の停止をしようとするとき以前５年以内に宅地建物取引業に関し不正又は著しく不当な行為をした者があるに至ったとき。

八　個人である場合において、政令で定める使用人のうちに業務の停止をしようとするとき以前５年以内に宅地建物取引業に関し不正又は著しく不当な行為をした者があるに至ったとき。

3　都道府県知事は、国土交通大臣又は他の都道府県知事の免許を受けた宅地建物取引業者で当該都道府県の区域内おいて業務を行うものが、当該都道府県の区域内における業務に関し、第１項各号のいずれかに該当する場合又はこの法律の規定若しくは履行確保法第11条第１項若しくは第６項、第12条第１項、第13条、第15条若しくは履行確保法第16条において読み替えて準用する履行確保法第７条第１項若しくは第２項若しくは第８条第１項若しくは第２項の規定に違反した場合においては、当該宅地建物取引業者に対して、**必要な指示をすることができる。**

4　都道府県知事は、国土交通大臣又は他の都道府県知事の免許を受けた宅地建物取引業者で当該都道府県の区域内おいて業務を行うものが、当該都道府県の区域内における業務に関し、次の各号のいずれかに該当する場合においては、当該宅地建物取引業者に対し、**１年以内の期間を定めて、その業務の全部又は一部の停止を命ずることができる。**

一　第１項第３号又は第４号に該当するとき。

二　第13条、第15条第３項（事務所に係る部分を除く。）、第32条、第33条の２、第34条、第34条の２第１項若しくは第２項（第34条の３において準用する場合を含む。）、第35条第１項から第３項まで、第36条、第37条第１項若しくは第２項、第41条第１項、第41条の２第１項、第43条から第45条まで、第46条第２項、第47条、第47条の２又は第48条第１項若しくは第３項の規定に違反したとき。

三　第１項又は前項の規定による指示に従わないとき。

四　この法律の規定に基づく国土交通大臣又は都道府県知事の処分に違反したとき。

五　前３号に規定する場合のほか、不正又は著しく不当な行為をしたとき。

【罰則】　２項・４項＝79条４号〔３年以下の懲役・300万円以下の罰金又は併科〕84条

※　「指示」とは、宅地建物取引業者に本法に違反する事実があった場合又は本条第１項若しくは第３項に規定する事項に該当する事実があった場合に、**その法令違反又は不適正な事実の是正のため具体的に取るべき措置を命令するものであり、それは拘束力を有する行政命令である。**したがって、指示処分がなされると、非処分者が指示処分を不服とし、行政不服審査法の規定による審査請求又は異議の申立、あるいは行政事件訴訟法の規定による抗告訴訟等の手続きに訴え、その結果として当該処分が取り消されない限り非処分者を拘束する。

（免許の取消し）

第66条　国土交通大臣又は都道府県知事は、その免許を受けた宅地建物取引業者が次の各号のいずれかに該当する場合においては、**当該免許を取り消さなければならない。**

一　第5条第1項第1号、第3号又は第3号の2に該当するに至ったとき。

二　営業に関し成年者と同一の行為能力を有しない未成年者である場合において、その法定代理人が第5条第1項第1号から第3号の2までのいずれかに該当するに至ったとき。

三　法人である場合において、その役員又は政令で定める使用人のうちに第5条第1項第1号から第3号の2までのいずれかに該当する者があるに至ったとき。

四　個人である場合において、政令で定める使用人のうちに第5条第1項第1号から第3号の2までのいずれかに該当する者があるに至ったとき。

五　第7条第1項各号のいずれかに該当する場合において第3条第1項の免許を受けていないことが判明したとき。

六　免許を受けてから1年以内に事業を開始せず、又は引き続いて1年以上事業を休止したとき。

七　第11条第1項の規定による届出がなくて同項第3号から第5号までのいずれかに該当する事実が判明したとき。

八　不正の手段により第3条第1項の免許を受けたとき。

九　前条第2項のいずれかに該当し情状が特に重いとき、又は同条第2項若しくは第4項の規定による業務の停止の処分に違反したとき。

2　国土交通大臣又は都道府県知事は、その免許を受けた宅地建物取引業者が第3条の2第1項の規定により付された条件に違反したときは、**当該宅地建物取引業者の免許を取り消すことができる。**

第67条　〔略〕

（認可の取消し等）

第67条の2　〔略〕

（取引主任者としてすべき事務の禁止等）

第68条　都道府県知事は、その登録を受けている取引主任者が次の各号の一に該当する場合においては、当該取引主任者に対し、**必要な指示をすることができる。**

一　宅地建物取引業者に自己が専任の取引主任者として従事している事務所以外の事務所の専任の取引主任者である旨の表示をすることを許し、当該宅地建物取引業者がその旨の表示をしたとき。

二　他人に自己の名義の使用を許し、当該他人がその名義を使用して取引主任者である旨の表示をしたとき。

三　取引主任者として行う事務に関し不正又は著しく不当な行為をしたとき。

2　都道府県知事は、その登録を受けている取引主任者が前項各号の一に該当する場合又は同項若しくは次項の規定による指示に従わない場合においては、当該取引主任者に対し、1年以内の期間を定めて、取引主任者としてすべき事務を行うことを禁止することができる。

3　都道府県知事は、当該都道府県の区域内において、他の都道府県知事の登録を受けている取引主任者が第1項各号の一に該当する場合においては、当該取引主任者に対し、必要な指示をすることができる。

4　都道府県知事は、当該都道府県の区域内において、他の都道府県知事の登録を受けている取引主任者が第1項各号の一に該当する場合又は同項若しくは前項の規定による指示に従わない場合においては、当該取引主任者に対し、1年以内の期間を定めて、取引主任者としてすべき事務を行うことを禁止することができる。

（登録の削除）

第68条の2　その登録を受けている取引主任者が次の各号の一に該当する場合においては、**当該登録を削除しなければならない**。

一　第18条第1項第1号から第5号の2までの一に該当するに至ったとき。

二　不正の手段により第18条第1項の登録を受けたとき。

三　不正の手段により取引主任者証の交付を受けたとき。

四　前条第1項各号の一に該当し情状が特に重いとき、又は同条第2項若しくは第4項の規定による事務の禁止の処分に違反したとき。

2　第18条第1項の登録を受けている者で取引主任者証の交付を受けていないものが次の各号の一に該当する場合においては、当該登録をしている都道府県知事は、当該登録を消除しなければならない。

一　第18条第1項第1号から第5号の2までの一に該当するに至ったとき。

二　不正の手段により第18条第1項の登録を受けたとき。

三　取引主任者としてすべき事務を行い、情状が特に重いとき。

＝行政罰＝

宅地建物取引業法は、準用規定が多用されており、その免許制度は、国土交通大臣免許及び都道府県知事免許に区分されており、その上、取引主任者に係る規定もあることから、その条文は相当な数にのぼりますし、宅地建物取引業者や取引主任者に対する法的な規制もそれぞれ異なっております。

そのため、宅地建物取引業者に対する行政処分や行政罰は、宅地建物取引業法に基づいて行われているにもかかわらず、何とも複雑でわかりにくい法律構成となっていることが、宅地建物取引業の関係者にとって悩みの種になっているところです。

そこで、本稿では、宅地建物取引業法「第8章罰則」の条文をそのまま掲げるのではなく、宅地建物取引業者の業務の内容ごと等に罪名及び罰条が容易にわかるような体裁をとりました。

【略称凡例】　法第22条の2第1項の宅地建物取引主任者証の交付を受けた者＝取引主任者
宅地建物取引主任者証＝取引主任者証

第8章　罰則

第79条　3年以下の懲役又は300万円以下の罰金・併科あり・両罰規定あり（84条）	
第1号	宅地建物取引業免許の不正取得（第3条第1項）
第2号	無免許宅地建物取引業の禁止（第12条第1項違反）
第3号	宅地建物取引業者の名義貸しの禁止（第13条第1項違反）
第4号	〃　の所管官庁による業務停止命令違反（第65条第2項違反）
	〃　の業務区域内での業務停止命令違反（第65条第4項違反）
第79条の2　2年以下の懲役又は300万円以下の罰金・併科あり・両罰規定あり	
	重要事項の虚偽告知等の業務に関する禁止事項違反（第47条第1号違反）
第80条　1年以下の懲役又は100万円以下の罰金・併科あり・両罰規定あり	
	不当に高額な報酬を要求する業務に関する禁止事項違反（第47条第2号違反）
第80条の2　〔指定試験機関等に係る罰則なので罪名及び罰条省略〕	
第80条の3　〔同上〕	
第81条　6月以下の懲役又は100万円以下の罰金・併科あり・両罰規定あり	
第1号	営業保証金の供託届出前の営業開始（第25条第5項違反）
	事務所新設の場合の営業保証金の供託届出前の営業開始（第26条第2項違反）
	誇大広告等の禁止（第32条違反）
	不動産登記、引渡し又は対価支払等の不当な履行遅延の禁止（第44条違反）
第2号	手付け貸付け等により契約の締結を誘引する行為の禁止（第47条第3号違反）
第82条　100万円以下の罰金・両罰規定あり	
第1号	宅地建物取引業者免許申請書の虚偽記載（第4条第1項違反）
	〃　添附書類の虚偽記載（第4条第2項違反）
第2号	無免許宅地建物取引業者の表示又は広告の禁止（第12条第2項違反）
	宅地建物取引業者の無免許業者への名義貸しによる表示又は広告の禁止（第13条第2項違反）
	〃　の取引主任者設置義務違反（第15条第3項違反）
	〃　の法定報酬の額超の報酬受領禁止（第46条第2項違反）
第3号	金融機関等からの不正手付金等保証委託契約指定取得（第41条第1項第1号）
	指定保管機関からの不正手付金等寄託契約指定取得（第41条の2第1項第1号）
第4号から第8号までは〔指定保証機関等に係る罰則なので罪名及び罰条省略〕	

第83条　50万円以下の罰金・両罰規定あり	
第1号	宅地建物取引業者名簿変更届出義務違反又は虚偽届出（第9条）
	案内所等の設置事前届出義務違反又は虚偽届出（第50条第2項）
	〔以下、第53条、第63条第2項は指定保証機関等、第63条の3第2項は指定保管機関に係る罰則なので罪名及び罰条省略〕
	信託会社の宅地建物取引業開始届出義務違反又は虚偽届出（第77条第3項）
第2号	宅地建物取引業者の取引主任者記名押印書面交付義務違反（第37条違反）
	〃　の報酬の額掲示義務違反（第46条第4項違反）
	〃　の従業者証明書を携帯させる義務違反（第48条第1項違反）
	〃　の事務所等への業者標識掲示義務違反（第50条第1項違反）
第3号	〃　の守秘義務違反（第45条違反）
	〃　の使用人等守秘義務違反（第75条の2違反）
第3号の2	〃　の従業者名簿不備又は虚偽記載等（第48条第3項違反）
第4号	〃　の業務に関する帳簿不備又は虚偽記載等（第49条）
第5号	〔指定流通機構に係る罰則なので罪名及び罰条省略〕
第6号	〔同上〕
第7号	〔指定保管機関に係る罰則なので罪名及び罰条省略〕
第2項	前項第3号の罪は、告訴がなければ公訴を提起することができない。
第83条の2　〔指定試験機関等に係る罰則なので罪名及び罰条省略〕	
第84条　法人の代表者又は法人若しくは人の代理人、使用人、その他の従業者が、その法人又は人の業務又は財産に関し、次の各号に掲げる規定の違反行為をしたときは、その行為者を罰するほか、その法人に対して当該各号に定める罰金刑を、その人に対して各本条の罰金刑を科する。 一　第79条又は第79条の2　**1億円以下の罰金刑** 二　第80条又は第81条から第83条まで（同条第1項第3号を除く。）　**各本条の罰金刑** 注　本条は両罰規定である。 一　両罰規定とは、犯罪が行われた場合に、その行為者を罰するほか、その行為者と一定の関係にある法人又は人も共に処せられるべき旨を定めた規定で、一般に本条と同様の犯罪が「法人又は人の業務又は財産に関し」て行われた場合に、財産刑として科されるのが通例である。 二　したがって、本条によれば、法人に対しては第84条各号に定める罰金刑が科され、人に対しては第79条又は第79条の2にあっては300万円以下の、第80条、第81条又は第82条にあっては100万円以下の、第83条にあっては50万円以下の罰金刑がそれぞれ科されることになる。	
第85条　〔指定流通機構に係る罰則なので罪名及び罰条省略〕	
第85条の2　〔登録講習機関に係る罰則なので罪名及び罰条省略〕	
第86条　10万円以下の過料・両罰規定なし	
	取引主任者登録削除等による同主任者証返納義務違反（第22条の2第6項違反）
	取引主任者事務禁止処分による同主任者証提出義務違反（第22条の2第7項違反）
	重要事項の説明等の際の取引主任者証提示義務違反（第35条第4項違反）
	宅地建物取引業協会又は宅地建物取引業協会連合会の名称使用制限（第75条違反）

第3節■宅地建物取引業者免許申請手続等のための主要参考文献

1　宅地建物取引業免許事務都道府県主管課等発行『宅地建物取引業免許申請の手引き』最新版
2　東京都都市整備局住宅政策推進部不動産業課監修『改訂14版宅地建物取引業法関係法令集』2010年　週刊住宅新聞社
3　岡本正治・宇仁美咲著『逐条解説　宅地建物取引業法』2009年　大成出版社
4　重要事項説明書研究会編著『実践重要事項説明の手引』2006年　大成出版社
5　不動産実務法令研究会編著『不動産関係実務法令集』2002年　大成出版社
6　宅地建物取引業免許制度研究会編著『改訂5版宅建業免許・登録の手続』2002年　大成出版社
7　建設省建設経済局不動産業課監修『改正宅地建物取引業法ハンドブック』1996年　大成出版社
8　ソフトウエア【宅建業】許認可プロシリーズ② for Windows　㈱クリックス

第4節■宅地建物取引業者数の推移（平成4～23年度）

前掲〔「行政書士報酬額に関する統計調査」に見る取扱い業務ランキング〕によれば、宅地建物取引業者知事免許更新申請手続は第32位にしかランクされていないものの、これらの不動産業者は通常建設業も兼業しており、したがって行政書士が関与する当該不動産業者から宅地建物取引業者免許更新と建設業許可更新の二つの業務を依頼される場合が少なくありません。

そこで、これらの業務の客観的な市場規模を知ることは、行政書士の当該業務の営業活動を進めていく上での一つの重要なファクターであるとの筆者の考えから、次に「宅地建物取引業者数の推移（平成4～23年）」を国土交通省のホームページから見ていくこととします。

なお、各都道府県における各年度ごとのそれらの統計については、当該都道府県庁のホームページ等から探ることができますのでぜひアクセスしてみてください。

付表 1　宅地建物取引業者数の推移（免許種類別・組織別／過去20年間）

年度＼区分	大臣免許			知事免許			合　計		
	法人	個人	計	法人	個人	計	法人	個人	計
4年度	2,318	12	2,330	104,671	35,895	140,566	106,989	35,907	142,896
5年度	2,259	10	2,269	104,067	35,157	139,224	106,326	35,167	141,493
6年度	2,218	13	2,231	105,205	34,698	139,903	107,423	34,711	142,134
7年度	2,240	14	2,254	105,168	34,394	139,562	107,408	34,408	141,816
8年度	2,241	13	2,254	106,616	33,224	139,840	108,857	33,237	142,094
9年度	2,200	13	2,213	106,807	32,527	139,334	109,007	32,540	141,547
10年度	2,174	11	2,185	104,992	31,575	136,567	107,166	31,586	138,752
11年度	2,144	9	2,153	105,933	31,202	137,135	108,077	31,211	139,288
12年度	2,118	8	2,126	106,171	30,519	136,690	108,289	30,527	138,816
13年度	2,057	8	2,065	103,899	29,319	133,218	105,956	29,327	135,283
14年度	2,035	5	2,040	102,100	28,300	130,400	104,135	28,305	132,440
15年度	2,026	4	2,030	101,040	27,228	128,268	103,066	27,232	130,298
16年度	2,068	3	2,071	102,188	26,560	128,748	104,256	26,563	130,819
17年度	2,158	3	2,161	103,290	25,800	129,090	105,448	25,803	131,251
18年度	2,256	2	2,258	103,756	24,633	128,389	106,012	24,635	130,647
19年度	2,319	2	2,321	104,122	23,548	127,670	106,441	23,550	129,991
20年度	2,256	2	2,258	102,885	22,559	125,444	105,141	22,561	127,702
21年度	2,151	2	2,153	102,466	21,963	124,429	104,617	21,965	126,582
22年度	2,123	1	2,124	102,498	21,233	123,731	104,621	21,234	125,855
23年度	2,130	2	2,132	101,611	20,179	121,790	103,741	20,181	123,922

※）各年度末時点における業者数として集計　　（出所）国土交通省

＜参考＞平成 4 年度の業者数（ピーク時）を100とした指数推移

	4年度	16年度	17年度	18年度	19年度	20年度	21年度	22年度	23年度
大臣＋知事	100.0	91.5	91.9	91.4	91.0	89.4	88.6	88.1	86.7
大　臣	100.0	88.9	92.7	96.9	99.6	96.9	92.4	91.2	91.5
知　事	100.0	91.6	91.8	91.3	90.8	89.2	88.5	88.0	86.6

（出所）国土交通省

宅地建物取引業者数の推移（過去20年間）

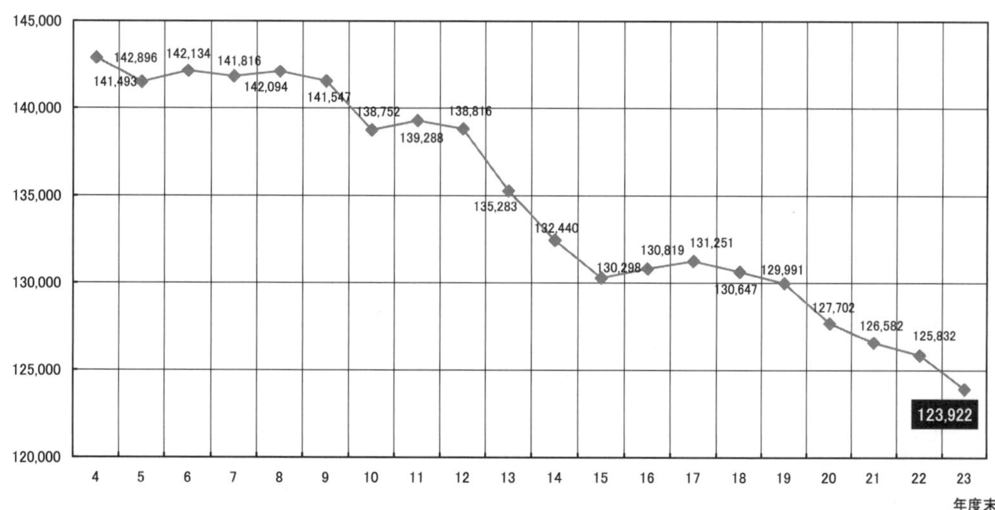

（H23 施行状況調査集計）
（出所）国土交通省

付表2　宅地建物取引業者数（本店所在地別集計）

（平成23年度末時点）

本店所在地	大臣免許			知事免許			合　計		
	法人	個人	計	法人	個人	計	法人	個人	計
北海道	23	0	23	3,317	228	3,545	3,340	228	3,568
青森県	8	0	8	597	170	767	605	170	775
岩手県	10	0	10	531	96	627	541	96	637
宮城県	24	0	24	1,586	262	1,848	1,610	262	1,872
秋田県	1	0	1	421	86	507	422	86	508
山形県	6	0	6	588	182	770	594	182	776
福島県	10	0	10	1,040	146	1,186	1,050	146	1,196
茨城県	16	0	16	1,610	326	1,936	1,626	326	1,952
栃木県	11	1	12	1,158	158	1,316	1,169	159	1,328
群馬県	14	0	14	1,546	336	1,882	1,560	336	1,896
埼玉県	95	0	95	5,638	734	6,372	5,733	734	6,467
千葉県	49	0	49	4,357	272	4,629	4,406	272	4,678
東京都	830	1	831	21,606	1,442	23,048	22,436	1,443	23,879
神奈川県	111	0	111	7,712	456	8,168	7,823	456	8,279
新潟県	23	0	23	1,273	239	1,512	1,296	239	1,535
富山県	13	0	13	622	274	896	635	274	909
石川県	15	0	15	748	251	999	763	251	1,014
福井県	9	0	9	434	111	545	443	111	554
山梨県	7	0	7	562	144	706	569	144	713
長野県	9	0	9	1,450	280	1,730	1,459	280	1,739
岐阜県	15	0	15	953	329	1,282	968	329	1,297
静岡県	22	0	22	2,614	794	3,408	2,636	794	3,430
愛知県	77	0	77	4,842	1,524	6,366	4,919	1,524	6,443
三重県	13	0	13	919	190	1,109	932	190	1,122
滋賀県	12	0	12	859	172	1,031	871	172	1,043
京都府	49	0	49	2,512	801	3,313	2,561	801	3,362
大阪府	341	0	341	9,712	2,490	12,202	10,053	2,490	12,543
兵庫県	56	0	56	4,261	1,116	5,377	4,317	1,116	5,433
奈良県	21	0	21	729	403	1,132	750	403	1,153
和歌山県	11	0	11	497	382	879	508	382	890
鳥取県	5	0	5	276	44	320	281	44	325
島根県	3	0	3	316	78	394	319	78	397
岡山県	19	0	19	1,358	255	1,613	1,377	255	1,632
広島県	34	0	34	2,452	387	2,839	2,486	387	2,873
山口県	14	0	14	751	185	936	765	185	950
徳島県	4	0	4	553	358	911	557	358	915
香川県	18	0	18	717	385	1,102	735	385	1,120
愛媛県	8	0	8	965	406	1,371	973	406	1,379
高知県	4	0	4	400	278	678	404	278	682
福岡県	73	0	73	3,715	1,089	4,804	3,788	1,089	4,877
佐賀県	9	0	9	314	163	477	323	163	486
長崎県	10	0	10	707	327	1,034	717	327	1,044
熊本県	7	0	7	1,099	388	1,487	1,106	388	1,494
大分県	10	0	10	752	116	868	762	116	878
宮崎県	7	0	7	578	339	917	585	339	924
鹿児島県	3	0	3	998	601	1,599	1,001	601	1,602
沖縄県	1	0	1	966	386	1,352	967	386	1,353
合　計	2,130	2	2,132	101,611	20,179	121,790	103,741	20,181	123,922

（H23 施行状況調査集計）
（出所）国土交通省

付表 3　宅地建物取引業者の免許換え（転出）及び廃業の状況

（平成23年度末時点）

	免許換え（法第7条）				廃　業（法第11条）						期限切れ	合計
	1号	2号	3号	小計(A)	1号	2号	3号	4号	5号	小計(B)	(C)	(A+B+C)
北海道		5	3	8	2	3	7	10	121	143	51	202
青森県		0	0	0	4	0	0	3	25	32	7	39
岩手県		0	1	1	2	0	0	2	19	23	0	24
宮城県		0	3	3	1	2	1	0	60	64	6	73
秋田県		0	0	0	1	2	1	1	20	25	5	30
山形県		0	0	0	5	0	1	5	31	42	2	44
福島県		0	2	2	0	2	0	2	41	45	2	49
茨城県		1	1	2	6	1	2	1	69	79	51	132
栃木県		0	1	1	0	1	0	1	53	55	2	58
群馬県		1	2	3	8	0	3	1	80	92	17	112
埼玉県		8	15	23	8	2	3	7	211	231	72	326
千葉県		2	1	3	4	1	9	8	163	185	0	188
東京都		38	37	75	27	23	27	53	772	902	426	1,403
神奈川県		11	12	23	8	6	8	11	238	271	112	406
新潟県		0	0	0	2	1	2	7	54	66	4	70
富山県		0	1	1	3	1	1	3	31	39	15	55
石川県		1	0	1	1	0	1	1	29	32	3	36
福井県		0	0	0	0	1	0	1	7	9	0	9
山梨県		1	1	2	0	0	5	0	20	25	6	33
長野県		0	0	0	3	2	2	2	70	79	10	89
岐阜県		0	1	1	4	1	3	3	61	72	15	88
静岡県		1	1	2	10	0	4	6	134	154	18	174
愛知県		0	7	7	14	4	8	4	233	263	22	292
三重県		0	2	2	1	1	0	0	39	41	12	55
滋賀県		1	1	2	1	1	3	1	32	38	0	40
京都府		2	6	8	7	6	4	7	143	167	49	224
大阪府		14	12	26	25	6	8	19	547	605	213	844
兵庫県		3	2	5	15	9	6	2	206	238	45	288
奈良県		0	2	2	3	1	2	1	40	47	23	72
和歌山県		0	1	1	0	3	1	0	36	40	12	53
鳥取県		0	0	0	0	0	1	2	15	18	0	18
島根県		1	1	2	0	1	1	1	16	19	0	21
岡山県		0	0	0	4	3	3	0	53	63	0	63
広島県		0	1	1	2	3	1	1	97	104	25	130
山口県		0	1	1	2	2	2	1	38	45	0	46
徳島県		0	0	0	5	0	2	2	47	56	3	59
香川県		1	2	3	5	0	0	1	40	46	9	58
愛媛県		0	0	0	6	0	3	0	55	64	15	79
高知県		0	0	0	3	0	1	3	28	35	0	35
福岡県		2	4	6	7	2	1	8	147	165	54	225
佐賀県		0	0	0	0	0	1	0	26	27	3	30
長崎県		1	0	1	2	0	0	6	39	47	0	48
熊本県		0	0	0	3	1	1	0	59	64	14	78
大分県		0	0	0	0	1	1	2	30	34	3	37
宮崎県		0	0	0	1	0	1	3	34	39	5	44
鹿児島県		0	0	0	11	0	0	3	48	62	16	78
沖縄県		0	0	0	3	0	3	1	35	42	6	48
都道府県計		94	124	218	219	93	134	196	4,392	5,034	1,353	6,605
大臣	77			77	0	7	2	1	35	45	15	137
合計	77	94	124	295	219	100	136	197	4,427	5,079	1,368	6,742

免許換え　…第1号（大臣免許→知事免許）、第2号（知事免許→他知事免許）、第3号（知事免許→大臣免許）

廃業　…第1号（死亡）、第2号（合併による消滅）、第3号（破産手続開始決定）、第4号（第2、3号以外の事由による法人の解散）、第5号（業の廃止）

（H23 施行状況調査集計）
（出所）国土交通省

第5節■宅地建物取引業業界の最近の動向と今後の課題／将来性

宅地建物取引業者の免許申請や届出手続を生業としている行政書士にとって、宅地建物取引業業界の盛衰は、そのままそれらの取扱い業務量の多寡につながる最も重大な関心事であります。

そこで、「宅地建物取引業業界の最近の動向と今後の課題／将来性」について的確に論及している文献を紹介し、読者の参考に供したいと思います。

経営情報出版社刊・中小企業動向調査会編『業種別業界情報 2011年版』《不動産・運輸》の部中、マンション事業、不動産業についての論稿。

他に、業種別企業体を対象に、金融機関の融資判断のための手引きとして利用されている銀行研修社刊『最新業種別審査小事典 2009年版』も、宅地建物取引業の業界動向を探る上でかなり参考になると思われます。

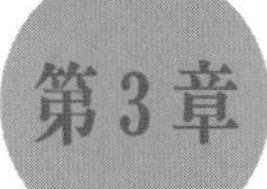

第３章　産業廃棄物処理業の許可申請手続

第１節■産業廃棄物収集運搬業及び処分業の許可申請・届出手続

本節のあらまし

最近の廃棄物の処理は、最終処分場の逼迫、施設建設に絡む地域紛争の多発、不法投棄、ダイオキシン等々、様々な問題に直面しており、このままでは生活環境や産業活動に重大な支障を生じかねない深刻な状況を呈しております。

排ガス等、比較的単一な形態で環境に影響を与えるのに対して規制される他の公害と異なり、廃棄物の処理は、「発生、収集・運搬、処理・処分」と複雑多岐にわたる形態を経て、また、環境に対して各々の過程で異なった影響を与える可能性を有しています。このため、廃棄物の適正処理を目的とした廃棄物処理法も必然的に複雑となり、法に基づいた処理を行わなければならないにもかかわらず、何とも分かりにくい法律となっております。*

＊　英保次郎著『六訂版廃棄物処理法Q&A』2011年　東京法令出版　はじめにより

そこでここでは、産業廃棄物処理業の許可申請手続を始める前に行政書士が知っておくべき産業廃棄物処理業について概説します。

1　産業廃棄物処理業の種類と許可について

(1)　産業廃棄物収集運搬業・特別管理産業廃棄物収集運搬業

◇　産業廃棄物又は特別管理産業廃棄物*を排出業者から委託を受けて収集し、処分場等へ搬入する場合は、それぞれの区分に応じた収集運搬業の許可を受けなければなりません。

＊　この法律において「特別管理産業廃棄物」とは、産業廃棄物のうち、爆発性、毒性、感染性その他の人の健康又は生活環境に係る被害が生ずるおそれがある性状を有するものとして政令（第２条の４）で定めるものをいう（廃棄物の処理及び清掃に関する法律第２条第５項）。

◇　**排出事業所又は処分場等が同一都道府県（同一政令市）以外の場合は、それらの**

区域を管轄する都道府県知事（政令で定める市長）の許可も受けなければなりません。なお、平成23年４月１日から、一の**政令市（指定都市、中核市、呉市、大牟田市及び佐世保市）**[*1]の区域を越えて収集運搬を業として行う場合は、当該政令市の区域を管轄する都道府県知事の許可を受けることとなりました[*2]。

＊１　政令市（指定都市、中核市、特例市）一覧（平成25年５月１日現在）

政令指定都市

大阪市、名古屋市、京都市、横浜市、神戸市、北九州市、札幌市、川崎市、福岡市、広島市、仙台市、千葉市、さいたま市、静岡市、堺市、新潟市、浜松市、岡山市、相模原市、熊本市の以上20市

根拠法令：地方自治法第252条19第１項の指定都市の指定に関する政令

［昭和31年７月31日政令第254号
最終改正　平成23年10月21日政令第323号］

政令指定中核市

宇都宮市、金沢市、岐阜市、姫路市、熊本市、鹿児島市、秋田市、郡山市、和歌山市、長崎市、大分市、豊田市、福山市、高知市、宮崎市、いわき市、長野市、豊橋市、高松市、旭川市、松山市、横須賀市、奈良市、倉敷市、川越市、船橋市、岡崎市、高槻市、東大阪市、富山市、函館市、下関市、青森市、盛岡市、柏市、西宮市、久留米市、前橋市、大津市、尼崎市、高崎市、豊中市の以上42市

根拠法令：地方自治法第252条の22第１項の中核市の指定に関する政令

［平成７年12月８日政令第408号
最終改正　平成23年10月21日政令第324号］

政令指定特例市

小田原市、大和市、福井市、甲府市、松本市、沼津市、四日市市、呉市、八戸市、山形市、水戸市、川口市、平塚市、富士市、春日井市、豊中市、吹田市、枚方市、茨木市、八尾市、寝屋川市、佐世保市、所沢市、厚木市、一宮市、岸和田市、明石市、加古川市、越谷市、茅ヶ崎市、宝塚市、草加市、鳥取市、つくば市、伊勢崎市、太田市、長岡市、上越市、春日部市、熊谷市、松江市の以上41市

根拠法令：地方自治法第252条の26の３第１項の特例市の指定に関する政令

［平成12年８月30日政令第417号
最終改正　平成23年12月２日政令第377号］

＊２　**都道府県知事の許可を要せず、政令で定める市長の許可を要する場合**

・政令市の区域内のみで積替え保管を行う場合

・都道府県内において一の政令市のみで収集運搬業を行う場合

① 収集運搬業（積替え保管を除く。）

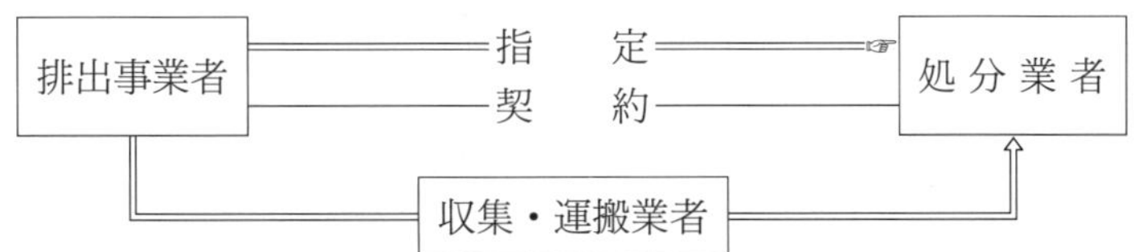

② 収集運搬業（積替え保管を含む。）

◇ 収集した廃棄物を積替えるために一時的に保管する場合は、その積替え保管場所を管轄する都道府県知事（政令で定める市長）の許可が必要です。

◇ 感染性産業廃棄物のように早急に処分することが望ましい廃棄物については、保管が認められない場合があります。

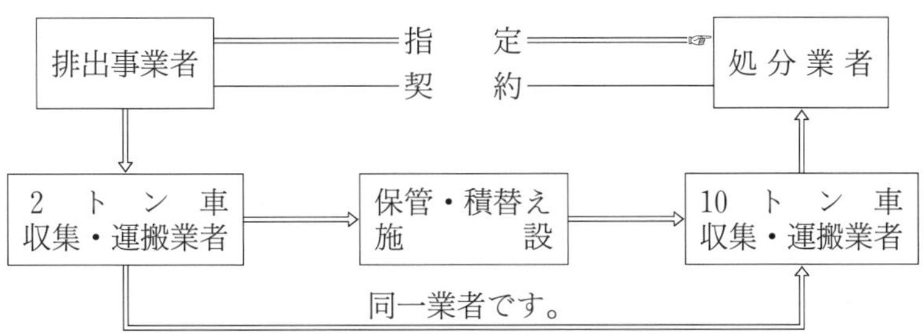

(2) 産業廃棄物中間処分業・特別管理産業廃棄物中間処分業

◇ 産業廃棄物又は特別管理産業廃棄物を排出事業者から委託を受けて中間処分する場合は、中間処分業の許可を受けなければなりません。

◇ 中間処分は、廃棄物を脱水、中和、破砕、乾燥、焼却するなどして再生や減容等を行うことで、それぞれの廃棄物の種類に適した処分をする必要があります。

◇ 廃棄物を機械で選別するだけでは、中間処分とは見なせませんので、それぞれの品目にあった処分方法で中間処分をする必要があります。

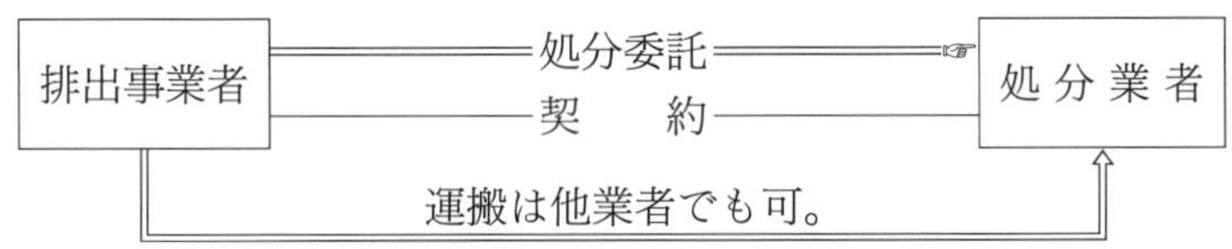

(3) 産業廃棄物最終処分業・特別管理産業廃棄物最終処分業

◇ 産業廃棄物又は特別管理産業廃棄物を排出事業者から委託を受けて埋立処分する場合は、最終処分業の許可を受けなければなりません。

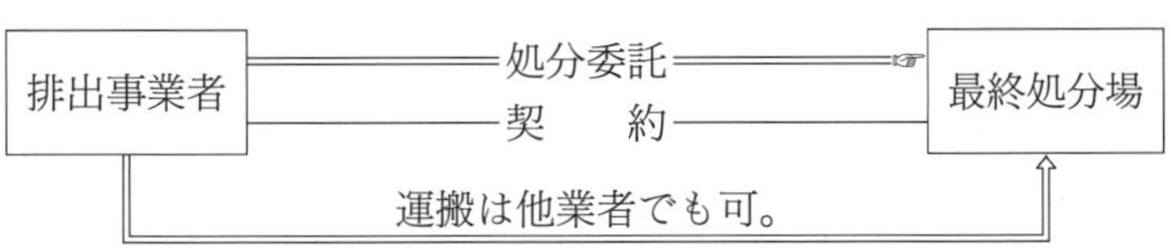

2　産業廃棄物処理業及び特別管理産業廃棄物処理業並びに産業廃棄物処理施設の許可申請手続に着手する前に習得すべき重要な環境省通達等

○産業廃棄物処理業及び特別管理理産業廃棄物処理業並びに産業廃棄物処理施設の許可事務の取扱いについて（通知）（要旨）

〔平成12年９月29日衛産第79号　最終改正平成18年９月４日環廃産発第060904003号〕

［環境省大臣官房廃棄物・リサイクル対策部産業廃棄物課長から各都道府県・政令市産業廃棄物行政主管部（局）長宛て］

記

第１　産業廃棄物処理業及び特別管理理産業廃棄物処理業の許可について

１．許可の申請／２．許可の性質／３．施設に係る基準（(1)～(2)）／４．経理的基礎（(1)～(6)）／５．欠格要件（(1)～(6)）／６．許可の条件／７．産業廃棄物処理業者の優良性の判断に係わる評価制度について（(1)～(3)）／８．有価証券報告書の提出／９．先行許可証の提出（(1)～(4)）／10．許可証の交付（(1)～(5)）／11．許可証の返納（(1)～(2)）／12．台帳の整備（(1)～(8)）／13．その他（(1)～(5)）

第２　産業廃棄物処理施設の許可について

１．許可の申請（(1)～(2)）／２．許可の性質／３．生活環境影響調査書（(1)～(10)）／４．申請書等の告示及び縦覧、関係市町村からの意見の聴取並びに利害関係者の意見書の提出（(1)～(10)）／５．専門的知識を有する者の意見の聴取（(1)～(4)）／６．経理的基礎／７．欠格要件（(1)～(2)）／８．許可の条件／９．使用前検査

第３　産業廃棄物処理施設の譲受け等の許可について

１．許可の性質／２．経理的基礎／３．欠格要件／４．その他

第４　産業廃棄物処理施設設置者の合併等の認可について

１．許可の性質／２．経理的基礎／３．欠格要件

（別添１）産業廃棄物の処理及び清掃に関する法律による意見聴取について

（別添２）産業廃棄物の処理及び清掃に関する法律による処分結果について

○建設工事に伴い生ずる廃棄物の処理責任の元請業者への一元化について（通知）

（平成22年5月20日事務連絡　環境省大臣官房廃棄物・リサイクル対策部廃棄物対策課／環境省大臣官房廃棄物・リサイクル対策部産業廃棄物課から各都道府県・政令市廃棄物行政主管部（局）宛て）

○平成22年度改正廃棄物処理法について

通知

・廃棄物の処理及び清掃に関する法律の一部を改正する法律等の施行について（通知）（環廃対発第110204004号・環廃産発第110204001号、平成23年２月４日　環境省大臣官房廃棄物・リサイクル対策部長から各都道府県知事・各政令市市長宛て）

・廃棄物の処理及び清掃に関する法律の一部を改正する法律等の施行について（通知）（環廃対発第110204005号・環廃産発第110204002号、平成23年２月４日　環境省大臣官房廃棄物・リサイクル対策部廃棄物対策課長／産業廃棄物課長から各都道府県・政令市廃棄物行政主管部（局）長宛て）

　※（別記様式）［一太郎］

・廃棄物の処理及び清掃に関する法律第14条の３等に係る法廷受託事務に関する処理基準について（通知）（環廃産発第110310002号、平成23年３月15日　環境省大臣官房廃棄物・リサイクル対策部長から各都道府県知事・各政令市市長宛て）

・産業廃棄物管理票制度の運用について（通知）（環廃産発第110317001号、平成23年３月17日　環境省大臣官房廃棄物・リサイクル対策部産業廃棄物課長から各都道府県・政令市廃棄物行政主管部（局）長宛て）

・多量排出事業者による産業廃棄物の処理計画の作成等に関する指導について（通知）（環廃産発第110323008号、平成23年３月23日　環境省大臣官房廃棄物・リサイクル対策部産業廃棄物課長から各都道府県・政令市廃棄物行政主管部（局）長宛て）

　※マニュアルについては、（別添）となります。

・建設工事から生ずる廃棄物の適正処理について（通知）（環廃産発第110329004号、平成23年３月30日　環境省大臣官房廃棄物・リサイクル対策部産業廃棄物課長から各都道府県・政令市廃棄物行政主管部（局）長宛て）

・石綿含有廃棄物等の適正処理について（通知）（環廃対発第110331001号、環廃産発第110331004号、平成23年３月31日　環境省大臣官房廃棄物・リサイクル対策部産業廃棄物対策課長／産業廃棄物課長／適正処理・不法投棄対策室長から各都道府県・政令市廃棄物行政主管部（局）長宛て）

　※（別紙）

事務連絡

・産業廃棄物収集運搬業の許可合理化の施行前後における許可に関する考え方について

その他

・廃棄物処理法の改正について（図解資料）

廃棄物熱回収施設設置者認定マニュアル

優良産廃処理業者認定制度

平成22年改正法Q＆A集

（出所）環境省ホームページより

注　本稿にリストアップした環境省通知等の全文については、同省のホームページから入手されたい。

3　首都圏（東京都／神奈川県／埼玉県／千葉県／茨城県／群馬県／栃木県の1都6県）、政令指定都市（川崎市）及び政令指定中核都市（いわき市）の産業廃棄物処理業許可申請手続等に関するホームページ一覧表

産業廃棄物処理業及び特別産業廃棄物処理業許可申請手続等に係る「手引き」、「申請書等の様式」及び「記載要領・記載例」等は、現在、各都道府県・政令市産業廃棄物行政主管部のホームページに掲載されております。

したがって、本稿では、「首都圏（東京都／神奈川県／埼玉県／千葉県／茨城県／群馬県／栃木県の1都6県）、政令指定都市（川崎市）及び政令指定中核都市（いわき市）の産業廃棄物処理業許可申請手続等に関するホームページ一覧表」を掲げて読者の参考に供したいと思います。

首都圏（1都6県）、政令指定都市（川崎市）及び政令指定中核都市（いわき市）の産業廃棄物処理業許可申請手続等に関するホームページ一覧表

No.	行政主管部	ホームページのタイトル
1	東京都環境局	産業廃棄物収集運搬業及び処分業の許可申請、届出
2	神奈川県庁	産業廃棄物・特別管理産業廃棄物収集運搬業の許可申請等について
3	埼玉県庁	産業廃棄物処理業の許可・届出について
4	千葉県庁	産業廃棄物処理業（許可申請・届出等）
5	茨城県生活環境部廃棄物対策課	産業廃棄物収集運搬業許可申請書、産業廃棄物処分業許可申請書
6	群馬県環境森林部・廃棄物・リサイクル課	産業廃棄物に関する許可申請や届出
7	栃木県庁	産業廃棄物収集運搬業の許可申請について、産業廃棄物（特別管理産業廃棄物）処分業の許可申請について
8	川崎市役所	産業廃棄物処理業に関して
9	いわき市役所	産業廃棄物収集運搬業許可申請・届出

第２節■産業廃棄物処理業者の自衛に役立つ行政処分と罰則の基礎知識

廃棄物処理業者等が、その事業に関し法令違反にあたる行為等をした場合には、「改善命令」、「措置命令」、「事業の停止」及び「許可の取消し」等の行政処分だけではなく、「過料」、「罰金」及び「懲役」等の行政罰も科されます。

廃棄物処理業者等の許可申請手続等を通じて、それらの業者を顧客としている行政書士にとり、関与先業者から、より一層の信頼を得るためには、このような、廃棄物処理法（以下、「廃棄物の処理及び清掃に関する法律」の略称とする）の行政処分と罰則について精通しておくことも、その重要な一手段です。

そこで、本稿を編集するにあたっては、廃棄物処理業者等に係る行政処分と罰則について、行政書士や廃棄物処理業等に携わる関係者が共に学べるように工夫をこらしました。

廃棄物処理業等の監督官庁の担当職員による、**事業所等に対する立入検査の際の廃棄物処理業関係者の適切な対応によって、法令違反を摘発されずに、行政処分や行政罰を避けるための指針**にしていただければ幸いです。

さらに、この論稿は、税理士、社会保険労務士、司法書士及び土地家屋調査士等他の法律関連職では既に業務として法定化されている、「行政不服審査請求の手続の代理」を、近い将来、行政書士も業とする事態に直面した場合をも想定して叙述してあります。

●廃棄物の処理及び清掃に関する法律（抄）（昭和45年12月25日法律第137号）

最終改正：平成23年８月30日法律第107号

＝報告及び検査＝

廃棄物処理業者等に対する行政処分や行政罰は、環境大臣や都道府県知事による、廃棄物処理業者等に対する業務等に関する報告命令、又は担当職員による、事業所等へ立ち入り帳簿書類その他の物件を検査することから、開始される場合が少なくない。そこで、まず始めに、「都道府県知事等による報告の徴収」に関する条文から掲げることとする。

（報告の徴収）

第18条

〔報告徴収者〕都道府県知事又は市長村長は、**この法律の施行に必要な限度において、**
〔報告対象者〕事業者、一般廃棄物若しくは**産業廃棄物又はこれらであることの疑いのある物の収集、運搬又は処分を業とする者**、一般廃棄物処理施設の設置者（中略）又は**産業廃棄物処理施設の設置者**、情報処理センター、第15条の17第１項の政令で定める土地の所有者若しくは占有者又は指定区域内において土地の形質の変更を行い、若しくは行った者その他の関係者**に対し、**
〔報告の範囲〕**廃棄物若しくは廃棄物であることの疑いのある物の保管、収集、運搬若しくは処分**、一般廃棄物処理施設若しくは**産業廃棄物処理施設の構造若しくは維持管理**又は同項の政令で定める土地の状況若しくは指定区域内における土地の形質の変更**に関し、**
〔報告の内容〕**必要な報告を求めることができる。**
2　〔略〕
【罰則】　30条６号〔30万円以下の罰金。情報処理センターに係るものを除く〕32条〔両罰規定〕

（立入検査）
第19条
〔検査実施者〕都道府県知事又は市長村長は、**この法律の施行に必要な限度において、**
〔検査対象者〕その職員に、事業者、一般廃棄物若しくは**産業廃棄物若しくはこれらであることの疑いのある物の収集、運搬若しくは処分を業とする者その他の関係者の**
〔検査の場所〕**事務所、事業場、車両、船舶その他の場所**、一般廃棄物処理施設若しくは**産業廃棄物処理施設のある土地若しくは建物**若しくは第15条の17第１項の政令で定める土地**に立ち入り、**
〔検査の範囲〕**廃棄物若しくは廃棄物であることの疑いのある物の保管、収集、運搬若しくは処分**、一般廃棄物処理施設若しくは**産業廃棄物処理施設の構造若しくは維持管理**若しくは同項の政令で定める土地の状況若しくは指定区域内における土地の形質の変更に関し、
〔検査の内容〕**帳簿書類その他の物件を検査させ**、又は試験の用に供するのに必要な限度において**廃棄物若しくは廃棄物であることの疑いのある物を無償で収去させることができる。**
2　〔略〕
3　前２項の規定により立入検査をする職員は、その身分を示す証明書を携帯し、関係人に提示しなければならない。
4　第１項及び第２項の規定による**立入検査の権限は、犯罪捜査のために認められたもの**

と解釈してはならない。

【罰則】　１項・２項＝30条７号〔30万円以下の罰金〕32条

（製品等に係る措置）

第19条の２　〔略〕

（改善命令）

第19条の３　次の各号に掲げる場合において、当該各号に定める者は、

〔命令の目的〕当該一般廃棄物又は産業廃棄物の適正な処理の実施を確保するため、

〔命令対象者〕当該保管、収集、運搬又は処分を行った者（事業者、一般廃棄物収集運搬業者、一般廃棄物処分業者、産業廃棄物収集運搬業者、産業廃棄物処分業者、特別管理産業廃棄物収集運搬業者、特別管理産業廃棄物処分業者及び無害化処理認定業者（以下この条において「事業者等」という。）並びに国外廃棄物を輸入した者（事業者等を除く。）に限る。）に対し、

〔命令の内容〕期限を定めて、当該廃棄物の保管、収集、運搬又は処分の方法の変更その他必要な措置を講ずべきことを命ずることができる。

一　〔略〕

二　産業廃棄物処理基準又は産業廃棄物保管基準（特別管理産業廃棄物にあっては、特別管理産業廃棄物処理基準又は特別管理産業廃棄物保管基準）が適用される者により、当該基準に適合しない産業廃棄物の保管、収集、運搬又は処分が行われた場合（次号に掲げる場合を除く。）　都道府県知事

三　〔略〕

㊟**（措置命令）**

第19条の４、**第19条の４の２**は、一般廃棄物処理基準に係る、**第19条の５**、**第19条の６**は、産業廃棄物処理基準又は産業廃棄物保管基準に係る措置命令に関する条文である。

㊟**（生活環境の保全上の支障の除去等の措置）**

第19条の７は、一般廃棄物処理基準に係る市長村長による、**第19条の８**は、産業廃棄物処理基準又は産業廃棄物保管基準に係る都道府県知事による生活環境の保全上の支障の除去等の措置に関する条文である。

＝行政処分＝

廃棄物処理業者等の事業に関し、各条文中に条番号のみで規定されている、**「行政処分」が科される法令違反にあたる行為名等**を知りたい場合には、後掲「行政罰」中の当該条番号の欄を参照されたい。

（事業の停止）

第14条の３　都道府県知事は、産業廃棄物収集運搬業者又は産業廃棄物処分業者が次の各号のいずれかに該当するときは、**期間を定めてその事業の全部又は一部の停止を命ずることができる。**

一　違反行為をしたとき、又は他人に対して違反行為をすることを要求し、依頼し、若しくは唆し、若しくは他人が違反行為をすることを助けたとき。

二　その者の事業の用に供する施設又はその者の能力が第14条第５項第１号又は第10項第１号に規定する基準に適合しなくなったとき。

三　第14条第11項の規定により当該許可に付した条件に違反したとき。

【罰則】　25条５号〔５年以下の懲役・千万円以下の罰金又は併科〕32条

（許可の取消し）

第14条の３の２　都道府県知事は、産業廃棄物収集運搬業者又は産業廃棄物処分業者が次の各号のいずれかに該当するときは、その許可を取り消さなければならない。

一　第14条第５項第２号イ（第７条第５項第４号ロ若しくはハ（第25条から第27条まで若しくは第32条第１項（第25条から第27条までの規定に係る部分に限る。）の規定により、又は暴力団員による不当な行為の防止等に関する法律の規定に違反し、刑に処せられたことによる場合に限る。）又は同号トに係るものに限る。）又は第14条第５項第２号ロ若しくはヘに該当するに至ったとき。

二　第14条第５項第２号ハからホまで（同号イ（第７条第５項第４号ロ若しくはハ（第25条から第27条までの規定により、又は暴力団員による不当な行為の防止等に関する法律の規定に違反し、刑に処せられたことによる場合に限る。）又は同号トに係るものに限る。）又は第14条第５項第２号ロに係るものに限る。）に該当するに至ったとき。

三　第14条第５項第２号ハからホまで（同号イ（第７条第５項第４号ニに係るものに限る。）に係る者に限る。）に該当するに至ったとき。

四　第14条第５項第２号イ又はハからホまでのいずれかに該当するに至ったとき（前３号に該当する場合を除く。）。

五　前条第１号に該当し情状が特に重いとき、又は同条の規定による処分に違反したとき。

六　不正の手段により第14条第１項若しくは第６項の許可（同条第２項又は第７項の許可の更新を含む。）又は第14条の２第１項の変更の許可を受けたとき。

２　都道府県知事は、産業廃棄物収集運搬業者又は産業廃棄物処分業者が前条第２号又は第３号のいずれかに該当するときは、その許可を取り消すことができる。

㊟　産業廃棄物処理業以外の「事業の停止」及び「許可の取消し」規定については、条文を省略して、条番号のみを掲げる。

◇　事業の停止：一般廃棄物処理業第７条の３、特別管理産業廃棄物処理業第14条の６
◇　許可の取消し：一般廃棄物処理業第７条の４、特別管理産業廃棄物処理業第14条の６

（改善命令等）

第15条の２の７　都道府県知事は、次の各号のいずれかに該当するときは、産業廃棄物処理施設の設置者に対し、期限を定めて当該産業廃棄物処理施設につき**必要な改善を命じ、又は期間を定めて当該産業廃棄物処理施設の使用の停止を命ずることができる。**

一　第15条第１項の許可に係る産業廃棄物処理施設の構造又はその維持管理が第15条の２第１項第１号若しくは第15条の２の３第１項に規定する技術上の基準又は当該産業廃棄物処理施設の許可に係る第15条第２項の申請書に記載した設置に関する計画若しくは維持管理に関する計画（これらの計画について前条第１項の許可を受けたときは、変更後のもの）に適合していないと認めるとき。

二　産業廃棄物処理施設の設置者の能力が第15条の２第１項第３号に規定する環境省令で定める基準に適合していないと認めるとき。

三　産業廃棄物処理施設の設置者が違反行為をしたとき、又は他人に対して違反行為をすることを要求し、依頼し、若しくは唆し、若しくは他人が違反行為をすることを助けたとき。

四　産業廃棄物処理施設の設置者が第15条の２第４項の規定により当該許可に付した条件に違反したとき。

【罰則】　26条２号〔３年以下の懲役・300万円以下の罰金又は併科〕32条

（許可の取消し）

第15条の３　都道府県知事は、次の各号のいずれかに該当するときは、当該産業廃棄物処理施設に係る**第15条第１項の許可を取り消さなければならない。**

一　産業廃棄物処理施設の設置者が第14条第５項第２号イからヘまでのいずれかに該当するに至ったとき。

二　前条第３号に該当し情状が特に重いとき、又は同条の規定による処分に違反したとき。

三　不正の手段により第15条第１項の許可又は第15条の２の６第１項の変更の許可を受けたとき。

２　都道府県知事は、前条第１号、第２号若しくは第４号のいずれかに該当するとき、又は特定産業廃棄物最終処分場の設置者が第15条の２の４において読み替えて準用する第８条の５第１項の規定による維持管理積立金の積立てをしていないときは、当該産業廃棄物処理施設に係る**第15条第１項の許可を取り消すことができる。**

㊟　産業廃棄物処理施設以外の「改善命令等」及び「許可の取消し」規定については、条

文を省略して、条番号のみを掲げる。

◇　改善命令等：一般廃棄物処理施設第９条の２

◇　許可の取消し：一般廃棄物処理施設第９条の２の２

〓行政罰〓

廃棄物処理法は、準用規定が多用されており、かつ、一般廃棄物処理業、産業廃棄物処理業及び特別管理産業廃棄物処理業ごとに、収集運搬業及び処分業がそれぞれ個別に規定されており、さらに、一般廃棄物処理施設と産業廃棄物処理施設の規定を加えると、計６業種・２施設に及び、それらの業種や施設に対する法的な規制も業態ごとにそれぞれ異なっております。

そのため、廃棄物処理業者等に対する行政処分や行政罰は、廃棄物処理法に基づいて行われているにもかかわらず、何とも複雑でわかりにくい法律構成となっていることが、廃棄物処理業等の関係者にとって悩みの種になっているところです。

そこで、本稿では、廃棄物処理法「第５章罰則」の条文をそのまま掲げるのではなく、廃棄物処理業等の業態ごとに罪名及び罰条が容易にわかるような体裁をとりました。

【略称凡例】

・一般廃棄物＝般廃物
・特別管理一般廃棄物＝特管般廃物
・一般廃棄物処理業者　＝一般処理業者
・一般廃棄物収集運搬業者＝一般収集業者
・一般廃棄物処分業者　＝一般処分業者
・産業廃棄物＝産廃物
・特別管理産業廃棄物＝特管産廃物
・産業廃棄物処理業者　＝産廃処理業者
・産業廃棄物収集運搬業者＝産廃収集業者
・産業廃棄物処分業者　＝産廃処分業者
・特別管理産業廃棄物処理業者　＝特別処理業者
・特別管理産業廃棄物収集運搬業者＝特別収集業者
・特別管理産業廃棄物処分業者　＝特別処分業者

第５章　罰則

第25条　５年以下の懲役又は千万円以下の罰金・併科あり・両罰規定あり〔第32条〕	
第１号	無許可一般廃棄物収集運搬業（第７条第１項違反）
	〃　処分業（第７条第６項違反）
	無許可産業廃棄物収集運搬業（第14条第１項違反）
	〃　処分業（第14条第６項違反）
	無許可特別管理産業廃棄物収集運搬業（第14条の４第１項違反）
	〃　処分業（第14条の４第６項違反）
第２号	不正手段による一般収集業者の許可取得・更新（第７条第１項・第２項）

	〃　一般処分業者の　〃　（第７条第６項・第７項）
	〃　産廃収集業者の　〃　（第14条第１項・第２項）
	〃　産廃処分業者の　〃　（第14条第６項・第７項）
	〃　特別収集業者の　〃　（第14条の４第１項・第２項）
	〃　特別処分業者の　〃　（第14条の４第６項・第７項）
第３号	一般処理業者の事業範囲無許可変更（第７条の２第１項違反）
	産廃処理業者の　〃　（第14条の２第１項違反）
	特別処理業者の　〃　（第14条の５第１項違反）
第４号	不正手段による一般処理業者の事業範囲変更許可取得（第７条の２第１項）
	〃　産廃処理業者の　〃　（第14条の２第１項）
	〃　特別処理業者の　〃　（第14条の５第１項）
第５号	一般処理業者の事業停止命令違反（第７条の３）
	産廃処理業者の　〃　（第14条の３）
	特別処理業者の　〃　（第14条の６）
	（特別管理を含む）一般廃棄物処理基準不適合廃棄物処分者等の支障の除去等措置命令違反（第19条の４第１項）
	認定一般廃棄物処理業者の支障の除去等措置命令違反（第19条の４の２第１項）
	（特別管理を含む）産業廃棄物処理・保管基準不適合廃棄物処分者等の支障の除去等措置命令違反　（第19条の５第１項）
	〃　排出事業者等の支障の除去等措置命令違反　（第19条の６第１項）
第６号	事業者の一般収集・処分業者等への委託義務違反（第６条の２第６項違反）
	事業者の産廃収集・処分業者等への　〃　（第12条第５項違反）
	事業者の特別収集・処分業者等への　〃　（第12条の２第５項違反）
第７号	一般収集・処分業者の名義貸し（第７条の５違反）
	産廃収集・処分業者の　〃　（第14条の３の３違反）
	特別収集・処分業者の　〃　（第14条の７違反）
第８号	一般廃棄物処理施設の無許可設置（第８条第１項違反）
	産業廃棄物処理施設の　〃　（第15条第１項違反）
第９号	一般廃棄物処理施設の設置許可不正取得（第８条第１項）
	産業廃棄物処理施設の　〃　（第15条第１項）
第10号	般廃物処理施設における廃棄物の種類等無許可変更（第９条第１項違反）
	産廃物処理施設における　〃　（第15条の２の６第１項違反）
第11号	般廃物処理施設における廃棄物の種類等変更許可不正取得（第９条第１項）
	産廃物処理施設における　〃　（第15条の２の６第１項）

第12号	環境大臣未確認一般廃棄物の不正輸出（第10条第１項違反・未遂罪あり）
	〃　　産業廃棄物の不正輸出（第15条の４の７第１項違反・未遂罪あり）
第13号	産廃収集業者以外の者の産廃物の収集・運搬の受託（第14条第15項違反）
	産廃処分業者以外の者の産廃物の処分の受託（第14条の４第15項違反）
第14号	廃棄物の不法投棄（第16条違反・未遂罪あり）
第15号	廃棄物の不法焼却（第16条の２違反・未遂罪あり）
第16号	指定有害物の保管、収集、運搬又は処分（第16条の３違反）
第２項　前項第12号、第14号及び第15号の罪の未遂は、罰する。	
第26条　３年以下の懲役又は300万円以下の罰金・併科あり・両罰規定あり	
第１号	事業者の一般廃棄物の運搬、処分等の委託基準違反（第６条の２第７項違反）
	一般廃棄物処理業者の他人への収集運搬処分等の委託禁止（第７条第14項違反）
	事業者の産業廃棄物の運搬、処分等の委託基準違反（第12条第６項違反）
	事業者の特管産廃物の　　〃　　（第12条の２第６項違反）
	産業廃棄物処理業者の再委託を除く他人への収集運搬処分等の委託禁止（第14条第16項違反）
	特管産廃物処理業者の　　〃　　（第14条の４第16項違反）
第２号	一般廃棄物処理施設改善命令等違反（第９条の２）
	産業廃棄物処理施設　　〃　　（第15条の２の７）
	市長村長等による事業者等への廃棄物処理に関する改善命令違反（第19条の３）
第３号	一般廃棄物処理施設の無許可譲受け等（第９条の５第１項違反）
	産業廃棄物処理施設の　　〃　　（第15条の４違反）
第４号	国外廃棄物の環境大臣無許可輸入（第15条の４の５第１項違反）
第５号	国外廃棄物輸入許可条件違反（第15条の４の５第４項）
第６号	廃棄物の不法投棄目的の収集又は運搬（第25条第１項第14号）
	廃棄物の不法焼却目的の　　〃　　（第25条第１項第15号）
第27条　第25条第１項第12号〔環境大臣未確認般廃物又は産廃物の不正輸出〕の罪を犯す目的でその予備をした者は、２年以下の懲役若しくは200万円以下の罰金に処し、又はこれを併科する。	
第28条　１年以下の懲役又は50万円以下の罰金・併科なし・２号のみ両罰規定あり	
第１号	情報処理センター役職員の秘密保持義務（第13条の７違反）
第２号	土地の形質の変更の施行方法計画変更命令違反（第15条の19第４項）
	〃　　に関する措置命令違反（第19条の10第１項）
第29条　６月以下の懲役又は50万円以下の罰金・併科なし・両罰規定あり	
第１号	一般廃棄物処理業許可人的欠格条項該当届出等義務違反（第７条の２第４項違反）
	産業廃棄物処理業許可　　〃　　（第14条の２第３項違反）

	特管産廃物処理業許可　〃　（第14条の５第３項違反）
	般廃物処理施設許可　〃　（第９条第６項違反）
	産廃物処理施設許可　〃　（第15条の２の６第３項違反）
	事業者の産業廃棄物保管施設届出等義務違反（第12条第３項違反）
	事業者の特別管理産業廃棄物保管施設届出等義務違反（第12条の２第３項違反）
第２号	一般廃棄物処理施設設置許可適合検査終了前の施設使用（第８条の２第５項違反）
	〃　変更許可　〃　（第９条第２項違反）
	産業廃棄物処理施設設置許可　〃　（第15条の２第５項違反）
	〃　変更許可　〃　（第15条の２の６第２項違反）
第３号	事業者の産業廃棄物管理票交付義務違反（第12条の３第１項違反）
	国外廃棄物輸入者の産業廃棄物管理票交付義務違反（第15条の４の７第２項違反）
	産業廃棄物管理票の虚偽記載等（第12条の３第１項違反）
第４号	産業廃棄物運搬受託者の管理票交付者への管理票送付義務違反又は虚偽記載等（第12条の３第３項前段違反）
第５号	産業廃棄物運搬受託者の処分委託者への管理票回付義務違反（第12条の３第３項後段違反）
第６号	産業廃棄物処分受託者の管理票交付者への管理票写し送付等義務違反又は虚偽記載等（第12条の３第４項違反）
	産業廃棄物処分受託者の中間処理産業廃棄物最終処分終了後の管理票交付者への管理票写しの送付義務違反又は虚偽記載等（第12条の３第５項違反）
	産業廃棄物処分受託者の中間処理産業廃棄物最終処分終了通知受領後の管理票交付者への管理票写しの送付義務違反又は虚偽記載等（第12条の５第５項違反）
第７号	管理票交付者交付管理票写しの保存義務違反（第12条の３第２項違反）
	管理票交付者受領管理票写しの保存義務違反（第12条の３第６項違反）
	運搬受託者の送付又は受領管理票写しの保存義務違反（第12条の３第９項違反）
	処分受託者の送付管理票写しの保存義務違反（第12条の３第10項違反）
第８号	運搬受託者又は処分受託者の虚偽の管理票の交付等の禁止（第12条の４第１項違反）
第９号	運搬又は処分受託者の管理票不交付産業廃棄物引受禁止（第12条の４第２項違反）
第10号	運搬又は処分受託者の運搬又は処分終了前の管理票送付又は報告の禁止（第12条の４第３項違反）
	処分受託者の最終処分終了通知受領前の管理票送付又は報告の禁止（第12条の４第４項違反）
第11号	産業廃棄物を生ずる事業者の情報処理センターへの虚偽登録（第12条の５第１項）
	国外廃棄物輸入業者の情報処理センターへの虚偽登録（第15条の４の７第２項）
第12号	運搬又は処分受託者の情報処理センターへの虚偽報告等（第12条の５第２項違反）
	処分受託者の最終処分終了管理票写し受領等虚偽報告等（第12条の５第３項違反）

第13号	事業者、運搬・処分受託者の都道府県知事措置命令違反（第12条の6第3項）
第14号	産廃処理業者の委託者への産業廃棄物適正処理困難等の通知義務違反 （第14条第13項違反）
	特別処理業者の　〃 （第14条の4第13項違反）
第15号	産廃処理業者の委託者への産業廃棄物適正処理困難等の通知の写し保存義務違反 （第14条第14項違反）
	特別処理業者の　〃 （第14条の4第14項違反）
第16号	都道府県知事への土地の形質の変更の届出義務違反等（第15条の19第1項）
第17号	一般・産業廃棄物処理施設設置者への施設事故時の措置命令違反（第21条の2第2項）
第30条　30万円以下の罰金・両罰規定あり	
第1号	一般処理業者の帳簿不備等（第7条第15項違反） 以下、産業廃棄物発生事業者（第12条第13項）、特別管理産業廃棄物発生事業者（第12条の2第14項）、産廃処理業者（第14条第17項）、特別処理業者（第14条の4第18項）においての準用含む。 一般処理業者の帳簿保存義務違反（第7条第16項違反） 以下、産業廃棄物発生事業者（第12条第13項）、特別管理産業廃棄物発生事業者（第12条の2第14項）、産廃処理業者（第14条第17項）、特別処理業者（第14条の4第18項）においての準用含む。
第2号	一般処理業者の変更届出等の虚偽届出等（第7条の2第3項）
	産廃処理業者の　〃　（第14条の2第3項）
	特別処理業者の　〃　（第14条の5第3項）
	一般廃棄物処理施設設置者の変更届出等の虚偽届出等（第9条第3項）
	産業廃棄物処理施設設置者の　〃　（第15条の2の6第3項）
	一般廃棄物最終処分場埋立処分の終了届出の虚偽届出等（第9条第4項）
	産業廃棄物最終処分場埋立処分の　〃　（第15条の2の6第3項）
	一般廃棄物処理施設許可設置者の相続届出の虚偽届出等（第9条の7第2項）
	産業廃棄物処理施設許可設置者の　〃　（第15条の4）
第3号	一般廃棄物処理施設の定期検査忌避等（第8条の2の2第1項）
	産業廃棄物処理施設の　〃　（第15条の2の2第1項）
第4号	一般廃棄物処理施設の維持管理状況の情報公表記録の不備等（第8条の4違反）
	一般廃棄物無害化処理施設設置の調査結果記録等の不備等（第9条の10第8項）
	産業廃棄物処理施設の維持管理状況の情報公表記録の不備等（第15条の2の4）
	産業廃棄物無害化処理施設設置の調査結果記録等の不備等（第15条の4の4第3項）
第5号	産業廃棄物発生事業者の産業廃棄物処理責任者の不設置（第12条第8項違反）
	特別管理産業廃棄物発生事業者の特別管理産業廃棄物管理責任者の不設置 （第12条の2第8項違反）

第６号	一般・産業廃棄物処理業者等の都道府県知事等に対する虚偽報告等（第18条）
第７号	〃　　の都道府県知事等による立入検査忌避等（第19条第１項）
	〃　　の環境大臣よる立入検査忌避等（第19条第２項）
第８号	一般・産業廃棄物処理施設設置者の技術管理者設置義務違反（第21条第１項）
第31条　〔情報処理センター等に係る罰則なので罪名及び罰条省略〕	
第32条　法人の代表者又は法人若しくは人の代理人、使用人その他の従業者が、その法人又は人の業務に関し、次の各号に掲げる規定の違反行為をしたときは、行為者を罰するほか、その法人に対して当該各号に定める罰金刑を、その人に対して各本条の罰金刑を科する。 一　第25条第１項第１号から第４号まで、第12号、第14号若しくは第15号又は第２項　**３億円以下の罰金** 二　第25条第１項（前号の場合を除く。）、第26条、第27条、第28条第２号、第29条又は第30条　**各本条の罰金刑** ２　前項の規定により第25条の違反につき法人又は人に罰金刑を科する場合における時効の期間は、同条の罪についての時効の期間による。	
第33条　20万円以下の過料・両罰規定なし	
第１号	非常用災害のために必要な応急措置として産業廃棄物の保管を行った事業者の届出義務違反（第12条第４項違反）
	特別管理産業廃棄物の保管の届出義務違反（第12条の２第４項違反）
	既に土地の形質の変更に着手している者の届出義務違反（第15条の19第２項違反）
	非常用災害のために必要な応急措置として土地の形質の変更した者の届出義務違反（第15条の19第３項違反）
第２号	多量排出事業者の産業廃棄物処理計画書提出義務違反（第12条第９項違反）
	〃　　の特別管理産業廃棄物処理計画書提出義務違反（第12条の２第10項違反）
第３号	〃　　の産業廃棄物処理計画実施状況報告義務違反（第12条第10項違反）
	〃　　の特別管理産業廃棄物処理計画実施状況報告義務違反（第12条の２第11項違反）
第34条　10万円以下の過料・両罰規定なし	
登録廃棄物再生事業者の名称使用禁止（第20条の２第３項違反）	

第３節■産業廃棄物処理業許可申請手続等のための主要参考文献

1　産廃業許可事務都道府県主管課等発行『産廃業許可申請の手引き』最新版

2　『平成24年版廃棄物処理法法令集（３段対照）』2012年　㈶日本環境衛生センター発行

3　廃棄物処理法編集委員会編著『平成21年版廃棄物処理法の解説』2009年　㈶日本環境衛生セ

ンター発行
4　長岡文明著『土日で入門　廃棄物処理法』2011年　㈶日本環境衛生センター発行
5　英保次郎編著『平成23年版図解廃棄物処理法』2011年　㈶日本環境衛生センター発行
6　英保次郎編著『六訂版廃棄物処理法Ｑ＆Ａ』2011年　東京法令出版
7　英保次郎著『廃棄物処理早わかり帖』2009年　東京法令出版
8　廃棄物法制研究会監修『問答式廃棄物処理の手引き』加除式　新日本法規出版
9　廃棄物適正処理実務研究会編『廃棄物処理・リサイクルの手続マニュアル』加除式　新日本法規出版
10　廃棄物法制研究会監修『廃棄物処理の実務Ｑ＆Ａ』加除式　第一法規
11　ソフトウエア【産廃収集】許認可プロシリーズ⑤ for Windows　㈱クリックス

第４節■産業廃棄物処理業の許可件数の推移（平成４～22年度）

前掲〔「行政書士報酬額に関する統計調査」に見る取扱い業務ランキング〕によれば、〔収集運搬・積替保管を除く〕産業廃棄物処理業許可申請手続は第25位にしかランクされていないものの、これらの産廃処理業者は通常建設業も兼業しており、したがって行政書士が関与する当該産廃処理業者から産業廃棄物処理業許可申請と建設業許可更新の二つの業務を依頼される場合が少なくありません。

そこで、これらの業務の客観的な市場規模を知ることは、行政書士の当該業務の営業活動を進めていく上での一つの重要なファクターであるとの筆者の考えから、次に「産業廃棄物処理業の許可件数の推移（平成４～22年度）」と「産業廃棄物の許可施設数の推移（平成13年～22年度）」を環境省のホームページから見ていくこととします。なお、各都道府県における各年度ごとのそれらの統計については、当該都道府県庁のホームページ等から探ることができますのでぜひアクセスしてみてください。

産業廃棄物処理業の許可等の状況について

〔産業廃棄物行政組織等調査（平成22年度実績）による〕

⑴　調査方法

①　調査対象機関　47都道府県、62政令市

②　調査内容　　　産業廃棄物処理業の許可件数

⑵　調査結果の概要

① 産業廃棄物処理業の許可の状況

平成22年年度末における産業廃棄物処理業の許可件数は、前年度より6,342件減少し、288,801件となっている。特別管理産業廃棄物処理業の許可件数は、前年度より263件減少し、31,814件であった（下図、付表１参照)。

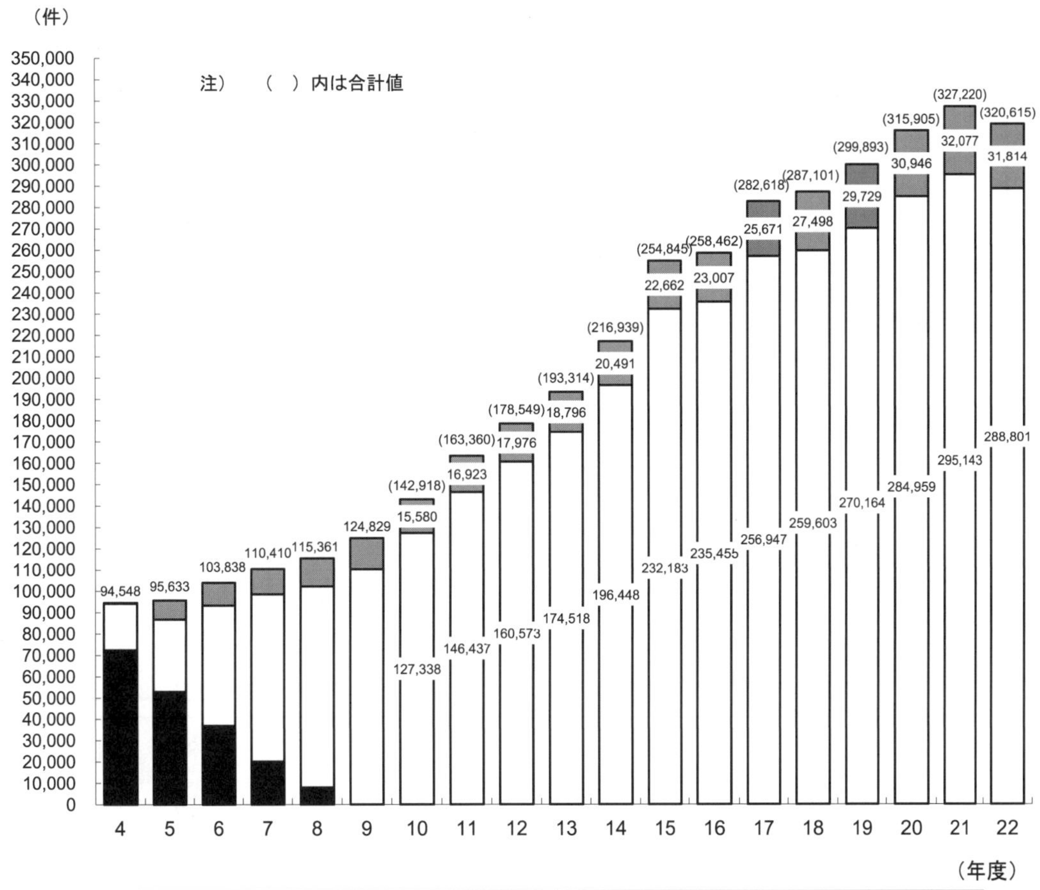

■ 特別管理産業廃棄物処理業許可件数
□ 産業廃棄物処理業許可件数
■ 産業廃棄物処理業許可件数（平成4年法改正による特別管理産業廃棄物制度創設以前の許可数）

（出所）環境省

付表１　産業廃棄物処理業の許可件数（平成23年３月31日現在）

許　可　件　数		合　　計
産業廃棄物処理業	特別管理産業廃棄物処理業	
288, 801	31, 814	320, 615

（内訳）

(ア)　産業廃棄物処理業の許可件数

		許可件数 （平成23年3月31日現在）	平成22年度	
			新規許可件数	更新許可件数
収集運搬業		274, 899 (281, 158)	15, 567 (19, 412)	36, 252 (38, 158)
	積替あり	8, 571 (8, 590)	166 (196)	1, 418 (1, 411)
	積替なし	266, 328 (272, 568)	15, 401 (19, 216)	34, 834 (36, 747)
処分業		13, 902 (13, 985)	495 (509)	2, 270 (2, 430)
	中間処理のみ	12, 878 (12, 917)	479 (495)	2, 109 (2, 258)
	最終処分のみ	401 (417)	11 (7)	61 (51)
	中間・最終	623 (651)	5 (7)	100 (121)
合計		288, 801 (295, 143)	16, 062 (19, 921)	38, 522 (40, 588)

(イ)　特別管理産業廃棄物処理業の許可件数

		許可件数 （平成23年3月31日現在）	平成22年度	
			新規許可件数	更新許可件数
収集運搬業		30, 921 (31, 184)	1, 268 (1, 800)	3, 063 (3, 198)
	積替あり	1, 148 (1, 166)	23 (29)	136 (133)
	積替なし	29, 773 (30, 018)	1, 245 (1, 771)	2, 927 (3, 065)
処分業		893 (893)	34 (34)	86 (108)
	中間処理のみ	815 (815)	28 (28)	79 (101)
	最終処分のみ	54 (53)	4 (3)	4 (4)
	中間・最終	24 (25)	2 (3)	3 (3)
合計		31, 814 (32, 077)	1, 302 (1, 834)	3, 149 (3, 306)

注）1．許可件数は、複数の許可を持つ業者についてもそれぞれの項目で積算した延べ数である。
　　2．（　　）内は、前年度の調査結果である。

②　産業廃棄物処理業の廃止の状況

平成22年度における産業廃棄物処理業の廃止（一部廃止を除く）の届出件数は合計3,942件であった（付表２）。

付表２　産業廃棄物処理業の廃止届出件数（平成22年度）

廃止届出件数		合計
産業廃棄物処理業	特別管理産業廃棄物処理業	
3,536	406	3,942

（内訳）

		産業廃棄物	特別管理産業廃棄物
収集運搬業		3,267（3,469）	389（　403）
	積替あり	101（　121）	10（　18）
	積替なし	3,166（3,348）	379（　385）
処分業		269（　306）	17（　27）
	中間処理のみ	251（　288）	16（　25）
	最終処分のみ	11（　8）	1（　1）
	中間・最終	7（　10）	0（　1）
合計		3,536（3,775）	406（　430）

注）（　）内は、前年度の調査結果である。

産業廃棄物処理施設の設置状況について

〔産業廃棄物行政組織等調査（平成22年度実績）による〕

(1)　調査方法

①　調査対象機関　47都道府県、62政令市

②　調査内容　　　産業廃棄物処理施設の設置数

(2)　調査結果の概要

平成23年３月31日現在において許可を受けた産業廃棄物処理施設の数は、全体で21,194施設（前年度21,477施設）となっており、前年度より283施設（前年度比約1.3%）減少している（付表３参照）。

付表３　産業廃棄物の処理施設数

区分		施設数（平成23年３月31日現在）		平成22年度分		
				新規施設数	変更許可数	廃止施設数
中間処理施設		19,147	(19,320)	461	148	559
	汚泥の脱水施設	3,383	(3,532)	42	27	132
	汚泥の乾燥施設（機械）	246	(243)	6	3	6
	汚泥の乾燥施設（天日）	89	(67)	1	0	3
	汚泥の焼却施設	666	(680)	16	9	21
	廃油の油水分離施設	265	(258)	8	2	0
	廃油の焼却施設	675	(680)	12	6	15
	廃酸・廃アルカリの中和施設	138	(142)	1	2	5
	廃プラスチック類の破砕施設	1,777	(1,738)	78	21	50
	廃プラスチック類の焼却施設	899	(956)	16	7	54
	木くず又はがれき類の破砕施設	9,365	(9,283)	262	61	189
	コンクリート固型化施設	34	(35)	0	2	0
	水銀を含む汚泥のばい焼施設	8	(8)	0	0	0
	シアン化合物の分解施設	135	(151)	1	0	5
	廃石綿等又は石綿含有廃棄物の溶融施設	16	(16)	1	0	0
	ＰＣＢ廃棄物の焼却施設	2	(0)	2	0	0
	ＰＣＢ廃棄物の分解施設	17	(17)	0	0	0
	ＰＣＢ廃棄物の洗浄施設又は分離施設	12	(11)	0	0	0
	その他の焼却施設（汚泥、廃油、廃プラスチック類、ＰＣＢを除く）	1,420	(1,503)	15	8	79
最終処分場		2,047	(2,157)	24	16	37
	遮断型処分場	25	(32)	0	0	7
	安定型処分場	1,244	(1,283)	14	7	24
	管理型処分場	778	(842)	10	9	6
合計		21,194	(21,477)	485	164	596

注）（　）内は前年度の調査結果

①　中間処理施設

許可を受けた中間処理施設の施設数は、全体で19,147施設となっており、前年度との比較では173施設（前年度比0.9％）の減少となっている。内訳は、木くず又はがれき類の破砕施設が48％、汚泥の脱水施設が17％、廃プラスチック類の破砕施設が９％を占めている。

新規に許可を受けた木くず又はがれき類の破砕施設は262施設あり、新規に許可を受けた施設の半分を占めている。また、新規に許可を受けた焼却施設は32施設であり、前年度と比べて11施設の増加となった（経年変化は図１－１参照）。

②　最終処分場

許可を受けた最終処分場の施設数は、全体で2,047施設となっており、前年度との比較では110施設の減少となっている。

新規に許可を受けた最終処分場は24施設であり、前年度と比べて10施設増加となった（経年変化は図１－２参照）。

（参考）産業廃棄物処理施設の新規許可件数推移

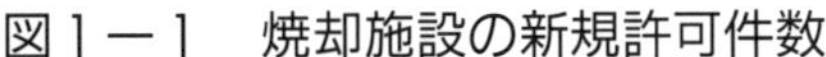
図１－１　焼却施設の新規許可件数

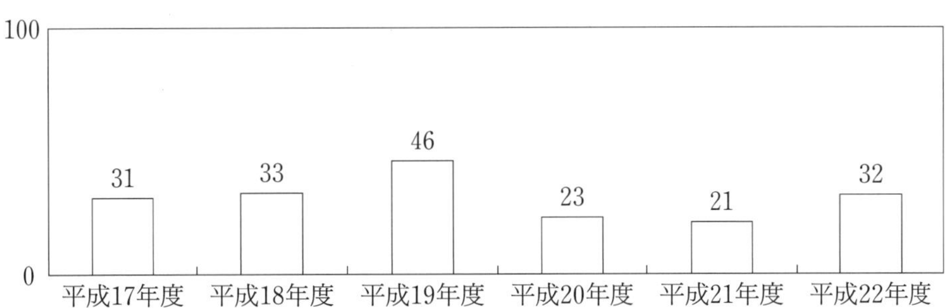

注）焼却施設については「廃プラスチック類」と「その他」など複数の許可を持つ施設も施設数で１としているため、付表３の数値とは一致しない。

図１－２　最終処分場の新規許可件数

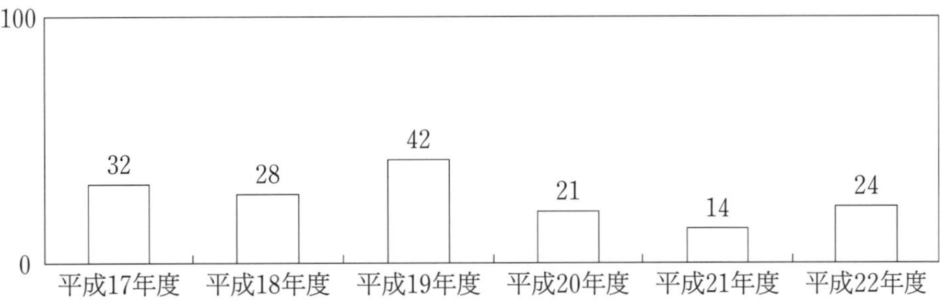

付表4　産業廃棄物の許可施設数の推移

	平成13年度	平成14年度	平成15年度	平成16年度	平成17年度	平成18年度	平成19年度	平成20年度	平成21年度	平成22年度
中間処理施設	19,540	19,284	19,931	20,613	19,164	19,076	19,444	19,345	19,320	19,147
汚泥の脱水施設	6,708	6,646	6,690	6,666	4,810	4,221	3,935	3,774	3,532	3,383
汚泥の乾燥施設（機械）	232	242	236	238	242	248	245	244	243	246
汚泥の乾燥施設（天日）	82	84	82	78	73	74	71	70	67	89
汚泥の焼却施設	717	644	650	654	679	691	696	683	680	666
廃油の油水分離施設	271	261	264	265	256	253	258	260	258	265
廃油の焼却施設	646	629	639	635	639	668	691	699	680	675
廃酸・廃アルカリの中和施設	193	196	200	200	186	182	167	149	142	138
廃プラスチック類の破砕施設	703	832	958	1,161	1,286	1,411	1,575	1,649	1,738	1,777
廃プラスチック類の焼却施設	1,572	1,125	1,069	1,076	1,052	1,009	980	983	956	899
木くず又はがれき類の破砕施設	5,970	6,684	7,248	7,765	8,135	8,529	9,061	9,056	9,283	9,365
コンクリート固型化施設	46	44	44	43	40	37	36	36	35	34
水銀を含む汚泥のばい焼施設	7	6	7	8	8	8	8	8	8	8
シアン化合物の分解施設	235	230	225	216	194	182	177	161	151	135
廃石綿等又は石綿含有廃棄物の溶融施設	—	—	—	—	—	—	—	14	16	16
PCB廃棄物の焼却施設	0	0	0	0	0	0	0	0	0	2
PCB廃棄物の分解施設	10	13	15	18	16	17	20	19	17	17
PCB廃棄物の洗浄施設	3	5	7	13	16	13	13	11	11	12
その他の焼却施設	2,145	1,643	1,597	1,577	1,532	1,533	1,511	1,529	1,503	1,420
最終処分場	2,711	2,641	2,490	2,478	2,335	2,205	2,253	2,199	2,157	2,047
遮断型処分場	41	39	35	33	33	33	32	32	32	25
安定型処分場	1,651	1,632	1,494	1,484	1,413	1,382	1,361	1,326	1,283	1,244
管理型処分場	1,019	970	961	961	889	880	860	841	842	778
合計	22,251	21,925	22,421	23,091	21,499	21,281	21,697	21,544	21,477	21,194

第5節■産業廃棄物処理業業界の最近の動向と今後の課題／将来性

産業廃棄物処理業者の許可申請や届出手続を生業としている行政書士にとって、産業廃棄物処理業業界の盛衰は、そのままそれらの取扱い業務量の多寡につながる最も重大な関心事であります。

そこで、「産業廃棄物処理業業界の最近の動向と今後の課題／将来性」について的確に論及している文献を紹介し、読者の参考に供したいと思います。

経営情報出版社刊・中小企業動向調査会編『業種別業界情報 2011年版』《サービス業》―その他の部中、産業廃棄物処理業についての論稿。

他に、業種別企業体を対象に、金融機関の融資判断のための手引きとして利用されている銀行研修社刊『最新業種別審査小事典 2009年版』も、産業廃棄物処理業の業界動向を探る上でかなり参考になると思われます。

第４章　風俗営業の許可申請手続

第１節■風俗営業の許可申請・届出手続

第１款　風営適正化法と風俗営業等の概要

１　風俗営業とその許可申請手続をめぐる諸問題

Ⅰ　（行政書士等にとって厄介な）風俗営業等とその許可申請手続等に係る特殊事情

１　風俗営業等の許可申請手続等に係る特殊事情

(1)　風俗営業等の許可申請手続等を、他の営業許認可申請手続にはその例を見ないほど難解で、かつ煩雑にしているのは、一つに風営適正化法の法体系が次に示すような広範多岐にわたる法令群によって構成されていること、二つにそれぞれの法律の条文等で準用規定が多用されているために条文及び条文間の解釈には、かなり高度で専門的な知識を要求されること、三つに各都道府県ごとに風営適正化法に関する法律施行条例及び法律施行条例施行規則等が定められていることによるからである。

よって、風俗営業等の許可申請手続等に携わる行政書士には、その手続等の専門家として、まず始めに、下記①から⑰（ただし、東京都以外にあっては、各道府県の関係条例等）までの法令群について相当程度精通することが求められると筆者は考えるので、以下それら法令等の題名を列挙することとする。

①　風俗営業等の規制及び業務の適正化等に関する法律（以下「風営適正化法」という。）

②　風営適正化法施行令

③　風営適正化法に基づく許可申請書の添付書類に関する内閣府令

④　風営適正化法施行規則

⑤　風営適正化法施行令附則第２条に基づく型式の指定に係る都道府県公安委員会規則の基準を定める規則

⑥　遊技機の認定及び型式の検定等に関する規則

⑦　風俗営業環境浄化協会に関する規則

⑧　遊技料金の基準

⑨　18歳未満の者が店舗型性風俗特殊営業又は店舗型電話異性紹介営業の営業所に立ち入ってはならない旨を表示するものとして国家公安委員会が定める標示を定める件

⑩　風営適正化法等の解釈運用基準

以下、東京都における風営適正化法に関連する条例等を掲げる。

⑪　（東京都）風営適正化法施行条例

⑫　（東京都）風営適正化法施行条例の施行に関する規則

⑬　（東京都）風営適正化法施行条例の施行に関する規則（昭和60年２月１日東京都公安委員会規則第１号）第２条第２項の規定による東京都公安委員会が告示する区域

⑭　（東京都）風営適正化法施行条例の施行に関する規則（昭和60年２月１日東京都公安委員会規則第１号）第４条の規定による東京都公安委員会が告示する区域

⑮　（東京都）性風俗営業等に関する不当な勧誘、料金の取立て等の規制に関する条例（平成12年10月13日条例第196号）

⑯　（東京都）性風俗営業等に関する不当な勧誘、料金の取立て等の規制に関する条例施行規則（平成12年10月13日公安委員会規則第13号）

⑰　（東京都）性風俗営業等に関する不当な勧誘、料金の取立て等の規制に関する条例第２条の規定に基づく指定区域（平成12年11月１日公安委員会告示第248号　最終改正　公委告示第264号）

(2)　風俗営業等の規制及び業務の適正化等に関する法律には、建設業法、宅地建物取引業法等にあるような「閲覧制度」がなく、申請書類等を閲覧することができないこと。

(3)　風俗営業の許可申請手続に必要な申請書類の一覧表は、各都道府県警察のホームページで公表されているものの、その記載例については、他の許認可行政庁と違い公表されていないこと。

(4)　風俗営業の許可申請書類には、他の建設業許可等には添付を求められていない建築確認申請用図面レベルの「営業所の平面図」等を添付しなければならない。したがって、その図面作製に当たっては、建築士と同程度の専門的な図面作製能力が要求されること。

(5)　風俗営業の許可手続等は、所轄警察署の申請書類の受理、書類審査、人物調査及び営業所周辺の地域調査に始まり、風俗環境浄化協会の調査員等による法第39条第２項第６号の規定に基づく営業所の構造及び設備の実地調査の後、各都道府県警察の書類審査を経て、当該都道府県公安委員会の許可に基づく申請者への風俗営業許可証の交付をもって終了すること。

(6) 営業所の構造及び設備の実地調査は、申請者（法人の場合は役員）又は管理者、申請手続に関与した行政書士等、所轄警察署の担当官及び風俗環境浄化協会の調査員の4者による立ち会いのもとに行われること。

(7) 風俗営業許可申請書類の提出時まで又は当該許可が下りるまでに、すべての風俗営業許可申請に係る営業所にあっては所轄消防署の消防検査を、第1号営業（キャバレー等）及び第2号営業（料理店・社交飲食店）等の飲食店営業許可を必要とする営業所にあっては所轄保健所の調理場（厨房）の実地調査を、それぞれ受けなければならないこと。

(8) 風俗営業等の許可申請の際、担当官等から法令に定めのない添付書類を要求される場合があること※。

※　申請者に対して、その申請内容が当該法律又は他の法律に適合しているか否か、又は違反していないか否かを判断したり、法律上の行政目的を達成するために、行政機関から当該法律の施行に必要な限度で求められる書類であるが、**行政手続法を逸脱する行政指導ではないかとしばしば問題になる。**したがって、当該申請書類を受理し、その申請内容について審査し、許可するか否かを判断する警察署と当該都道府県警察にあっては、少なくとも、**行政手続法の本旨に従い、文書又は口頭で当該書類を求める法的根拠を申請者に明示する必要があろう。**

2　営業所サイドの特殊事情

(1) 業種柄、同一オーナーによる営業期間が2～3年と短いために、営業者の交代のたびに新規の許可手続が必要となること。

(2) 業種柄、店舗の売買による営業者の交代のたびに新規の許可手続が必要となること。

(3) 業種柄、さらには、最近の風俗営業を取り巻く景気動向から、（特にパチンコ店を経営する）会社の合併や分割の承認手続が、今後益々増加することが予想されること。

(4) 第7号営業のパチンコ店等及び第8号営業のゲームセンター等は、約10年サイクルで、建物の老巧化、これらの営業を取り巻く風俗環境の変化、さらには、遊技場に求めるファンのニーズの多様化に対応するために、どうしても遊技場をリニューアルする必要に迫られる。そのため営業者は、遊技場を増改築したり、内・外装を改装すること等による、営業所の構造又は設備の変更承認手続等をしなければならないこと。

(5) 規制営業であることから、警察官の営業所への立ち入りと取り締りが頻繁に行われるため、そのたびに営業所の構造又は設備の変更承認手続等が必要となる場合があること。

⑹　規制営業であることから、申請書類等と営業所の構造又は設備との間に整合性がない等の場合には、許可又は承認の不正取得、構造又は設備等の変更承認の不正取得、若しくは申請書類、変更届出書類等の虚偽記載等として刑事処分及び営業許可の取消し又は営業停止等の行政処分が科される場合があること。

⑺　風俗営業の第7号営業パチンコ店等は、営業開始後、通常1か月に2回程度遊技機の入れ替えを行なう。これには、営業者がそのたびに所轄警察署に対して、遊技機入替承認申請書類を提出し、営業者の希望する日に担当官から当該遊技機の検査とその承認を受けない限り、営業者の希望する日に当該遊技機を使用した営業を開始することはできない。このため営業者には、その希望をかなえるために、担当官とは常日頃良好な関係を保つことが求められている。

したがって、パチンコ店等営業者は、担当官からその営業について注目を浴びたり監視されたりすることを極度に嫌いそれを避けようとすることから、**担当官からの、法律的に疑義のある営業に関するさまざまな指導や指摘に対しても正当な反論ができず、不満ながらもその指導や指摘を受け入れている事例が散見されること。**

3　警察署サイドの特殊事情

⑴　規制営業であることから、監督官庁である警察署の担当官は、他の建設業許可等の監督官庁の担当官のように、許認可手続等について申請者等に対し原則的にアドバイス等をしないこと。

⑵　監督官庁である警察署の担当官は、他の建設業許可等の監督官庁の担当官のように、日常的に毎日在庁して終日許認可手続事務だけを処理しているわけではなく、①各種許可申請や承認申請に基づく当該申請内容の適否を検査し確認するための当該営業所での実地調査業務、②本法の目的である善良の風俗と清浄な風俗環境の保持及び少年の健全な育成に障害を及ぼす行為を防止するための風俗営業所等への指導監督等の業務、③さらには、国民生活の安全を確保するための防犯活動等の本来の警察業務等に多忙を極めていること。

⑶　大多数の警察官には、他の公務員にはない特殊な勤務形態、すなわち当直とその翌日における非番の制度があり、担当官が在庁していない日があること。

したがって、風俗営業の許可申請書類等を提出する場合には、あらかじめ、担当官が在庁していることを確認する必要がある。

II　東京都における風俗営業許可申請手続の問題点

1　許可申請書類の提出時期は、営業用建物と設備等を完成させてからなのか、それともその2か月くらい前からなのかが明確にされていないこと。

その理由として、申請者から提出された風俗営業許可申請書類を受理した担当官は、「許可事務処理期限（許可、認可等の処理期限に関する規程（昭和33年５月７日訓令甲第11号））」に沿ってその事務処理を進めなければならなくなることから、その受理にあたっては、より慎重になることが挙げられる。

2　別記様式第２号（第10条関係）「許可申請書」関係

同様式の備考欄２によれば、「申請者は、氏名を記載し及び押印することに代えて、署名することができる。」とされているにもかかわらず、法的根拠もあいまいなまま、慣習的に、署名押印が求められる場合があること。

3　別記様式第３号（第10条関係）「営業の方法その２(A)（法第２条第１項第１号から第６号までの営業）」の書面中、客の接待をする場合は接待を行う者の区分として、常時当該営業所に雇用されている者の人数のみを記載すべきところに、法的根拠もあいまいなまま、慣習的に、ウエイター等の接待を行わない従業者までもを含む全従業者数、及びそのうち接待を行う者の性別と人数を括弧書きでそれぞれ記載することが求められる場合があること。

4　内閣府令第１条（許可申請書の添付書類）第３号に規定する「営業所の平面図」関係

(1)　「飲食店の営業許可書」の写しの添付を求められている第１号営業（キャバレー等）等に係る「営業所の平面図」には、（おそらく、飲食店営業許可申請書類の中の「営業設備の大要」の記載事項中、「調理場又は作業場面積及び客室面積」がそれぞれ区分表示されていること等を参考にしたと思われる。）法的根拠もあいまいなまま、慣習的に、「調理場」の床面積を別記することが求められる場合があること。

(2)　社交飲食店又はマージャン店等に係る「営業所の平面図」には、法的根拠もあいまいなまま、慣習的に、「精算所又はカウンター」等の床面積を別記することが求められる場合があること。

(3)　パチンコ店等に係る「営業所の平面図」には、法的根拠もあいまいなまま、慣習的に、「賞品提供場所」の床面積を別記することが求められる場合があること。

(4)　法的根拠もあいまいなまま、慣習的に、客室以外の各室（更衣室、事務室、便所等）の床面積を別記することが求められる場合があること。

(5)　法的根拠もあいまいなまま、慣習的に、「営業用建物のビル入居者名」を別記することが求められる場合があること。

5　内閣府令第１条（許可申請書の添付書類）第３号に規定する「営業所の周囲の略図」関係

(1)　（東京都）風俗営業等の規制及び業務の適正化等に関する法律施行条例（昭和59年12月10日東京都条例128号）（以下「条例」という。）第３条（風俗営業の営業所の設置を特に制限する地域）及び（東京都）風俗営業等の規制及び業務の適正化等に関する法律施行条例の施行に関する規則（昭和60年２月１日東京都公安委員会規則１）（以下「規則」という。）第２条（風俗営業の営業所の設置を特に制限する地域）により、用途地域ごとに保護対象施設と営業所との制限距離が異なるにも係らず、実務上一律に「営業所から半径100メートル以内の周囲の略図」（以下「周囲の略図」という。）の提出が求められる場合があること。

⑵　上記⑴の「周囲の略図」に、実務上「保護対象外施設」として、無床及び８人未満の患者を入院させるための施設を有する診療所等についてまでも列記を求められる場合があること。

⑶　条例第３条第１項第１号但し書き及び規則第１条に規定する「近隣商業地域及び商業地域に隣接し、かつ、当該地域からの距離が20メートル以下の区域」内に風俗営業の営業所を設置する場合は格別、そうでない場合にも実務上各用途地域別に色区分することが求められる場合があること。

６　本稿「II　東京都における風俗営業許可申請手続の問題点」のうち、２から５までの項目についての記載や添付は、警察庁生活安全局による「風俗営業等の規制及び業務の適正化等に関する法律等の解釈運用基準」の第11　風俗営業の許可について（法第３条、第４条及び第５条関係）１　一般的留意事項で示されている「**許可申請書類の記載は、簡潔で必要十分なもので足りることとするとともに、審査事務の合理化、審査期間の短縮化を図り、申請者に無用の負担をかけることのないように努める必要がある。**」との指針及び行政手続法の本旨に照らしてもかなり問題のある行政指導である。

III　東京都とそれ以外の公安委員会に対する風俗営業許可申請手続の現状と課題

東京都以外の他の公安委員会では、上記「II　東京都における風俗営業許可申請手続の問題点」で指摘した申請手続等のうち、１の許可申請書類の提出時期は、営業用建物と設備等の着工又は完成時期を問わず、開店（営業）希望日の１～２か月くらい前からとされており、さらに、２から５までの項目に係る記載や添付については、法的根拠がないので必要とされていない。

したがって、**東京都の行政書士等が東京都以外の他の公安委員会に対して当該書類を提出する場合にあっては、上記「II　東京都における風俗営業許可申請手続の問題点」のうち、法的根拠もあいまいで、慣習的な、２から５までの項目に係る記載や添付を安易に行うことは、厳に慎むべきであろう。**

そして、これにとどまらず、**私たち行政書士には、上記６の警察庁生活安全局による解釈運用基準の指針と行政手続法の本旨に則り、さらには、行政手続上の権利を擁護してくれるであろうとの申請者からの期待に応えるために、可能な限り、東京都公安委員会に対する風俗営業許可申請手続に係るこれらの記載や添付についても、必要最小限にとどめるよう不断に努力することが求められているのである。**

2－1　風営適正化法、同法施行令、同法内閣府令及び同法施行規則対照表

●風俗営業等の規制及び業務の適正化等に関する法律 〔昭和23年7月10日法律第122号 最終改正　平成21年7月15日法律第79号〕	●風俗営業等の規制及び業務の適正化等に関する法律施行令 〔昭和59年11月7日政令第319号 最終改正　平成25年2月6日政令第29号〕
［目　次］ 第1章　総則（第1条・第2条） 第2章　風俗営業の許可等（第3条―第11条） 第3章　風俗営業者の遵守事項等（第12条―第26条） 第4章　性風俗関連特殊営業等の規制 　第1節　性風俗関連特殊営業の規制 　　第1款　店舗型性風俗特殊営業の規制（第27条―第31条） 　　第2款　無店舗型性風俗特殊営業の規制（第31条の2―第31条の6） 　　第3款　映像送信型性風俗特殊営業の規制等（第31条の7―第31条の11） 　　第4款　店舗型電話異性紹介営業の規制（第31条の12―第31条の16） 　　第5款　無店舗型電話異性紹介営業の規制（第31条の17―第31条の21） 　第2節　深夜における飲食店営業の規制等（第32条―第34条） 　第3節　興行場営業の規制（第35条） 　第4節　特定性風俗物品販売等営業の規制（第35条の2） 　第5節　接客業務受託営業の規制（第35条の3・第35条の4） 第5章　監督（第36条―第37条） 第6章　雑則（第38条―第48条） 第7章　罰則（第49条―第57条） 附　則	［条文見出し］ 第1条（法第2条第1項第4号の政令で定めるダンスの教授に関する講習） 第1条の2（法第2条第1項第4号の政令で定める者） 第1条の3（法第2条第1項第18号の政令で定める施設） 第2条（法第2条第6項第3号の政令で定める興行場） 第3条（法第2条第6項第4号の政令で定める施設等） 第4条（法第2条第6項第5号の政令で定める物品） 第5条（法第2条第6項第6号の政令で定める店舗型性風俗特殊営業） 第6条（風俗営業の許可に係る営業制限地域の指定に関する条例の基準） 第6条の2（法第4条第3項の政令で定める事由） 第7条（法第4条第4項の政令で定める営業） 第7条の2（法第13条第1項の政令で定める基準） 第8条（風俗営業の営業時間の制限に関する条例の基準） 第9条（風俗営業に係る騒音及び振動の規制に関する条例の基準等） 第9条の2（法第18条の2第1項第2号の政令で定める書類） 第10条（型式の規格を定める遊技機の種類） 第10条の2（法第20条第8項の政令で定める者及び額）

●風俗営業等の規制及び業務の適正化等に関する法律に基づく許可申請書の添付書類等に関する内閣府令

〔昭和60年１月11日総理府令第１号
最終改正　平成24年６月18日内閣府令第39号〕

［条文見出し］

第１条（許可申請書の添付書類）
第２条（構造及び設備の軽微な変更）
第３条（構造及び設備の変更等に係る届出書の記載事項）
第４条（構造及び設備の変更等に係る届出書の添付書類）
第５条（特例風俗営業者の認定申請書の添付書類）
第６条（遊技機の軽微な変更）
第７条（遊技機の変更に係る届出書の添付書類）
第８条（店舗型性風俗特殊営業の廃止等に係る届出書の記載事項）
第９条（店舗型性風俗特殊営業の届出書の添付書類）
第10条（標章の様式）
第11条（準用規定）
第12条（無店舗型性風俗特殊営業の届出書の添付書類）
第13条（映像送信型性風俗特殊営業の届出書の添付書類）
第14条（店舗型電話異性紹介営業の届出書の添付書類）
第15条（準用規定）
第16条（無店舗型電話異性紹介営業の届出書の添付書類）
第17条（深夜における酒類提供飲食店営業に係る軽微な変更）
第18条（準用規定）
第19条（深夜における酒類提供飲食店営業の届出書の添付書類）

●風俗営業等の規制及び業務の適正化等に関する法律施行規則

〔昭和60年１月11日国家公安委員会規則第１号
最終改正　平成24年11月21日国家公安委員会規則第14号〕

［目　次］

第１章　総則（第１条―第６条）
第２章　風俗営業の許可の手続等（第７条―第28条）
第３章　風俗営業の規制（第29条―第39条）
第４章　性風俗関連特殊営業等の規制
　第１節　店舗型性風俗特殊営業の規制（第40条―第50条）
　第２節　無店舗型性風俗特殊営業の規制（第51条―第56条）
　第３節　映像送信型性風俗特殊営業の規制（第57条―第61条）
　第４節　店舗型電話異性紹介営業の規制（第62条―第67条）
　第５節　無店舗型電話異性紹介営業の規制（第68条―第73条）
　第６節　深夜における飲食店営業の規制等（第74条―第79条）
　第７節　接客業務受託営業に係る処分移送通知書（第80条）
第５章　雑則（第81条―第87条）
附　則

●風俗営業等の規制及び業務の適正化等に関する法律 （昭和23年７月10日法律第122号 最終改正　平成21年７月15日法律第79号）	●風俗営業等の規制及び業務の適正化等に関する法律施行令 （昭和59年11月７日政令第319号 最終改正　平成25年２月６日政令第29号）
	第11条（法第23条第１項の政令で定める営業） 第12条（店舗型性風俗特殊営業の営業時間の制限に関する条例の基準） 第13条（法第30条第１項の政令で定める重大な不正行為） 第13条の２（法第31条の５第１項の政令で定める重大な不正行為） 第13条の３（店舗型電話異性紹介営業の営業時間の制限に関する条例の基準） 第13条の４（法第31条の15第１項の政令で定める重大な不正行為） 第13条の５（法第31条の20の政令で定める重大な不正行為） 第14条（深夜における飲食店営業に係る騒音及び振動の規制に関する条例の基準等） 第15条（深夜における酒類提供飲食店営業の営業禁止地域の指定に関する条例の基準） 第15条の２（法第35条の４第２項の政令で定める重大な不正行為） 第16条（法第43条の政令で定める者及び額） 第17条（警察庁長官への権限の委任） 第18条（方面公安委員会への権限の委任） 附則

●風俗営業等の規制及び業務の適正化等に関する法律に基づく許可申請書の添付書類等に関する内閣府令 〔昭和60年１月11日総理府令第１号 最終改正　平成24年６月18日内閣府令第39号〕	●風俗営業等の規制及び業務の適正化等に関する法律施行規則 〔昭和60年１月11日国家公安委員会規則第１号 最終改正　平成24年11月21日国家公安委員会規則第14号〕
第20条（従業者名簿の記載事項） 第21条（確認書類） 第22条（団体の届出） 第23条（届出事項） 第24条（フレキシブルディスクによる手続） 附則〔略〕	

２－２　風俗営業等の規制及び業務の適正化等に関する法律等の解釈運用基準≪目次≫

（平成22年７月９日
警察庁丙保発第14号
丙少発第22号）

風俗営業等の規制及び業務の適正化等に関する法律等の解釈運用基準

風俗営業等の規制及び業務の適正化等に関する法律（昭和23年法律第122号。以下「法」という。）、風俗営業等の規制及び業務の適正化等に関する法律施行令（昭和59年政令第319号。以下「令」という。）、風俗営業等の規制及び業務の適正化等に関する法律に基づく許可申請書の添付書類等に関する内閣府令（昭和60年総理府令第１号。以下「府令」という。）、風俗営業等の規制及び業務の適正化等に関する法律施行規則（昭和60年国家公安委員会規則第１号。以下「施行規則」という。）、少年指導委員規則（昭和60年国家公安委員会規則第２号）、遊技機の認定及び型式の検定等に関する規則（昭和60年国家公安委員会規則第４号。以下「遊技機規則」という。）等について必要な解釈及び運用の基準は、次のとおりとする。

目次

第16　風俗営業の規制について（法第９条、第13条、第15条、第16条、第18条の２、第19条、第20条、第22条、第23条及び第24条関係）

第17　性風俗関連特殊営業の届出について（法第27条、第31条の２、第31条の７、第31条の12及び第31条の17関係）

第18　店舗型性風俗特殊営業の規制について（法第27条の２及び第28条関係）

第19　無店舗型性風俗特殊営業の規制について（法第31条の２の２、第31条の３及び第31条の４第２項関係）

第20　映像送信型性風俗特殊営業の規制について（法第31条の８第１項から第４項まで関係）

第21　店舗型電話異性紹介営業の規制について（法第31条の13関係）

第22　無店舗型電話異性紹介営業の規制について（法第31条の18及び第31条の19第２項関係）

第23　深夜における飲食店営業の規制等について（法第32条関係）

第24　深夜における酒類提供飲食店営業の規制について（法第33条関係）

第25　接客業務受託営業に対する規制について（法第35条の３関係）

第26　指示について（法第25条、第29条、第31条の４第１項、第31条の６第２項第１号、第31条の９第１項、第31条の11第２項第１号、第31条の14、第31条の19第１項、第31条の21第２項第１号、第34条第１項並びに第35条の４第１項及び第４項第１号関係）

第27　営業の停止等について（法第８条、第26条、第30条、第31条の５、第31条の６第２項第２号及び第３号、第31条の15、第31条の20、第31条の21第２項第２号、第34条第２項、第35条、第35条の２、第35条の４第２項及び第４項第２号並びに第41条の２関係）

第28　年少者の利用防止のための命令について（法第31条の10及び第31条の11第２項第２号関係）

第29　自動公衆送信装置設置者の努力義務について（法第31条の８第５項並びに第31条の９第２項及び第３項関係）

第30　従業者名簿等について（法第36条及び第36条の２関係）

第31　報告及び立入りについて（法第37条関係）

第32　少年指導委員について（法第38条、第38条の２及び第38条の３関係）

第33　都道府県風俗環境浄化協会について（法第39条関係）

第34　風俗営業者の団体について（法第44条関係）

3　風営適正化法に規定する「営業の種別・業務の区分」一覧表

<table>
<tr><td rowspan="2"></td><td></td><td colspan="2">営業の種別</td><td colspan="2">業務の区分</td></tr>
<tr><td rowspan="7">接待飲食等営業</td><td>1号</td><td>キャバレー</td><td colspan="2">法第２条第１項第１号に規定する営業</td></tr>
<tr><td rowspan="11">風俗営業</td><td rowspan="2">2号</td><td>料理店</td><td>料亭、料理店、待合等の和風の営業</td><td rowspan="2">法第２条第１項第２号に規定する営業</td></tr>
<tr><td>社交飲食店</td><td>クラブ、パブスナック等和風以外の営業</td></tr>
<tr><td>3号</td><td>ダンス飲食店</td><td colspan="2">法第２条第１項第３号に規定する営業</td></tr>
<tr><td>4号</td><td>ダンスホール等</td><td colspan="2">法第２条第１項第４号に規定する営業</td></tr>
<tr><td>5号</td><td>低照度飲食店</td><td colspan="2">法第２条第１項第５号に規定する営業</td></tr>
<tr><td>6号</td><td>区画席飲食店</td><td colspan="2">法第２条第１項第６号に規定する営業</td></tr>
<tr><td rowspan="4">遊技場等営業</td><td rowspan="3">7号</td><td>マージャン店</td><td>まあじゃん屋</td><td rowspan="3">法第２条第１項第７号に規定する営業（施行規則第35条（遊技料金等の基準）参照）</td></tr>
<tr><td>パチンコ店等</td><td>ぱちんこ屋及び令第７条に規定する営業</td></tr>
<tr><td>その他遊技場</td><td>まあじゃん屋、ぱちんこ屋及び令第７条に規定する営業以外の営業（射的、輪投げ及びスマートボール等）</td></tr>
<tr><td>8号</td><td>ゲームセンター等</td><td colspan="2">法第２条第１項第８号に規定する営業</td></tr>
<tr><td rowspan="12">性風俗関連特殊営業</td><td rowspan="6">店舗型性風俗特殊営業</td><td>1号</td><td>ソープランド</td><td colspan="2">法第２条第６項第１号に規定する営業</td></tr>
<tr><td>2号</td><td>店舗型ファッションヘルス</td><td colspan="2">法第２条第６項第２号に規定する営業</td></tr>
<tr><td>3号</td><td>ヌードスタジオ、のぞき劇場、ストリップ劇場、個室ビデオ等</td><td colspan="2">法第２条第６項第３号に規定する営業</td></tr>
<tr><td rowspan="2">4号</td><td>レンタルルーム</td><td colspan="2">法第２条第６項第４号に規定する営業のうち、政令第３条第１項第１号に該当する営業</td></tr>
<tr><td>ラブホテル、モーテル、旅館</td><td colspan="2">法第２条第６項第４号に規定する営業のうち、政令第３条第１項第２号に該当する営業</td></tr>
<tr><td>5号</td><td>アダルトショップ</td><td colspan="2">法第２条第６項第５号に規定する営業</td></tr>
<tr><td rowspan="2">無店舗型性風俗特殊営業</td><td>1号</td><td>派遣型ファッションヘルス</td><td colspan="2">法第２条第７項第１号に規定する営業</td></tr>
<tr><td>2号</td><td>アダルトビデオ等通信販売</td><td colspan="2">法第２条第７項第２号に規定する営業</td></tr>
<tr><td colspan="3">インターネット等利用のアダルト映像送信型性風俗特殊営業</td><td colspan="2">法第２条第８項に規定する営業</td></tr>
<tr><td colspan="3">店舗型電話異性紹介営業</td><td colspan="2">法第２条第９項に規定する営業</td></tr>
<tr><td colspan="3">無店舗型電話異性紹介営業</td><td colspan="2">法第２条第10項に規定する営業</td></tr>
</table>

接客業務受託営業	法第 2 条第11項に規定する営業
深夜における酒類提供飲食店営業	法第33条で規定する営業

4　風俗営業の種別ごと及び深夜における飲食店営業の営業所の「構造及び

種別	法第2条第1項第1号又は第3号に掲げる営業（キャバレー又はダンス飲食店）	法第2条第1項第2号に掲げる営業（料理店又は社交飲食店）	法第2条第1項第4号に掲げる営業（ダンスホール等）	法第2条第1項第5号に掲げる営業（低照度飲食店）
施行規則第八条に規定する法第四条第二項第一号の国家公安委員会規則で	1　客室の床面積は、一室の床面積を66㎡以上とし、ダンスをさせるための客室の部分の床面積をおおむねその1/5以上とすること。*1	1　客室の床面積は、和風の客室に係るものにあっては一室の床面積を9.5㎡以上とし、その他のものにあっては一室の床面積を16.5㎡以上とすること。ただし客室の数が一室のみである場合は、この限りでない。	1　ダンスをさせるための営業所の部分（以下この項において「客室」という。）の床面積は、一室の床面積を66㎡以上とすること。	1　客室の床面積は、一室の床面積を5㎡以上とすること。
	2　客室の内部が当該営業所の外部から容易に見通すことができないものであること。	2　同　左	2　同　左	2　同　左
	3　客室の内部に見通しを妨げる設備を設けないこと。*2	3　同　左	3　同　左	3　同　左
	4　善良の風俗又は清浄な風俗環境を害するおそれのある写真、広告物、装飾その他の設備を設けないこと。*3	4　同　左	4　同　左	4　同　左
	5　客室の出入口に施錠の設備を設けないこと。ただし、営業所外に直接通ずる客室の出入口については、この限りでない。	5　同　左	5　同　左	5　同　左
	6　第29条に定めるところにより計った営業所内の照度が5ルクス以下とならないように維持されるため必要な構造又は設備を有すること。*4	6　同　左	6　第29条に定めるところにより計った営業所内の照度が10ルクス以下とならないように維持されるため必要な構造又は設備を有すること。*4	6　第29条に定めるところにより計った営業所内の照度が5ルクス以下とならないように維持されるため必要な構造又は設備を有すること。*4

設備の技術上の基準」一覧表

法第2条第1項第6号に掲げる営業（区画席飲食店）	法第2条第1項第7号に掲げる営業（マージャン店、パチンコ店等及びその他遊技場）	法第2条第1項第8号に掲げる営業（ゲームセンター等）	深夜における飲食店営業	
客室の床面積等に制限なし	客室の床面積等に制限なし	客室の床面積等に制限なし	施行規則第七四条に規定する法第三二条第一項第一号の国家公安委員会規	1　客室の床面積は、一室の床面積を9.5㎡以上とすること。ただし、客室の数が一室のみである場合は、この限りでない。
1　同　左	客室の内部が当該営業所の外部から容易に見通すことができないようにする構造及び設備の制限なし。	同　左		
客室の内部に見通しを妨げる設備の制限なし。	1　客室の内部に見通しを妨げる設備を設けないこと。*2	1　同　左		2　同　左
2　同　左	2　同　左	2　善良の風俗若しくは清浄な風俗環境を害し、又は少年の健全な育成に障害を及ぼすおそれのある写真、広告物、装飾その他の設備を設けないこと。*6		3　善良の風俗又は清浄な風俗環境を害するおそれのある写真、広告物、装飾その他の設備を設けないこと。*8
3　同　左	3　同　左	3　同　左		4　同　左
4　第29条に定めるところにより計った営業所内の照度が10ルクス以下とならないように維持されるため必要な構造又は設備を有すること。*4	4　同　左	4　同　左		5　次条に定めるところにより計った営業所内の照度が20ルクス以下とならないように維持されるため必要な構造又は設備を有すること。

定める技術上の基準	7　第31条に定めるところにより計った騒音又は振動の数値が法第15条の規定に基づく条例で定める数値に満たないように維持されるため必要な構造又は設備を有すること。*5	7 同　左	7 同　左	7 同　左
		8　ダンスの用に供するための構造又は設備を有しないこと。		8　ダンスの用に供するための構造又は設備を有しないこと。

＊1　「客室」とは、接待（1・2号営業）、ダンス（1号営業）、遊技（7・8号営業）等が行われる客の用に供する区画された場所をいう。

専らショーや生演奏のバンドの用に供するステージ、配膳用カウンター、床の間その他通常客が接待を受けたり、ダンスや遊技等が行われることのない営業所の部分は、客室の範囲から除外される。

その他、カウンターやレジの内側等専ら従業者の用に供されている部分や洗面所等当該フロアとは完全に区画されている部分、及び固定されているボトル棚、自動販売機等は、客室には含まない。

筆者注　上記「客室」に関する解釈は、①警察庁保安部防犯少年課編「防犯少年関係例規集（風俗営業）」昭和51年3月刊842～843頁からの引用による、飛田清弘他著『条解風俗営業等の規制及び業務の適正化等に関する法律』立花書房　昭和61年刊170頁での論述及び②「風俗営業等の規制及び業務の適正化等に関する法律等の解釈運用基準（以下「解釈運用基準」という。）第3　ゲームセンター等の定義について3(1)イ」から抜粋したものである。

＊2　施行規則第8条の表中「見通しを妨げる設備」とは、仕切り、つい立て、カーテン、背の高いいす（おおむね高さが1メートル以上のもの）等をいう（「解釈運用基準」第11　風俗営業の許可について8　構造及び設備の技術上の基準(1)）。

まあじゃん屋の個室については、健全営業を行う旨の誓約書を徴収して認め、仕切り、つい立て、カーテン、背の高い椅子等は、おおむね管理者等が卓上を見通せる程度の高さとし、弾力的に運用すること（警視庁防犯部保安第1課「風俗営業の許可等取扱いの手引き」平成元年8月14日（保1・営）第736号通知）。

＊3　施行規則第8条の表中「善良の風俗又は清浄な風俗環境を害するおそれのある写真、広告物、装飾その他の設備」とは、例えば、男女の性交場面を写した写真、売春を行っている場所についての

5 同　左	5 同　左	5 同　左	則で定める技術上の基準	6　第31条に定めるところにより計った騒音又は振動の数値が法第32条第2項において準用する法第15条の規定に基づく条例で定める数値に満たないように維持されるため必要な構造又は設備を有すること。
6　ダンスの用に供するための構造又は設備を有しないこと。	6　ぱちんこ屋及び令第7条に規定する営業にあっては、当該営業の用に供する遊技機以外の遊技設備を設けないこと。*7	6　遊技料金として紙幣を挿入することができる装置を有する遊技設備又は客に現金若しくは有価証券を提供するための装置を有する遊技設備を設けないこと。		7　ダンスの用に供するための構造又は設備を有しないこと。
7　令第3条第3項第3号に規定する設備（長いすその他の設備で専ら異性を同伴する客の休憩の用に供するもの）を設けないこと。	7　ぱちんこ屋及び令第11条に規定する営業にあっては、営業所内の客の見やすい場所に賞品を提供する設備を設けること。			

広告、性器を模した装飾、回転ベッド、振動ベッド等の設備をいう。（以下省略）（「解釈運用基準」第11の8⑵）。

＊4　施行規則第8条の表中「営業所内の照度が10⑸ルクス以下とならないよう維持されるため必要な構造又は設備を有する」とは、一般的には、照度の基準に達する照明設備を設けていることで足りるが、照度の基準に満たない照度に自由に変えられるスライダック等の照明設備を設けることは認められない（「解釈運用基準」第11の8⑶）。

＊5　施行規則第8条の表中「騒音又は振動の数値が……条例で定める数値に満たないように維持されるため必要な構造又は設備を有する」とは、営業活動に伴う騒音が条例で定める数値に達する場合は、防音設備を設けなければならないとするものである。しかし、例えば、音響設備を設けないため特に騒音が発生しない場合や、建物の壁が厚いこと、営業所の境界地まで相当な距離があること等により外部に音が漏れない場合にまで防音設備の設置を義務づけるものではない（「解釈運用基準」第11の8⑷）。

＊6　施行規則第8条の表中「善良の風俗又は清浄な風俗環境を害し、又は少年の健全な育成に障害を及ぼすおそれのある写真、広告物、装飾その他の設備」とは、上記第11の8⑵に掲げる設備のほか、例えば、酒、たばこ又は令第4条で定める物品により遊技の結果を表示するクレーン式遊技機等の遊技設備をいう（「解釈運用基準」第11の8⑸）。

＊7　施行規則第8条の表「法第2条第1項第7号に掲げる営業」の項第6号中の「当該営業の用に供する遊技機以外の遊技設備」とは、ぱちんこ遊技機及び令第7条に規定する遊技機以外の遊技設備をいう（以下省略）（「解釈運用基準」第11の8⑹）。

＊8　第77条に規定する営業に係る営業所にあっては、少年の健全な育成に障害を及ぼすおそれのある写真、広告物、装飾その他の設備を含む（施行規則第74条第3号）。

5－1　建築基準法の建築物の用途の制限

建築基準法では、都市計画法（昭和43年法律第100号）で定めた用途地域ごとに、建築できる建築物の用途を下表のように定めています。

用途地域／建築物の用途	第一種低層住居専用地域	第二種低層住居専用地域	第一種中高層住居専用地域	第二種中高層住居専用地域	第一種住居地域	第二種住居地域	準住居地域	近隣商業地域	商業地域	準工業地域	工業地域	工業専用地域
キャバレー等（風適法第２条第１項第１号）	×	×	×	×	×	×	×	×	○	○	×	×
料理店、クラブ等（風適法第２条第１項第２号）	×	×	×	×	×	×	×	×	○	○	×	×
ナイトクラブ等（風適法第２条第１項第３号）	×	×	×	×	×	×	×	×	○	○	×	×
ダンスホール等（風適法第２条第１項第４号）	×	×	×	×	×	×	×	×	○	○	×	×
まあじゃん屋（風適法第２条第１項第７号）	×	×	×	×	×	○	○	○	○	○	○	×
ぱちんこ屋（風適法第２条第１項第７号）	×	×	×	×	×	○	○	○	○	○	○	×
個室付浴場業（風適法第２条第６項第１号）	×	×	×	×	×	×	×	×	○	×	×	×

注１　×…建築又は用途変更のできない地域　○…建築可能又は用途変更のできる地域
注２　風適法とは、風俗営業等の規制及び業務の適正化等に関する法律（昭和23年法律第122号）の略

5－2　風俗営業の用途地域別風営適正化法と建築基準法の規制対照表

風俗営業の種別	用途地域	風営適正化法	建築基準法
１～４号	近隣商業地域	都道府県条例により、営業が制限されていない場合がある。	建築又は用途変更等はできない
７号	住居地域	同　　上	建築又は用途変更等ができる

したがって、当該地域において当該営業を始めようとするときは、それぞれの所管行政庁に行政書士、建築士等が申請者に同行して、担当官と事前に協議することが必要となる。

6　風俗営業等の営業禁止地域等の規定

風俗営業等の禁止地域等は、各業種ごとに風営法及び各都道府県の条例等で定められております。

そこで次に、風俗営業許可申請手続等に着手する前に行政書士が熟知しておくべき「風俗営業等の営業禁止地域等」に関連する条文を、法令と東京都及び埼玉県の条例等の中から抽出し、その見出しのみを掲載いたします。許可申請手続等の実務に際しましては、これらの条文に必ず目を通していただき、くれぐれも遺漏や錯誤なきよう準備を怠らないでください。

○風俗営業等の規制及び業務の適正化等に関する法律（昭和23年法律第122号）

（許可の基準）第４条第２項第２号

※風俗営業の許可に係る営業制限地域の指定に関する条例の基準は、政令に委任している

（店舗型性風俗特殊営業の禁止区域等）第28条

（店舗型電話異性紹介営業の禁止区域等）第31条の13

（深夜における酒類提供飲食店営業の届出等）第33条第４項

※深夜における酒類提供飲食店営業の営業禁止地域の指定に関する条例の基準は、政令に委任している

○風俗営業等の規制及び業務の適正化等に関する法律施行令（昭和59年政令第319号）

（風俗営業の許可に係る営業制限地域の指定に関する条例の基準）第６条

（深夜における酒類提供飲食店営業の営業禁止地域の指定に関する条例の基準）第15条

○（東京都）風俗営業等の規制及び業務の適正化等に関する法律施行条例（昭和59年12月20日東京都条例第128号）

（風俗営業の営業所の設置を特に制限する地域）第３条

（店舗型性風俗特殊営業等の禁止区域の基準となる施設）第９条

（店舗型性風俗特殊営業等の禁止地域）第10条

（深夜における酒類提供飲食店営業の禁止地域）第12条

○（東京都）風俗営業等の規制及び業務の適正化等に関する法律施行条例の施行に関する規則（昭和60年2月1日東京都公安委員会規則第１号）

（風俗営業の営業所の設置を特に制限する地域の特例）第１条・第２条

○（東京都）風俗営業等の規制及び業務の適正化等に関する法律施行条例の施行に関する規則（昭和60年２月１日東京都公安委員会規則第１号）第２条第２項の規定による東京

都公安委員会が告示する区域（昭和60年3月1日東京都公安委員会告示第33号）

○（埼玉県）風俗営業等の規制及び業務の適正化等に関する法律施行条例（昭和59年12月25日埼玉県条例第47号）
（風俗営業の制限地域の指定）第2条
（店舗型性風俗特殊営業等の禁止区域の基準となる施設）第8条
（店舗型性風俗特殊営業等の禁止地域）第9条
（深夜における酒類提供飲食店営業の禁止地域）第12条

○（埼玉県）風俗営業等の規制及び業務の適正化等に関する法律施行条例施行規則（昭和60年2月1日埼玉県公安委員会規則第1号）
（条例別表の公安委員会規則で定める地域）第5条

7　風俗営業等の営業禁止区域に係る保護対象施設

風営法では、学校等その他の施設で特にその周辺における良好な風俗環境を保全する必要がある施設（以下「保護対象施設」という。）の敷地（これらの用に供するものと決定した土地を含む。）の、周囲100メートルの区域内を都道府県の条例で風俗営業の営業制限地域に指定することとされており、周囲200メートルの区域内は店舗型性風俗特殊営業の営業禁止区域に指定されております。

そこで次に、風俗営業許可申請手続等に着手する前に行政書士が熟知しておくべき「風俗営業等の営業禁止区域に係る保護対象施設」に関連する条文を、法令と東京都及び埼玉県の条例等の中から抽出し、その見出しのみを掲載いたします。許可申請手続等の実務に際しましては、これらの条文に必ず目を通していただき、くれぐれも遺漏や錯誤なきよう準備を怠らないでください。

○一団地の官公庁施設（官公庁施設の建設等に関する法律（昭和26年法律第181号）第2条第4項に規定するものをいう。）
○学校（学校教育法（昭和22年法律第26号）第1条に規定するものをいう。）
○図書館（図書館法（昭和25年法律第118号）第2条第1項に規定するものをいう。）
○児童福祉施設（児童福祉法（昭和22年法律第164号）第7条第1項に規定するものをいう。）
○病院及び診療所（医療法（昭和23年法律第205号）第1条の5に規定するものをいう。）
○第1種及び第2種助産施設（児童福祉施設最低基準（昭和23年厚生省令第63号）第15条第2項及び第3項に規定するものをいう。）

○特別養護老人ホーム（老人福祉法（昭和38年法律第133号）第5条の3に規定するものをいう。）

8　風俗営業等の営業時間の規制

風俗営業等の営業時間は、各業種ごとに風営法及び各都道府県の条例で規制されており、かつ風営法施行規則等により、

ア　風俗営業にあっては、別記様式第3号（第10条関係）その1〔営業の方法〕書に、

イ　店舗型性風俗特殊営業にあっては、別記様式第21号（第42条関係）その1〔営業の方法〕書に、

ウ　無店舗型性風俗特殊営業にあっては、別記様式第29号（第53条関係）〔営業の方法〕その2（法第2条第7項第1号の営業を営む場合において、受付所を設ける場合）書に、

エ　店舗型電話異性紹介営業にあっては、別記様式第36号（第64条関係）その1〔営業の方法〕書に、

オ　深夜における酒類提供飲食店にあっては、別記様式第42号（第78条関係）〔営業の方法〕書に、

それぞれ営業時間を記載することが求められております。

そこで次に、風俗営業許可申請手続等に着手する前に行政書士が熟知しておくべき「風俗営業等の営業時間の規制」に関連する条文を、法令と東京都及び埼玉県の条例等の中から抽出し、その見出しのみを掲載いたします。許可申請手続等の実務に際しましては、これらの条文に必ず目を通していただき、くれぐれも遺漏や錯誤なきよう準備を怠らないでください。

○風俗営業等の規制及び業務の適正化等に関する法律

（営業時間の制限）第13条

（店舗型性風俗特殊営業の禁止区域等）第28条第4項

（店舗型電話異性紹介営業の禁止区域等）第31条の13

○風俗営業等の規制及び業務の適正化等に関する法律施行令

（法第13条第1項の政令で定める基準）第7条の2

（風俗営業の営業時間の制限に関する条例の基準）第8条

（店舗型性風俗特殊営業の営業時間の制限に関する条例の基準）第12条

（店舗型電話異性紹介営業の営業時間の制限に関する条例の基準）第13条の3

○（東京都）風俗営業等の規制及び業務の適正化等に関する法律施行条例
（風俗営業の営業時間の制限）第５条
（営業延長許容地域の指定）第４条の２
（特別な事情のある日等）第４条
（店舗型性風俗特殊営業等の深夜における営業時間の制限）第11条

○（東京都）風俗営業等の規制及び業務の適正化等に関する法律施行条例の施行に関する規則
（営業延長許容地域の指定）第４条
（風俗営業の営業時間の制限の特例）第３条

○（東京都）風俗営業等の規制及び業務の適正化等に関する法律施行条例の施行に関する規則（昭和60年２月１日東京都公安委員会規則第１号）第４条の規定による東京都公安委員会が告示する区域（平成11年４月１日東京都公安委員会告示第51号）

○（埼玉県）風俗営業等の規制及び業務の適正化等に関する法律施行条例
（ぱちんこ屋等営業の営業時間の制限）第４条
（午前１時まで風俗営業を営むことが許容される特別な事情のある地域）第３条の２
（習俗的行事その他の特別な事情のある日等）第３条
（店舗型性風俗特殊営業等の営業時間の制限）第10条

○（埼玉県）風俗営業等の規制及び業務の適正化等に関する法律施行条例施行規則
（午前１時まで風俗営業を営むことが許容される特別な事情のある地域）第２条

9　風俗営業に係る騒音及び振動の規制

風俗営業に係る騒音及び振動の規制は、風営法及び各都道府県の条例等で定められております。

そこで次に、風俗営業許可申請手続等に着手する前に行政書士が熟知しておくべき「風俗営業に係る騒音及び振動の規制」に関連する条文を、法令と東京都及び埼玉県の条例等の中から抽出し、その見出しのみを掲載いたします。許可申請手続等の実務に際しましては、これらの条文に必ず目を通していただき、くれぐれも遺漏や錯誤なきよう準備を怠らないでください。

○風俗営業等の規制及び業務の適正化等に関する法律
（騒音及び振動の規制）第15条
（深夜における飲食店営業の規制等）第32条第２項

○風俗営業等の規制及び業務の適正化等に関する法律施行令
（風俗営業に係る騒音及び振動の規制に関する条例の基準等）第9条
（深夜における飲食店営業に係る騒音及び振動の規制に関する条例の基準等）第14条
○（東京都）風俗営業等の規制及び業務の適正化等に関する法律施行条例
（風俗営業等の騒音及び振動の規制）第6条
○（埼玉県）風俗営業等の規制及び業務の適正化等に関する法律施行条例
（風俗営業に係る騒音及び振動の数値）第5条
（深夜における飲食店営業に係る騒音及び振動の数値）第11条

10 東京都、神奈川県、千葉県及び埼玉県における風俗営業の営業制限地域に係る規定

東京都・風俗営業等の規制及び業務の適正化等に関する法律施行条例（抄）

［昭和59年12月20日　東京都条例第128号　最終改正　平成22年12月22日　条例第106号］

（風俗営業の営業所の設置を特に制限する地域）

第3条　風俗営業等の規制及び業務の適正化等に関する法律（昭和23年法律第122号。以下「法」という。）第4条第2項第2号の条例で定める地域は、次の地域とする。

一　第1種低層住居専用地域、第2種低層住居専用地域、第1種中高層住居専用地域、第2種中高層住居専用地域、第1種住居地域、第2種住居地域及び準住居地域（以下「住居集合地域」という。）。ただし、法第2条第1項第7号及び第8号の営業に係る営業所については、近隣商業地域及び商業地域に近接する第2種住居地域及び準住居地域で東京都公安委員会規則（以下「規則」という。）で定めるものを除く。

二　学校、図書館、児童福祉施設、病院及び診療所の敷地（これらの用に供するものと決定した土地を含む。）の周囲100メートル以内の地域。ただし、近隣商業地域及び商業地域のうち、規則で定める地域に該当する部分を除く。

第2項〔省略〕

神奈川県・風俗営業等の規制及び業務の適正化等に関する法律施行条例（抄）

［昭和59年12月27日　神奈川県条例第44号　最終改正　平成22年10月22日　条例第71号］

（風俗営業の営業場所の制限）

第3条　法第4条第2項第2号の規定による条例で定める営業所の設置を制限する地域

は、次のとおりとする。

一　住居専用地域及び住居地域（神奈川県公安委員会規則（以下「規則」という。）で定める風俗営業の種類に応じて定める地域を除く。）

二　学校（大学を除く。）の敷地（その用に供するものと決定した土地を含む。）の周囲100メートル以内の地域

三　学校（大学に限る。）、図書館、児童福祉施設並びに医療法（昭和23年法律第205号）第１条の５に規定する病院及び診療所（患者を入院させるための施設を有するものに限る。以下同じ。）の敷地（これらの用に供するものと決定した土地を含む。）の周囲70メートル以内の地域（当該営業所が商業地域に所在することとなる場合にあっては、当該施設の敷地（これらの用に供するものと決定した土地を含む。）の周囲30メートル以内の地域）

第２項〔省略〕

千葉県・風俗営業等の規制及び業務の適正化等に関する法律施行条例（抄）

〔昭和59年12月14日　千葉県条例第31号　最終改正　平成22年９月24日　条例第44号〕

（風俗営業の営業制限地域）

第５条　法第４条第２項第２号に規定する条例で定める地域は、次の各号に掲げるとおりとする。

一　第１種地域

二　学校教育法（昭和22年法律第26号）第１条に規定する学校（同条に規定する大学を除く。）又は児童福祉法（昭和22年法律第164号）第７条第１項に規定する保育所の敷地（これらの用に供するものと決定した土地を含む。次号において同じ。）の周囲100メートル（営業所が第２種地域内にある場合にあっては、70メートル）以内の地域

三　学校教育法第１条に規定する大学、図書館法（昭和25年法律第118号）第２条第１項に規定する図書館、児童福祉法第７条第１項に規定する児童福祉施設（同項に規定する保育所を除く。）又は医療法（昭和23年法律第205号）第１条の５第１項に規定する病院若しくは同条第２項に規定する診療所（患者を入院させるための施設を有するものに限る。第13条において同じ。）の敷地の周囲70メートル（営業所が第２種地域内にある場合にあっては、50メートル）以内の地域

第２項〔省略〕

埼玉県・風俗営業等の規制及び業務の適正化等に関する法律施行条例（抄）

［昭和59年12月25日　埼玉県条例第47号　最終改正　平成22年10月19日　条例第49号］

（風俗営業の制限地域の指定）

第２条　法第４条第２項第２号に規定する条例で定める地域は、次の各号に掲げるとおりとする。

一　別表に掲げる第１種地域

二　次の表の上欄〔左欄〕に掲げる施設の敷地（当該施設の用に供するものと決定した土地を含む。）から、当該施設ごとに、同表の下欄〔右欄〕に掲げる当該施設の周辺の区分に応じ、それぞれ同欄に定める距離以内の地域

<table>
<tr><th rowspan="2">施設</th><th colspan="3">距離</th></tr>
<tr><th>別表に掲げる第２種地域</th><th>別表に掲げる第３種地域及び第４種地域</th><th>別表に掲げる第５種地域</th></tr>
<tr><td>学校（学校教育法（昭和22年法律第26号）第１条に規定する学校で、同条に規定する大学以外のものをいう。）</td><td>100メートル</td><td>70メートル</td><td>50メートル</td></tr>
<tr><td>大学（学校教育法第１条に規定する大学をいう。）</td><td rowspan="5">70メートル</td><td rowspan="5">50メートル</td><td rowspan="5">30メートル</td></tr>
<tr><td>図書館（図書館法（昭和25年法律第118号）第２条第１項に規定する図書館をいう。）</td></tr>
<tr><td>病院及び診療所（医療法（昭和23年法律第205号）第１条の５に規定する病院及び診療所をいう。ただし、診療所にあっては、患者を入院させるための施設を有するものに限る。）</td></tr>
<tr><td>児童福祉施設（児童福祉法（昭和22年法律第164号）第７条第１項に規定する児童福祉施設をいう。）</td></tr>
<tr><td>特別養護老人ホーム（老人福祉法（昭和38年法律第133号）第５条の３に規定する特別養護老人ホームをいう。）</td></tr>
</table>

第２項〔省略〕

〔注〕　東京都と埼玉県の風俗営業の制限区・地域に係る詳細は、後掲、それぞれの「風営適正化法等の規制に基づく営業制限地域の規定」を参照されたい。

11　東京都・風営適正化法等の規制に基づく営業制限地域の規定

表1　東京都・風俗営業の営業制限地域一覧表

（平成24年10月1日現在）

<table>
<tr><th rowspan="2">営業の種別</th><th rowspan="2">営業制限地域外用途地域等*1</th><th rowspan="2">左欄の用途地域に存在する保護対象施設（これらの用に供するものとして決定した土地を含む。）*2</th><th colspan="5">保護対象施設の敷地からの距離*2</th></tr>
<tr><th>10M</th><th>20M</th><th>50M</th><th>100M</th><th>200M</th></tr>
<tr><td rowspan="12">法第二条第一項第一号から第八号までの風俗営業</td><td rowspan="3">近隣商業地域（施行条例第3条第1項、施行規則第2条第1項第1号）</td><td>・学校（大学を除く。）
・図書館
・児童福祉施設（助産施設を除く。）</td><td colspan="4">営業制限区域</td><td>制限外区域</td></tr>
<tr><td>・大学
・病院（第1種助産施設を含む。）
・診療所（8人以上の患者を入院させるための施設を有するものに限る。）</td><td colspan="3">営業制限区域</td><td colspan="2">制限外区域</td></tr>
<tr><td>・第2種助産施設
・診療所（7人以下の患者を入院させるための施設を有するものに限る。）</td><td colspan="2">営業制限区域</td><td colspan="3">制限外区域</td></tr>
<tr><td rowspan="3">商業地域（施行条例第3条第1項、施行規則第2条第1項第2号）</td><td>・学校（大学を除く。）
・図書館
・児童福祉施設（助産施設を除く。）</td><td colspan="3">営業制限区域</td><td colspan="2">制限外区域</td></tr>
<tr><td>・大学
・病院（第1種助産施設を含む。）
・診療所（8人以上の患者を入院させるための施設を有するものに限る。）</td><td colspan="2">営業制限区域</td><td colspan="3">制限外区域</td></tr>
<tr><td>・第2種助産施設
・診療所（7人以下の患者を入院させるための施設を有するものに限る。）</td><td>営業制限区域</td><td colspan="4">制限外区域</td></tr>
<tr><td>準工業地域
工業地域
工業専用地域
（施行条例第3条第1項）</td><td>・学校（大学含む。）
・図書館
・児童福祉施設
・病院
・診療所（患者を入院させるための施設を有するものに限る。）</td><td colspan="4">営業制限区域</td><td>制限外区域</td></tr>
<tr><td>無指定地域（施行条例第1条第2号、第3条第1項）</td><td>・学校（大学含む。）
・図書館
・児童福祉施設
・病院
・診療所（患者を入院させるための施設を有するものに限る。）</td><td colspan="4">営業制限区域</td><td>制限外区域</td></tr>
<tr><td>同項第七号及び第八号の風俗営業</td><td>第2種住居地域及び準住居地域のうち、近隣商業地域及び商業地域に隣接し、かつ、当該地域からの距離が20メートル以下の区域（施行条例第3条第1項、施行規則第1条）</td><td>・学校（大学含む。）
・図書館
・児童福祉施設
・病院
・診療所（患者を入院させるための施設を有するものに限る。）</td><td colspan="4">営業制限区域</td><td>制限外区域</td></tr>
<tr><td>同項第一号から第八号までの風俗営業</td><td colspan="2">近隣商業地域及び商業地域のうち、風俗営業に係る営業所が密集した区域で、特に風俗営業の規制に当たり支障がないと公安委員会が認めて告示する区域*3（施行条例第3条第1項第2号ただし書、施行規則第2条第2項）</td><td colspan="5">保護対象施設からの距離制限なし</td></tr>
</table>

＊１　営業制限地域等に係る根拠法令及び条例等

法第４条〔許可の基準〕第２項第２号、施行条例第１条〔定義〕及び第３条〔風俗営業の営業所の設置を特に制限する地域〕

ア　本表の「用途地域」は、それぞれ都市計画法（昭和43年６月15日法律第100号）第８条第１項第１号に掲げる「12地域の用途地域」と同義である（施行条例第１条第１号参照）。

東京都においては、東京都公安委員会告示第33号により「風俗営業所密集区域」（後掲＊３参照）として認める新宿区歌舞伎町１丁目等の区域を除く、「住居集合地域」内及び「保護施設の周囲100M以内の地域」内を、原則として、風俗営業の営業所の制限区・地域としている。

イ　「住居集合地域」とは、第１種低層住居専用地域、第２種低層住居専用地域、第１種中高層住居専用地域、第２種中高層住居専用地域、第１種住居地域、第２種住居地域及び準住居地域の７地域をいう（施行条例第３条第１項第１号）。

ウ　「これらの用に供するものとして決定した」土地とは、当該敷地が、「外部的、客観的に保護対象施設の用途に供されることが確実であると判断されるに至ったとき」をいうが各保護対象施設によりその設立手続等が異なるなど画一的に判断できないので、具体的事例ごとに所轄警察署等と協議して判断すること。

＊２　保護対象施設及び保護対象施設の敷地(注)からの距離に係る根拠法令及び条例等

法第４条第２項第２号、施行令第６条及び施行条例第１条第４号、第３条第１項第２号、施行条例施行規則（以下「施行規則」という。）第２条第１項

ア　学校（学校教育法（昭和22年法律第26号）第１条に規定するものをいう。）

学校教育法第１条〔学校の範囲〕

この法律で、学校とは、幼稚園、小学校、中学校、高等学校、中等教育学校、特別支援学校、大学及び高等専門学校とする。

イ　図書館（図書館法（昭和25年法律第118号）第２条第１項に規定するものをいう。）

図書館法第２条〔定義〕第１項

この法律において「図書館」とは、図書、記録その他必要な資料を収集し、整理し、保存して、一般公衆の利用に供し、その教養、調査研究、レクリエーション等に資することを目的とする施設で、地方公共団体、日本赤十字社又は一般社団法人若しくは一般財団法人が設置するもの（学校に附属する図書館又は図書室を除く。）をいう。

ウ　児童福祉施設（児童福祉法（昭和22年法律第164号）第７条に規定するものをいう。）

児童福祉法第7条〔児童福祉施設・施設支援等〕

この法律で、児童福祉施設とは、助産施設、乳児院、母子生活支援施設、保育所、児童厚生施設、児童養護施設、知的障害児施設、知的障害児通園施設、盲ろうあ児施設、肢体不自由児施設、重症心身障害児施設、情緒障害児短期治療施設、児童自立支援施設及び児童家庭支援センターとする。

エ　病院又は診療所（医療法（昭和23年法律第205号）第1条の5第1項に規定する病院又は同条第2項に規定する診療所をいう。）

医療法第1条の5〔定義〕第1項

この法律において、「病院」とは、医師又は歯科医師が、公衆又は特定多数人のため医業又は歯科医業を行う場所であって、20人以上の患者を入院させるための施設を有するものをいう。病院は、傷病者が、科学的でかつ適正な診療を受けることができる便宜を与えることを主たる目的として組織され、かつ、運営されるものでなければならない。

同条第2項

この法律において、「診療所」とは、医師又は歯科医師が、公衆又は特定多数人のため医業又は歯科医業を行う場所であって、患者を入院させるための施設を有しないもの又は19人以下の患者を入院させるための施設を有するものをいう。

オ　助産施設（児童福祉施設最低基準（昭和23年厚生省令第63号））

児童福祉施設最低基準第15条〔種類〕

助産施設とは、第1種助産施設及び第2種助産施設とする。

2　第1種助産施設とは、医療法（昭和23年法律第205号）の病院である助産施設をいう。

3　第2種助産施設とは、医療法の助産所である助産施設をいう。

（注）雑居ビル内の一つのフロアーに複数の診療所があり、その中の一つに「患者を入院させるための施設を有する診療所」があった場合には、そのフロアー全体の部分又はその雑居ビルの敷地部分ではなく、当該診療所部分のみが「保護対象施設」となる場合もあるなど画一的に判断できないので、具体的事例ごとに所轄警察署等と協議して判断すること。

＊3　昭和60年3月1日東京都公安委員会告示第33号

風俗営業等の規制及び業務の適正化等に関する法律施行条例の施行に関する規則（昭和60年2月1日東京都公安委員会規則第1号）第2条第2項の規定により、東京都公安委員会が認める区域は、次のとおりとする。

1　中央区のうち、銀座4丁目から同8丁目までの区域

2　港区のうち、新橋2丁目から同4丁目までの区域

3　新宿区のうち、歌舞伎町１丁目、同２丁目（９番、10番及び19番から46番まで）及び新宿３丁目の区域

4　渋谷区のうち、道玄坂１丁目（１番から18番まで）、同２丁目（１番から10番まで）及び桜丘町（15番及び16番）の区域

○　東京都・性風俗関連特殊営業及び深夜酒類提供飲食店営業の営業禁止区域及び保護対象施設に係る法令及び条例の規定

営業禁止区域とは、保護対象施設の周囲200Mの区域をいう（法第28条第１項）。

保護対象施設とは、次の施設をいう。

ア　一団地の官公庁施設（官公庁施設の建設等に関する法律（昭和26年法律第181号）第２条第４項に規定するものをいう。）

官公庁施設の建設等に関する法律第２条〔用語の意義〕

この法律において「一団地の官公庁施設」とは、都市計画法（昭和43年法律第100号）の規定による都市計画において定められた一団地の国家機関又は地方公共団体の建築物及びこれらに付帯する通路その他の施設（以下「付帯施設」という。）をいう。

イ　学校（学校教育法（昭和22年法律第26号）第１条に規定するものをいう。）

ウ　図書館（図書館法（昭和25年法律第118号）第２条第１項に規定するものをいう。）

エ　児童福祉施設（児童福祉法（昭和22年法律第164号）第７条第１項に規定するものをいう。）

オ　病院又は診療所（医療法（昭和23年法律第205号）第１条の５第１項に規定する病院又は同条第２項に規定する診療所（患者を入院させるための施設を有するものに限る。）をいう。）東京都条例第９条

表２　東京都・性風俗関連特殊営業及び深夜酒類提供飲食店営業の営業禁止地域一覧表

（平成24年10月１日現在）

営業の種別 店舗型性風俗関連特殊営業、受付所営業又は店舗型電話異性紹介営業	営業禁止地域
１　法第２条第６項第１号及び第２号の営業（ソープランド等、ファッションヘルス等）並びに受付所営業	台東区千束４丁目（16番から32番まで及び41番から48番まで）の地域以外の地域 （法第28条第２項、施行条例第10条）
２　法第２条第６項第３号、第５号及び第６号並びに同条第９項の営業（ヌード劇場・スタジオ等、アダルトショップ等及び店舗型電話異性紹介営業等）	商業地域以外の地域 （法第28条第２項、施行条例第10条）
３　法第２条第６項第４号の営業のうち、政令第３条第２項の構造を有する施設を設けて営む営業（モーテル等）	次に掲げる地域以外の地域 １　新宿区のうち、歌舞伎町１丁目（２番から29番まで）、新宿２丁目（６番、11番、12番及び16番から19番まで）及び新宿３丁目（２番から13番まで）の地域 ２　台東区千束４丁目（16番から32番まで及び41番から48番まで）の地域 ３　豊島区西池袋１丁目（18番から44番まで）の地域 （法第28条第２項、施行条例第10条）
４　法第２条第６項第４号の営業のうち、政令第３条第３項の設備を有する施設を設けて営む営業（３に該当するものを除く。）（ラブホテル等）	近隣商業地域及び商業地域（第１種文教地区及び第２種文教地区*に該当する部分を除く。）以外の地域 （法第28条第２項、施行条例第１条第３号及び第10条）
深夜における酒類提供飲食店営業	住居集合地域における深夜酒類提供飲食店営業の午前０時から日出時までの営業禁止 （施行条例第３条第１項第１号及び第12条）

*　「第１種文教地区又は第２種文教地区」とは、それぞれ、東京都文教地区建築条例（昭和25年東京都条例第88号）第２条に規定する第１種文教地区又は第２種文教地区をいう（施行条例第１条第３号）。

12　埼玉県・風営適正化法等の規制に基づく営業制限地域の規定

表１　埼玉県・風俗営業の営業制限地域一覧表

営業所の場所に関する許可基準

営業所の場所に関する許可基準に該当しない（抵触しない）ということは、営業所の建物（駐車場等が含まれる場合があります。）が、次の１、２のいずれにも該当しないということです（法第４条第２項第２号、条例第２条、別表、条例施行規則第３条・第５条）。

1　用途地域からみた営業制限地域（申請場所が第1種地域内にあるときは、原則として営業が制限されます。）

申請営業所の所在地				
第１種地域 （営業制限地域）	第２種地域	第３種地域	第４種地域	第５種地域
○　都市計画法に規定する次の用途地域 ・第１種低層住居専用地域 ・第２種低層住居専用地域 ・第１種中高層住居専用地域 ・第２種中高層住居専用地域 ・第１種住居地域 ・第２種住居地域及び準住居地域（7号、8号営業に限り一般国道の境界線から30メートル以内を除く。） ○　都市計画区域で用途地域指定のない地域で公安委員会規則で定める地域 （新座市、川越市、所沢市、狭山市、坂戸市、岩槻市及び南埼玉郡白岡町の一部） ○　都市計画区域の指定のない地域で、公安委員会規則で定める地域（現在は定められておりません。）	第１種、第３種、第４種及び第５種以外の地域 例（次の地域など） ○　都市計画法に規定する次の用途地域 ・近隣商業地域 ・工業地域 ・準工業地域 ○　７号・８号営業に限り、一般国道の境界線から30メートル以内に所在している都市計画法に規定する次の用途地域 ・第２種住居地域 ・準住居地域	都市計画法に規定する商業地域（第４種及び第５種地域を除く。）	○　さいたま市大宮区宮町４丁目の一部 ○　川口市西川口１丁目の一部	さいたま市大宮区仲町１丁目及び２丁目

2　保護施設からみた営業制限区域（当該施設の周辺の地域区分に応じた距離制限）

施設 （当該施設の用に供するものと決定した土地も含まれます。）	距離		
	第２種地域	第３・４種地域	第５種地域
学校（学校教育法第１条に規定する学校で大学以外のもの）	100メートル	70メートル	50メートル
1　大学（学校教育法第１条に規定するもの） 2　図書館（図書館法第２条第１項に規定するもの） 3　病院及び診療所（医療法第１条の５に規定するものをいう。ただし、診療所にあっては、患者を入院させるための施設を有するものに限る。） 4　児童福祉施設（児童福祉法第７条に規定するもの） 5　特別養護老人ホーム（老人福祉法第５条の３に規定するもの）	70メートル	50メートル	30メートル

（出所　埼玉県警察資料より）

表2　埼玉県・性風俗関連特殊営業の営業禁止地域一覧表

○性風俗関連特殊営業の種別ごとの規制一覧

性風俗関連特殊営業の種別	
○店舗型性風俗特殊営業 ○受付所設置の無店舗型性風俗特殊営業 ○店舗型電話異性紹介営業	○受付所無設置の無店舗型性風俗特殊営業 ○映像送信型性風俗特殊営業 ○無店舗型電話異性紹介営業
営業禁止区域	
一団地の官公庁施設、学校、図書館、児童福祉施設並びに病院、診療所（患者を入院させるための施設を有するものに限る。）、特別養護老人ホームの敷地の周囲200メートルの区域（これらの用に供するものと決定した土地を含む。）	規制なし
営業禁止地域	
さいたま市大宮区宮町４丁目及び川口市西川口１丁目の一部を除き埼玉県の全地域営業禁止	規制なし
営業時間の制限	
埼玉県の全地域において、午前０時から日出時までの間の営業を制限	規制なし
広告宣伝の制限	
営業禁止区域及び営業禁止地域における広告宣伝の制限	左欄に同じ

○性風俗関連特殊営業の種別ごとの規制に係る法令及び条例一覧

性風俗関連特殊営業の種別	営業禁止区域	営業禁止地域	営業時間の制限	広告宣伝の制限
○店舗型性風俗特殊営業	法第28条第１項・２項 条例第８条、別表	法第28条第１項・２項 条例第９条第１項*1・２項*2、別表	法第28条第４項 条例第10条	法第28条第５項第１号ロ 条例第10条の２*4
○受付所設置の無店舗型性風俗特殊営業	法第31条の３第２項で店舗型性風俗特殊営業とみなして上記規定を準用 条例第８条、別表	法第31条の３第２項で店舗型性風俗特殊営業とみなして上記規定を準用 条例第９条第１項*1・２項*2、別表	法第31条の３第２項で店舗型性風俗特殊営業とみなして上記規定を準用 条例第10条*3	上記規定の準用なし 条例第10条の２*4
○店舗型電話異性紹介営業	法第31条の13第１項で第28条第１項・２項を準用 条例第９条の２	法第31条の13第１項で第28条第１項・２項を準用	法第31条の13第１項で第28条第４項を準用	法第31条の13第１項で第28条第５項第１号ロを準用 条例第10条の２*4
○受付所無設置の無店舗型性風俗特殊営業 ○無店舗型電話異性紹介営業	規定なし	規定なし	規定なし	法第31の３第１項及び第31条の18第１項で第28条第５項第１号ロを準用 条例第10条の３*5
○映像送信型性風俗特殊営業	規定なし	規定なし	規定なし	法第31の８第１項で第28条第５項第１号ロを準用 条例第10条の４*6

＊１　法第２条第６項第５号のアダルトビデオショップ営業を除く、第１号から第４号まで及び第６号の営業（第４号の営業にあっては、モーテル営業に限る。）、受付所営業（受付所設置の無店舗型性風俗特殊営業をいう。以下同じ。）並びに同条第９項の営業（店舗型電話異性紹介営業）は、別表に掲げる第１種から第３種までの地域及び第５種地域で禁止されているので、営業が可能なのは第４種地域のみである。

＊２　**法第２条第６項第４号のレンタルルーム営業**（モーテル営業を除く。）**及び同項第５号のアダルトビデオショップ営業**は、別表に掲げる第１種及び第２種の地域で禁止されているので、**営業が可能なのは第３種から第５種までの地域のみである。**

＊３　店舗型性風俗特殊営業（法第２条第６項第４号の営業を除く。）、受付所営業及び店舗型電話異性紹介営業は、県内全域において、深夜（午前０時から日出時までをいう。）における営業が禁止されている。

＊４　上記＊１と＊２に掲げる営業の種類に応じ、それぞれ条例第９条各号に掲げる地域が広告宣伝制限地域である。

＊５①　法第２条第７項第１号及び第10項の営業の広告宣伝は、別表に掲げる第１種から第３種までの地域及び第５種地域で制限されているので、広告宣伝が可能なのは第４種地域のみである。
　②　法第２条第７項第２号の営業の広告宣伝は、別表に掲げる第１種及び第２種地域で制限されているので、広告宣伝が可能なのは第３種から第５種までの地域である。

＊６　映像送信型性風俗特殊営業の広告宣伝は、別表に掲げる第１種及び第２種地域で制限されているので、広告宣伝が可能なのは第３種から第５種までの地域である。

○埼玉県・深夜酒類提供飲食店営業のあらまし

平成24年10月現在

深夜において、パブレストラン、スナック、居酒屋などの名称を用いて客に酒類を提供する営業（風俗営業に該当するものを除く。）は、公安委員会に届出をする必要があります。

届出をするには、届出書類が必要となりますが、「だれが」、「どこで」、「どのような営業を始めるか」が決まりましたら、具体的な準備を行う前に、その場所を管轄する警察署の生活安全課へご相談ください。

１　深夜酒類提供飲食店とは…？

深夜（午前０時から日出時まで）において、客に酒類を提供して営む飲食店営業（常態として、通常主食として認められる食事を提供して営むものを除く。）をいいます。

２　開業したいときは…？

深夜酒類提供飲食店営業を開業したい方は、営業を開始する10日前までに営業所ごとに公安委員会へ届出をする必要があります。

３　届出をするには…？

公安委員会へ深夜における酒類提供飲食店営業開始届出書及び添付書類を、営業所の所在地を管轄する警察署に提出することになります。

ただし、深夜における酒類提供飲食店営業には、法令で、営業を営むことができない地域（これを「営業の禁止地域」といいます。）や営業所の技術上の基準などが定められております。このため、届出をすればどこでも営業できるとは限りません。その制限は次の地域です。

⑴　深夜における酒類提供飲食店営業の営業禁止地域（法第33条第４項、条例第12条、別表）

営業所が次の地域にあるとき

○　都市計画法に規定する次の用途地域

・　第１種低層住居専用地域

・　第２種低層住居専用地域

・　第１種中高層住居専用地域

・　第２種中高層住居専用地域

・　第１種住居地域、第２種住居地域及び準住居地域

○　都市計画区域で用途地域指定のない地域で公安委員会規則で定める次の市・町の一部地域

新座市、川越市、所沢市、狭山市、坂戸市、岩槻市及び南埼玉郡白岡町

○　都市計画区域の指定のない地域で、公安委員会規則で定める地域

現在は定められておりません。

⑵　深夜における飲食店営業の営業所の構造及び設備の技術上の主な規制（法第32条第１項第１号、規則第74条）

・　客室の床面積は、9.5平方メートル以上であること（１室の場合は除く。）。

・　客室の内部に見通しを妨げる設備を設けないこと。

・　営業所内の照度が20ルクス以下とならないよう維持されるため必要な構造又は設備を有すること。

・　ダンスの用に供するための構造又は設備を有しないこと。

（出所　埼玉県警察資料より）

第2款　風俗営業の許可申請手続等の基礎知識

1　風俗営業の許可申請等手数料一覧（平成25年4月1日現在）

表1

政令で定める者	政令で定める額
一　風俗営業の許可（以下単に「許可」という。）を受けようとする者	
(一)　ぱちんこ屋又は第7条に規定する営業について許可を受けようとする場合で営業所に設置する遊技機に未認定遊技機がないとき。	
1　3月以内の期間を限って営む営業（ぱちんこ屋等）	15,000円
2　その他の営業	25,000円
(二)　ぱちんこ屋又は第7条に規定する営業について許可を受けようとする場合で営業所に設置する遊技機に未認定遊技機があるとき。	(一)　1又は2に定める額に、2,800円を加算した額に、未認定遊技機1台ごとに40円を加算した額。 ※　特定未認定遊技機がある場合にあっては、(一)1又は2に定める額に、5,600円に当該特定未認定遊技機が属する型式の数に2,400円を乗じて得た額と、第10条の2の表一の項の(三)の下欄に定める額からそれぞれ8,000円を減じた額を加算した額。
(三)　ぱちんこ屋及び第7条に規定する営業以外の風俗営業について許可を受けようとする場合	
1　3月以内の期間を限って営む営業（ぱちんこ屋等）	14,000円
2　その他の営業	24,000円
二　（遊技機の規制及び認定等）法20条第10項において準用する（構造及び設備の変更等）法第9条第1項の承認（以下単に「承認」という。）を受けようとする者	
(一)　承認を受けようとする遊技機に未認定遊技機がない場合	2,400円
(二)　承認を受けようとする遊技機に未認定遊技機がある場合	5,400円に、未認定遊技機1台ごとに40円を加算した額。 ※　特定未認定遊技機がある場合にあっては、8,000円に当該特定未認定遊技機が属する型式の数に2,400円を乗じて得た額と、第10条の2の表一の項の(三)の下欄に定める額からそれぞれ8,000円を減じた額を加算した額。
備考	

一　許可を受けようとする者が、当該都道府県において同時に他の許可を受けようとする場合における当該他の許可に係る政令で定める額は、それぞれ一の項の下欄に定める額から8,600円を減じた額とする。 二　（許可の基準）法第４条第３項の規定が適用される滅失営業所につき許可を受けようとする場合における政令で定める額は、それぞれ一の項の下欄に定める額に6,800円を加算した額とする。

(注)　「未認定遊技機」とは、「認定を受けた遊技機以外の遊技機」をいう。
(注)　「特定未認定遊技機」とは、「検定を受けた型式に属する未認定遊技機以外の未認定遊技機」をいう。

〔根拠法令　法第43条・施行令第16条及び各都道府県条例〕

表２

手数料の区分		手数料の額	備　　　考
1	遊技機の認定申請	4,340円	当該認定に係る遊技機と同一の型式に属する遊技機２台目からは、１台につき40円を加算
2	許可証の再交付申請	1,200円	
3	許可証の書替え申請	1,500円	
4	相続に係る承認の申請	9,000円	同時申請の場合は、２件目から3,800円
5	合併に係る承認の申請	12,000円	同時申請の場合は、２件目から3,800円
6	分割に係る承認の申請	12,000円	同時申請の場合は、２件目から3,800円
7	営業所の構造又は設備の変更承認の申請	11,000円	
8	特例風俗営業者の認定の申請	15,000円	同時申請の場合は、２件目から11,700円
9	特例風俗営業者認定証の再交付申請	1,200円	
10	営業所の管理者に対する講習	2,600円	講習１時間につき650円（４時間実施）

〔根拠法令　○「１遊技機の認定申請」については、法第20条第８項・施行令第10条の２。
○上記以外の申請については、地方公共団体の手数料の標準に関する政令（平成12.１.21政令16、最終改正平成23.12.21政令405）。〕

2　風俗営業の許可申請等手続一覧表

【凡例】

○「法律」とは、風俗営業等の規制と業務の適正化等に関する法律（昭和23年７月10日法律第122号）をいう。

○「施行規則」とは、風俗営業等の規制と業務の適正化等に関する法律施行規則（昭和60年１月11日国家公安委員会規則第１号）をいう。

○「内閣府令」とは、風俗営業等の規制と業務の適正化等に関する法律に基づく許可申請書の添付書類等に関する内閣府令（昭和60年１月11日総理府令第１号）をいう。

○風俗営業等の規制と業務の適正化等に関する法律施行令（昭和59年11月７日政令第319号）には、風俗営業の許可申請手続等に関する規定はなく、風俗営業や性風俗関連特殊営業等に係る「営業の定義」等に関する規定が置かれていることから本表では省略してある。

○**令第７条の営業とは**、「回動式遊技機、アレンジボール遊技機、じゃん球遊技機その他法第23条第１項第３号に規定する遊技球等の数量又は数字により遊技の結果を表示する遊技機を設置して客に遊技をさせる営業で、**当該遊技の結果に応じて賞品を提供して営むものとする**、」とされている（施行令第７条〔法第４条第４項の政令で定める営業〕）。

No.	手続の種別	手続の事由	手続の期限
1	風俗営業の許可申請	新規に風俗営業を営もうとする場合	営業を開始するおおむね１～２か月前
2	許可証の再交付申請	許可証を滅失又は亡失したとき	亡失又は滅失の後速やかに
3	相続の承認申請	風俗営業者が死亡した場合において、相続人が被相続人の営んでいた風俗営業を引き続き営もうとする場合	被相続人の死亡後60日以内
4	合併の承認申請	風俗営業者たる法人が合併により消滅することとなる場合において、合併後存続し、又は合併により設立される法人が引き続き当該営業を営もうとするとき	風俗営業者たる法人が合併により消滅する前にあらかじめ
5	分割の承認申請	風俗営業者たる法人が分割により風俗営業を承継させる場合において、分割により当該営業を承継する法人が引き続き当該営業を営もうとするとき	風俗営業者たる法人が分割する前にあらかじめ
6	許可証の書換え申請	許可証の記載事項に変更があったとき	許可証記載事項変更の届出の際

註　本表の読み方を№1「風俗営業の許可申請手続」を例にして説明する。

この手続は、ある特定の個人又は法人が、新たに風俗営業を営もうとする場合に、営業を開始するおおむね1～2か月前までに、施行規則第1条第1項に基づき、申請に係る営業所の所在地を管轄する警察署に許可申請書類を提出し、当該都道府県公安委員会から、法第3条第1項に基づく「風俗営業の許可」を取得することを目的としている。

まず始めに、この手続に必要な風俗営業の許可申請書は「別記様式第2号（第10条関係）の許可申請書」であり、許可申請書の法的根拠は法第5条第1項に定められているところである。

第2に、許可申請書の様式は施行規則第10条第1項において別記様式第2号に、営業の方法を記載した書類の様式は同条第2項において別記様式第3号にそれぞれ定めているところである。

第3に、施行規則第1条第1項において、許可申請書は、申請に係る営業所の所在地を管轄する警察署長を経由して提出しなければならないとされている。

最後に、許可申請書の添付書類は、内閣府令第1条に列挙されているので、この条文に基づいて添付書類を取りそろえることとなる。

申請・届出書類名	関係条文		
	法律	施行規則	内閣府令
別記様式第2号（第10条関係）許可申請書 別記様式第3号（第10条関係）営業の方法	第5条第1項	第10条、第1条	第1条
別記様式第6号（第13条関係） 許可証再交付申請書	第5条第4項	第13条、第1条	
別記様式第7号（第14条関係） 相続承認申請書	第7条第1項	第14条、第1条、第17条	
別記様式第8号（第15条関係） 合併承認申請書	第7条の2第1項	第15条、第1条、第17条	
別記様式第9号（第16条関係） 分割承認申請書	第7条の3第1項	第16条、第1条、第17条	
別記様式第10号（第18条、第23条関係） 許可証書換え申請書	第7条第5項（第7条の2第3項又は第7条の3第3項において準用する場合を含む。）、第9条第4項	第18条、第23条、第1条	

No.	手続の種別	手続の事由	手続の期限
7ア	構造及び設備の変更承認申請	営業所の構造又は設備を変更しようとするとき（軽微な変更を除く。）	変更をしようとする前にあらかじめ
7イ	遊技機の増設、交替その他の変更承認申請（ぱちんこ屋及び令第7条営業に限る。）*	遊技機の増設、交替その他の変更承認申請（軽微な変更を除く。）	
8	遊技機の認定申請	営業所の既設遊技機が法第20条第１項の規定（著しく客の射幸心をそそるおそれがあるもの。）に該当しない旨の当該公安委員会の認定を受けたいとき	ぱちんこ遊技機等の「検定の有効期間」が満了する前の当該公安委員会が定める日まで
9ア	許可申請書記載事項の変更届出	許可申請書の記載事項（営業所の所在地、風俗営業の種別並びに営業所の構造及び設備の概要を除く。）に変更があったとき	変更があったときから10日（法人の名称若しくは住所、代表者の氏名又は役員の氏名若しくは住所の変更の場合にあっては20日）以内
9イ	構造及び設備の変更届出	営業所の構造若しくは設備につき軽微な変更をしたとき又は特例風俗営業者が認定に係る営業所の構造若しくは設備の変更をしたとき	変更があった日から１か月（照明設備、音響設備又は防音設備の変更に係る届出及び特例風俗営業者の認定に係る営業所の構造又は設備の変更については10日）以内
9ウ	遊技機の変更届出（ぱちんこ屋及び令第７条営業に限る。）*	遊技機の軽微な変更をしたとき	遊技機の軽微な変更については10日以内
10ア	許可証の返納	○次のいずれかに該当することとなったとき ・風俗営業を廃止したとき（分割による場合には分割するまでに分割の承認がなされなかった場合を含む。） ・許可が取り消されたとき ・許可証の再交付を受けた場合において、亡失した許可証を発見又は回復したとき ○許可証の交付を受けた者が次のいずれかに該当することとなったとき ・死亡した場合（相続の承認の申請をしなかった場合に限る。） ・法人が消滅した場合（合併による場合には合併の承認がなされなかった場合に限る。）	返納理由発生日から10日以内
10イ	認定証の返納	○次のいずれかに該当することとなったとき ・風俗営業を廃止したとき	返納の事由の発生の日から10日以内

申請・届出書類名	関　係　条　文		
	法　律	施行規則	内閣府令
別記様式第11号（第20条関係） 変更承認申請書	第９条第１項（第20条第10項において準用する場合を含む。）	第20条、第１条	第２条
遊技機の認定及び型式の検定等に関する規則（昭和60年２月12日国家公安委員会規則第４号）中の 別記様式第１号（第１条関係）認定申請書	第20条第２項	第１条、左欄の国家公安委員会規則第１条、第１条の２	
別記様式第12号（第21条、第22条関係） 変更届出書	第９条第３項第１号、第９条第３項第２号（第20条第10項において準用する場合を含む。）、第９条第５項	第21条、第22条、第１条	第３条 第２条、第３条、第４条 第６条、第７条
別記様式第13号（第24条、第28条関係） 返納理由書	第10条第１項、第10条第３項、第10の２第７項、第10条の２第９項	第24条、第28条、第１条	

No.	手続の種別	手続の事由	手続の期限
		・認定が取り消されたとき ・認定証の再交付を受けた場合において、亡失した認定証を発見又は回復したとき ○認定証の交付を受けた者が次のいずれかに該当することとなったとき ・死亡した場合 ・法人が消滅した場合	
11	特例風俗営業者の認定申請	特例風俗営業者の認定を受けようとするとき	認定を受けようとするとき
12	認定証の再交付申請	認定証を滅失又は亡失したとき	亡失又は滅失の後速やかに
13	店舗型性風俗特殊営業の営業開始届出	店舗型性風俗特殊営業を営もうとするとき	営業を開始しようとする日の10日前
14	店舗型電話異性紹介営業の営業開始届出	店舗型電話異性紹介営業を営もうとするとき	同　　上
15	深夜酒類提供飲食店営業の営業開始届出	深夜酒類提供飲食店営業を営もうとするとき	同　　上
16	無店舗型性風俗特殊営業の営業開始届出	無店舗型性風俗特殊営業を営もうとするとき	同　　上
17	映像送信型性風俗特殊営業の営業開始届出	映像送信型性風俗特殊営業を営もうとするとき	同　　上
18	無店舗型電話異性紹介営業の営業開始届出	無店舗型電話異性紹介営業を営もうとするとき	同　　上
19	店舗型性風俗特殊営業の廃止届出	店舗型性風俗特殊営業を廃止したとき	廃止の日から10日以内
20	店舗型電話異性紹介営業の廃止届出	店舗型電話異性紹介営業を廃止したとき	同　　上
21	深夜酒類提供飲食店営	深夜酒類提供飲食店営業を廃止したと	同　　上

申請・届出書類名	関　係　条　文		
	法　律	施行規則	内閣府令
別記様式第14号（第26条関係）認定申請書	第10条の２第２項	第26条、第１条	第５条
別記様式第16号（第28条関係） 認定証再交付申請書	第10条の２第５項	第28条、第１条	
別記様式第18号（第40条関係） 店舗型性風俗特殊営業営業開始届出書 別記様式第21号（第42条関係）営業の方法	第27条第１項	第40条、第42条、第１条	第９条
別記様式第35号（第62条関係） 店舗型電話異性紹介営業営業開始届出書 別記様式第36号（第64条関係）営業の方法	第31条の12第１項	第62条、第64条、第１条	第14条で準用する第９条
別記様式第41号（第78条関係） 深夜における酒類提供飲食店営業営業開始届出書 別記様式第42号（第78条関係）営業の方法	第33条第１項	第78条、第１条	第19条
別記様式第26号（第51条関係） 無店舗型性風俗特殊営業営業開始届出書 別記様式第29号（第53条関係）営業の方法	第31条の２第１項	第51条、第53条、第１条	第12条
別記様式第32号（第57条関係） 映像送信型性風俗特殊営業営業開始届出書 別記様式第33号（第59条関係）営業の方法	第31条の７第１項	第57条、第59条、第１条	第13条
別記様式第38号（第68条関係） 無店舗型電話異性紹介営業営業開始届出書 別記様式第39号（第70条関係）営業の方法	第31条の17第１項	第68条、第70条、第１条	第16条で準用する第13条
別記様式第19号（第41条、第63条、第79条関係）廃止届出書	第27条第２項（第31条の12第２項において準用する場合を含む。）、第33条第２項	第41条、第63条、第79条、第１条	第９条、第８条
同　　上	同　上	同　上	第８条、第14条で準用する第９条
同　　上	同　上	同　上	第18条で準用

No.	手続の種別	手続の事由	手続の期限
	業の廃止届出	き	
22	無店舗型性風俗特殊営業の廃止届出	無店舗型性風俗特殊営業を廃止したとき	同　上
23	映像送信型性風俗特殊営業の廃止届出	映像送信型性風俗特殊営業を廃止したとき	同　上
24	無店舗型電話異性紹介営業の廃止届出	無店舗型電話異性紹介営業を廃止したとき	同　上
25	店舗型性風俗特殊営業の営業開始届出書記載事項変更届出	店舗型性風俗特殊営業の営業開始届出書の記載事項（営業所の所在地及び営業の種別を除く。）に変更があったとき	変更の日から10日以内
26	店舗型電話異性紹介営業の営業開始届出書記載事項変更届出	店舗型電話異性紹介営業の営業開始届出書の記載事項（営業所の所在地を除く。）に変更があったとき	同　上
27ア	深夜酒類提供飲食店営業の営業開始届出書記載事項変更届出	営業開始届出書の記載事項（営業所の所在地を除く。）に変更があったとき	変更があったときから10日（法人の名称、住所又は代表者の氏の変更の場合にあっては20日）以内
27イ	構造及び設備の概要の変更届出（内閣府令で定める軽微な変更を除く。）	営業開始届出書の記載事項（営業所の構造及び設備の概要に変更があったとき。）	変更の日から10日以内
28	無店舗型性風俗特殊営業の営業開始届出書記載事項変更届出	無店舗型性風俗特殊営業の営業開始届出書の記載事項（営業の種別を除く。）に変更があったとき	変更の日から10日以内
29	映像送信型性風俗特殊営業の営業開始届出書記載事項変更届出	映像送信型性風俗特殊営業の営業開始届出書の記載事項に変更があったとき	同　上

申請・届出書類名	関係条文		
	法　律	施行規則	内閣府令
			する第８条、第19条
別記様式第27号（第52条、第58条、第69条関係）廃止届出書	第31条の２第２項（第31条の７第２項及び第31条の17第２項において準用する場合を含む。）	第52条、第58条、第69条、第１条	第12条、第11条で準用する第８条
同　上	同　上	同　上	第13条、第11条で準用する第８条
同　上	同　上	同　上	第16条で準用する第13条、第11条で準用する第８条
別記様式第20号（第41条、第63条、第79条関係）変更届出書 別記様式第21号（第42条関係）営業の方法	第27条第２項（第31条の12第２項において準用する場合を含む。）、第33条第２項	第41条、第63条、第79条、第１条	第９条、第８条
別記様式第20号（第41条、第63条、第79条関係）変更届出書 別記様式第36号（第64条関係）営業の方法	同　上	同　上	第８条、第14条で準用する第９条
別記様式第20号（第41条、第63条、第79条関係）変更届出書 別記様式第42号（第78条関係）営業の方法	同　上	同　上	第18条で準用する第８条、第19条 第17条
別記様式第28号（第52条、第58条、第69条関係）変更届出書 別記様式第29号（第53条関係）営業の方法	第31条の２第２項（第31条の７第２項及び第31条の17第２項において準用する場合を含む。）	第52条、第58条、第69条、第１条	第12条、第11条で準用する第８条
別記様式第28号（第52条、第58条、第69条関係）変更届出書 別記様式第33号（第59条関係）営業の方法	同　上	同　上	第13条、第11条で準用する第８条

No.	手続の種別	手続の事由	手続の期限
30	無店舗型電話異性紹介営業の営業開始届出書記載事項変更届出	無店舗型電話異性紹介営業の営業開始届出書の記載事項（営業所の所在地を除く。）に変更があったとき	同　　上
31	店舗型性風俗特殊営業の届出確認書再交付申請	店舗型性風俗特殊営業の届出確認書を滅失又は亡失したとき	亡失又は滅失の後速やかに
32	店舗型電話異性紹介営業の届出確認書再交付申請	店舗型電話異性紹介営業の届出確認書を滅失又は亡失したとき	同　　上
33	無店舗型性風俗特殊営業の届出確認書再交付申請	無店舗型性風俗特殊営業の届出確認書を滅失又は亡失したとき	同　　上
34	映像送信型性風俗特殊営業の届出確認書再交付申請	映像送信型性風俗特殊営業の届出確認書を滅失又は亡失したとき	同　　上
35	無店舗型電話異性紹介営業の届出確認書再交付申請	無店舗型電話異性紹介営業の届出確認書を滅失又は亡失したとき	同　　上

申請・届出書類名	関　係　条　文		
	法　律	施行規則	内閣府令
別記様式第28号（第52条、第58条、第69条関係）変更届出書 別記様式第39号（第70条関係）営業の方法	同　上	同　上	第16条で準用する第13条、第11条で準用する第８条
別記様式第24号（第44条、第54条、第60条、第65条、第71条関係） 届出確認書再交付申請書	法律の規定はない	第44条（第54条第２項、第60条第２項、第65条第２項及び第71条第２項において準用する場合を含む。）、第１条	
同　上	同　上	同　上	
同　上	同　上	同　上	
同　上	同　上	同　上	
同　上	同　上	同　上	

3－1　風俗営業の許可申請手続に必要な書類一覧

表1　営業者に関する許可基準に係る必要書類一覧

風俗営業の個人・法人の別	個人の場合							法人の場合	
	風俗営業者でない者			風俗営業者					
許可申請者の主体別	成年者	未成年者		成年者	未成年者			風俗営業者でない法人の場合	風俗営業者である法人の場合
		申請する営業につき法定代理人の許可がある場合	申請する営業につき法定代理人の許可がない場合		申請する営業につき法定代理人の許可がある場合	申請する営業につき法定代理人の許可がない場合			
申請書及び添付書類の種別						現に営む風俗営業の許可の際に法定代理人の許可がある場合又は現に営む風俗営業の許可の際と法定代理人が異なる場合	現に営む風俗営業の許可を受けた際と法定代理人が同一で、現に営む風俗営業も法定代理人の許可がない場合		
①許可申請書（別記様式第2号）その1	○	○	○	○	○	○	○	○	
②法第4条第1項第1号から第8号までの人的欠格事由に該当しない旨の誓約書	○	○	○	○	○	○	○		
③住民票の写し	○	○	○						
④法第4条第1項第1号に掲げる者に該当しない旨の登記事項証明書	○	○	○						
⑤法第4条第1項第1号に掲げる者に該当しない旨の市区町村長の証明書（日本国籍を有する者のみ）	○	○	○						
⑥法定代理人の氏名及び住所を記載した書面		○			○		○		
⑦営業に関し許可を受けていることを証する書面		○			○				
⑧被相続人の氏名及び住所並びに営業所の所在地を記載した書面			○			○	○		
⑨法定代理人の人的欠格事由に該当しない旨の誓約書			○			○	○		
⑩法定代理人の住民票の写し			○			○			
⑪法定代理人の法第4条第1項第1号に掲げる者に該当しない旨の登記事項証明書			○			○			
⑫法定代理人の法第4条第1項第1号に掲げる者に該当しない旨の市区町村長の証明書（上記⑤に同じ）			○			○			

内閣府令第１条該当条文	第４号	第５号	第６号	第７号	第８号
⑬法人の（現行）定款				○	
⑭法人の現在（履歴）事項証明書				○	
⑮役員（取締役、執行役及び監査役全員（以下同じ））の人的欠格事由に該当しない旨の誓約書				○	○
⑯役員の住民票の写し				○	
⑰役員の法第４条第１項第１号に掲げる者に該当しない旨の登記事項証明書				○	
⑱役員の法第４条第１項第１号に掲げる者に該当しない旨の市区町村長の証明書（上記⑤に同じ）				○	

注　①　風俗営業者とは、申請に係る公安委員会の風俗営業の許可、相続、合併又は分割の承認を受けているものに限る（以下同じ。）。

②　成年者には、婚姻により成年に達したとみなされる未成年者を含む（以下同じ。）。

表２　営業所の場所に関する許可基準、営業所の構造及び設備に関する許可基準に係る必要書類一覧

営業の種別／申請書及び添付書類の種別	接待飲食等営業（1号営業から6号営業）	7号営業　ぱちんこ屋及び令第7条に規定する営業　認定を受けた遊技機を設置しようとする場合	7号営業　ぱちんこ屋及び令第7条に規定する営業　検定を受けた型式に属する遊技機を設置しようとする場合	7号営業　ぱちんこ屋及び令第7条に規定する営業　認定を受けておらず、かつ、検定を受けていない型式に属する遊技機を設置しようとする場合	7号営業　左記以外の営業（まあじゃん屋）	8号営業
①−１許可申請書（別記様式第２号）その２(A)	○					
①−２許可申請書（別記様式第２号）その２(B)		○	○	○	○	
①−３許可申請書（別記様式第２号）その２(C)						○
①−４許可申請書（別記様式第２号）その３		○	○	○		
②営業の方法を記載した書類（別記様式第３号）その１	○	○	○	○	○	○
②−１営業の方法を記載した書類（別記様式第３号）その２(A)（法第２条第１項第１号から第６号までの営業）	○					
②−２営業の方法を記載した書類（別記様式第３号）その２(B)（法第２条第１項第７号の営業）		○	○	○	○	
②−３営業の方法を記載した書類（別記様式第３号）その２(C)（法第２条第１項第８号の営業）						○
③営業所の使用の権原を疎明する書類	○	○	○	○	○	○
④営業所の平面図及び営業所の周囲の略図	○	○	○	○	○	○
⑤法第４条第３項の規定が適用される営業所につき許可を受けようとする者にあっては、火災、震災又は令第６条の２各号に掲げる事由により営業所が滅失したことを疎明する書類	○	○	○	○	○	○
⑥選任する管理者に係る誠実に業務を行なう旨の誓約書	○	○	○	○	○	○
⑦選任する管理者に係る法第24条第２項各号に掲げる者のいずれにも該当しない旨の誓約書	○	○	○	○	○	○
⑧選任する管理者に係る住民票の写し	○	○	○	○	○	○
⑨選任する管理者に係る法第４条第１項第１号に掲げる者に該当しない旨の登記事項証明書	○	○	○	○	○	○
⑩選任する管理者に係る法第４条第１項第１号に掲げる者に該当しない旨の市区町村長の証明書（日本国籍を有する方のみ）	○	○	○	○	○	○
⑪選任する管理者に係る申請前６月以内に撮影した顔写真（縦3.0cm×横2.4cm）２葉（裏面に氏名等を記入）	○	○	○	○	○	○

	⑫設置する遊技機が認定を受けたものであることを証する書類		○				
	⑬設置する遊技機が検定を受けた型式に属するものであることを証する書類			○			
	⑭— 1 遊技機の諸元表				○		
	⑭— 2 遊技機の構造図、回路図及び動作原理図				○		
	⑭— 3 遊技機並びに遊技機の部品及び装置の構造、材質及び性能の説明を記載した書類				○		
	⑮遊技機の写真				○		
法定外添付書類（該当する場合のみ任意に添付）	①飲食店営業許可証の写し等（飲食店営業を営む場合のみ）	○	○	○	○	○	○
	②営業所及び客室の面積求積図とその求積計算書類	○	○	○	○	○	○
	③照明設備及び音響設備の配置図とそれらの形状図	○	○	○	○	○	○
	④ビル等の一部に営業所がある場合には、その位置図	○	○	○	○	○	○
	⑤いす、テーブル、衝立、仕切り等の形状図と寸法	○					
	⑥ぱちんこ屋に設置する器具等の配置図及び形状図		○	○	○		
	⑦ぱちんこ屋の提供する（遊技機総台数と同数の）賞品の品名・定価・玉数・メダル数を併記した書類		○	○	○		
	⑧まあじゃん屋に設置する麻雀台の配置図及び形状図					○	
	⑨ゲーム機（ルーレット台、トランプ台、電動ダーツ等を含む。）の配置図、仕様書（遊技設備の区分、名称及び寸法等を併記。）及び形状図						○
	⑩市区町村長の都市計画法上の用途証明書	○	○	○	○	○	○
	⑪市区町村長の旧地番・新地番対象住居表示証明書	○	○	○	○	○	○
	⑫営業用土地・建物（又は建築確認通知書の写し）の登記事項証明書	○	○	○	○	○	○
	⑬営業所専用駐車場がある場合にはその配置図等と使用の権原を疎明する書類		○	○	○	○	○

3－2　風俗営業の相続承認申請手続に必要な書類一覧

許可申請者の主体別／申請書及び添付書類の種別	風俗営業者でない者			風俗営業者			
	成年者	未成年者		成年者	未成年者		
		申請する営業につき法定代理人の許可がある場合	申請する営業につき法定代理人の許可がない場合		申請する営業につき法定代理人の許可がある場合	申請する営業につき法定代理人の許可がない場合	
						現に営む風俗営業の許可の際に法定代理人の許可がある場合又は現に営む風俗営業の許可の際と法定代理人が異なる場合	現に営む風俗営業の許可を受けた際と法定代理人が同一で、現に営む風俗営業も法定代理人の許可がない場合
①相続承認申請書（別記様式第6号）	○	○	○	○	○	○	○
②法第4条第1項第1号から第8号までの人的欠格事由に該当しない旨の誓約書	○	○	○	○	○	○	○
③住民票の写し	○	○	○				
④法第4条第1項第1号に掲げる者に該当しない旨の登記事項証明書	○	○	○				
⑤法第4条第1項第1号に掲げる者に該当しない旨の市区町村長の証明書（日本国籍を有する者のみ）	○	○	○				
⑥法定代理人の氏名及び住所を記載した書面		○			○		○
⑦営業に関し許可を受けていることを証する書面		○			○		
⑧被相続人の氏名及び住所並びに営業所の所在地を記載した書面			○			○	○
⑨法定代理人の人的欠格事由に該当しない旨の誓約書			○			○	○
⑩法定代理人の住民票の写し			○			○	
⑪法定代理人の法第4条第1項第1号に掲げる者に該当しない旨の登記事項証明書			○			○	
⑫法定代理人の法第4条第1項第1号に掲げる者に該当しない旨の市区町村長の証明書（日本国籍を有する者のみ）			○			○	
規則第14条第2項該当条文	第3号			第2号			第1号
⑬申請者と被相続人との続柄を証明する書面	○	○	○	○	○	○	○

規則第14条第２項該当条文	第４号						
⑭申請者以外に相続人があるときは、その者の氏名及び住所を記載した書面並びに当該申請に対する同意書	○	○	○	○	○	○	○
規則第14条第２項該当条文	第５号						

4　特例風俗営業者の認定について

1　特例風俗営業者の認定を受けるメリット

ア　風俗営業許可証に代えて、特例風俗営業者の認定証を営業所に掲示することができます（法第６条）。

イ　営業所の構造又は設備の変更は、通常公安委員会の事前承認が必要ですが、認定業者については、事後の届出に代えることができます（法第９条第５項）。

ウ　特例風俗営業者の営業所に置かれる管理者については、その者がその営業所の管理者として、１回以上定期講習を受けたことがあれば、その後の定期講習を受けなくてもよいことになります（施行規則第38条第２項及び解釈基準第16の10(5)ア）。

2　特例風俗営業者の認定基準

ア　平成11年４月１日（法律施行日）から平成16年３月31日までの経過措置

	認定の審査項目（次のいずれにも該当する風俗営業者）	H12.3.31まで	H13.3.31まで	H14.3.31まで	H15.3.31まで	H16.3.31まで
1	許可年数に関する認定の基準（法第10条の２第１項第１号）	15年	14年	13年	12年	11年
2	処分歴に関する認定の基準（法第10条の２第１項第２号）	５年	６年	７年	８年	９年
3	法令等の遵守状況に関する認定の基準（法第24条第７項の管理者講習の受講義務）（規則第20条の２）	５年	６年	７年	８年	９年

イ　認定の申請に係る営業所の構造及び設備が技術上の基準に適合していること（公安委員会の委託を受けた風俗環境浄化協会による営業所の調査に基づいて判断されます（法第39条第２項第７号））。

風俗営業を営む皆様へ

越谷市東越谷7丁目134番地1
行政書士　後藤紘和事務所
TEL 048（965）5154
FAX 048（965）5158

☆　風俗営業を営む皆様が、**次のいずれかを変更したときは、所轄警察署に所定の変更届を一定の期間内に提出しなければなりません**（法9条3項、内閣府令1条から4条及び6条から7条、施行規則21条・1条）。

1　営業所の名称を変更したときは、10日以内に。

2　個人の場合はその住所を変更したときは、10日以内に。

3　法人の場合はその商号、本店所在地を変更したとき並びに代表取締役・取締役の交替又はその氏名及び住所を変更したときは、20日以内に。

4　営業所の管理者の交替又はその氏名及び住所を変更したときは、10日以内に。

5　営業所の構造又は設備につき軽微な変更※をしたときは、10日以内に。

※　営業所の小規模の修繕又は模様替え、食器棚その他の家具（作り付けのものを除く。）、飲食物の自動販売機その他これに類する設備の設置又は入れ替え、照明設備、音響設備又は防音設備の変更、遊技設備（ぱちんこ店及び政令第7条に規定するスロット店等の営業に係る遊技機を除く。）の増設又は交替（麻雀台又はゲームセンターの遊技機の台数に変更がある場合に限る。）等である（風営法の解釈運用基準第16－1⑵）。

☆　**罰則**　「変更届出書」の提出義務違反又は虚偽記載等には、法55条3項により30万円以下の罰金に処せられる場合がありますのでご注意ください。

☆　風俗営業を営む皆様は、**増築、改築その他の行為による営業所の構造又は設備の変更※（内閣府令で定める（上記）軽微な変更を除く。）をしようとするときは、あらかじめ公安委員会の承認を受けなければなりません**（法9条1項、施行規則20条・1条・23条・17条）。

※　次に掲げる変更以外の変更

1　建築基準法第2条第14号に規定する大規模の修繕又は同条第15号に規定する大規模の模様替に該当する変更

2　客室の位置、数又は床面積の変更

3　壁、ふすまその他営業所の内部を仕切るための設備の変更

4　営業の方法の変更に係る構造又は設備の変更

☆　**罰則**　公安委員会の承認を受けずに営業所の構造又は設備の変更をしたとき（無承認変更）又は虚偽その他不正の手段により変更承認を受けたときには、法50条１項１号・２号により１年以下の懲役若しくは100万円以下の罰金に処せられ又はこれを併科される場合がありますのでご注意ください。

第３款　風俗営業の許可申請手続等の進め方

１－１　行政書士から申請業者への「風俗営業許可諸手続準備依頼書」

＿＿＿＿＿＿＿＿＿＿＿御中

貴店にはできるだけご負担をおかけしないために、とりあえず、下記☑印の書類のみをとりそろえてください。

申請準備についてのご依頼（個人・法人共通）

□１　下記ａ、ｂ、ｃの方の①住民票　各１通、②身分証明書　各１通、③身分事項登記証明書　各１通、④管理者になる方の顔写真２枚（３×2.4㎝）
　ａ　個人の場合　　　　申請者のもの
　ｂ　法人の場合　　　　役員全員（執行役、監査役を含む）のもの
　ｃ　管理者をおく場合　管理者のもの
□２　定款の写し（法人のみ）　２通
□３　会社の登記事項証明書（法人のみ・目的欄に風俗営業が入っているか確認）　１通
□４　営業用建物の登記事項証明書　１通（当方にとりよせを依頼するときには建物所在地の地番と家屋所有者名又は家屋番号）土地の登記事項証明書　１通
□５　営業用建物が新築・増築・改築で未登記のときは建築確認通知書の写し　２部
□６　営業用建物が賃貸借の場合は、①賃貸借契約書の写し　２通及び②家主の建物使用承諾書（当事務所の用紙を使用）　２通
□７　営業用建物全階の平面図及び営業所の平面図の写し　各１枚
□８　ぱちんこ屋のときには
　①　公安委員会検定済のぱちんこ台の書類　１種類毎に２部
　②　提供賞品の交換率表（当事務所の用紙を使用）　１部
　③　ぱちんこ台の配置図　１部
□９　ゲームセンターのときには
　①　ゲーム機の仕様書　②　ゲーム機の姿図又はパンフレット　③　ゲーム機の配置図
□10　まあじゃん屋のときには
　①　麻雀卓数＿＿＿＿＿卓　②　麻雀卓の仕様書
□11　印鑑…ａ　個人の場合――――申請者のみとめ印
　　　　　　ｂ　法人の場合――――会社の代表取締役印
　　　　　　　　　　　　　　　　　役員全員（執行役、監査役を含む）のみとめ印
　　　　　　ｃ　管理者をおく場合――管理者のみとめ印
□12　店名（既存の店名はなるべく使用しないこと）　店名＿＿＿＿＿＿＿＿＿
□13　申請営業所と同一の都道府県公安委員会から既に許可を受けている業者にあっては、そのすべての「風俗営業許可証」の写し又は「リスト」　各１通

□14　既に許可を受けている業者にあっては、直近の「風俗営業許可申請書類」の控え全部
□15　風俗営業を引き継ぐ場合には、現在の「風俗営業許可申請書類」の控え全部

＝注意＝

1　住民票……………………本籍・世帯主名・続柄・筆頭者がすべて記載されているもの

2　身分証明書………………禁治産者若しくは準禁治産者又は破産者で復権を得ないものに該当しない旨の市町村（特別区を含む）の長の証明書
　＊　本籍地の役場でとります。
　＊　日本国籍を有する方のみ。

3　身分事項登記証明書……成年被後見人及び被保佐人とみなされる者に該当しない旨の東京法務局の証明書

★外国在住の外国人の場合には、個別にご相談ください。

上記書類のうち、とりそろえることが困難なものについては、当事務所にお申し出ください。

当事務所収集書類

□1　用途地域指定証明書
□2　営業所から100メートル以内の周囲の略図（保護施設の有無確認）
□3　照明設備図（電気工事業者に図面を作成してもらい、仕様書も添付）
□4　音響設備図（電気工事業者に図面を作成してもらい、仕様書も添付）
□5　防音設備図
□6　テーブル、イス、カウンター、つい立て等の形状・位置図
□7　年少者立入禁止表示板、料金表示板等の形状・位置図
□8　建物案内図・配置図（建築確認申請書に添付したもの――建築士から）
□9　駐輪場・駐車場の配置図、公図、土地登記簿謄本、賃貸借契約書
□10　まあじゃん屋――麻雀卓のパンフレット等
□11　飲食店営業も併設する場合には、飲食店営業許可書

埼玉県越谷市東越谷7丁目134番地1
行政書士後藤紘和事務所
TEL　048-965-5154（代）
FAX　048-965-5158

様式風俗第8号　　風俗営業新規準備（個人・法人共通）

1－2　依頼者との面接の段階での注意点

2-1　申請業種の特定にあたって

1　許可を取りたい「風俗営業の業種」を聞きます（法第2条1項関係）。

2　その業種の法律上の定義についてアドバイスします（法第2条1項関係）。

3　その業種の営業上の禁止行為についてアドバイスします（法第22条・23条関係）。

4　まちがいやすい業種の事例（営業したい業種と法律上の業種が必ずしも一致しないことがある）

ア　1号営業（ショーパブ等）と2号営業（パブスナック等）の業態の違い

イ　2号営業（パブスナック等）と深夜酒類提供飲食店（カラオケスナック等）の業態の違い

ウ　3号営業（ナイトクラブ等）と4号営業（ディスコ等）の業態の違い

エ　7号営業（パチンコ店等）と8号営業（ゲームセンター等）の業態の違い

5　まちがいやすい営業上の規制の事例

ア　遊技の結果に応じて賞品を提供することができるのは、第7号営業の中のぱちんこ屋及び政令第7条で定める営業に限られており、第7号営業の中のマージャン店と第8号営業（ゲームセンター等）については賞品を提供することができません。

イ　外国人タレントを雇用する第1・2号営業（韓国人・フィリピン人パブ等）は、風俗営業許可のほかに入国管理機関との協議・調整が必要です。

6　アドバイスの結果、営業したい業種と申請したい業種が違うことに気がついたら、申請業種を変えるか、営業内容を変えるかを依頼者に選択してもらいます。

7　最近の判例や世論で私たち専門職業人に求められている「インフォームド・コンセント」とは、これまで述べたような、依頼者と行政書士との間の質疑・応答段階において、行政書士自らが風営適正化法について専門的な知識を持ち、その知識を駆使して依頼者が納得いくように十分説明しなければならない責務をいいます（根拠条文として行政書士法第10条「行政書士の誠実義務」参照)。

8　依頼者の中には、許可を取りたいがために、行政書士に対して、依頼者にとって不利と思われる営業内容等を正直に話さない場合があります。このような場合でも、依頼者の真意を見抜くために、冷静に根気強く営業内容等を聞き出すべきです。そうすることによって、依頼者に都合のいいように利用されることを防ぎ、なおかつ、行政書士の申請手続上の判断ミスによる業務上の賠償責任を回避することができるのです。

9　もし依頼者が、どうしても申請手続に関して本心を話さなかったり、営業する上での核心部分を故意に隠していると思われるときなど、依頼者との間に信頼関係を築くことができない場合には、思いきってその手続をことわるべきです。

2-2　営業所の予定地選定にあたって

1　まだ建物が建築されていない場合（パチンコ店に多い）には、１億円から10億円ものばく大な資金が先行投資されることや、予定地を選定した後、企画・設計段階を経て開店に至るまでには足かけ１年以上も要することから、この業務を受任した行政書士には、最高レベルの知識・経験・能力と慎重な対応が要求されます。自信がない場合には受任せず、ベテランの行政書士を紹介するべきです。

2　既存の建物について、その場所で許可がおりるかどうかの判断を行政書士に求めてきた場合（特にパチンコ店に多い）には、後掲１－３以下に掲げる「営業所周辺地域の調査・確認」と「営業用建物の調査・確認」、さらには、後掲１－４以下に掲げる「所轄警察署との事前相談」を、より詳細にかつ慎重に行う必要があります。

3　依頼者が営業所を決定してきて、その場所で許可を取りたい場合（パブスナック等に多い）であっても、安易に申請手続を受任せず、上記2-2-02と同じレベルでの慎重な対応が望まれます。

4　営業所の予定地を選定するにあたっては、これまで述べたようにかなり高度で専門的な知識が要求されます。依頼を受けた行政書士は、最低限次のことに注意を払うべきです。

ア　調査の結果、たとえ許可要件をすべてクリアーする場所であっても、許可がおりることを断定するべきではなく、あくまでも見込みの段階にとどめておくこと。

イ　申請書類の提出時点でその場所が風俗営業の禁止区域ではなくても、許可の直前日になって営業所の周辺に保護対象施設の設置が決定されると、その場所が営業禁止区域となる場合もあるので、依頼者にこの点をよく説明する必要があります。

ウ　既存の建物を使用するか否かにかかわらず、都市計画法、建築基準法、消防法、農地法、各都道府県の風俗営業関係条例・規則、各市町村の開発指導要項や風俗営業店舗に関する建築規制条例等、風俗営業に関する法的規制をすべてクリアーしなければならないこと。

エ　上記アの依頼者への見込みの表明にしても、できれば行政書士単独で表明することは避け、所轄警察署に依頼者を同行した上で、担当警察官に確認すること。

2-3　その他特に注意すべき点

1　許可申請書類提出後、２～３週間の間に（都道府県公安委員会から実地調査を委託されている）風俗環境浄化協会の調査員による営業所の実地調査があることを理由に、警察署に一度も相談することなく、申請者に対して、営業所を確保させ、開店できる状態までに遊技機等の設備・機器を設置させるようなアドバイスは、絶対にするべきではありません。

万が一許可にならない場合には、依頼者から、それまでにかかった土地・建物の賃貸料や売買代金さらには建物の建築費や内外装費などばく大な金額を請求される可能性があります。

2　パチンコ店営業には、次のような特殊な規制や行政指導があります。

ア　遊技機には、A•Mマーク（都道府県風俗環境浄化協会検定済票）を添付しなければならない。

イ　景品交換率や景品の種類についての規制。

ウ　いわゆる「換金所」についての規制と指導。

エ　営業所の区域内にある遊技業組合への加入の指導。

オ　郊外パチンコ店に対する駐車場・駐輪場の適正な確保に関する指導。

カ　暴力団とかかわりを持たないことを誓約させる指導。

1－3　許可要件（営業所周辺地域・営業用建物の構造設備・遊技設備・人物関係）の調査・確認段階での注意点

3-1　営業所の地域規制（法第4条第2項第2号関係）

調査・確認項目	調査・確認方法
1　各都道府県の風俗営業関係条例・規制で営業所の地域規制を調べる。	1　各都道府県の条例・規則参照。 『風営適正化法関係法令集』東京法令出版刊所収
2　都市計画法上の用途地域の確認（市街化調整区域・無指定地域等についても）。	2　都市計画図・住宅地図による調査。 市町村役場の都市計画課へ確認。
3　既存及び計画中の保護施設（学校・病院・社会福祉施設等）の有無とその施設から営業所までの距離（敷地境界線間）の確認。	3　住宅地図による調査。 各都道府県発行の『社会福祉施設名簿』参照。 教育委員会・保健所・社会福祉協議会等各施設の所管機関へ確認。 現地での調査・測量が必要不可欠。

3-2　建物の種類の規制（建築基準法関係）

調査・確認項目	調査・確認方法
1　建物の種類は、原則として建築確認通知書上の主要用途と建物登記事項証明書上の建物の種類それに建物使用承諾書上の物件名が、申請業	1　建築確認通知書 不動産（建物）登記事項証明書 建物使用承諾書及び建物賃貸借契約書

種に合致していなければならない（例えば遊技場・パチンコ店等）。	以上4点の資料で確認。

3-3　営業所の構造及び設備の規制（法第4条第2項第1号関係）

調査・確認項目	調査・確認方法
1　営業所の構造及び設備は、風俗営業の種別ごとに、規則第6条の技術上の基準をすべてクリアーしていなければならない。 主な規制 ・客室の床面積に関する規制 ・ダンスフロアーの床面積に関する規制 ・営業所内の照明設備に関する規制 ・営業所内の音響設備に関する規制 ・営業所内の防音設備に関する規制	1　建築確認申請用図書で確認 建物所有者・建築設計業者・建築業者・内装業者・電気設備業者らから建物図面・照明設備図面・音響設備図面・防音設備図面を取り寄せて、構造及び設備の規制項目のすべてについて確認。 建物を調査・測量して図面と照合し、違っている場合には規制の範囲以内で図面を訂正するか、設備を変更する。
2　第8号営業（ゲームセンターなど）の営業所には、紙幣が挿入できる遊技設備や、現金又は有価証券を提供する遊技設備を設けてはならない。	2　規則第6条のうち、第8号営業に関する規制参照。
3　ルーレット台やトランプ台等を設置して行う営業、いわゆる「カジノ・バー」の許可申請にあたっては、その開業資金の出所と営業方法について、警察の厳格な調査と指導があるので、受任にあたっては、特に慎重を期すべきである。	3　「カジノ・バー」の許可申請の依頼を受けた場合には、ルーレット台やトランプ台等のカタログを取り寄せて、申請者等とともに事前に警察署の担当官に相談する。
4　ゲーム賭博に使用されるおそれのある、いわゆる「ポーカーゲーム機」を設置する営業所については許可されない。	4　ゲーム機の仕様書・パンフレット 賭博性のあるゲーム機とはどのようなものかは、警察が把握しているので、警察署の担当官に相談する。

3-4　遊技設備の規制（法第4条第3項関係）

調査・確認項目	調査・確認方法
1　パチンコ店にあっては、遊技機の島、紙幣両替機・パッキーカード券売機・ジェットカウンター、賞品提供所等、ほかの風俗営業にはない特殊な設備が必要となる。	1　建築設計事務所、建築業者、パチンコ遊技機メーカー等から、申請者経由で営業所に設置する設備機器の配置図や仕様書・パンフレット等を取り寄せる。各設備機器が規制をクリアーしているかどうか確認。
2　パチンコ店に設置するパチンコ台等の遊技機は、営業所を管轄する公安委員会で認定・検定した遊技機（法第20条・国家公安委員会規則第4号）の中から申請者が選定する。	2　パチンコ遊技機メーカーから、申請者経由で遊技機の認定書又は検定書を取り寄せる。認定書・検定書中の設置店舗名・店舗所在地等を確認。

注　上記、1・2のいずれについても、設備機器設置後、現地調査が必要。

3-5　人的欠格条項についての確認（法第4条第1項、規則第5条関係）

調査・確認項目	調査・確認方法
1　人的欠格条項について説明し、申請者（法人の場合は役員全員）及び管理者が法律上の人的欠格条項に抵触していないかどうかを確認する。	1　本人からの聞き取り調査 各人の過去10年間の刑事処分等 各人の住民票 各人の身分証明書及び身分事項登記証明書 以上3点の資料で確認。

1－4　所轄警察署との事前相談の段階での注意点

1　所轄警察署とのパチンコ店の出店に関する事前相談は、依頼者が出店予定地を選定してから、できればパチンコ店を開店する1年位前に、次項の2及び3で示す「風俗営業許可申請事前伺い書」及び「風俗営業許可申請事前伺い書添付書類」を持参してするべきです。

相談する内容は以下のとおりです。

ア　前記3-1・営業所の地域規制（法第4条2項2号関係）について

イ　前記3-2・建物の種類の規制（建築基準法関係）について

ウ　前記3-3・営業所の構造及び設備の規制（法第4条2項1号関係）について

エ　前記3-4・遊技設備の規制（法第4条3項関係）について

オ　前記3-5・人的欠格条項についての確認（法第4条1項、規則第5条関係）について

2　「風俗営業許可申請事前伺い書」の記載例と記載方法は次のとおりです。

「風俗営業許可申請事前伺い書」の記載例

風俗営業許可申請事前伺い書

○○○県公安委員会　殿

当社儀、今般下記場所において、風俗営業（ぱちんこ屋）を営業致したく、別紙をもってお伺い申し上げます。

①　予定営業所所在地　○○○市○○○町○丁目○番○号

②　店舗敷地の用途地域　市街化区域内の準工業地域

③　保護施設の有無　店舗敷地から50m及び70m以内に保護施設はない

④　予定建築物の構造　鉄骨造り亜鉛メッキ鋼板葺き2階建て

⑤　予定屋号　パーラーレジャーランド
⑥　予定設置機種　ぱちんこ遊技機・回胴式遊技機
⑦　予定設置台数　300台
⑧　予定CR機設置台数　300台
⑨　予定駐車場地番　○○○市○○○町○丁目○○○番
⑩　予定駐車場面積　4,200㎡
⑪　予定駐車台数　4,200㎡÷21㎡＝200台
⑫　遊技機台数に対する
駐車台数の割合　200台÷300台≒70％
⑬　開店予定年月　平成○○年12月
⑭　平成○○年11月20日

⑮　〒110-0015
東京都台東区東上野○丁目○番○号
株式会社　○　○　○　○
代表取締役社長　○　○　○　○　㊞
生年月日　昭和○○年○○月○○日
電話　○○－○○○○－○○○○
担当者　○　○　○　○
所属部課　○　○　○　○

「風俗営業許可申請事前伺い書」の記載方法

①　建物の敷地が地番の場合には土地登記事項証明書上の地番を、住居表示が実施されている地域の場合には住居表示の番地をそれぞれ記入します。
②　当該市町村役場の『都市計画図』によります。
③　当該市町村の『住宅地図』による確認、風営適正化法上の保護施設の所管課への確認及び現地調査は必ず実行してください。
④　建築確認申請上の「構造」で、建物表示登記上の「構造」にあたります。
⑤　予定している店名を記入します。
⑥　設置予定の遊技機の種類を記入します。
⑦　設置予定の遊技機の総台数を記入します。
⑧　設置予定のC•R機（プリペイドカードが使用できる遊技機）の合計台数を記入します。
⑨　予定している駐車場の地番を、土地登記事項証明書上の地番に基づいて記入しま

す。

⑩　⑨の総面積を記入します。

⑪　⑩の面積÷自動車１台当たりの面積＝駐車可能な自動車の台数です。

⑫　⑪の駐車台数÷⑦の遊技機台数＝遊技機台数に対する駐車台数の割合です。

⑬　開店を予定している年月を記入します。

⑭　この書類の提出年月日を記入します。

⑮　依頼者すなわち申請者の、会社登記事項証明書上の所在地、商号、代表取締役社長の氏名及び生年月日並びに会社の電話番号及び風俗営業許可申請手続の担当者の氏名と所属部課名を記入します。

3　「風俗営業許可申請事前伺い書」の添付書類

ア　この伺い書の提出日から３か月以内に発行された現在有効な、依頼者すなわち申請者の「会社登記事項証明書」（登記事項証明書の有効期限については以下同じです）を添付します。

イ　「営業所の周囲の略図」は、『住宅地図』をコピーするか、インターネットで入手（いずれにしても、著作権上の許諾を要する。）して、申請地が属する都市計画法上の用途地域名を記入し、用途地域別に定められている申請地の敷地から保護対象施設の敷地までの制限距離（埼玉県の場合には、営業制限地域別及び保護対象施設別に30m・50m・70m・100mと定められている）を半径にして円で示します。さらに、申請地の敷地から所定の制限距離以内に保護対象施設がない旨を付記します。

ウ　当該市町村役場で『都市計画図』を購入し、申請地を明示して添付します。

エ　「公図」は、営業所の所在地を管轄する法務局で請求して、申請地を朱線で区画します。

オ　最後に、申請地及び駐車場に使用する土地の「不動産登記事項証明書」を添付します。

１－５　申請書類の作成・提出段階での注意点

1　「風俗営業許可申請書類」の作り方については、後掲「３　風俗営業許可申請書類の記載例」に詳解しておりますのでそれらにゆずり、ここでは、「パチンコ店営業許可申請提出書類一覧」を掲載します。

パチンコ店営業許可申請提出書類一覧

書類の重要度			照合すべき他の書類番号
	Ⅰ	許可申請書関係	
A	1	許可申請書　その１	2、17①、17⑦、29
B	2	その２(B)（法第２条第１項第７号の営業）	8、9、18、20、22、24、26、29
B	3	営業の方法（法第２条第１項第７号の営業）	20、21、29
B	4	乙の２	5、6、7
	Ⅱ	提供賞品関係	
C	5	「賞品として提供される物品の一覧表」	6、7
C	6	提供賞品の定価別一覧表	5、7
C	7	一般賞品一覧表　№１～４	5、6
	Ⅲ	遊技機関係	
B	8	その３（法第４条第３項に規定する営業に係る遊技機の明細書）	9、10
B	9	遊技機の配置図	10、20
B	10	検定通知書　　№１～15	8、9、12、29
	Ⅳ	人物関係	
B	11	会社定款	12
A	12	商業（会社）登記事項証明書	11
B	13	誓約書［役員用］	12、17①
B	14	管理者選任届	12、17⑦、29
B	15	誓約書［管理者用１］	17⑦、29
B	16	誓約書［管理者用２］	17⑦、29
	17	会社役員及び管理者関係	
A	①	会社役員の住民票、身分証明書、身分事項登記証明書	12、17②
A	②	管理者の住民票、身分証明書、身分事項登記証明書	17⑧
	Ⅴ	建物図面	
B	18	営業所の求積表	19、20
B	19	営業所の求積図	18、20
B	20	営業所の平面図	9、18、19、21
C	21	賞品カウンター、賞品棚詳細図	20
B	22	営業所の照明設備配置図	23
C	23	照明器具姿図・仕様表	22

B	24	営業所の音響設備配置図	25
C	25	音響機器姿図・仕様表	24
C	26	営業所の防音設備図	29
	Ⅵ	営業所の周囲の略図	
A	27	営業所の周囲の略図	28、33、35
A	28	都市計画図	27、29、30
	Ⅶ	建物・敷地関係	
A	29	建築確認通知書写し	すべての記載事項をチェック
A	30	既存宅地確認通知書写し	すべての記載事項をチェック
A	31	建物使用承諾書	12、32、33、34
A	32	建物・敷地賃貸借契約書写し	12、31、33、34
A	33	公図	34
A	34	不動産（土地）登記事項証明書	29、30
	Ⅷ	駐車場関係	
C	35	店舗・駐車場敷地位置図	29
C	36	駐車場配置図（60台分）	35
C	37	駐車場配置図（140台分）	35
A	38	敷地使用承諾書（２筆分）	12、39
A	39	不動産（土地）登記事項証明書	38
A	40	駐車場使用承諾書Ａ（２筆分）	12、42、43
A	41	駐車場使用承諾書Ｂ（２筆分）	12、42、43
A	42	農地法第５条の規定による許可証明書写し	40、41、43
A	43	不動産（土地）登記事項証明書	40、41、42

注　「照合すべき他の書類」欄の番号は、その書類の作成及び確認にあたって照合するべき他の提出書類の番号を示します。

「書類の重要度」欄に付した「Ａ・Ｂ・Ｃ」の意味は次のとおりです。

Ａランク……許認可要件に直接係る書類で、原則的に補正・訂正が許されない。

Ｂランク……許認可要件に間接的に係る書類で、原則的に補正・訂正が許される。

Ｃランク……許認可要件に係らない書類で、例外なく補正・訂正が許される。

2　所轄警察署へのパチンコ店の「風俗営業許可申請書類」の提出手続は、前掲１「パチンコ店営業許可申請提出書類一覧」に掲げられた書類を、パチンコ店を開店する１～３か月（都道府県公安委員会ごとに申請内容の審査期間が異なるため）以内に、申請者及び店舗管理者同行の上でなされるべきです。

なお、提出した申請書類のうち、ア．遊技機検定書と遊技機の配置図、イ．営業所の平面図・照明設備図・音響設備図、ウ．駐車場関係書類、エ．農地転用許可証については、営業所の警察検査までに補正、差し替え若しくは追加提出できる場合があるので、申請書類を受理する警察署の担当官にあらかじめこのことを確認しておく必要があります。

1－6　営業所の警察検査及び営業許可証受領の段階での注意点

1　風俗環境浄化協会及び所轄警察署による営業所の実地調査には、申請者、店舗管理者、建築設計業者、建築施工業者、電気工事業者、パチンコメーカーの代理店、両替機・券売機等の設備業者及び行政書士の８者が立ち会うべきです。調査段階での、調査員や警察官からのあらゆる質問に、その場で応答できるような態勢を整えておくことが大切です。

2　営業許可証を受領した時には、営業許可証の氏名又は名称・営業所の所在地・営業所の名称に誤りがないかどうかをその場で確認します。さらに、営業の許可にあたって、公安委員会が風営適正化法第３条２項の規定に基づいて許可上の条件を付す場合には、その条件を営業許可証に裏書きし、かつ、その意味について担当警察官が教示・説明しなければならないこととされておりますので、後日、行政処分等を受けないようにするためにも正確に聞き取っておくべきです。

2　営業所の実地調査項目とその根拠となる法令及び解釈運用基準対照表

(1)　許可手続に係る営業所の実地調査項目とその根拠となる法令及び解釈運用基準対照表

営業所等の実地調査項目	根拠となる法令及び解釈運用基準
１　１号営業から８号営業までの共通実地調査項目	
①　営業所の平面図に基づく営業所、客室及びその他の各室の造作等の確認	法４条２項１号、規則８条、府令１条、基準11-2・11-13
②　営業所の求積図に基づく営業所、客室及びその他の各室の平面測量	法４条２項１号、規則８条、府令１条、基準11-12
③　構造及び設備が法令上の技術上の基準に適合しているか否か（６号営業を除く営業所の「見通しを妨げる設備」の有無等）の確認	法４条２項１号・12条、規則８条、基準11-8

③-1　照明設備図に基づく照明器具の配置及びスライダック（調光機）設備の有無の確認並びに照度測定等	法4条2項1号・14条、規則8条、基準11-8
③-2　音響設備図に基づく音響器具の配置確認並びに騒音及び振動の測定等	法4条2項1号・15条、規則8条、基準11-8・16-3
④　飲食料金又は遊技料金等の表示の有無とその適否確認	法17条、規則32条・33条
⑤　営業所への「年少者（18歳未満）立入禁止（ただし8号営業の場合は午後10時以後の立入禁止等）」の表示の有無とその適否確認	法18条、規則34条
⑥　許可を前提とした「従業者名簿」の備え付けとその適否確認	法36条・37条、規則81条・82条、府令20条、基準30
2　1号営業から6号営業まで（接待飲食等営業）の実地調査項目	
①　いす、テーブル、仕切り、つい立て等の配置とそれらの高さがおおむね1メートル以下であることの確認	法4条2項1号・12条、規則8条、基準11-8
3　7号営業（マージャン店）の実地調査項目	
①　麻雀台等の配置と型式等の確認	法4条2項1号・14条、規則8条、基準11-8
4　7号営業（パチンコ店等）の実地調査項目	
①-1　遊技機の配置図と検定（認定）書等に基づく全部の遊技機の製造番号等の確認 ①-2　「著しく射幸心をそそるおそれのある遊技機の基準」に該当する遊技機の有無の確認	法4条4項、施行令7条、規則9条、府令1条11号、基準11-11
②　両替機、カード券売機、玉計数機、メダル計数機、ICカードユニット及びPOS等の設置器具の配置確認	法9条3項2号、規則21条・1条、府令3条・4条1項、基準16-1
③　提供する賞品の品数、品目及び定価と等価の玉数（メダル数）の表示の確認	法19条・23条1項、施行令11条、規則35条、遊技料金の基準（昭和60.2.12国公委告示1）、基準16-6・16-9
④　営業所が営業制限区・地域に近接している場合の営業所の位置と制限区・地域の境界線までの距離の測量	法4条2項2号、施行令6条、府令1条、基準11-5・11-13
⑤　営業所専用駐車場がある場合にはその配置図に基づく実地調査	法3条1項、規則1条、府令1条、基準11-2・11-5
5　8号営業（ゲームセンター等）の実地調査項目	
①　ゲーム機配置図と形状図に基づく実地調査	法2条1項8号、施行令1条の3、規則5条、基準3
②　両替機、カード券売機等の設置器具の配置確認	法9条3項2号、規則21条・1条、府令3条・4条1項、基準16-1

(2)　構造又は設備及びぱちんこ遊技機等の変更承認手続に係る営業所等の実地調査項目とその根拠となる法令及び解釈運用基準対照表

営業所の実地調査項目	根拠となる法令及び解釈運用基準
①　営業所の平面図に基づく営業所、客室及びその他の各室の変更箇所の造作等の確認	法９条１項、府令２条、規則20条・１条・23条・17条
②　営業所の求積図に基づく変更箇所の営業所、客室及びその他の各室の変更箇所の平面測量	
③　ぱちんこ屋及び令第７条に規定する営業に係る遊技機の増設又は交替の状況を、遊技機の変更配置図と検定（認定）書等に基づき遊技機の製造番号等を確認	法20条10項、規則20条・１条、府令１条11号・６条、基準16-1

(3)　特例風俗営業者の認定に係る営業所の実地調査項目とその根拠となる法令及び解釈運用基準対照表

営業所の実地調査項目	根拠となる法令及び解釈運用基準
①　営業所の平面図に基づく営業所、客室及びその他の各室の造作等の確認	法10条の２・39条２項７号・４条２項１号、規則25条・26条・１条、府令５条、基準15
②　営業所の求積図に基づく営業所、客室及びその他の各室の平面測量	
③　構造及び設備が法令上の技術上の基準に適合しているか否か（６号営業を除く営業所の「見通しを妨げる設備」の有無等）の確認	

注　上記「実地調査」の内容や方法は、各都道府県警察、所轄警察署、担当警察官又は各調査員によって異なる場合があるので、事前に周到な準備をしておく必要がある。

図1　パチンコ店開店までのフローチャート

図2　ゲームセンター開店までのフローチャート

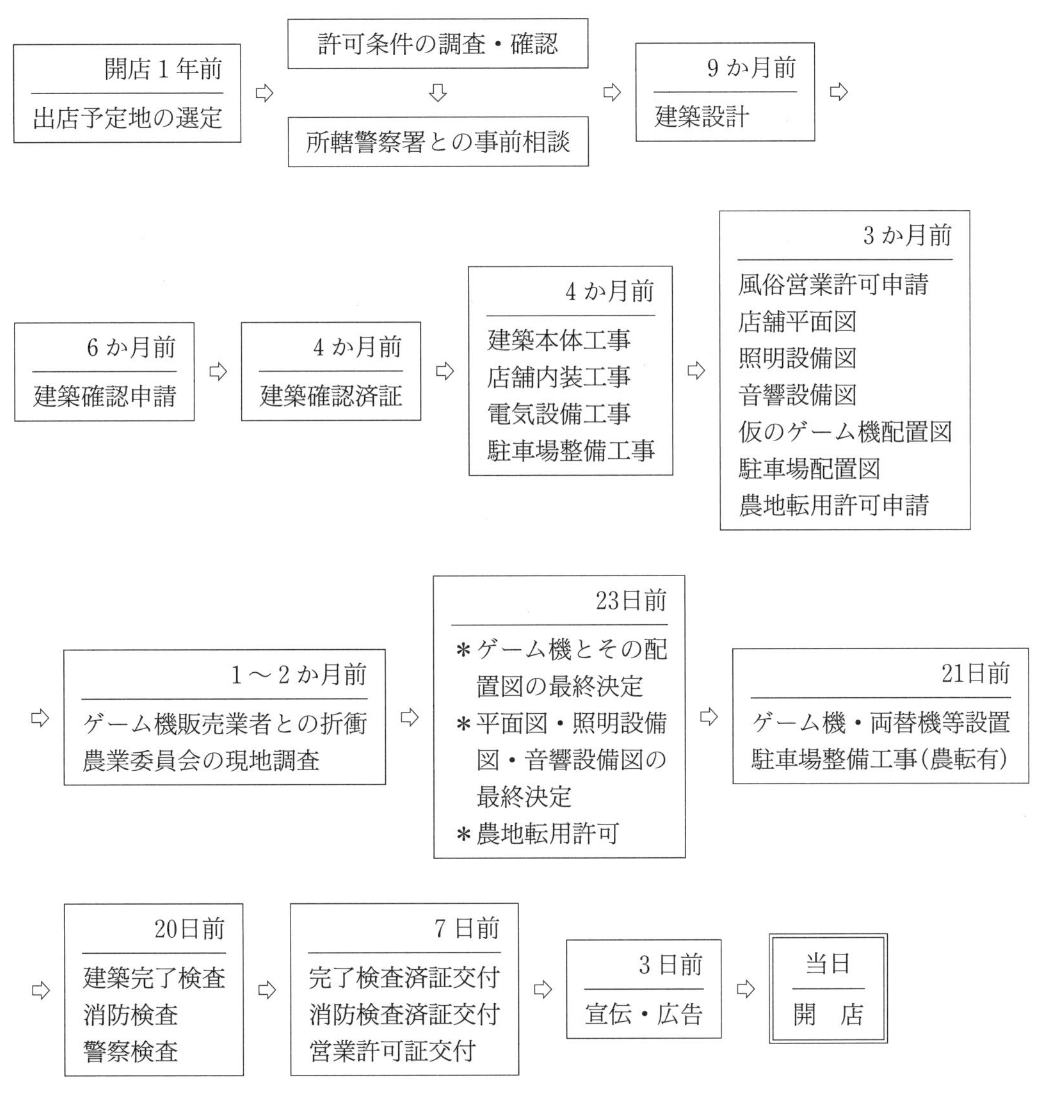

図３　風俗営業許可事務の流れ

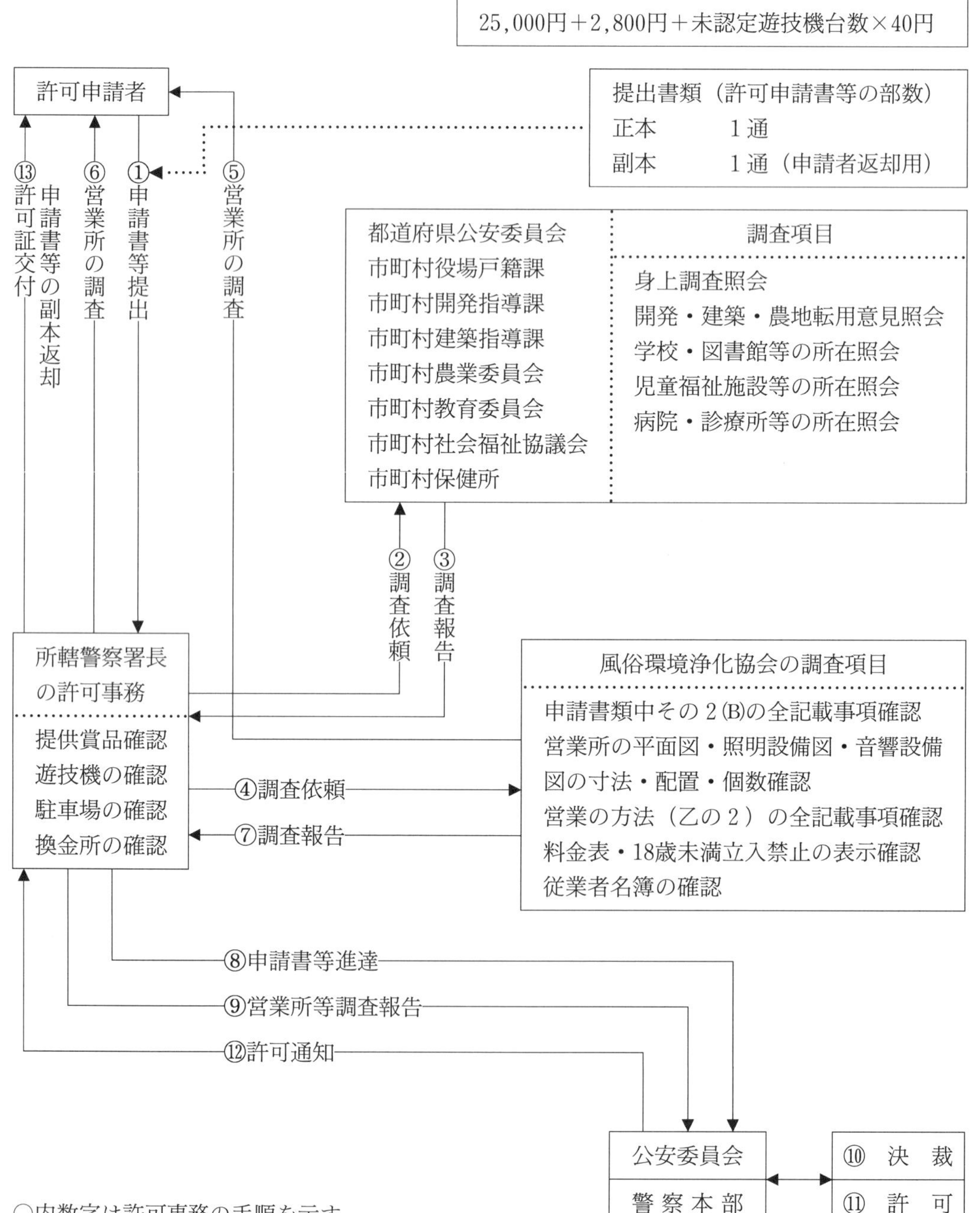

○内数字は許可事務の手順を示す。

図４　風俗営業許可事務の流れ

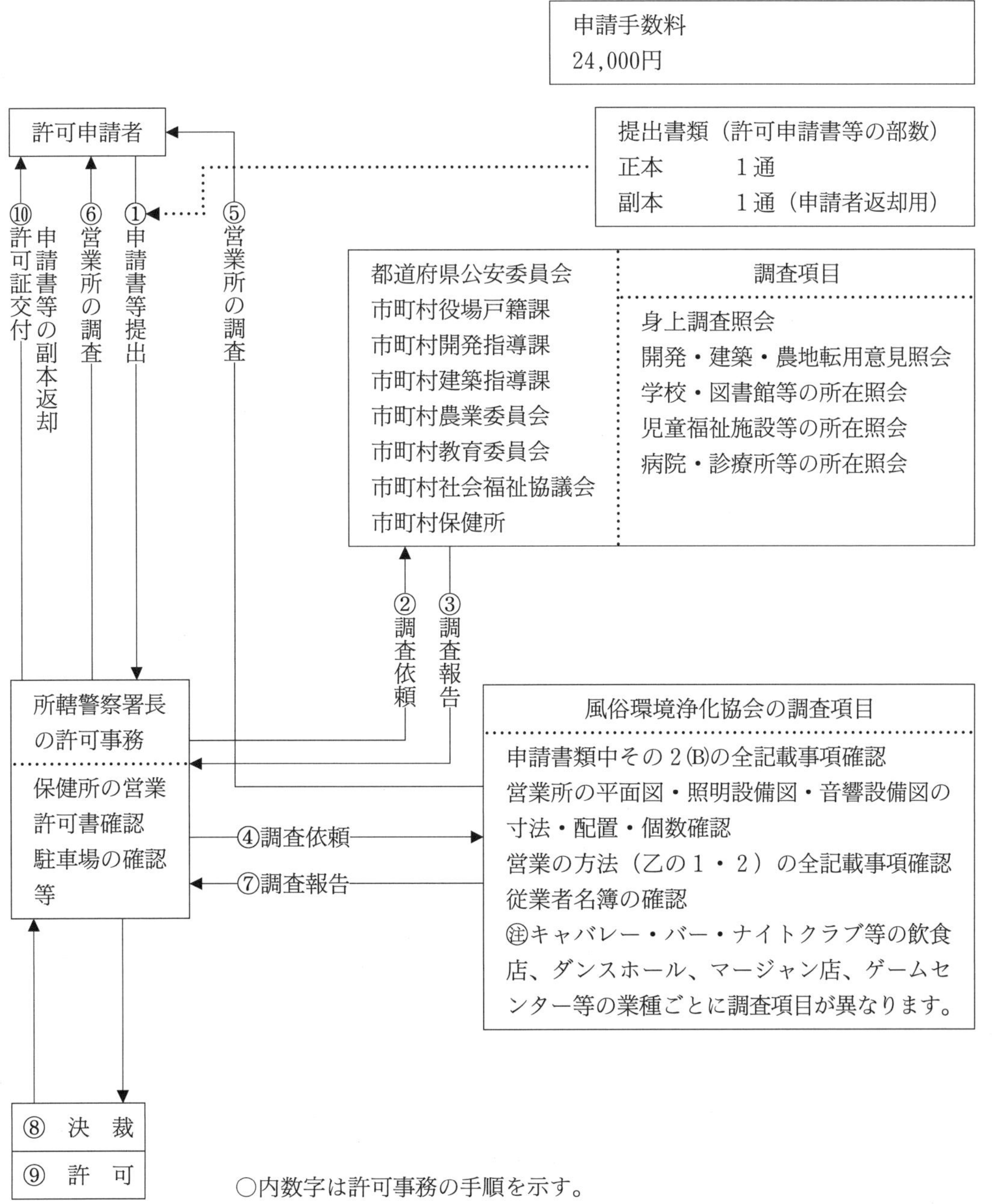

3　風俗営業許可申請書類の記載例

第１号営業（キャバレー）の記載例

別記様式第２号（第10条関係）

<table>
<tr><td rowspan="2">その１</td><td>※受　理
年月日</td><td></td><td>※許　可
年月日</td><td></td></tr>
<tr><td>※受　理
番　号</td><td></td><td>※許　可
番　号</td><td></td></tr>
<tr><td colspan="5">許　可　申　請　書

風俗営業等の規制及び業務の適正化等に関する法律第５条第１項の規定により許可を申請します。
平成○○年１０月１日
埼玉県　公安委員会　殿
申請者の氏名又は名称及び住所
埼玉県さいたま市大宮区宮町１丁目○番○号
宮町ビル４階
日　本　太　郎　㊞</td></tr>
</table>

<table>
<tr><td colspan="2">（ふりがな）
氏名又は名称</td><td>に　ほ　ん　た　ろ　う
日　本　太　郎</td></tr>
<tr><td colspan="2">住　　所</td><td>〒（330-0802）
埼玉県さいたま市大宮区宮町１丁目○番○号
宮町ビル４階　（048）○○○局○○○○番</td></tr>
<tr><td colspan="2">（ふりがな）
営業所の名称</td><td>しょうぱぶめりい
ショーパブメリー</td></tr>
<tr><td colspan="2">営業所の所在地</td><td>〒（330-0802）
埼玉県さいたま市大宮区宮町１丁目○番○号
宮町ビル２階　（048）○○○局○○○○番</td></tr>
<tr><td colspan="2">風俗営業の種別</td><td>法第２条第１項第１号の営業（キャバレー）</td></tr>
<tr><td colspan="2">（ふりがな）
管理者の氏名</td><td>に　ほ　ん　た　ろ　う
日　本　太　郎</td></tr>
<tr><td colspan="2">管理者の住所</td><td>〒（330-0802）
埼玉県さいたま市大宮区宮町１丁目○番○号
宮町ビル４階　（048）○○○局○○○○番</td></tr>
<tr><td colspan="2">（ふりがな）
法人にあっては、
その役員の氏名</td><td>法人にあっては、その役員の住所</td></tr>
<tr><td>代表者</td><td></td><td>〒
該当なし</td></tr>
</table>

<table>
<tr><td>…………………………</td><td colspan="4">〒
以下余白</td></tr>
<tr><td>…………………………</td><td colspan="4">〒</td></tr>
<tr><td rowspan="2">滅失により廃止した風俗営業</td><td colspan="2">廃止の事由</td><td>廃止年月日</td><td>許可年月日</td></tr>
<tr><td colspan="2"></td><td>年　月　日</td><td></td></tr>
<tr><td rowspan="2">現に許可を受けて営む風俗営業</td><td>許可年月日</td><td></td><td>許可番号</td><td></td></tr>
<tr><td>営業所の名称及び所在地</td><td colspan="3"></td></tr>
</table>

<table>
<tr><td colspan="5">その２(A)（法第２条第１項第１号から第６号までの営業）</td></tr>
<tr><td rowspan="10">営業所の構造及び設備の概要</td><td>建物の構造</td><td colspan="3">鉄筋コンクリート造陸屋根４階建</td></tr>
<tr><td>建物内の営業所の位置</td><td colspan="3">２階一部</td></tr>
<tr><td>客室数</td><td>１　室</td><td colspan="2">営業所の床面積　157.60m²</td></tr>
<tr><td>客室の総床面積</td><td>（うちダンスの用に供する部分の総床面積）</td><td colspan="2">69.48m²（うち15.55m²）</td></tr>
<tr><td rowspan="2">各客室の床面積（うちダンスの用に供する部分の床面積）</td><td>69.48m²（うち15.55m²）</td><td colspan="2">以下余白m²（うち――m²）</td></tr>
<tr><td>――――m²（うち――m²）</td><td colspan="2">――――m²（うち――m²）
――――m²（うち――m²）</td></tr>
<tr><td>照明設備</td><td colspan="3">別紙「照明設備図」のとおり</td></tr>
<tr><td>音響設備</td><td colspan="3">別紙「音響設備図」のとおり</td></tr>
<tr><td>防音設備</td><td colspan="3">天井　サインボーダー下地耐火ジプトーン貼り
外壁　鉄骨造ALC版　内壁　耐火ボード下地クロス貼り
床　シリンダーコンクリート下地フローリング貼り</td></tr>
<tr><td>その他</td><td colspan="3">営業所の出入口は１カ所とする。</td></tr>
<tr><td colspan="2">※　風俗営業の種類</td><td colspan="3"></td></tr>
<tr><td colspan="2">※　兼業</td><td colspan="3"></td></tr>
<tr><td colspan="2">※　同時申請の有無</td><td>①　有　　②　無</td><td>※　受理警察署長</td><td></td></tr>
<tr><td rowspan="3">※条件</td><td>年　月　日</td><td colspan="3"></td></tr>
<tr><td>年　月　日</td><td colspan="3"></td></tr>
<tr><td>年　月　日</td><td colspan="3"></td></tr>
</table>

備考

1　※印欄には、記載しないこと。

2　申請者は、氏名を記載し及び押印することに代えて、署名することができる。

3　「滅失により廃止した風俗営業」欄は、法第４条第３項の事由により滅失したために廃止した風俗営業に係る事項を記載すること。

4　「現に許可等を受けて営む風俗営業」欄は、申請に係る営業所以外の営業所において当該申請に係る公安委員会から現に許可等を受けて営んでいる風俗営業で、当該申請の日の直近の日に許可を受けたものについて記載すること。

5　その２(A)は法第２条第１項第１号から第６号までのいずれかの営業について許可を申請する場合に、その２(B)は同項第７号の営業について許可を申請する場合に、その２(C)は同項第８号の営業について許可を申請する場合に、その３は同項第７号の営業のうち法第４条第４項に規定する営業（例、ぱちんこ屋）について許可を申請する場合に使用すること。

6　「建物の構造」欄には、木造家屋にあつては平屋建又は２階建等の別を、木造以外の家屋にあつては鉄骨鉄筋コンクリート造、鉄筋コンクリート造、鉄骨造、れんが造又はコンクリートブロック造の別並びに階層（地階を含む。）の別を記載すること。

7　「建物内の営業所の位置」欄には、営業所の位置する階の別及び当該階の全部又は一部の使用の別を記載すること。

8　「照明設備」欄には、照明設備の種類、仕様、基数、設置位置等を記載すること。

9　「音響設備」欄には、音響設備の種類、仕様、台数、設置位置等を記載すること。

10　「防音設備」欄には、防音設備の種類、仕様等を記載すること。

11　「その他」欄には、出入口の数、間仕切りの位置及び数、装飾その他の設備の概要等を記載すること。

12　法第２条第１項第６号の営業にあつては、その２(A)の「各客室の床面積（うちダンスの用に供する部分の床面積）」欄には、各客席の床面積を記載すること。

13　その２(B)の「その他の遊技設備」欄には、まあじやん台及び法第４条第４項に規定する営業に係る遊技機以外の遊技設備について、その種類、型式及び台数を記載すること。

14　その２(C)の「スロットマシン等」欄には、スロットマシンのほか、メダルゲーム機について記載すること。

15　その３の「備考」欄には、新品か中古品かの別を記載すること。

16　所定の欄に記載し得ないときは、別紙に記載の上、これを添付すること。

17　用紙の大きさは、日本工業規格Ａ４とすること。

別記様式第３号（第10条関係）

その１

営　業　の　方　法

営業所の名称　ショーパブメリー
営業所の所在地　埼玉県さいたま市大宮区宮町１丁目○番○号宮町ビル２階
風俗営業の種別　法第２条第１項第１号の営業（キャバレー）

営業時間	午前 (午後) 7 時 00 分から (午前) 午後 1 時 00 分まで ただし、――――の日にあっては、 午前 午後 ―― 時 ―― 分から 午前 午後 ―― 時 ―― 分まで
18歳未満の者を従業者として使用すること	① する　(② しない)
	①の場合：その者の従事する業務の内容（具体的に）
18歳未満の者の立入禁止の表示方法	営業所の出入口（１か所）の扉の高さ１ｍの位置に、「18歳未満立入禁止」と記載した表示板を掲示する。
飲食物（酒類を除く。）の提供	(① する)　② しない
	①の場合：提供する飲食物の種類及び提供の方法 客の求めに応じて各種おつまみ類やオードブルを提供する。
酒類の提供	(① する)　② しない
	①の場合：提供する酒類の種類、提供の方法及び20歳未満の者への酒類の提供を防止する方法 客の求めに応じてビール、日本酒、洋酒等を有料で提供する。 20歳未満の者への酒類の提供を防止するために、営業所の従業員に身分証明書等で客の年齢を確認させる。
当該営業所において他の営業を兼業すること	① する　(② しない)
	①の場合：当該兼業する営業の内容

<table>
<tr><td colspan="6">その2(A)（法第2条第1項第1号から第6号までの営業）</td></tr>
<tr><td colspan="2">料　金</td><td colspan="4">セット料金（ハウスボトル及び乾き物一皿付、1時間）
午後7時～午後9時　6,000円
午後9時～午前0時　8,000円
その他の飲食料金については「料金メニュー」に記載する。</td></tr>
<tr><td colspan="2">料金表示の方法</td><td colspan="4">客室の壁等客の見やすい位置にセット料金、飲食料金等を記載した「料金表」を掲示し、各テーブルに「料金メニュー」を備え付ける。</td></tr>
<tr><td rowspan="10">役務提供の態様</td><td>客の接待をする場合はその内容</td><td colspan="4">客に対して当店の従業員が談笑、お酌等をして接待する。</td></tr>
<tr><td rowspan="5">客の接待をする場合は接待を行う者の区分</td><td>常時当該営業所に雇用されている者</td><td colspan="3">10　名</td></tr>
<tr><td rowspan="4">それ以外の者</td><td colspan="3">該当なし</td></tr>
<tr><td rowspan="3">主たる派遣元</td><td>（ふりがな）
氏名又は名称</td><td></td></tr>
<tr><td></td><td>〒

（　）　局　番</td></tr>
<tr><td>（ふりがな）
法人にあっては、その代表者の氏名</td><td></td></tr>
<tr><td rowspan="2">客に遊興をさせる場合はその内容及び時間帯</td><td>遊興の内容</td><td colspan="3">外国人芸能人による演芸、歌謡及び舞踏等のショウを不特定多数の客に観覧させる。</td></tr>
<tr><td>時間帯</td><td colspan="3">午前・(午後) 8 時 00 分から (午前)・午後 0 時 00 分まで</td></tr>
<tr><td colspan="5">（法第2条第1項第2号の営業のみ記載すること）</td></tr>
<tr><td>客　室</td><td>和風のもの　0　室</td><td colspan="3">その他のもの　1　室</td></tr>
</table>

備考

1　その１の「提供する飲食物の種類及び提供の方法」欄には、営業において提供する飲食物（酒類を除く。）のうち主なものの種類及びその提供の方法（調理の有無、給仕の方法等）を記載すること。

2　その１の「提供する酒類の種類、提供の方法及び20歳未満の者への酒類の提供を防止する方法」欄には、営業において提供する酒類（ビール、ウイスキー、日本酒等）のうち主なものの種類、その提供の方法（調理の有無、給仕の方法等）及び20歳未満の者への酒類の提供を防止する方法を記載すること。

3　その２⒜は法第２条第１項第１号から第６号までのいずれかの営業について許可を申請する場合に、その２⒝は同項第７号の営業について許可を申請する場合に、その２⒞は同項第８号の営業について許可を申請する場合に使用すること。

4　その２⒜又はその２⒞の「料金」欄には、第33条の表の上欄に掲げる営業の種別に応じ、それぞれ同表の下欄に定める料金を記載すること。

5　その２⒜又はその２⒞の「料金の表示方法」欄には、その２⒜又はその２⒞の「料金」欄に記載した料金を表示する方法が第32条各号のいずれに該当するかを記載すること。

6　その２⒜の「客の接待をする場合はその内容」欄には、接待の種類（談笑及びお酌、踊り、歌唱、遊戯等の別）及びこれを行う方法（特定少数の客の近くにはべり談笑の相手となる、客と一緒に歌う等）を記載すること。

7　その２⒜の「遊興の内容」欄には、遊興の種類（ダンス、ショウ、生演奏、ゲーム等）、これを行う方法（不特定多数の客に見せる、聞かせる等。カラオケ、楽器等を利用して遊興をさせる場合は、その利用方法。）を記載すること。

8　その２⒝の「遊技料金の表示方法」欄には、その２⒝の「遊技料金」欄又は「ぱちんこ屋及び令第７条に規定する営業の遊技料金」欄若しくは「その他の営業の遊技料金」欄に記載した遊技料金を表示する方法が第32条各号のいずれに該当するかを記載すること。

9　所定の欄に記載し得ないときは、別紙に記載の上、これを添付すること。

10　用紙の大きさは、日本工業規格Ａ４とすること。

〔個人用〕

誓　約　書

私は、風俗営業等の規制及び業務の適正化等に関する法律第４条第１項第１号から第８号までに掲げる者のいずれにも該当しないことを誓約します。

平成○○年１０月１日

埼玉県さいたま市大宮区宮町１丁目○番○号

宮町ビル４階

氏　名　　日　本　　太　郎　　㊞

埼玉県公安委員会　殿

〔管理者用１〕

誓　約　書

私は、埼玉県さいたま市大宮区宮町１丁目○番○号　宮町ビル２階

ショーパブメリー

第１号営業（キャバレー）の管理者として、その業務を誠実に行うことを誓約します。

平成○○年１０月１日

埼玉県さいたま市大宮区宮町１丁目○番○号

宮町ビル４階

氏　名　日　本　太　郎　㊞

埼玉県公安委員会　殿

〔管理者用2〕

誓　約　書

私は、風俗営業等の規制及び業務の適正化等に関する法律第24条

第2項各号に掲げる者のいずれにも該当しないことを誓約します。

平成○○年１０月１日

埼玉県さいたま市大宮区宮町１丁目○番○号

宮町ビル4階

氏　名　　日　本　　太　郎　　㊞

埼玉県公安委員会　殿

従業者名簿

〔接待飲食店等風俗営業者、店舗型・無店舗型性風俗特殊営業者、酒類提供飲食店営業者（日の出時から午後10時までの時間においてのみ営業するものを除く。）専用〕

（法第36条、第36条の２関係）　平成18年５月１日施行

<table>
<tr><td>（ふりがな）
氏　名</td><td colspan="3"></td><td>性　別</td><td>男・女</td></tr>
<tr><td>生年月日</td><td>年　月　日生</td><td colspan="2">確認年月日</td><td colspan="2">年　月　日</td></tr>
<tr><td>本　籍
（国　籍）</td><td colspan="3">確認年月日</td><td colspan="2">年　月　日</td></tr>
<tr><td>住　所</td><td colspan="5">〒（　　―　　）
（　　）　局　番</td></tr>
<tr><td colspan="6">従事する業務の内容（できるだけ具体的に記載してください。）</td></tr>
<tr><td colspan="6"></td></tr>
<tr><td>採用年月日</td><td>年　月　日</td><td colspan="2">退職年月日</td><td colspan="2">年　月　日</td></tr>
<tr><td>※退職事由</td><td colspan="5">解　雇　・　退　職　・　死　亡　・　その他</td></tr>
<tr><td>※備　考
（履歴等）</td><td colspan="5"></td></tr>
</table>

注意事項

1．従業者のうち、接客に従事する者については、生年月日、本籍又は国籍等を確認し、その確認した年月日を記載するとともに、その確認した書類の写し等をこの名簿に添付しておかなければなりません（府令第21条、規則第83条）。
2．従業者名簿は、法第36条に規定する事項の電磁的方法による記録をもって、この名簿に代えることができます（規則第82条）。
3．労働基準法に基づく（本籍地が記載された）労働者名簿により、この従業者名簿に代替できます（解釈運用基準第30）。
4．雇用契約のある労働者に限らず、業務の一部が委託されている場合において、その委託業務に携わる従業者もこの名簿に記載することを要します（同基準第30）。
5．この名簿は、従業者の解雇、退職、死亡の日から起算して３年間は保存しなければなりません（規則第81条）。
6．※印欄は風俗営業等の規制及び業務の適正化等に関する法律以外の項目です。

確認書類（住民票の写し等）添付欄

従業者名簿

［マージャン店、パチンコ店等、その他遊技場、ゲームセンター等専用］

（法第36条関係）　　平成18年5月1日施行

（ふりがな） 氏　　名	…………………………	生年月日	年　月　日生
本　　籍 （国　籍）		性　　別	男　・　女
住　　所	〒（　　－　　） （　　）　局　番		
従事する業務の内容（できるだけ具体的に記載してください。）			
採用年月日	年　月　日	退職年月日	年　月　日
※退職事由	解　雇　・　退　職　・　死　亡　・　その他		
※備　　考 （履歴等）			

注意事項

1．従業者名簿は、法第36条に規定する事項の電磁的方法による記載をもって、この名簿に代えることができます（規則第82条）。

2．労働基準法に基づく（本籍地が記載された）労働者名簿により、この従業者名簿に代替できます（解釈運用基準第30）。

3．雇用契約のある労働者に限らず、業務の一部が委託されている場合において、その委託業務に携わる従業者もこの名簿に記載することを要します（同基準第30）。

4．この名簿は、従業者の解雇、退職、死亡の日から起算して3年間は保存しなければなりません（規則第81条）。

5．※印欄は風俗営業等の規制等及び業務の適正化等に関する法律以外の項目です。

≪従業者名簿についての関係法令≫

風俗営業等の規制及び業務の適正化等に関する法律（抄）（昭和23年７月10日法律第122号）

第５章　監督

（従業者名簿）

第36条　風俗営業者、店舗型性風俗特殊営業を営む者、無店舗型性風俗特殊営業を営む者、店舗型電話異性紹介営業を営む者、無店舗型電話異性紹介営業を営む者、第33条第６項に規定する酒類提供飲食店営業を営む者及び深夜において飲食店営業（酒類提供飲食店営業を除く。）を営む者は、国家公安委員会規則で定めるところにより、営業所ごと（無店舗型性風俗特殊営業を営む者及び無店舗型電話異性紹介営業を営む者にあっては、事務所）に、従業者名簿を備え、これに当該営業に係る業務に従事する者の住所及び氏名その他内閣府令で定める事項を記載しなければならない。

（接客従業者の生年月日等の確認）

第36条の２　接待飲食等営業を営む風俗営業者、店舗型性風俗特殊営業を営む者、無店舗型性風俗特殊営業を営む者及び第33条第６項に規定する酒類提供飲食店営業を営む者は、当該営業に関し客に接する業務に従事させようとする者について次に掲げる事項を、当該事項を証する書類として内閣府令で定める書類により、確認しなければならない。

一　生年月日

二　国籍

三　日本国籍を有しない者にあっては、次のイ又はロのいずれかに掲げる事項

イ　出入国管理及び難民認定法第２条の２第１項に規定する在留資格及び同条第３項に規定する在留期間並びに同法第19条第２項の許可の有無及び当該許可があるときはその内容

ロ　日本国との平和条約に基づき日本の国籍を離脱した者等の出入国に関する特例法（平成３年法律第71号）に定める特別永住者として永住することができる資格

２　接待飲食等営業を営む風俗営業者、店舗型性風俗特殊営業を営む者、無店舗型性風俗特殊営業を営む者及び第33条第６項に規定する酒類提供飲食店営業を営む者は、前項の確認をしたときは、国家公安委員会規則で定めるところにより、当該確認に係る記録を作成し、これを保存しなければならない。

（報告及び立入り）

第37条　公安委員会は、この法律の施行に必要な限度において、風俗営業者、性風俗関連特殊営業を営む者、第33条第６項に規定する酒類提供飲食店営業を営む者及び深夜にお

いて飲食店営業（酒類提供飲食店営業を除く。）を営む者又は接客業務受託営業を営む者に対し、その業務に関し報告又は資料の提出を求めることができる。

2　警察職員は、この法律の施行に必要な限度において、次に掲げる場所に立ち入ることができる。ただし、第1号、第2号又は第4号から第6号までに掲げる営業所に設けられている個室その他これに類する施設で客が在室するものについては、この限りでない。

一　風俗営業の営業所

二　店舗型性風俗特殊営業の営業所

三　第2条第7項第1号の営業の事務所、受付所又は待機所

四　店舗型電話異性紹介営業の営業所

五　第33条第6項に規定する酒類提供飲食店営業の営業所

六　前各号に掲げるもののほか、設備を設けて客に飲食をさせる営業の営業所（深夜において営業しているものに限る。）

3　前項の規定により警察職員が立ち入るときは、その身分を示す証明書を携帯し、関係者に提示しなければならない。

4　第2項の規定による権限は、犯罪捜査のために認められたものと解してはならない。

第7章　罰則

第53条　次の各号のいずれかに該当する者は、100万円以下の罰金に処する。

三　第36条の規定に違反して従業者名簿を備えず、又はこれに必要な記載をせず若しくは、虚偽の記載をした者

四　第36条の2第1項の規定に違反して、住民票の写し等により、接客従業者の生年月日等の確認をしなかった者

五　第36条の2第2項の規定に違反して、第36条の2第1項に規定する接客従業者の生年月日等の確認に係る記録を作成せず、若しくは虚偽の記録を作成し、又は記録を保存しなかった者

風俗営業等の規制及び業務の適正化等に関する法律に基づく許可申請書の添付書類等に関する内閣府令（抄）（昭和60年1月11日総理府令第1号）

（従業者名簿の記載事項）

第20条　法第36条の内閣府令で定める事項は、性別、生年月日、本籍（日本国籍を有しない者にあつては、国籍）、採用年月日、退職年月日及び従事する業務の内容とする。

（確認書類）

第21条　法第36条の2第1項各号に掲げる事項を証する書類として内閣府令で定める書類は、次の各号に掲げる区分に応じ、それぞれ当該各号に定めるものとする。

一　日本国籍を有する者　次に掲げる書類のいずれか

イ　住民票の写し又は住民票の記載事項証明書（住民基本台帳法第7条第2号及び第5号に掲げる事項が記載されているものに限る。）

ロ　戸籍の謄本、抄本、全部事項証明書又は個人事項証明書

ハ　旅券法（昭和26年法律第267号）第2条第2号の一般旅券

ニ　道路交通法（昭和35年法律第105号）第92条第1項の運転免許証（本籍欄に本籍が記載されているものに限る。）

ホ　イからニに掲げるもののほか官公庁から発行され、又は発給された書類その他これに類するもので、当該者の本籍及び生年月日の記載のあるもの

二　日本国籍を有しない者（次号及び第4号に掲げる者を除く。）　次に掲げる書類のいずれか

イ　出入国管理及び難民認定法（昭和26年政令第319号）第2条第5号の旅券

ロ　出入国管理及び難民認定法第19条の3に規定する在留カード

三　出入国管理及び難民認定法第19条第2項の許可がある者　次に掲げる書類のいずれか

イ　前号イに掲げる書類（出入国管理及び難民認定法施行規則（昭和56年法務省令第54号）第19条第4項の証印がされているものに限る。）

ロ　前号イに掲げる書類（出入国管理及び難民認定法施行規則第19条第4項の証印がされていないものに限る。）及び同項に規定する資格外活動許可書又は同令第19条の4第1項に規定する就労資格証明書

ハ　前号ロに掲げる書類

四　日本国との平和条約に基づき日本の国籍を離脱した者等の出入国管理に関する特例法（平成3年法律第71号）に定める特別永住者　同法第7条第1項に規定する特別永住者証明書

風俗営業等の規制及び業務の適正化等に関する法律施行規則（抄）（昭和60年1月11日国家公安委員会規則第1号）

第5章　雑則

（従業者名簿の備付けの方法）

第81条　風俗営業者、店舗型性風俗特殊営業を営む者、無店舗型性風俗特殊営業を営む者、店舗型電話異性紹介営業を営む者、無店舗型電話異性紹介営業を営む者、法第33条第6項に規定する酒類提供飲食店営業を営む者及び深夜において飲食店営業（酒類提供飲食店営業を除く。）を営む者は、その従業者が退職した日から起算して3年を経過する日まで、その者に係る従業者名簿を備えておかなければならない。

（電磁的方法による記録）

第82条　法第36条に規定する事項が、電磁的方法（電子的方法、磁気的方法その他の人の知覚によつて認識することができない方法をいう。次条において同じ。）により記録され、必要に応じ電子計算機その他の機器を用いて直ちに表示されることができるときは、当該記録（次条において「電磁的名簿」という。）をもつて同条に規定する当該事項が記載された従業者名簿に代えることができる。

2　前項の規定による記録をする場合には、国家公安委員会が定める基準を確保するよう努めなければならない。

（確認の記録）

第83条　法第36条の2第2項の記録の作成及び保存は、次のいずれかの方法により行わなければならない。この場合において、当該記録は、当該従業者が退職した日から起算して3年を経過する日まで保存しなければならない。

一　法第36条の2第1項の確認をした従業者ごとに、同項各号に掲げる事項及び当該確認をした年月日（法第36条の規定により従業者名簿に記載しなければならないこととされている事項を除く。以下この条において「記録事項」という。）を当該従業者に係る従業者名簿に記載し、かつ、当該確認に用いた書類の写しを当該従業者名簿に添付して保存する方法

二　前号に規定する従業者ごとに、記録事項を当該従業者に係る電磁的名簿に記録し、かつ、法第36条の2第1項の確認に用いた書類の写し又は当該書類に記載されている事項をスキャナ（これに準ずる画像読取装置を含む。）により読み取つてできた電磁的方法による記録を当該従業者に係る記録事項が記録された当該従業者に係る電磁的名簿の内容と照合できるようにして保存する方法

2　前条第2項の規定は、前項第2号の規定により記録事項を電磁的名簿に記録する場合及び電磁的方法による記録を保存する場合について準用する。

使　用　承　諾　書

平成○○年１０月１日

日　本　　太　郎　　殿

住　所　埼玉県さいたま市大宮区宮町１丁目○番○号
宮町ビル４階
氏　名　日本ビルヂング株式会社

代表取締役　日　本　　太　郎　　㊞

私は、下記１の建物等の所有者として、下記２、３及び４の条件で下記１の建物等を貴殿が使用することを承諾します。

1	建物等	構　　造	鉄筋コンクリート造陸屋根４階建
		所　在　地	埼玉県さいたま市大宮区宮町１丁目○番○号　宮町ビル２階
2	使用する目的		風俗営業等の規制及び業務の適正化等に関する法律第２条第１項第１号の営業所（キャバレー）として使用するものとする。
3	営業所として使用を承諾する建物等の部分		①　建物等の全部　　②（丸囲み）建物等の一部
			②の場合：その部分 ２　階　一　部
4	使用を承諾する期間		平成○○年10月１日から平成○○年９月31日までの３年間

営業所の平面図（縮尺１：100）

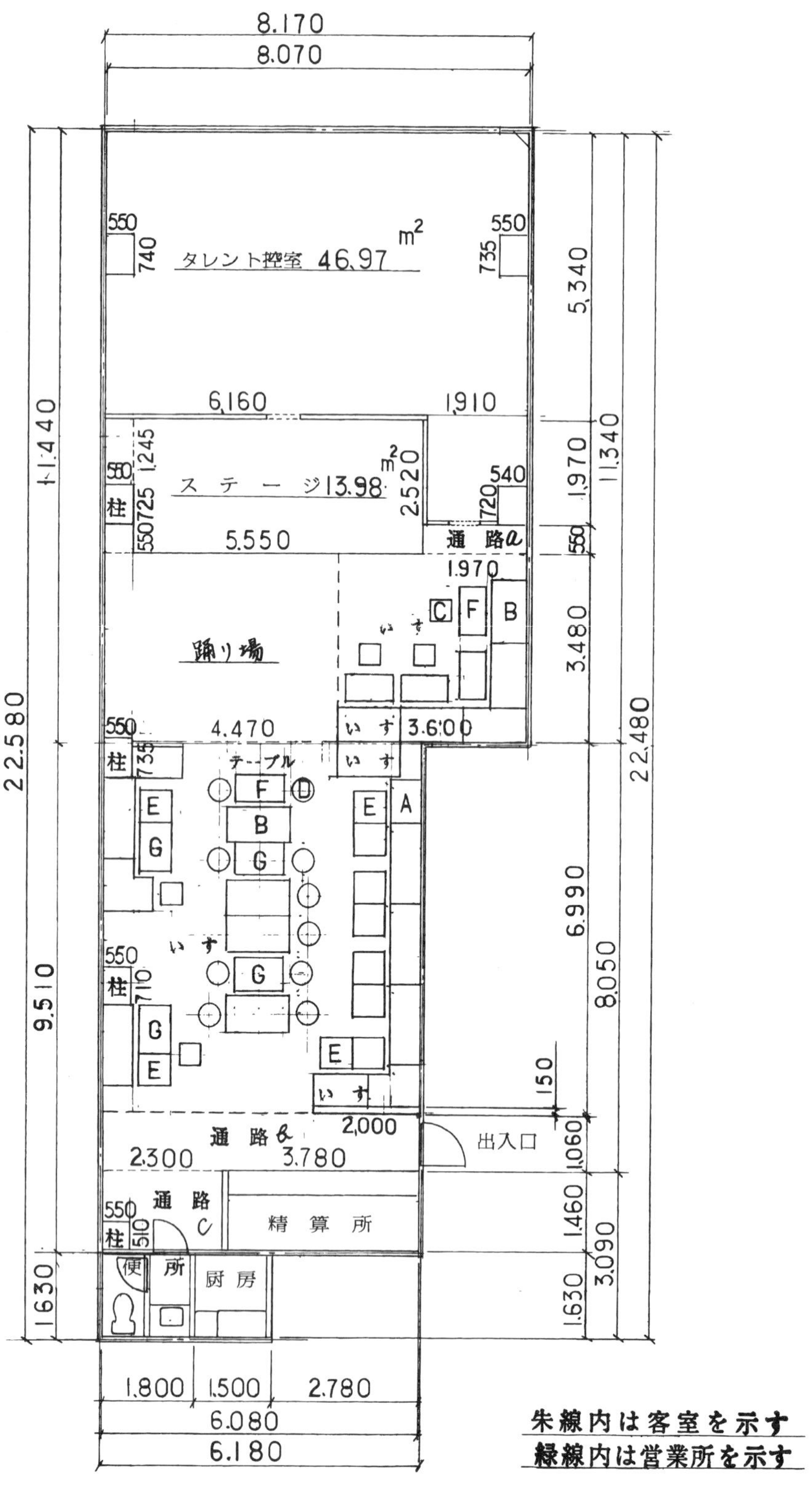

[営 業 所 求 積 表]

（小数点第3位以下は四捨五入）

営業所床面積	ア＋イ＋ウ	
（壁 芯 面 積）	＝8.17×11.44＋6.18×9.51＋3.30×1.63	
	＝93.46＋58.77＋5.37	＝157.60㎡
客室床面積	A＋B－柱等	
（内 法 面 積）	＝8.07×3.48＋6.08×6.99	
	－0.55（0.735＋0.71）－2.00×0.15	
	＝28.08＋42.49－0.79－0.30	＝69.48㎡
（うち踊り場面積）	4.47×3.48＝15.55㎡＞69.48/5＝13.89㎡	
その他床面積	営業所床面積－客室床面積	
（壁 芯 面 積）	＝157.60－69.48	＝88.12㎡
その他面積の内訳		
① ステージ	5.55×2.52	＝13.98㎡
② タレント控室	8.07×5.34＋1.97×1.97＝43.09＋3.88	＝46.97㎡
③ 精算所	3.78×1.46	＝5.51㎡
④ 厨房	1.50×1.63	＝2.44㎡
⑤ 便所	1.80×1.63	＝2.93㎡
⑥ 通路	a＋b＋c	
	＝1.97×0.55＋6.08×1.06＋2.30×1.46	
	＝1.08＋6.44＋3.35	＝10.87㎡
⑦ エアコン柱等	0.55（2.52＋0.735＋0.71）＋2×0.15＝2.18＋0.30	＝2.48㎡
⑧ その他の壁等	88.12－85.18（①〜⑦）	＝2.94㎡

[いす・テーブル寸法表]

（単位　mm）

No.	名称	前幅（W）	奥行き（D）	高さ（H）	台数
1	いす A	800〜1,500	600	740	10台
2	いす B	1,200	650	990	10台
3	いす C	380	380	400	5台
4	いす D	410φ		365	10台
5	テーブル E	600	600	650	10台
6	テーブル F	900	500	495	5台
7	テーブル G	900	600	650	4台
					合計　54台

営業所の周囲の略図（縮尺1：1000）

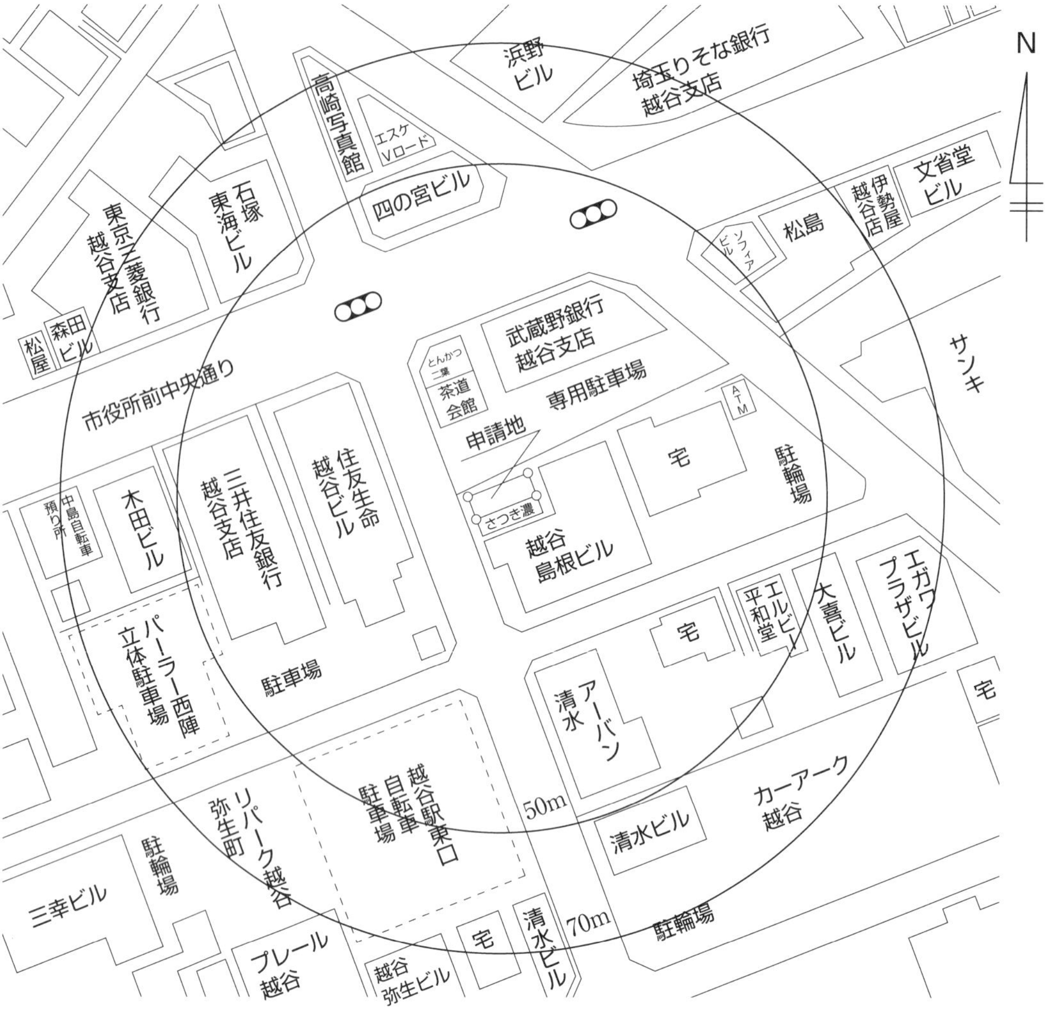

商業地域

申請地から50m・70m以内に保護施設はない。

第2号営業（社交飲食店）の記載例

<table>
<tr><td colspan="5">その2(A)（法第2条第1項第1号から第6号までの営業）</td></tr>
<tr><td rowspan="10">営業所の構造及び設備の概要</td><td>建物の構造</td><td colspan="3">鉄筋コンクリート造陸屋根6階建</td></tr>
<tr><td>建物内の営業所の位置</td><td colspan="3">3階一部</td></tr>
<tr><td>客室数</td><td>1室</td><td colspan="2">営業所の床面積　71.70㎡</td></tr>
<tr><td colspan="2">客室の総床面積（うちダンスの用に供する部分の総床面積）</td><td colspan="2">36.58㎡（うち――㎡）</td></tr>
<tr><td rowspan="2">各客室の床面積（うちダンスの用に供する部分の床面積）</td><td>36.58㎡（うち――㎡）</td><td colspan="2">以下余白㎡（うち――㎡）</td></tr>
<tr><td>――㎡（うち――㎡）</td><td colspan="2">――㎡（うち――㎡）
――㎡（うち――㎡）</td></tr>
<tr><td>照明設備</td><td colspan="3">別紙「照明設備図」のとおり</td></tr>
<tr><td>音響設備</td><td colspan="3">別紙「音響設備図」のとおり</td></tr>
<tr><td>防音設備</td><td colspan="3">別紙「防音設備図」のとおり</td></tr>
<tr><td>その他</td><td colspan="3">営業所の出入口は1カ所とする。</td></tr>
<tr><td colspan="2">※　風俗営業の種類</td><td colspan="3"></td></tr>
<tr><td colspan="2">※　兼業</td><td colspan="3"></td></tr>
<tr><td colspan="2">※　同時申請の有無</td><td>①　有　②　無</td><td>※　受理警察署長</td><td></td></tr>
<tr><td rowspan="3">※条件</td><td>年　月　日</td><td colspan="3"></td></tr>
<tr><td>年　月　日</td><td colspan="3"></td></tr>
<tr><td>年　月　日</td><td colspan="3"></td></tr>
</table>

営業所の平面図（縮尺１：50）

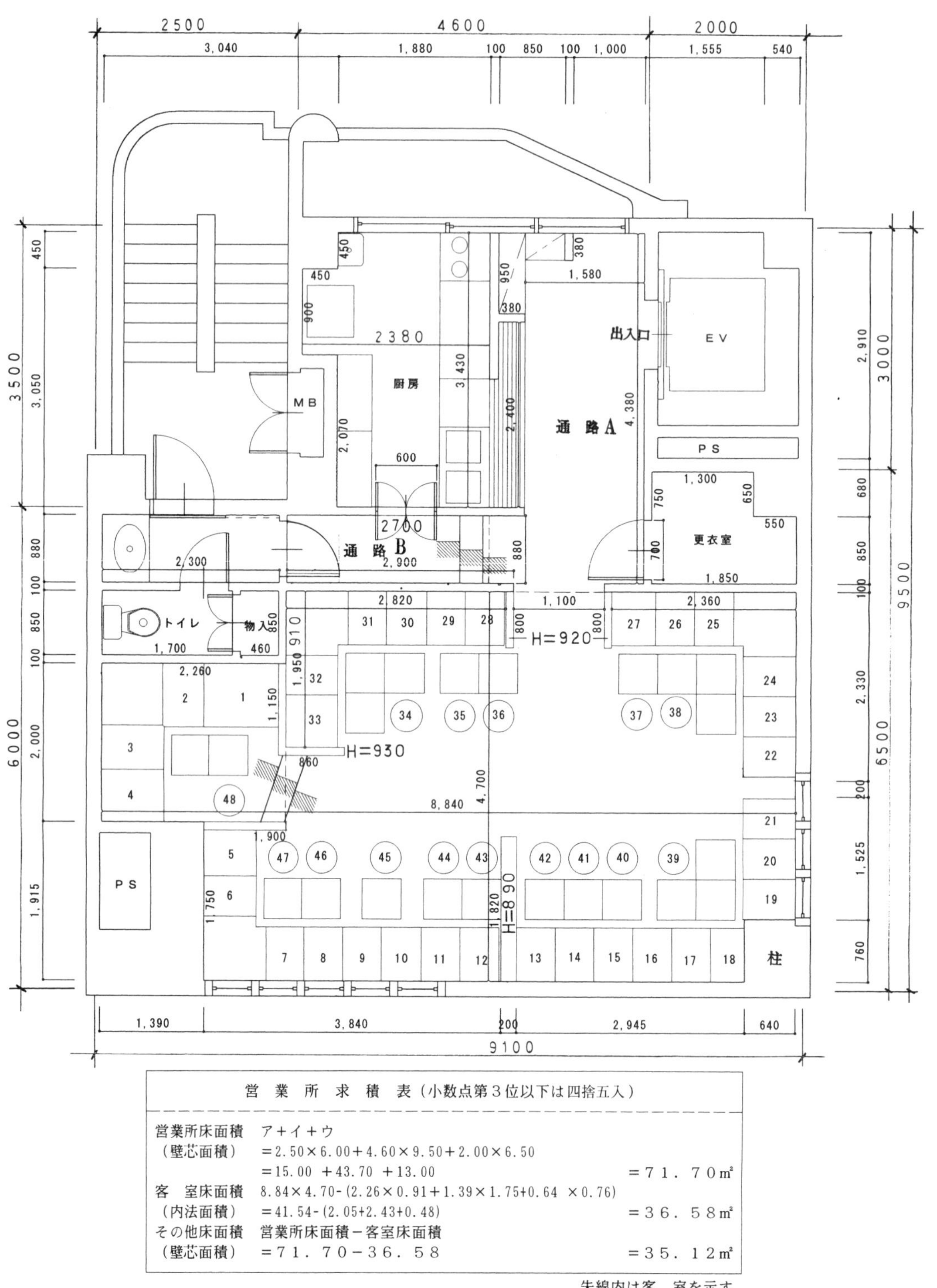

営　業　所　求　積　表（小数点第３位以下は四捨五入）		
営業所床面積	ア＋イ＋ウ	
（壁芯面積）	＝2.50×6.00＋4.60×9.50＋2.00×6.50	
	＝15.00 ＋43.70 ＋13.00	＝７１．７０㎡
客　室床面積	8.84×4.70-(2.26×0.91＋1.39×1.75+0.64 ×0.76)	
（内法面積）	＝41.54-(2.05+2.43+0.48)	＝３６．５８㎡
その他床面積	営業所床面積－客室床面積	
（壁芯面積）	＝７１．７０－３６．５８	＝３５．１２㎡

朱線内は客　室を示す
緑線内は営業所を示す

照明設備配置図

音響設備配置図

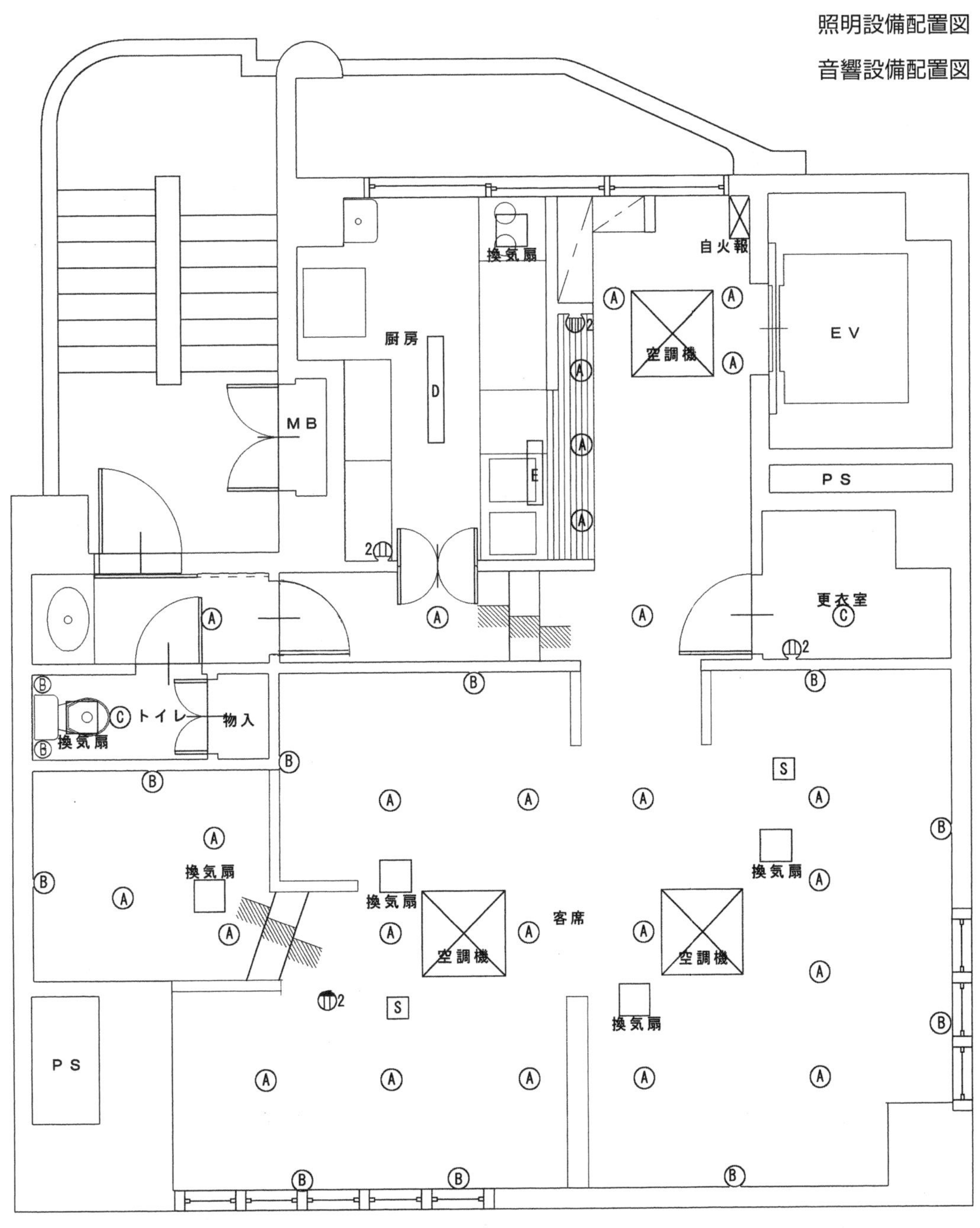

客席	A	ﾀﾞｳﾝﾗｲﾄ (60W)	25
	B	ﾌﾞﾗｹｯﾄｲﾄ (60W)	12
洗面	A	ﾀﾞｳﾝﾗｲﾄ (60W)	1
トイレ	C	ﾎﾞｰﾙ球 (60W)	1
更衣室	C	ﾎﾞｰﾙ球 (60W)	1
厨房	D	蛍光灯 (80W)	1
	E	蛍光灯 (40W)	1
	S	ｽﾋﾟｰｶｰ	2

第7号営業（マージャン店）の記載例

<table>
<tr><td colspan="11">その2(B)（法第2条第1項第7号の営業）</td></tr>
<tr><td rowspan="16">営業所の構造及び設備の概要</td><td colspan="3">建物の構造</td><td colspan="7">木造亜鉛メッキ鋼板葺2階建</td></tr>
<tr><td colspan="3">建物内の営業所の位置</td><td colspan="7">1階一部</td></tr>
<tr><td colspan="3">客室数</td><td colspan="3">1　室</td><td colspan="2">営業所の床面積</td><td colspan="2">81.27㎡</td></tr>
<tr><td rowspan="2">客室の総床面積</td><td colspan="2" rowspan="2">63.87㎡</td><td rowspan="2">各客室の床面積</td><td colspan="4">63.87㎡</td><td colspan="2">以下余白　㎡</td></tr>
<tr><td colspan="4">㎡</td><td colspan="2">㎡</td></tr>
<tr><td colspan="3">照明設備</td><td colspan="7">別紙「照明設備図」のとおり</td></tr>
<tr><td colspan="3">音響設備</td><td colspan="7">該当なし</td></tr>
<tr><td colspan="3">防音設備</td><td colspan="7">天井　木造防火ボード下地石膏ボード貼り
壁　木造防火ボード下地クロス貼り
床　木造防火ボード下地ビニールクロス貼り</td></tr>
<tr><td rowspan="6">遊技設備</td><td rowspan="2">まあじゃん台の台数</td><td colspan="2">普通台</td><td colspan="2">半自動台</td><td colspan="2">全自動台</td><td colspan="2">計</td></tr>
<tr><td colspan="2">0　台</td><td colspan="2">0　台</td><td colspan="2">7　台</td><td colspan="2">7　台</td></tr>
<tr><td rowspan="3">法第四条第四項に規定する営業に係る遊技機</td><td>区分</td><td>ぱちんこ遊技機</td><td>回胴式遊技機</td><td>アレンジボール遊技機</td><td>じゃん球遊技機</td><td>その他の遊技機</td><td>計</td></tr>
<tr><td>型式数</td><td>型式</td><td>型式</td><td>型式</td><td>型式</td><td>型式</td><td>型式</td></tr>
<tr><td>台数</td><td>台</td><td>台</td><td>台</td><td>台</td><td>台</td><td>台</td></tr>
<tr><td colspan="2">その他の遊技設備</td><td colspan="7">該当なし</td></tr>
<tr><td colspan="3">その他</td><td colspan="7">営業所の出入口は1カ所とする。</td></tr>
<tr><td colspan="4">※　風俗営業の種類</td><td colspan="7"></td></tr>
<tr><td colspan="4">※　兼業</td><td colspan="7"></td></tr>
<tr><td colspan="4">※　同時申請の有無</td><td colspan="3">①　有　②　無</td><td colspan="2">※　受理警察署長</td><td colspan="2"></td></tr>
<tr><td rowspan="3">※条件</td><td colspan="3">年　月　日</td><td colspan="7"></td></tr>
<tr><td colspan="3">年　月　日</td><td colspan="7"></td></tr>
<tr><td colspan="3">年　月　日</td><td colspan="7"></td></tr>
</table>

別記様式第3号（第10条関係）

<table>
<tr><td colspan="2">その1

営　業　の　方　法

営業所の名称　マージャンゲーム大三元
営業所の所在地　埼玉県さいたま市大宮区宮町1丁目○番○号
風俗営業の種別　法第2条第1項第7号の営業（マージャン店）</td></tr>
<tr><td>営　業　時　間</td><td>（午前）午後　8　時　00　分から　（午前）午後　1　時　00　分まで
ただし、――――の日にあっては、
午前午後　――　時　――　分から　午前午後　――　時　――　分まで</td></tr>
<tr><td rowspan="2">18歳未満の者を従業者として使用すること</td><td>①　する　　（②　しない）</td></tr>
<tr><td>①の場合：その者の従事する業務の内容（具体的に）</td></tr>
<tr><td>18歳未満の者の立入禁止の表示方法</td><td>営業所の出入口（1か所）の扉の高さ1mの位置に、「18歳未満立入禁止」と記載した表示板を掲示する。</td></tr>
<tr><td rowspan="2">飲食物（酒類を除く。）の提供</td><td>（①　する）　②　しない</td></tr>
<tr><td>①の場合：提供する飲食物の種類及び提供の方法
客の求めに応じて各種おつまみ類や軽食、和食、洋食を提供する。</td></tr>
<tr><td rowspan="2">酒　類　の　提　供</td><td>（①　する）　②　しない</td></tr>
<tr><td>①の場合：提供する酒類の種類、提供の方法及び20歳未満の者への酒類の提供を防止する方法
20歳未満の者への酒類の提供を防止するため、営業所の従業員に身分証明書等で客の年齢を確認させる。</td></tr>
<tr><td rowspan="2">当該営業所において他の営業を兼業すること</td><td>①　する　　（②　しない）</td></tr>
<tr><td>①の場合：当該兼業する営業の内容</td></tr>
</table>

<table>
<tr><td colspan="3">その2(B)（法第2条第1項第7号の営業）</td></tr>
<tr><td colspan="3">まあじゃん屋のみ記載すること</td></tr>
<tr><td rowspan="4">遊技料金</td><td colspan="2">①（○印）客1人当たりの時間を基礎として計算する
②　まあじゃん台1台につき時間を基礎として計算する</td></tr>
<tr><td colspan="2">全自動台につき　客1人当たり1時間　600円</td></tr>
<tr><td colspan="2">半自動台につき　円</td></tr>
<tr><td colspan="2">その他の台につき　円</td></tr>
<tr><td>遊技料金の表示方法</td><td colspan="2">客室の壁の客の見やすい場所に「客1人当たり1時間600円」と記載した料金表を掲示いたします。</td></tr>
<tr><td colspan="3">（ぱちんこ屋及び令第11条に規定する営業のみ記載すること）</td></tr>
<tr><td rowspan="8">ぱちんこ屋及び令第7条に規定する営業の遊技料金</td><td>ぱちんこ遊技機</td><td>玉1個　円</td></tr>
<tr><td>回胴式遊技機</td><td>メダル1枚　円</td></tr>
<tr><td rowspan="2">アレンジボール遊技機</td><td>玉1個　円</td></tr>
<tr><td>メダル1枚　円</td></tr>
<tr><td rowspan="2">じゃん球遊技機</td><td>玉1個　円</td></tr>
<tr><td>メダル1枚　円</td></tr>
<tr><td>その他の遊技機
（　　　　　）</td><td>につき　円</td></tr>
<tr><td></td><td></td></tr>
<tr><td>その他の営業の遊技料金</td><td>遊技の種類
（　　　　　）</td><td>につき　円</td></tr>
<tr><td>遊技料金の表示方法</td><td colspan="2"></td></tr>
<tr><td>賞品の提供方法</td><td colspan="2"></td></tr>
<tr><td>提供する賞品のうち最も高価なもの</td><td colspan="2">（　　　　　円）</td></tr>
</table>

営業所の平面図（縮尺 1 ：100）

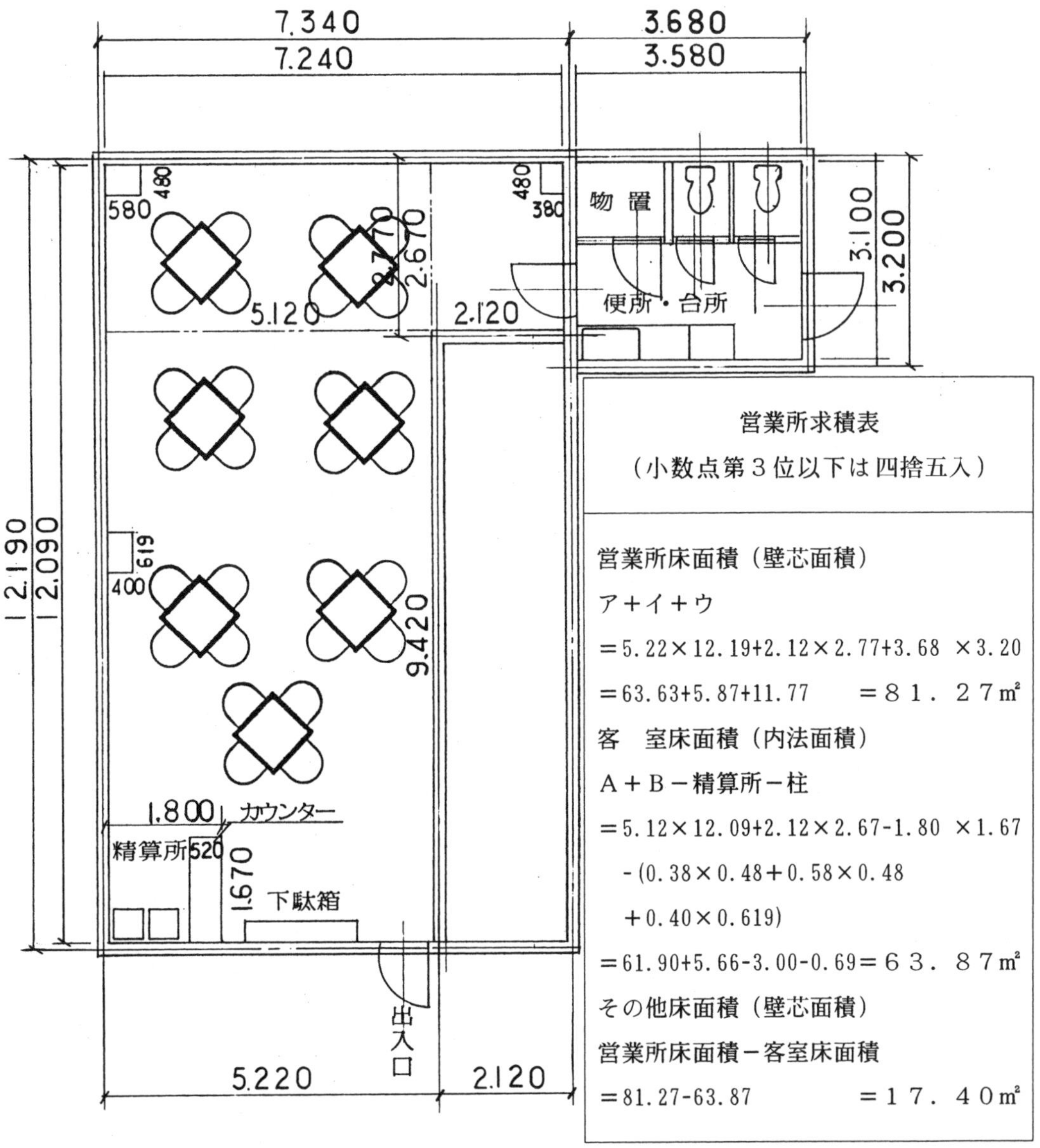

朱線内は客室を示す
緑線内は営業所を示す

第7号営業（パチンコ店等）の記載例

別記様式第2号（第10条関係）

<table>
<tr><td colspan="2" rowspan="2">その1</td><td>※受理年月日</td><td></td><td>※許可年月日</td><td></td></tr>
<tr><td>※受理番号</td><td></td><td>※許可番号</td><td></td></tr>
<tr><td colspan="6">許　可　申　請　書
風俗営業等の規制及び業務の適正化等に関する法律第5条第1項の規定により許可を申請します。
平成○○年11月1日
埼玉県　公安委員会　殿
申請者の氏名又は名称及び住所
東京都足立区○○○町1丁目11番11号
株式会社　足　立　産　業
代表取締役　足　立　太　郎　㊞</td></tr>
<tr><td colspan="2">（ふりがな）
氏名又は名称</td><td colspan="4">あだちさんぎょう
株式会社　足　立　産　業</td></tr>
<tr><td colspan="2">住　所</td><td colspan="4">〒120-0026
東京都足立区○○○町1丁目11番11号
03（3881）○○○○番</td></tr>
<tr><td colspan="2">（ふりがな）
営業所の名称</td><td colspan="4">ぱちんこるうとよんごうてん
パ チ ン コ ル ー ト 4 号 店</td></tr>
<tr><td colspan="2">営業所の所在地</td><td colspan="4">〒330-0802
埼玉県さいたま市大宮区宮町1丁目○番○号
（048）○○○局○○○○番</td></tr>
<tr><td colspan="2">風俗営業の種別</td><td colspan="4">法第2条第1項第7号の営業（パチンコ店等）</td></tr>
<tr><td colspan="2">（ふりがな）
管理者の氏名</td><td colspan="4">あ　だ　ち　た　ろ　う
足　立　太　郎</td></tr>
<tr><td colspan="2">管理者の住所</td><td colspan="4">〒330-0802
埼玉県さいたま市大宮区宮町1丁目○番○号
（048）○○○局○○○○番</td></tr>
<tr><td colspan="2">（ふりがな）
法人にあっては、
その役員の氏名</td><td colspan="4">法人にあっては、その役員の住所</td></tr>
<tr><td>代表者</td><td>あだちたろう
足立太郎</td><td colspan="4">〒120-0026
東京都足立区○○○町1丁目11番11号
03（3881）○○○○番</td></tr>
<tr><td colspan="2">あだちじろう
足　立　次　郎</td><td colspan="4">〒120-0026
東京都足立区○○○町1丁目11番11号
03（3881）○○○○番</td></tr>
<tr><td colspan="2">あだちさぶろう
足　立　三　郎</td><td colspan="4">〒120-0026
東京都足立区○○○町1丁目11番11号
03（3881）○○○○番</td></tr>
<tr><td colspan="2">あだちしろう
足　立　四　郎</td><td colspan="4">〒120-0026
東京都足立区○○○町1丁目11番11号
03（3881）○○○○番</td></tr>
<tr><td colspan="2" rowspan="2">滅失により廃止した風俗営業</td><td>廃止の事由</td><td>廃止年月日</td><td colspan="2">許可番号</td></tr>
<tr><td></td><td>年　月　日</td><td colspan="2"></td></tr>
<tr><td colspan="2" rowspan="2">現に許可を受けて営む風俗営業</td><td>許可年月日</td><td>H13年4月20日</td><td>許可番号</td><td>第○○○○号</td></tr>
<tr><td>営業所の名称及び所在地</td><td colspan="3">パチンコルート7号店
東京都荒川区○○○町1丁目10番10号</td></tr>
</table>

<table>
<tr><td colspan="10">その2(B)（法第2条第1項第7号の営業）</td></tr>
<tr><td rowspan="17">営業所の構造及び設備の概要</td><td colspan="3">建物の構造</td><td colspan="6">鉄骨造陸屋根2階建</td></tr>
<tr><td colspan="3">建物内の営業所の位置</td><td colspan="6">1階全部</td></tr>
<tr><td colspan="3">客室数</td><td colspan="2">1　室</td><td colspan="2">営業所の床面積</td><td colspan="2">552.98㎡</td></tr>
<tr><td rowspan="2">客室の総床面積</td><td rowspan="2" colspan="2">404.46㎡</td><td rowspan="2">各客室の床面積</td><td colspan="3">404.46㎡</td><td colspan="2">以下余白　㎡</td></tr>
<tr><td colspan="3">㎡</td><td colspan="2">㎡</td></tr>
<tr><td colspan="3">照明設備</td><td colspan="6">別紙「照明設備図」のとおり</td></tr>
<tr><td colspan="3">音響設備</td><td colspan="6">別紙「音響設備図」のとおり</td></tr>
<tr><td colspan="3">防音設備</td><td colspan="6">別紙「防音設備図」のとおり</td></tr>
<tr><td rowspan="8">遊技設備</td><td rowspan="2">まあじゃん台の台数</td><td colspan="2">普通台</td><td colspan="2">半自動台</td><td colspan="2">全自動台</td><td>計</td></tr>
<tr><td colspan="2">台</td><td colspan="2">台</td><td colspan="2">台</td><td>台</td></tr>
<tr><td rowspan="3">法第四条第四項に規定する営業に係る遊技機</td><td>区分</td><td>ぱちんこ遊技機</td><td>回胴式遊技機</td><td>アレンジボール遊技機</td><td>じゃん球遊技機</td><td>その他の遊技機</td><td>計</td></tr>
<tr><td>型式数</td><td>9型式</td><td>11型式</td><td>型式</td><td>型式</td><td>型式</td><td>20型式</td></tr>
<tr><td>台数</td><td>162台</td><td>189台</td><td>台</td><td>台</td><td>台</td><td>351台</td></tr>
<tr><td>その他の遊技設備</td><td colspan="7">該当なし</td></tr>
<tr><td colspan="3">その他</td><td colspan="6">営業所の出入口は2カ所とします。</td></tr>
<tr><td colspan="4">※　風俗営業の種類</td><td colspan="6"></td></tr>
<tr><td colspan="4">※　兼業</td><td colspan="6"></td></tr>
<tr><td colspan="4">※　同時申請の有無</td><td colspan="2">①　有　　②　無</td><td colspan="2">※　受理警察署長</td><td colspan="2"></td></tr>
<tr><td rowspan="3">※条件</td><td colspan="3">年　月　日</td><td colspan="6"></td></tr>
<tr><td colspan="3">年　月　日</td><td colspan="6"></td></tr>
<tr><td colspan="3">年　月　日</td><td colspan="6"></td></tr>
</table>

No. 1

その３（法第４条第４項に規定する営業に係る遊技機の明細書）

No.	遊技機の種類	製造業者名	型式名	検定年月日 検定番号	認定の有無	台数	備考
1	ぱちんこ遊技機	㈱三洋物産	CR 新海物語 M8Z	H○○.04.23 第301098号	無	54台	新品
2	〃	㈱三洋物産	CR 新海物語 M27	H○○.11.29 第200757号	〃	28台	中古品
3	〃	㈱三洋物産	CR 新海物語 M56	H○○.02.28 第200944号	〃	26台	〃
4	〃	サミー㈱	CR ポパイ FN	H○○.05.21 第400216号	〃	7台	〃
5	〃	㈱○○○○	CR がんばれ！！ロボコン MB	H○○.03.19 第400048号	〃	7台	〃
6	〃	サミー㈱	CR 幕末の風 FN	H○○.07.02 第200757号	〃	13台	新品
7	〃	タイヨーエレック㈱	CR 新銭形くん R	H○○.05.21 第400186号	〃	13台	〃
8	〃	㈱○○○○	CR ニューロードスターV	H○○.06.12 第520146号	〃	6台	中古品
9	〃	㈱○○○○	ナナシー	H○○.06.22 第520087号	〃	8台	〃
10	回胴式遊技機	サミー㈱	ホクトノケン	H○○.10.24 第340635号	〃	52台	〃
11	〃	㈱オリンピア	アントニオイノキジシンガパチスロキ	H○○.11.07 第340664号	〃	6台	〃
12	〃	ベルコ㈱	デジフラッシュ	H○○.05.28 第440174号	〃	8台	〃

No. 2

	その３（法第４条第４項に規定する営業に係る遊技機の明細書）						
No.	遊技機の種類	製造業者名	型式名	検定年月日 検定番号	認定の有無	台数	備考
13	回胴式遊技機	山佐㈱	キングパルサーエース	H○○.10.24 第340645号	無	7台	中古品
14	〃	㈱北電子	ゴーゴージャグラーV	H○○.01.16 第240131号	〃	6台	新品
15	〃	㈱北電子	ジャグラーガール	H○○.02.14 第240903号	〃	6台	中古品
16	〃	ベルコ㈱	スーパービンゴ	H○○.08.02 第240312号	〃	7台	〃
17	〃	㈱三共	ボンバーパワフル	H○○.06.25 第440279号	〃	7台	〃
18	〃	山佐㈱	テッケンR	H○○.04.23 第440008号	〃	7台	〃
19	〃	サミー㈱	ホクトノケン	H○○.10.24 第340635号	〃	49台	新品
20	〃	㈱大都技研	ヨシムネS	H○○.07.25 第340413号	〃	17台	〃
21	〃	㈱オリンピア	シュヤクハゼニガタ	H○○.04.09 第440055号	〃	17台	〃

別記様式第2号（第11中の13(9)、第11中の13(11)、第16中の7(1)ア(イ)関係）

（製造業者又は輸入業者用）

保　証　書

当社が販売し・貸し付けた下記の遊技機については、風俗営業等の規制及び業務の適正化等に関する法律第20条第4項の検定を受けた型式に属するものであることを保証します。

年　月　日

公安委員会　殿

製造業者等の氏名又は名称及び住所

㊞

記

納品予定年月日		年　月　日	開店予定年月日	年　月　日
設置先	営業所の所在地			
	営業所の名称			
	営業者の氏名又は名称			
遊技機の種類				
型式名			型式試験番号	
検定年月日		年　月　日	検定番号	
遊技機等の製造番号	ぱちんこ遊技機等	遊技盤番号等	遊技盤の枠番号等	主基板番号等
		新品・中古品・設置中	新品・中古品・設置中	新品・中古品・設置中
	回胴式遊技機	本体製造番号等（回胴部）	本体製造番号等（筐体部）	主基板番号等
		新品・中古品・設置中	新品・中古品・設置中	新品・中古品・設置中
部品の変更				

備考

1　作成者は、氏名を記載し及び押印することに代えて、署名することができる。

2　不要の文字は、横線で消すこと。

3　「設置先」、「納品予定年月日」及び「開店予定年月日」の欄は、売買契約等の締結内容に沿って記載すること。

4　「新品」とは営業所に設置されたことのないもの、「中古品」とは営業所に設置されたことのあるもの、「設置中」とは現に営業所に設置しているものを意味するので、不要な部分を消すこと。

5　所定の欄に記載し得ないときは、別紙に記載の上、これを添付すること。

6　用紙の大きさは、日本工業規格A4とする。

別記様式第16号（第9条関係）

第　　号

年　月　日

殿

公安委員会　印

検定通知書（甲）

下記の遊技機の型式について風俗営業等の規制及び業務の適正化等に関する法律第20条第4項の検定を行つたので、遊技機の認定及び型式の検定等に関する規則第9条第1項の規定により通知する。

記

申請者の氏名又は名称及び住所		
法人にあつては、その代表者の氏名		
型式の概要	遊技機の種類	
	型式名	
	製造業者名	
	型式試験番号	
検定年月日		年　月　日
検定番号		
検定の有効期間		公示の日（　年　月　日）から3年間

備考　用紙の大きさは、日本工業規格A4とすること。

別紙（ぱちんこ遊技機等用）

遊技機の製造番号等

番号	遊技盤番号等	遊技盤の枠番号等	主基板番号等
			合計　　台

設置先	営業所の所在地	
	営業所の名称	
	営業者の氏名又は名称	

別紙（回胴式遊技機用）

遊技機の製造番号等

番号	本体製造番号等（回胴部）	本体製造番号等（筐体部）	主基板番号等
			合計　　台

設置先	営業所の所在地	
	営業所の名称	
	営業者の氏名又は名称	

○遊技機の認定申請手続のあらまし

第７号営業・パチンコ店の許可申請書には、法第５条に基づき認定又は検定を受けた遊技機を設置する場合にあっては、当該認定又は検定を受けたものであることを証する書類を添付しなければならないとされています（府令第１条第11号)。具体的には、別掲「認定通知書」及び「検定通知書」がこれにあたります。

通常「検定通知書」は遊技機の製造メーカーで準備しますが、「認定通知書」については、パチンコ店サイドで、各都道府県警察に別掲「認定申請書」を提出して認定申請手続を行って準備しています。

なお、この手続の詳細については、遊技機の認定及び型式の検定等に関する規則（昭60・２・12国家公安委員会規則４）第１条〔認定申請の手続〕第１・２項及び第３項第１・２号を参照してください。

別記様式第６号（第３条関係）

第　　　号
年　　月　　日

殿　　　　公安委員会　印

認　定　通　知　書

下記の遊技機について風俗営業等の規制及び業務の適正化等に関する法律第20条第２項の認定をしたので、遊技機の認定及び型式の検定等に関する規則第３条第２項の規定により通知する。

記

申請者の氏名又は名称及び住所					
法人にあつては、その代表者の氏名					
営業所の名称及び所在地					
遊技機の概要	遊技機の種類				
	型式名				
	製造業者名				
	検定番号				
	製造番号等		以下のとおり		
		ぱちんこ遊技機	遊技盤番号等	遊技盤の枠番号等	主基板番号等
		回胴式遊技機	本体製造番号等（回胴部）	本体製造番号等（筐体部）	主基板番号等
	遊技機試験の有無				
認定年月日			年　月　日		
認定番号					
認定の有効期間			認定年月日から３年間		

備考　用紙の大きさは、日本工業規格Ａ４とすること。

別記様式第1号（第1条関係）

その1	※受理年月日		※認定年月日	
	※受理番号		※認定番号	

認　定　申　請　書

風俗営業等の規制及び業務の適正化等に関する法律第20条第2項の規定により認定を申請します。

年　月　日

公安委員会殿

申請者の氏名又は名称及び住所

㊞

（ふりがな） 氏名又は名称			
住所	〒（　） （　）局　番		
（ふりがな） 法人にあつては、その代表者の氏名			
（ふりがな） 営業所の名称			
営業所の所在地			
※同時申請の有無	①有　②無	※受理警察署長	

その2

	遊技機の種類	製造業者名	型式名	検定番号	遊技機試験の有無	台数	備考
遊技機の概要						台	
						台	
						台	
						台	
						台	
						台	
						台	
						台	
						台	
						台	

備考
1　※印欄には、記載しないこと。
2　申請者は、氏名を記載し及び押印することに代えて、署名することができる。
3　その2の「備考」の欄には、新品か中古品かの別を記載すること。
4　所定の欄に記載し得ないときは、別紙に記載の上、これを添付すること。
5　用紙の大きさは、日本工業規格A4とすること。

様式第3号（第10条関係）

その1

営　業　の　方　法

営業所の名称　　パチンコルート4号店
営業所の所在地　埼玉県さいたま市大宮区宮町1丁目○番○号
風俗営業の種別　法第2条第1項第7号の営業（パチンコ店等）

営　業　時　間	(午前) 午後 10 時 00 分から　午前 (午後) 11 時 00 分まで ただし、――――の日にあっては、 午前 午後 ―― 時 ―― 分から　午前 午後 ―― 時 ―― 分まで
18歳未満の者を従業者として使用すること	①　する　　(②　しない)
	①の場合：その者の従事する業務の内容（具体的に）
18歳未満の者の立入禁止の表示方法	営業所のすべての出入口の扉の高さ1mの位置に、「18歳未満立入禁止」と印刷した白色プラスチック製の表示板を貼り付ける。
飲食物（酒類を除く。）の提供	(①　する)　　②　しない
	①の場合：提供する飲食物の種類及び提供の方法 営業所内に自動販売機を設置し、コーラ、コーヒー、ジュース類を有料で提供する。
酒　類　の　提　供	①　する　　(②　しない)
	①の場合：提供する酒類の種類、提供の方法及び20歳未満の者への酒類の提供を防止する方法
当該営業所において他の営業を兼業すること	①　する　　(②　しない)
	①の場合：当該兼業する営業の内容

<table>
<tr><td colspan="3">その２(B)（法第２条第１項第７号の営業）</td></tr>
<tr><td colspan="3">（まあじゃん屋のみ記載すること）</td></tr>
<tr><td rowspan="4">遊技料金</td><td colspan="2">①　客１人当たりの時間を基礎として計算する
②　まあじゃん台１台につき時間を基礎として計算する</td></tr>
<tr><td colspan="2">全自動卓につき　円</td></tr>
<tr><td colspan="2">半自動卓につき　円</td></tr>
<tr><td colspan="2">その他の卓につき　円</td></tr>
<tr><td>遊技料金の表示方法</td><td colspan="2"></td></tr>
<tr><td colspan="3">（ぱちんこ屋及び令第11条に規定する営業のみ記載すること）</td></tr>
<tr><td rowspan="7">ぱちんこ屋及び令第７条に規定する営業の遊技料金</td><td>ぱちんこ遊技機</td><td>玉１個　4　円</td></tr>
<tr><td>回胴式遊技機</td><td>メダル１枚　20　円</td></tr>
<tr><td rowspan="2">アレンジボール遊技機</td><td>玉１個　円</td></tr>
<tr><td>メダル１枚　円</td></tr>
<tr><td rowspan="2">じゃん球遊技機</td><td>玉１個　円</td></tr>
<tr><td>メダル１枚　円</td></tr>
<tr><td>その他の遊技機
（　　　）</td><td>につき　円</td></tr>
<tr><td>その他の営業の遊技料金</td><td>遊技の種類
（　　　）</td><td>につき　円</td></tr>
<tr><td>遊技料金の表示方法</td><td colspan="2">客室内のすべての両替機、玉計数機（ＪＣ）及びメダル計数機（ＭＣ）に、「玉１個４円」、「メダル１枚20円」と記載した料金表を貼り付ける。</td></tr>
<tr><td>賞品の提供方法</td><td colspan="2">営業所の客室内に設置された玉計数機又はメダル計数機に、顧客が自ら獲得した玉又はメダルを投下して、そこで計数された玉個数又はメダル枚数を印字した紙片を受け取ります。次に客はその紙片に印字された玉個数分又はメダル枚数分に相当する賞品を賞品棚から選び出し、賞品提供所において交換します。
賞品の交換率は等価交換とします。
「提供賞品の交換率表」は別紙のとおりです。</td></tr>
<tr><td>提供する賞品のうち最も高価なもの</td><td colspan="2">10,000　円　（品名　東芝ハンドクリーナー）</td></tr>
</table>

〔役員用〕

誓　約　書

株式会社　足 立 産 業の役員である私共は、風俗営業等の規制及び業務の適正化等に関する法律第４条第１項第１号から第７号の２までに掲げる者のいずれにも該当しないことを誓約します。

平成　〇〇年　11月　１日

東京都足立区〇〇〇町１丁目11番11号

氏　名　代表取締役　足　立　太　郎　㊞

東京都足立区〇〇〇町１丁目11番11号

氏　名　取　締　役　足　立　次　郎　㊞

東京都足立区〇〇〇町１丁目11番11号

氏　名　取　締　役　足　立　三　郎　㊞

東京都足立区〇〇〇町１丁目11番11号

氏　名　監　査　役　足　立　四　郎　㊞

埼玉県公安委員会　殿

［端玉交換率表］

飴　4円　　玉数1個

飴　20円　メダル数1枚

「賞品として提供される物品一覧表」(品数　2個　累計　2個)　No.1－1

賞品の品目	1．ゴールド　2．タバコ　3．食料品　4．飲料品　5．家庭用品 6．衣料品　7．娯楽用品　8．嗜好品・その他

No.	価格の基準	賞品銘柄	定価（小売価格）	玉数	コイン数
1	1,000円以上～2,000円未満	ボールペン（小）	1,000	250	50
2	2,000円以上～3,000円未満	ボールペン（大）	2,500	625	125

「賞品として提供される物品一覧表」(品数　18個　累計　355個)　No.8－4

賞品の品目	1．ゴールド　2．タバコ　3．食料品　4．飲料品　5．家庭用品 6．衣料品　7．娯楽用品　8．嗜好品・その他

No.	価格の基準	賞品銘柄	定価（小売価格）	玉数	コイン数
1	8,000円以上～10,000円未満	パナソニック　ラジオ	10,000	2,500	500
2		セイコー　電子辞書	10,000	2,500	500
3		コードレス　ソーラーレーダー	10,000	2,500	500
4		フジ　インスタントカメラ	10,000	2,500	500
5		フジ　ズームカメラ	10,000	2,500	500
6		コニカ　ズームカメラ	10,000	2,500	500
7		フジ　チェキ	10,000	2,500	500
8		ユピテル　レシーバー	10,000	2,500	500
9		オムロン　血圧計	10,000	2,500	500
10		オムロン　エレパレスプロ	10,000	2,500	500
11		ブラウン　プラークコントロール	10,000	2,500	500
12		ブラウン　フレックスインテグラ	10,000	2,500	500
13		スーパーメモリーコンピュータ	10,000	2,500	500
14		アームレス　温冷庫	10,000	2,500	500
15		ハンズフリー　マッサージャー	10,000	2,500	500
16		ミシン	10,000	2,500	500
17		ナショナル　ジャー炊飯器	10,000	2,500	500
18		東芝　ハンドクリーナー	10,000	2,500	500

〔以下略〕

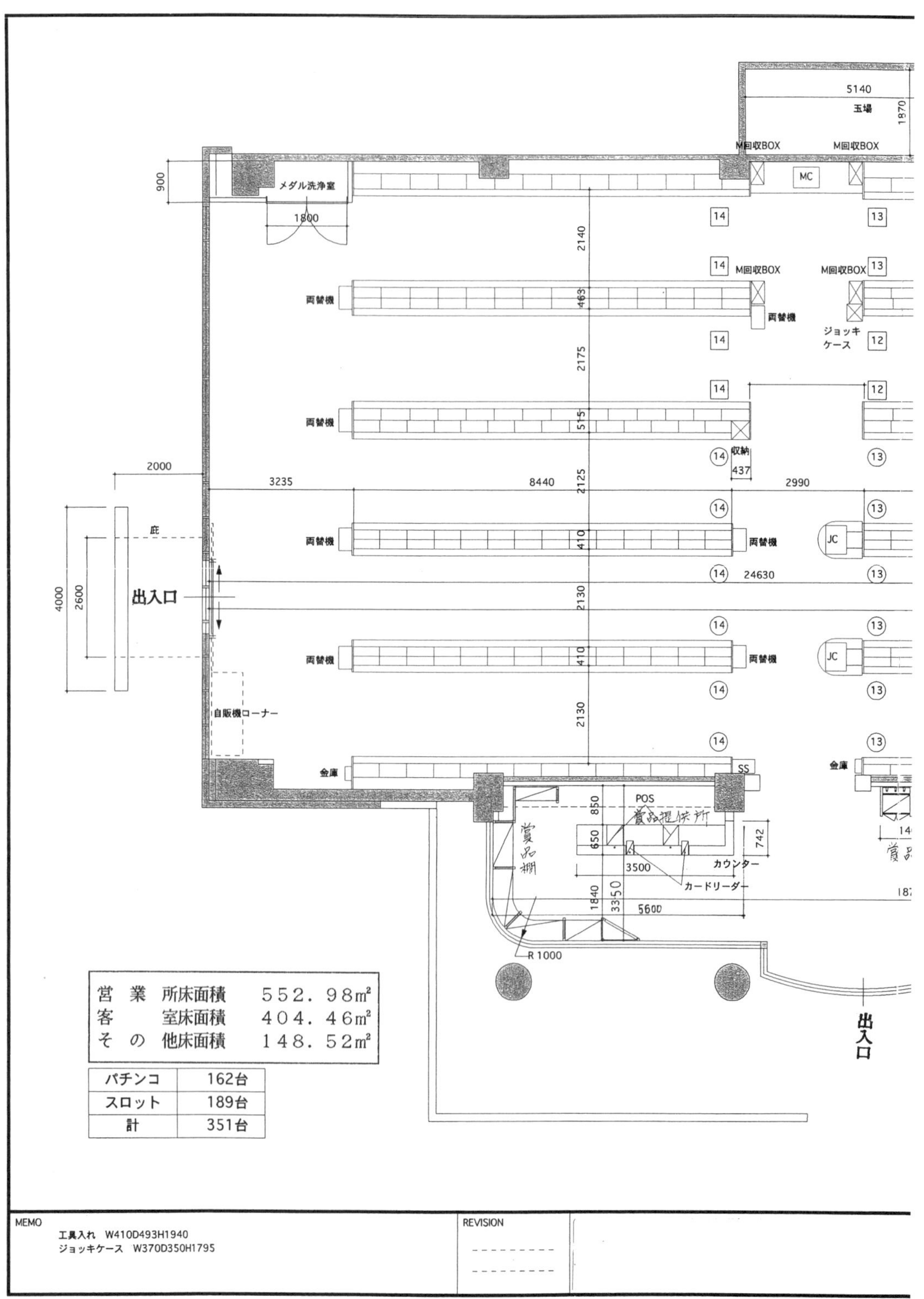

メダル洗浄室
玉場
M回収BOX
MC
両替機
ジョッキケース
収納
出入口
自販機コーナー
金庫
POS
賞品提供所
賞品棚
カウンター
カードリーダー
営業所床面積　552.98㎡
客室床面積　404.46㎡
その他床面積　148.52㎡
パチンコ　162台
スロット　189台
計　351台
MEMO
工具入れ　W410D493H1940
ジョッキケース　W370D350H1795
REVISION

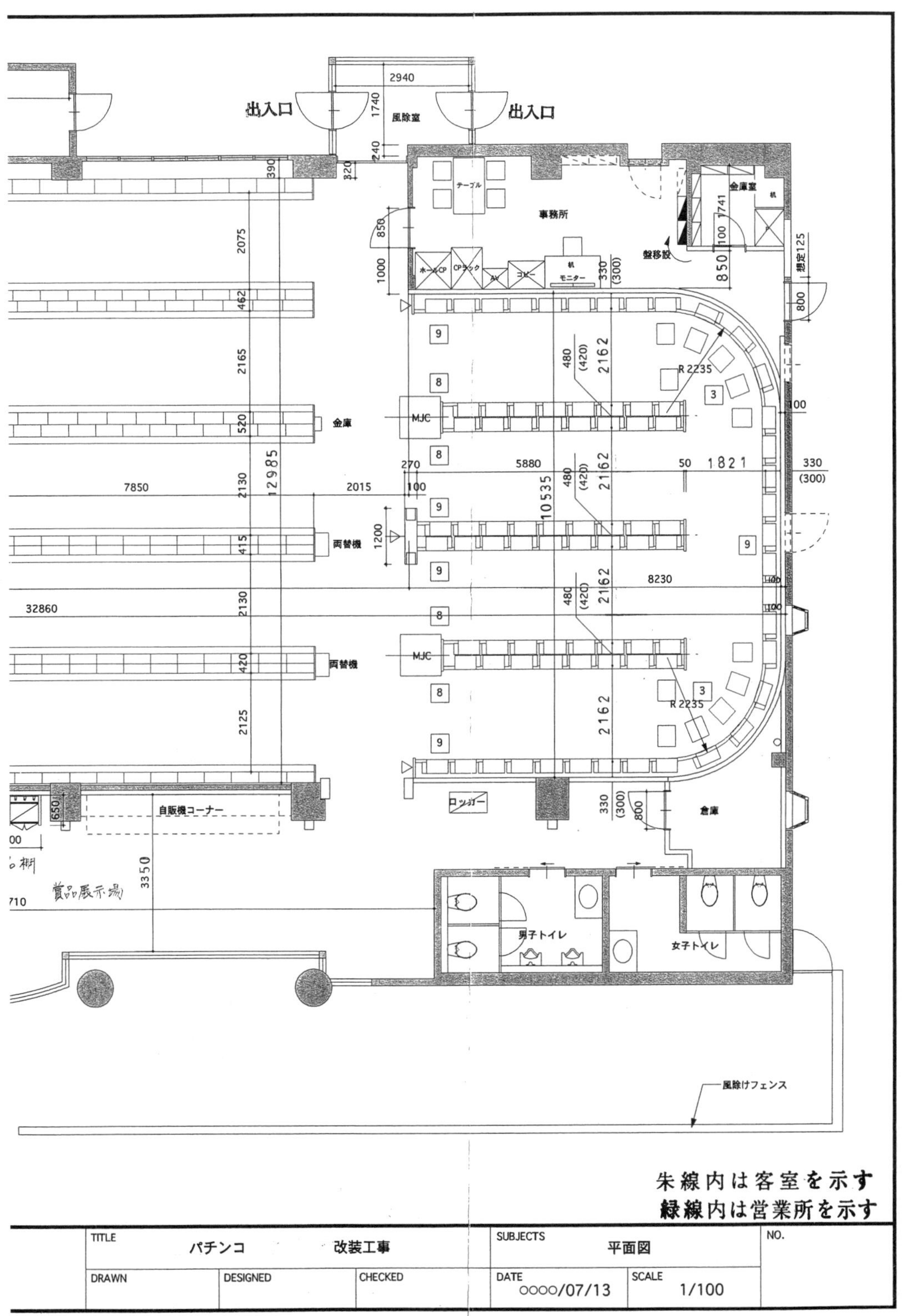
出入口
風除室
出入口
テーブル
事務所
金庫室
盤移設
ホールCP
CPラック
AV
コピー
机
モニター
金庫
両替機
両替機
MJC
MJC
R2235
R2235
自販機コーナー
ロッカー
倉庫
賞品展示場
男子トイレ
女子トイレ
風除けフェンス
朱線内は客室を示す
緑線内は営業所を示す
TITLE
パチンコ　改装工事
SUBJECTS
平面図
NO.
DRAWN
DESIGNED
CHECKED
DATE
○○○○/07/13
SCALE
1/100

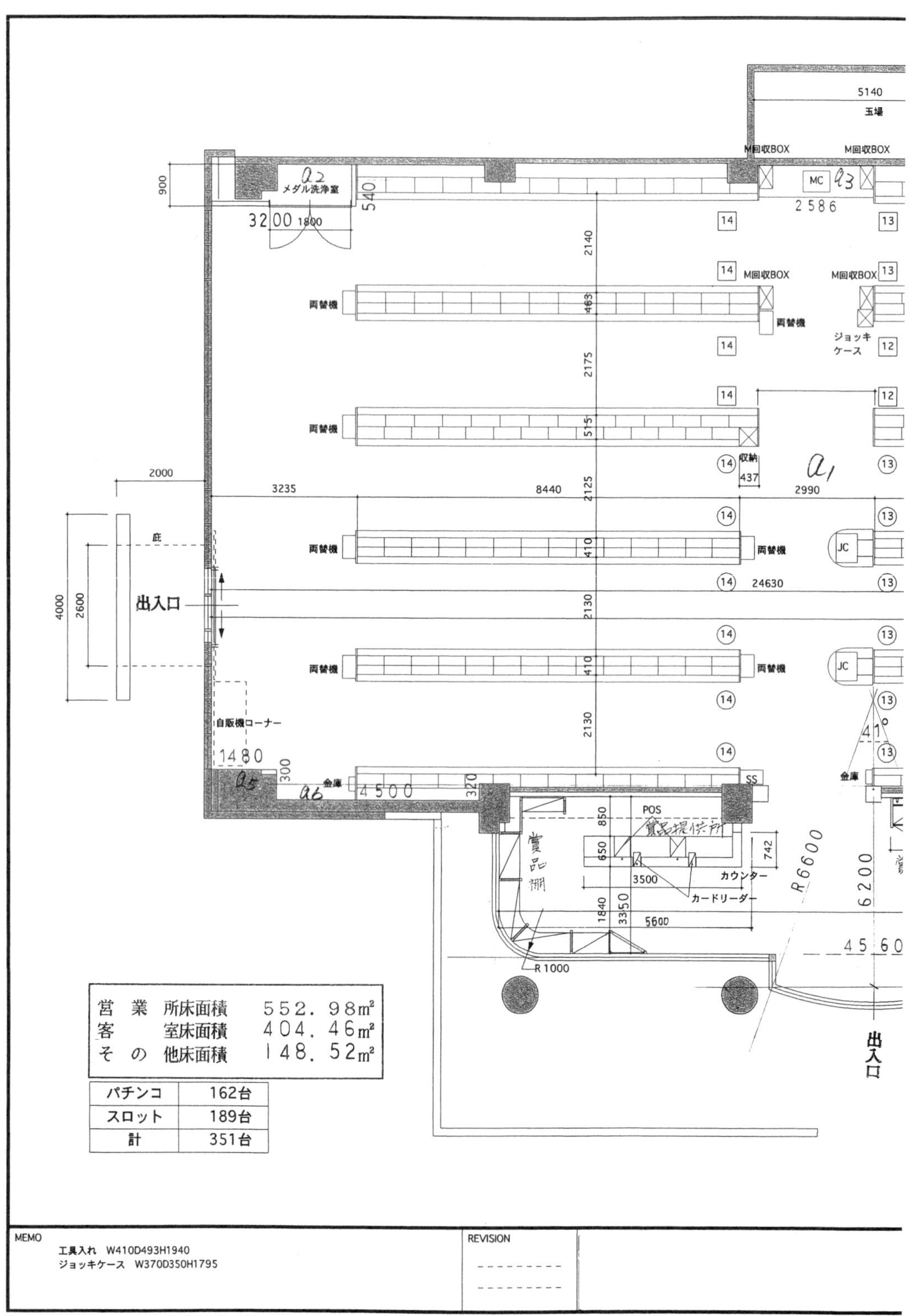

営　業　所床面積	552.98㎡
客　　　室床面積	404.46㎡
そ　の　他床面積	148.52㎡

パチンコ	162台
スロット	189台
計	351台

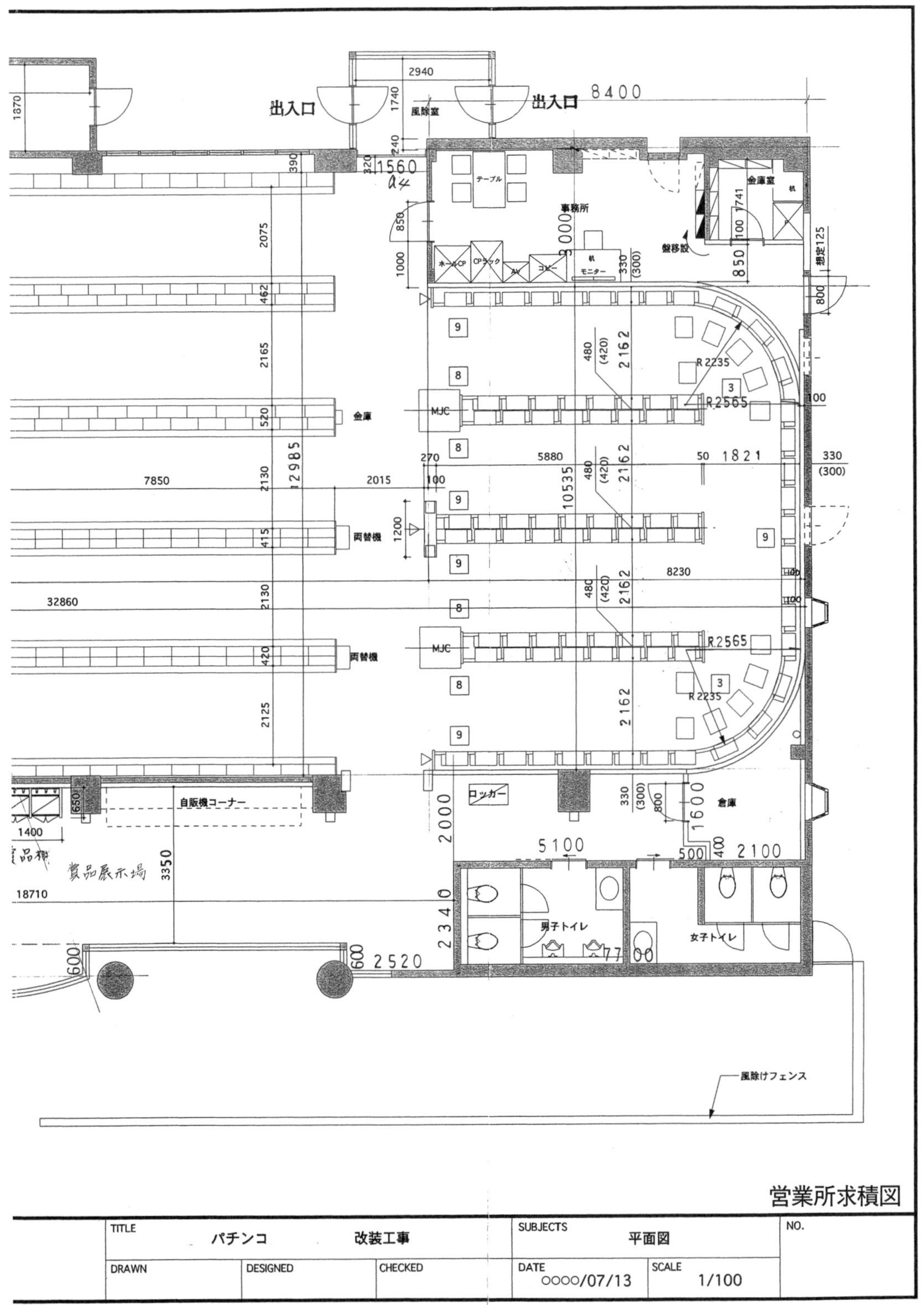
出入口
風除室
出入口
8400
2940
1740
テーブル
事務所
金庫室
盤移設
ホールCP
CPラック
AV
コピー
机
モニター
金庫
両替機
両替機
MJC
MJC
R2235
R2565
R2565
R2235
5880
8230
7850
2015
32860
12985
10535
ロッカー
倉庫
自販機コーナー
賞品展示場
18710
男子トイレ
女子トイレ
5100
2100
2520
風除けフェンス
営業所求積図
TITLE
パチンコ　改装工事
SUBJECTS
平面図
NO.
DRAWN
DESIGNED
CHECKED
DATE
○○○○/07/13
SCALE
1/100

〔空　　白〕

［営業所面積求積表］

（小数点第3位以下は四捨五入）

営業所床面積（壁芯面積）	404.46（客室）＋148.52（その他）	＝552.98㎡
客室床面積	A＋B＝320.59＋83.87	＝404.46㎡
（内法面積）	A＝a1－a2＋a3＋a4－a5＋a6	＝320.59㎡
	a1＝24.63×12.985＝319.82	
	a2＝3.20×0.54　＝△1.72	
	a3＝2.586×0.39　＝　1.00	
	a4＝1.56×0.32　＝　0.49	
	a5＝1.48×0.30　＝△0.44	
	a6＝4.50×0.32　＝　1.44	
	B＝8.23×10.535－（2×2.565^2－2×1／4×3.14×2.565^2）	
	＝86.70－（13.15－10.32）	＝83.87㎡
その他床面積（壁芯面積）	①＋②＋③＋④＋⑤＋⑥＋⑦＋⑧	＝148.52㎡

その他面積の内訳

①　メダル洗浄室	3.20×0.90	＝2.88㎡
②　玉場	5.14×1.87	＝9.61㎡
③　風除室	2.94×1.74＋1.56×0.24＝5.11＋0.37	＝5.48㎡
④　事務所	8.40×3.00＋（2.565^2－1／4×3.14×2.565^2）	
	＝25.20＋1.41	＝26.61㎡
⑤　倉庫	2.60×1.60＋2.1×0.40＋（2.565^2－1／4×3.14×2.565^2）	
	＝4.16＋0.84＋1.41	＝6.41㎡
⑥　男・女トイレ	7.70×2.34	＝18.01㎡
⑦　賞品展示場	18.71×3.35－（1.00^2－1／4×3.14×1.00^2）	
	＋4.56×0.60＋（41／360×3.14×6.60^2	
	－1／2×4.56×6.20）＋2.52×0.60＋5.1×2.00＋0.5×0.4	
	＝62.67－0.22＋2.73＋1.44＋1.51＋10.20＋0.20	＝78.53㎡
（内賞品提供所	3.50×1.50＝5.25㎡）	
⑧　その他の壁等	148.52－147.53（①～⑦）	＝0.99㎡

照明設備配置図　音響設備配置図

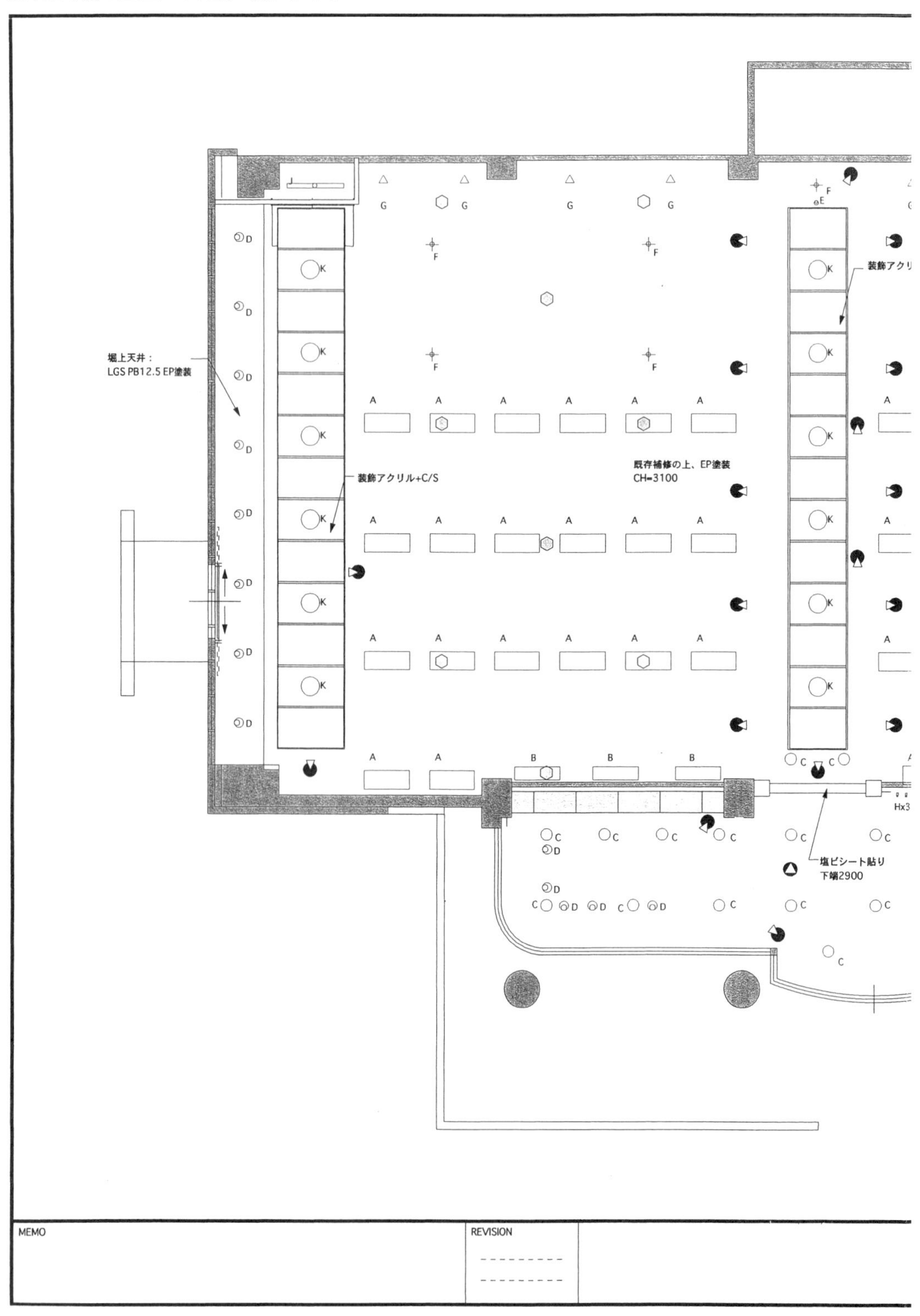

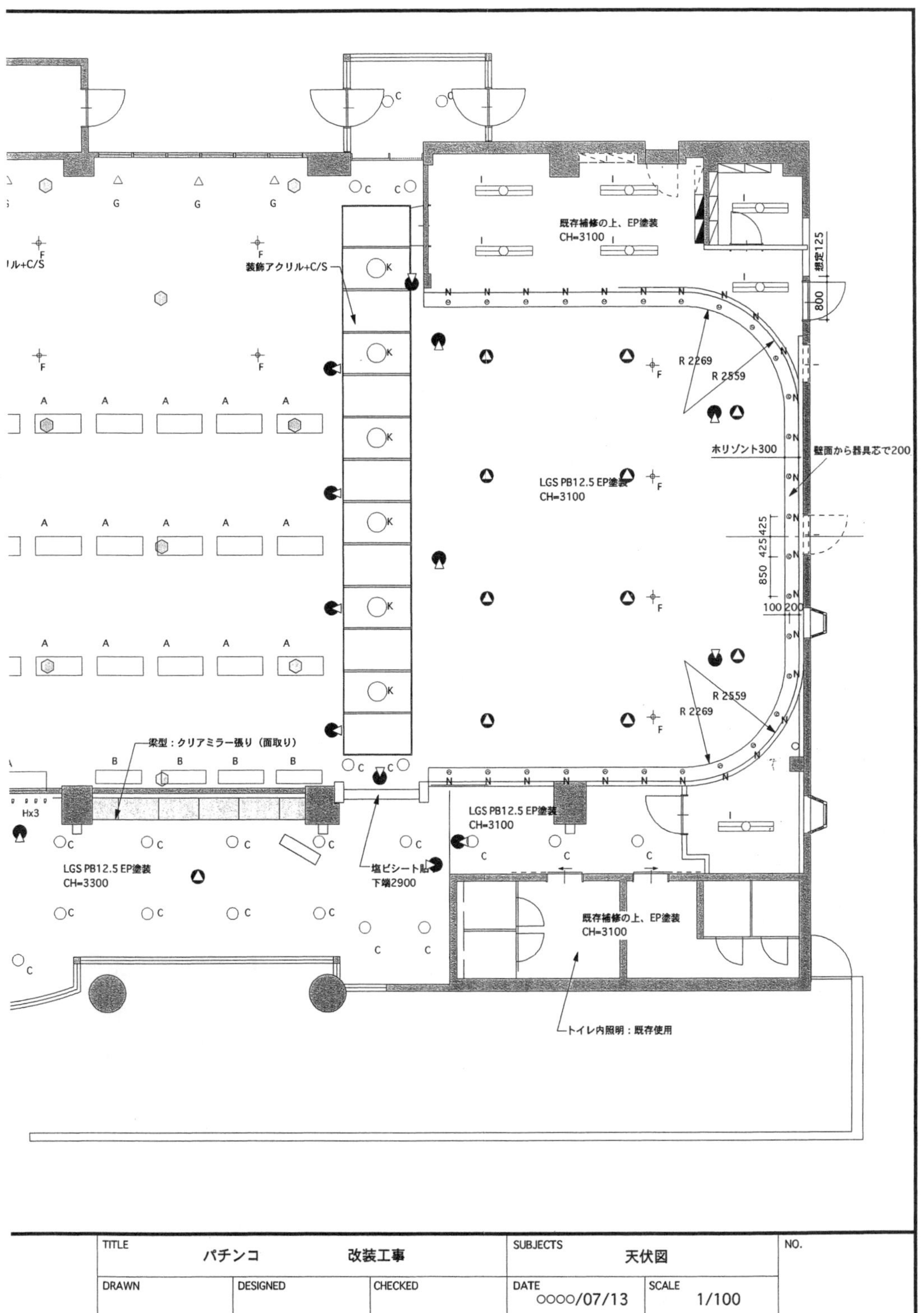

TITLE パチンコ　改装工事			SUBJECTS 天伏図		NO.
DRAWN	DESIGNED	CHECKED	DATE ○○○○/07/13	SCALE 1/100	

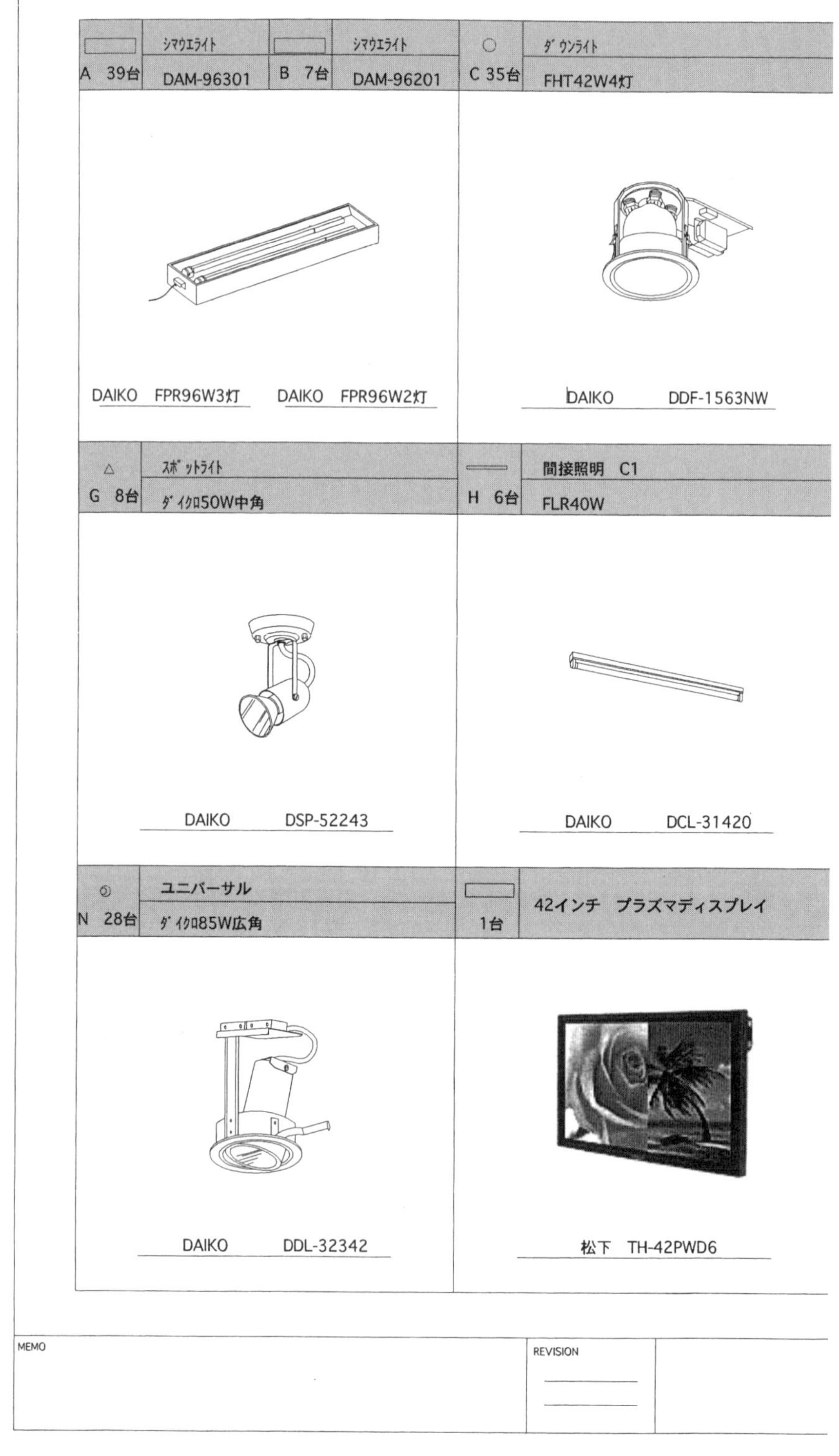
A 39台
ｼﾏｳｴﾗｲﾄ
DAM-96301
B 7台
ｼﾏｳｴﾗｲﾄ
DAM-96201
C 35台
ﾀﾞｳﾝﾗｲﾄ
FHT42W4灯
DAIKO FPR96W3灯
DAIKO FPR96W2灯
DAIKO DDF-1563NW
G 8台
ｽﾎﾟｯﾄﾗｲﾄ
ﾀﾞｲｸﾛ50W中角
H 6台
間接照明 C1
FLR40W
DAIKO DSP-52243
DAIKO DCL-31420
N 28台
ユニバーサル
ﾀﾞｲｸﾛ85W広角
1台
42インチ プラズマディスプレイ
DAIKO DDL-32342
松下 TH-42PWD6
MEMO
REVISION

◎	ﾕﾆﾊﾞｰｻﾙ	°	ﾕﾆﾊﾞｰｻﾙスポット	✛	ﾀﾞｳﾝﾗｲﾄ
13台	CDM-R70W狭角	E 1台	ﾀﾞｲｸﾛ50W中角狭角	F 13台	ﾀﾞｲｸﾛ50W中角
	DAIKO　DDH-1782XW		DAIKO　DDL-1770XW		DAIKO　DDL-50974
	V2		V1	○	ﾍﾟﾝﾀﾞﾝﾄ
7台	FLR40W2灯	J 1台	FLR40W	K 18台	FHT42W3灯
	DAIKO　DBF-1359WW		DAIKO　DBF-1353WW		DAIKO　DPN-52037
31台	ドーム型埋込　固定カメラ	12台	埋込スピーカー	18台	既存 埋込スピーカー
	松下　WV-CF35A		RAMSA　WS-A12T		既存

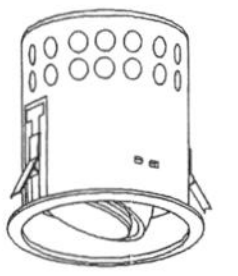

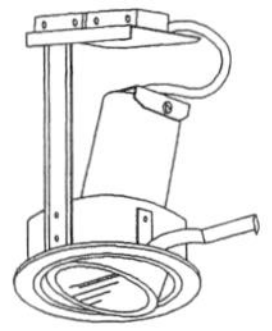

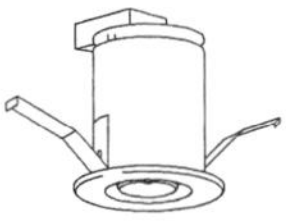

TITLE	パチンコ　改装工事	SUBJECTS	照明・音響器具姿図	NO.
DRAWN	DESIGNED	CHECKED	DATE ○○○○/07/13	SCALE

放送用機器(1/2)

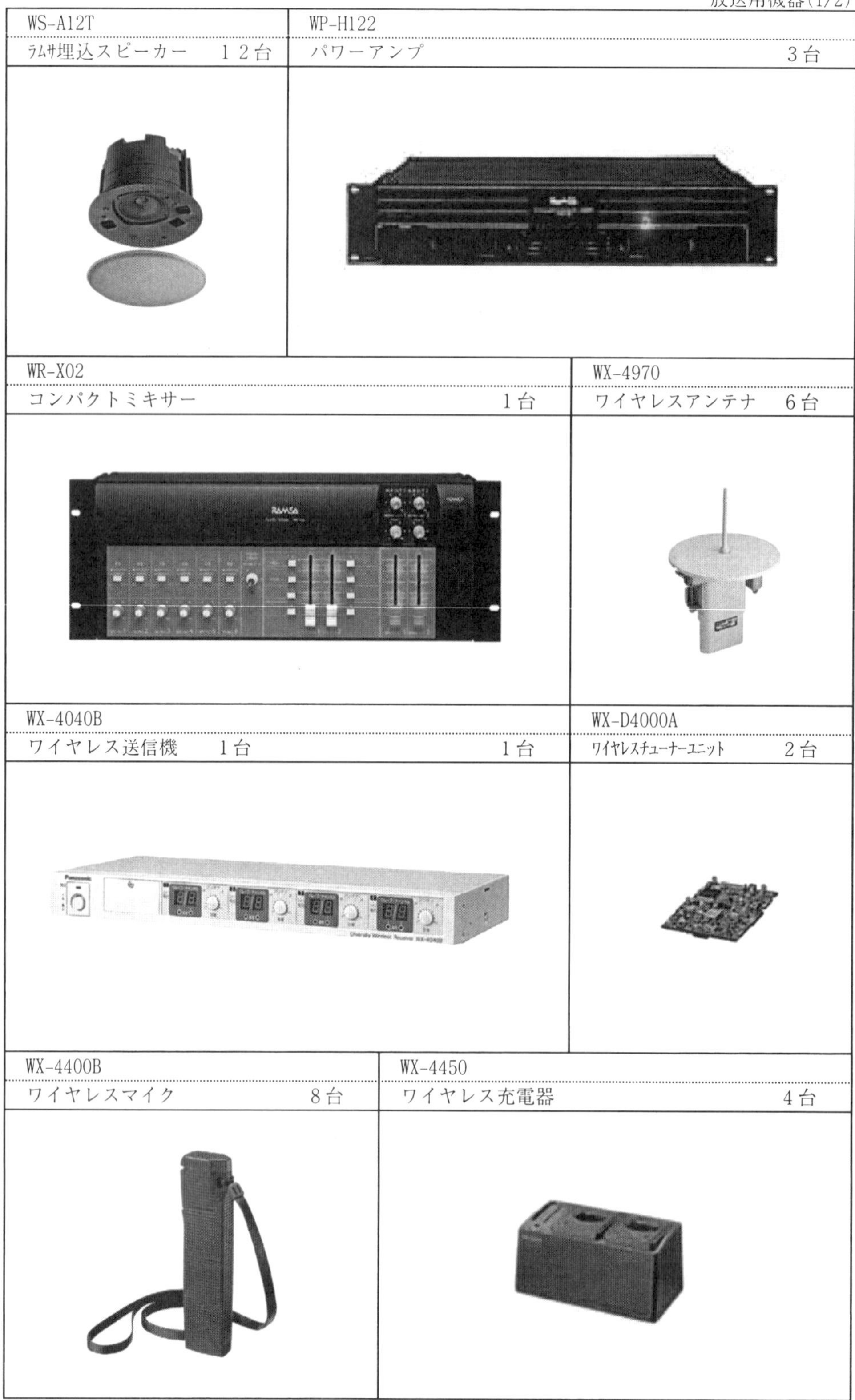

型番	品名	台数
WS-A12T	ﾗﾑｻ埋込スピーカー	12台
WP-H122	パワーアンプ	3台
WR-X02	コンパクトミキサー	1台
WX-4970	ワイヤレスアンテナ	6台
WX-4040B	ワイヤレス送信機　1台	1台
WX-D4000A	ﾜｲﾔﾚｽﾁｭｰﾅｰﾕﾆｯﾄ	2台
WX-4400B	ワイヤレスマイク	8台
WX-4450	ワイヤレス充電器	4台

放送用機器(2/2)

WX-4910	WZ-AE32
ワイヤレス混合分配器　2台	グラフィックイコライザー　1台

TH-42PWD6	TY-CE42PS1
42インチプラズマディスプレイ　1台	取付金具　1台

NV-VP31	
ＶＴＲ／ＤＶＤ　1台	

カメラ用機器

WV-CF35A	WV-PS154
ドーム型固定カメラ　3 1台	カメラ駆動ユニット　8台
WV-CW120	WJ-HD316
外部入口用カメラ　1台	デジタルレコーダー　2台
WU-L67	LC-20S1-S
電源制御ユニット(放送用含む)　5台	20インチ液晶テレビ　2台

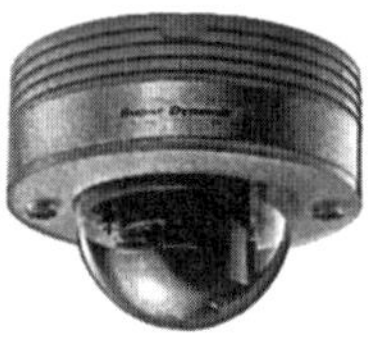

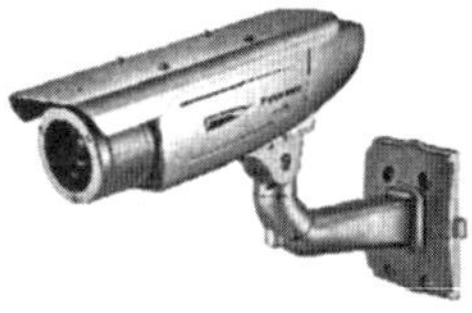

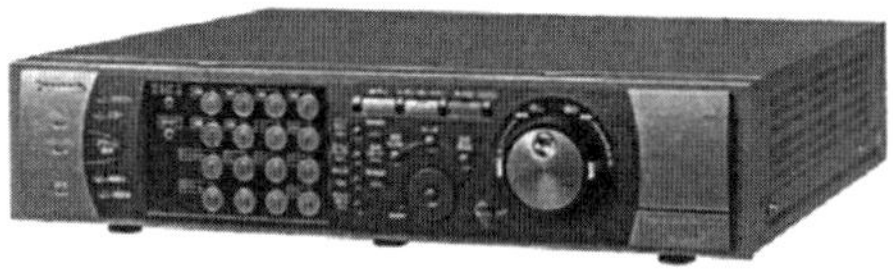

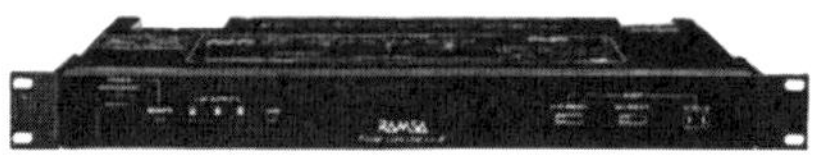

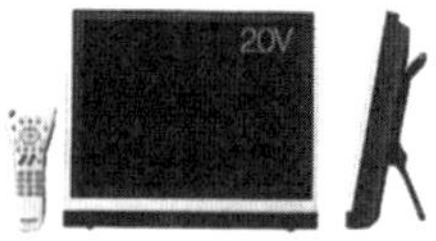

〔空　　白〕

遊技機の配置図

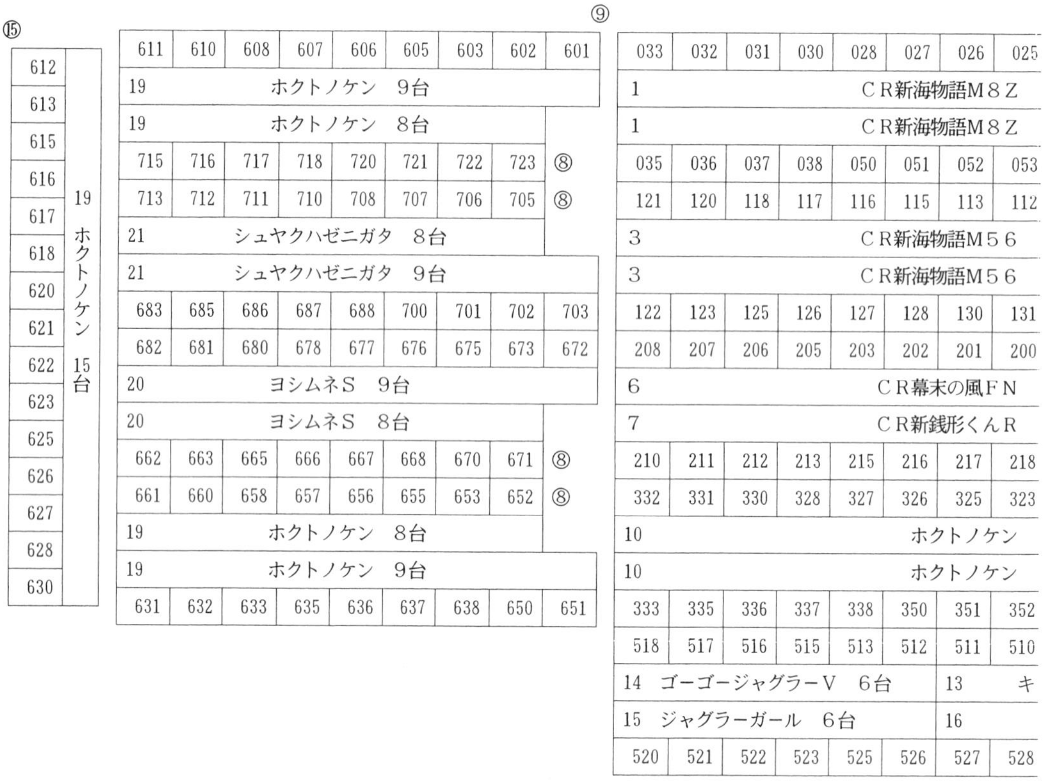

⑮

台番号	
612	19 ホクトノケン 15台
613	
615	
616	
617	
618	
620	
621	
622	
623	
625	
626	
627	
628	
630	

⑨

611	610	608	607	606	605	603	602	601
19	ホクトノケン 9台							
19	ホクトノケン 8台							
715	716	717	718	720	721	722	723	⑧
713	712	711	710	708	707	706	705	⑧
21	シュヤクハゼニガタ 8台							
21	シュヤクハゼニガタ 9台							
683	685	686	687	688	700	701	702	703
682	681	680	678	677	676	675	673	672
20	ヨシムネＳ 9台							
20	ヨシムネＳ 8台							
662	663	665	666	667	668	670	671	⑧
661	660	658	657	656	655	653	652	⑧
19	ホクトノケン 8台							
19	ホクトノケン 9台							
631	632	633	635	636	637	638	650	651

033	032	031	030	028	027	026	025
1	ＣＲ新海物語Ｍ８Ｚ						
1	ＣＲ新海物語Ｍ８Ｚ						
035	036	037	038	050	051	052	053
121	120	118	117	116	115	113	112
3	ＣＲ新海物語Ｍ５６						
3	ＣＲ新海物語Ｍ５６						
122	123	125	126	127	128	130	131
208	207	206	205	203	202	201	200
6	ＣＲ幕末の風ＦＮ						
7	ＣＲ新銭形くんＲ						
210	211	212	213	215	216	217	218
332	331	330	328	327	326	325	323
10	ホクトノケン						
10	ホクトノケン						
333	335	336	337	338	350	351	352
518	517	516	515	513	512	511	510
14	ゴーゴージャグラーＶ 6台					13	キ
15	ジャグラーガール 6台					16	
520	521	522	523	525	526	527	528

遊技機の名称

番号	遊技機の台番号	遊技機の名称	台数
1	001~077	ＣＲ新海物語Ｍ８Ｚ	５４
2	078~105 138~165	ＣＲ新海物語Ｍ２７	２８
3	106~137	ＣＲ新海物語Ｍ５６	２６
4	166~173	ＣＲポパイＦＮ	７
5	175~182	ＣＲがんばれ！！ロボコンＭＢ	７
6	183~208	ＣＲ幕末の風ＦＮ	１３
7	210~225	ＣＲ新銭形くんＲ	１３
8	226~232	ＣＲニューロードスターＶ	６
9	233~252	ナナシー	８
１０	301~375	ホクトノケン	５２

				⑬
023	022	021	020	018
１３台				
１３台				
055	056	057	058	060
111	110	108	107	106
１３台				
１３台				
132	133	135	136	137
188	187	186	185	183
１３台				
１３台				
220	221	222	223	225
322	321	320	318	⑫
１２台				
１２台				
353	355	356	357	⑫
508	507	506	505	503
ングパルサーエース　７台				
スーパービンゴ　７台				
530	531	532	533	535

													⑭
017	016	015	013	012	011	010	008	007	006	005	003	002	001
1　ＣＲ新海物語Ｍ８Ｚ　１４台													
1　ＣＲ新海物語Ｍ８Ｚ　１４台													
061	062	063	065	066	067	068	070	071	072	073	075	076	077
105	103	102	101	100	088	087	086	085	083	082	081	080	078
2　ＣＲ新海物語Ｍ２７　１４台													
2　ＣＲ新海物語Ｍ２７　１４台													
138	150	151	152	153	155	156	157	158	160	161	162	163	165
182	181	180	178	177	176	175	173	172	171	170	168	167	166
5　ＣＲがんばれ！！ロボコンＭＢ　７台							4　ＣＲポパイＦＮ　７台						
8　ＣＲニューロードスターＶ　６台						9　ナナシー　８台							
226	227	228	230	231	232	233	235	236	237	238	250	251	252
317	316	315	313	312	311	310	308	307	306	305	303	302	301
10　ホクトノケン　１４台													
10　ホクトノケン　１４台													
358	360	361	362	363	365	366	367	368	370	371	372	373	375
502	501	500	388	387	386	385	383	382	381	380	378	377	376
12　デジフラッシュ　８台								11　ｱﾝﾄﾆｵｲﾉｷｼﾞｼﾝｶﾞﾊﾟﾁｽﾛｷ　６台					
17　ボンバーパワフル　７台							18　テッケンＲ　７台						
536	537	538	550	551	552	553	555	556	557	558	560	561	562

１１	376~382	ｱﾝﾄﾆｵｲﾉｷｼﾞｼﾝｶﾞﾊﾟﾁｽﾛｷ	6
１２	383~502	デジフラッシュ	8
１３	503~511	キングパルサーエース	7
１４	512~518	ゴーゴージャグラーＶ	6
１５	520~526	ジャグラーガール	6
１６	527~535	スーパービンゴ	7
１７	536~553	ボンバーパワフル	7
１８	555~562	テッケンＲ	7
１９	601~661 715~723	ホクトノケン	４９
２０	662~682	ヨシムネＳ	１７
２１	683~713	シュヤクハゼニガタ	１７
合計			３５１

第8号営業（ゲームセンター等）の記載例

<table>
<tr><td colspan="8">その2(C)（法第2条第1項第8号の営業）</td></tr>
<tr><td rowspan="16">営業所の構造及び設備の概要</td><td colspan="2">建物の構造</td><td colspan="5">鉄骨造一部鉄筋コンクリート造地上2階建</td></tr>
<tr><td colspan="2">建物内の営業所の位置</td><td colspan="5">1階全部</td></tr>
<tr><td colspan="2">客室数</td><td colspan="2">1　室</td><td>営業所の床面積</td><td colspan="2">1,230.75㎡</td></tr>
<tr><td rowspan="2">客室の総床面積</td><td rowspan="2">1,089.47㎡</td><td rowspan="2">各客室の床面積</td><td colspan="2">1,089.47㎡</td><td colspan="2">以下余白　㎡</td></tr>
<tr><td colspan="2">――――㎡</td><td colspan="2">――――㎡</td></tr>
<tr><td colspan="2">照明設備</td><td colspan="5">別紙「照明設備図」のとおり</td></tr>
<tr><td colspan="2">音響設備</td><td colspan="5">別紙「音響設備図」のとおり</td></tr>
<tr><td colspan="2">防音設備</td><td colspan="5">天井　サインボーダー下地耐火ジプトーン貼り
外壁　鉄骨造ALC版　　内壁　耐火ボード下地クロス貼り
床　シリンダーコンクリート下地フローリング貼り</td></tr>
<tr><td rowspan="7">法第二条第一項第八号の営業に係る遊技設備</td><td>区分</td><td colspan="2">テーブル型</td><td colspan="2">その他の型</td><td>計</td></tr>
<tr><td>スロットマシン等</td><td colspan="2">0　台</td><td colspan="2">93　台</td><td>93　台</td></tr>
<tr><td>テレビゲーム機</td><td colspan="2">0　台</td><td colspan="2">12　台</td><td>12　台</td></tr>
<tr><td>フリッパーゲーム機</td><td colspan="2">0　台</td><td colspan="2">0　台</td><td>0　台</td></tr>
<tr><td>ルーレット台等</td><td colspan="2">0　台</td><td colspan="2">0　台</td><td>0　台</td></tr>
<tr><td>その他の遊技設備</td><td colspan="2">0　台</td><td colspan="2">50　台</td><td>50　台</td></tr>
<tr><td>計</td><td colspan="2">0　台</td><td colspan="2">155　台</td><td>155　台</td></tr>
<tr><td colspan="2">その他</td><td colspan="5">法第2条第1項第8号の営業に係らない遊技設備　20台
合計　175台
出入口　5カ所</td></tr>
<tr><td colspan="3">※　風俗営業の種類</td><td colspan="5"></td></tr>
<tr><td colspan="3">※　兼業</td><td colspan="5"></td></tr>
<tr><td colspan="3">※　同時申請の有無</td><td colspan="2">①　有　　②　無</td><td colspan="2">※　受理警察署長</td><td></td></tr>
<tr><td rowspan="3">※条件</td><td colspan="2">年　月　日</td><td colspan="5"></td></tr>
<tr><td colspan="2">年　月　日</td><td colspan="5"></td></tr>
<tr><td colspan="2">年　月　日</td><td colspan="5"></td></tr>
</table>

別記様式第３号（第10条関係）

その１

営　業　の　方　法

営業所の名称　アミューズメントパーク
営業所の所在地　埼玉県さいたま市大宮区宮町１丁目○番○号宮町ビル１階
風俗営業の種別　法第２条第１項第８号の営業（ゲームセンター等）

営　業　時　間	(午前) 午後 10 時 00 分から (午前) 午後 1 時 00 分まで ただし、――の日にあっては、 午前 午後 ―― 時 ―― 分から 午前 午後 ―― 時 ―― 分まで
18歳未満の者を従業者として使用すること	①　する　(②　しない)
	①の場合：その者の従事する業務の内容（具体的に）
18歳未満の者の立入禁止の表示方法	営業所の出入口に、白色プラスチック板に黒色で「16歳未満の方は午後６時以降、16歳以上18歳未満の方は午後10時以降の入店を禁止します」と記載した表示板を貼り付ける。
飲食物（酒類を除く。）の提供	(①　する)　②　しない
	①の場合：提供する飲食物の種類及び提供の方法 店内に清涼飲料水の自動販売機を設置して提供する。
酒　類　の　提　供	①　する　(②　しない)
	①の場合：提供する酒類の種類、提供の方法及び20歳未満の者への酒類の提供を防止する方法
当該営業所において他の営業を兼業すること	①　する　(②　しない)
	①の場合：当該兼業する営業の種類

<table>
<tr><td colspan="2">その2(C)（法第2条第1項第8号の営業）</td></tr>
<tr><td>料　　金</td><td>1ゲーム100円・200円・500円</td></tr>
<tr><td>料金の表示方法</td><td>各ゲーム機の料金投入口に、1ゲーム100円・200円・500円と記載したシールを貼り付ける。</td></tr>
<tr><td rowspan="2">18歳未満の者を客として立ち入らせること</td><td>①　する（○）　　②　しない</td></tr>
<tr><td>①の場合：18歳未満の者を午後10時（法第22条第4号の規定に基づく都道府県の条例で定める年齢に満たない者については、当該条例で定める時）から翌日の日出時までの時間において客として立ち入ることを防止する方法
営業所の出入口に、白色プラスチック板に黒色で「16歳未満の方は午後6時以降、16歳以上18歳未満の方は午後10時以降の入店を禁止します」と記載した表示板を貼り付け、さらに営業所の従業員に身分証明書等で年齢を確認させる。</td></tr>
</table>

［営　業　所　求　積　表］

小数点第３位以下は四捨五入

営　業　所　床　面　積 （壁　芯　面　積）	５×9.00（３×9.00＋0.35）	＝1,230.75㎡
客　室　床　面　積 （内　法　面　積）	Ａ＋Ｂ＋Ｃ－Ｄ－Ｅ－Ｆ－Ｇ－Ｈ	＝1,089.47㎡
	Ａ＝3.27×14.907－0.27×9.27＝48.74－2.50	＝46.24㎡
	Ｂ＝5.35×19.907	＝106.50㎡
	Ｃ＝36.005×27.245	＝980.95㎡
	△Ｄ＝10.00×0.42	＝△4.20㎡
	△Ｅ＝4.00×2.35	＝△9.40㎡
	△Ｆ＝12.56×1.57	＝△19.71㎡
	△Ｇ＝８×1.00×1.00	＝△8.00㎡
	△Ｈ＝Ｈ１＋Ｈ２＋Ｈ３＝0.65×0.27＋２（1.2×1.0）＋0.62×0.55＝0.17＋2.40＋0.34	＝△2.91㎡
そ　の　他　床　面　積	①＋②＋③＋④＋⑤	＝141.28㎡

その他床面積の内訳

①	カウンター床面積	4.00×2.35	＝9.40㎡
②	倉　庫　床　面　積	2.91×5.195＋3.18×2.635＝15.11＋8.37	＝23.48㎡
③	事務室床面積	8.35×3.86	＝32.23㎡
④	休憩室床面積	5.26×2.955	＝15.54㎡
⑤	そ　の　他　床　面　積	営業所床面積－客室床面積－①～④ ＝1,230.75－1,089.47－80.65	＝60.63㎡

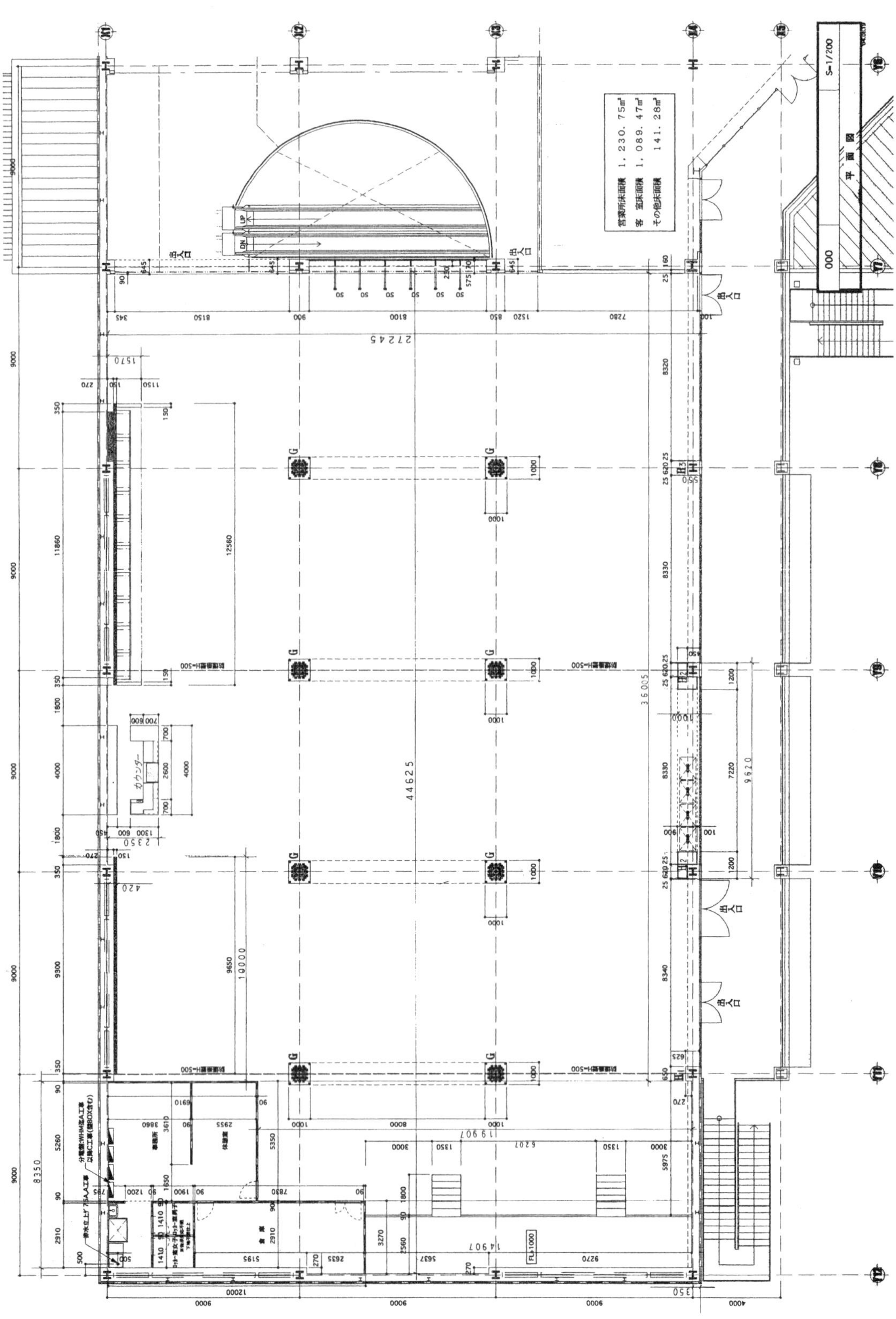
営業所床面積　1,230.75㎡
客　室床面積　1,089.47㎡
その他床面積　141.28㎡
S=1/200
平面図
カウンター
出入口

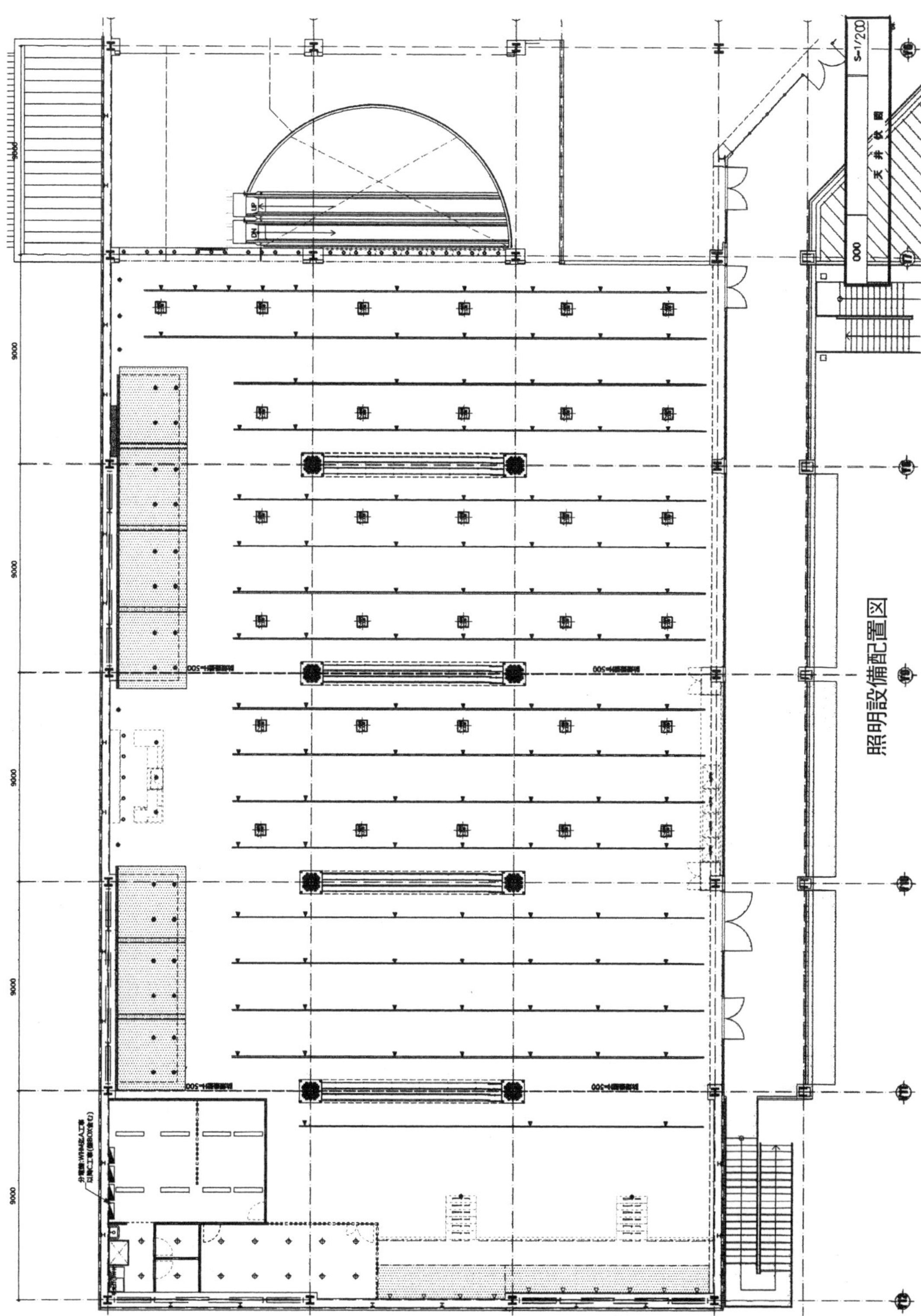

照明設備配置図

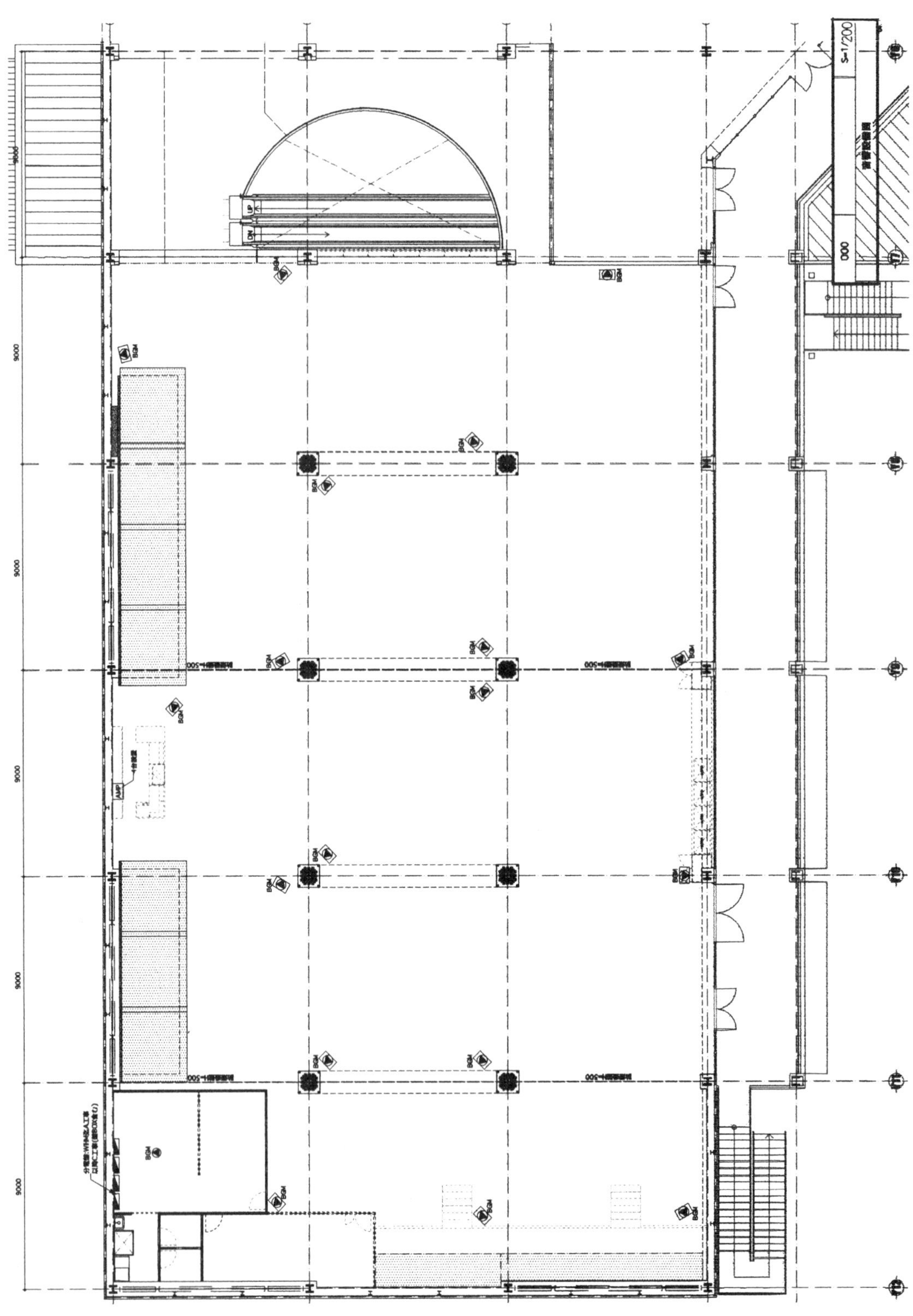

〔空　　白〕

天井照明器具リスト

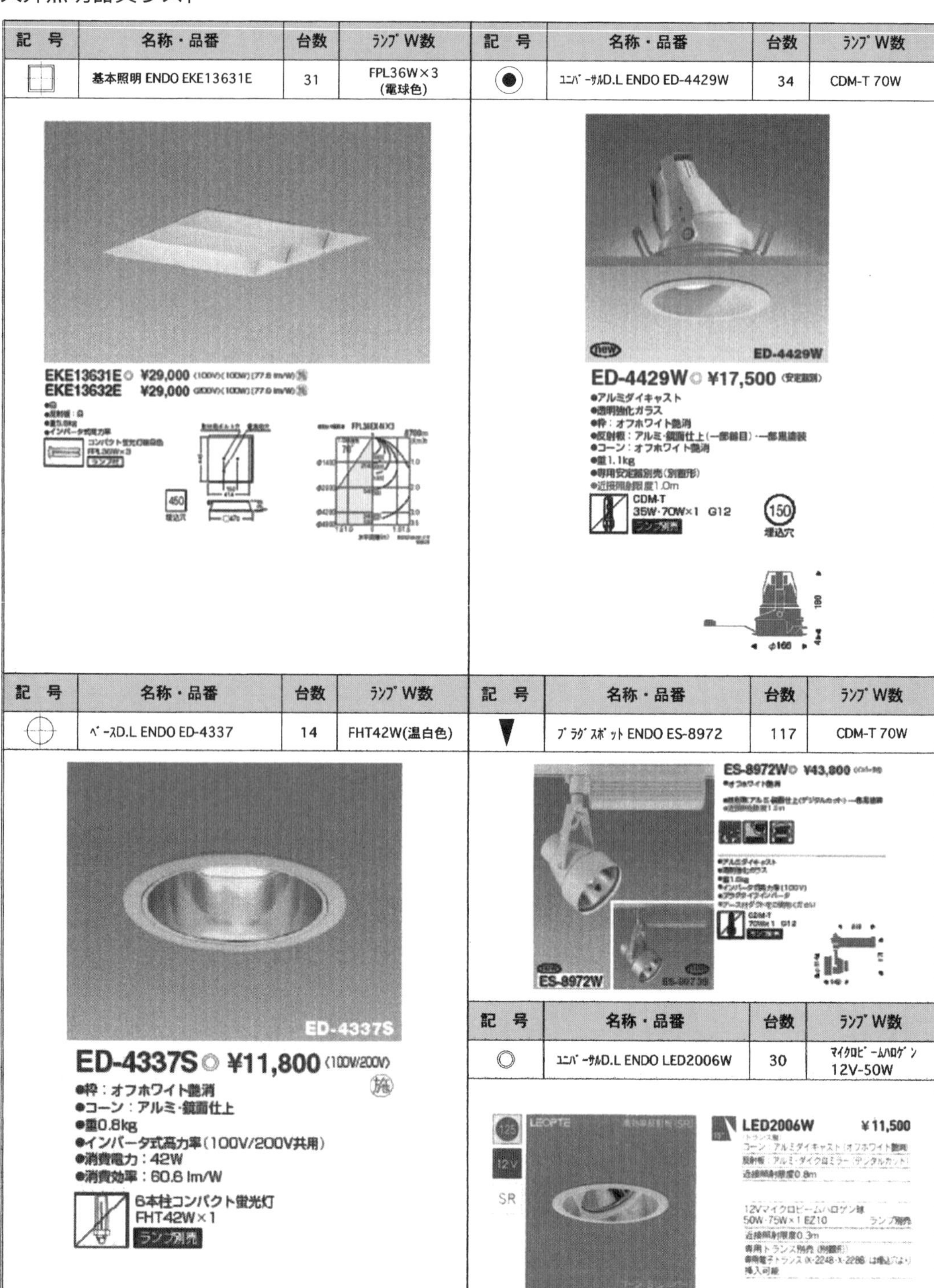

記　号	名称・品番	台数	ﾗﾝﾌﾟ W数
□	基本照明 ENDO EKE13631E	31	FPL36W×3 (電球色)
●	ﾕﾆﾊﾞｰｻﾙD.L ENDO ED-4429W	34	CDM-T 70W
⊕	ﾍﾞｰｽD.L ENDO ED-4337	14	FHT42W(温白色)
▼	ﾌﾞﾗｸﾞｽﾎﾟｯﾄ ENDO ES-8972	117	CDM-T 70W
◎	ﾕﾆﾊﾞｰｻﾙD.L ENDO LED2006W	30	ﾏｲｸﾛﾋﾞｰﾑﾊﾛｹﾞﾝ 12V-50W

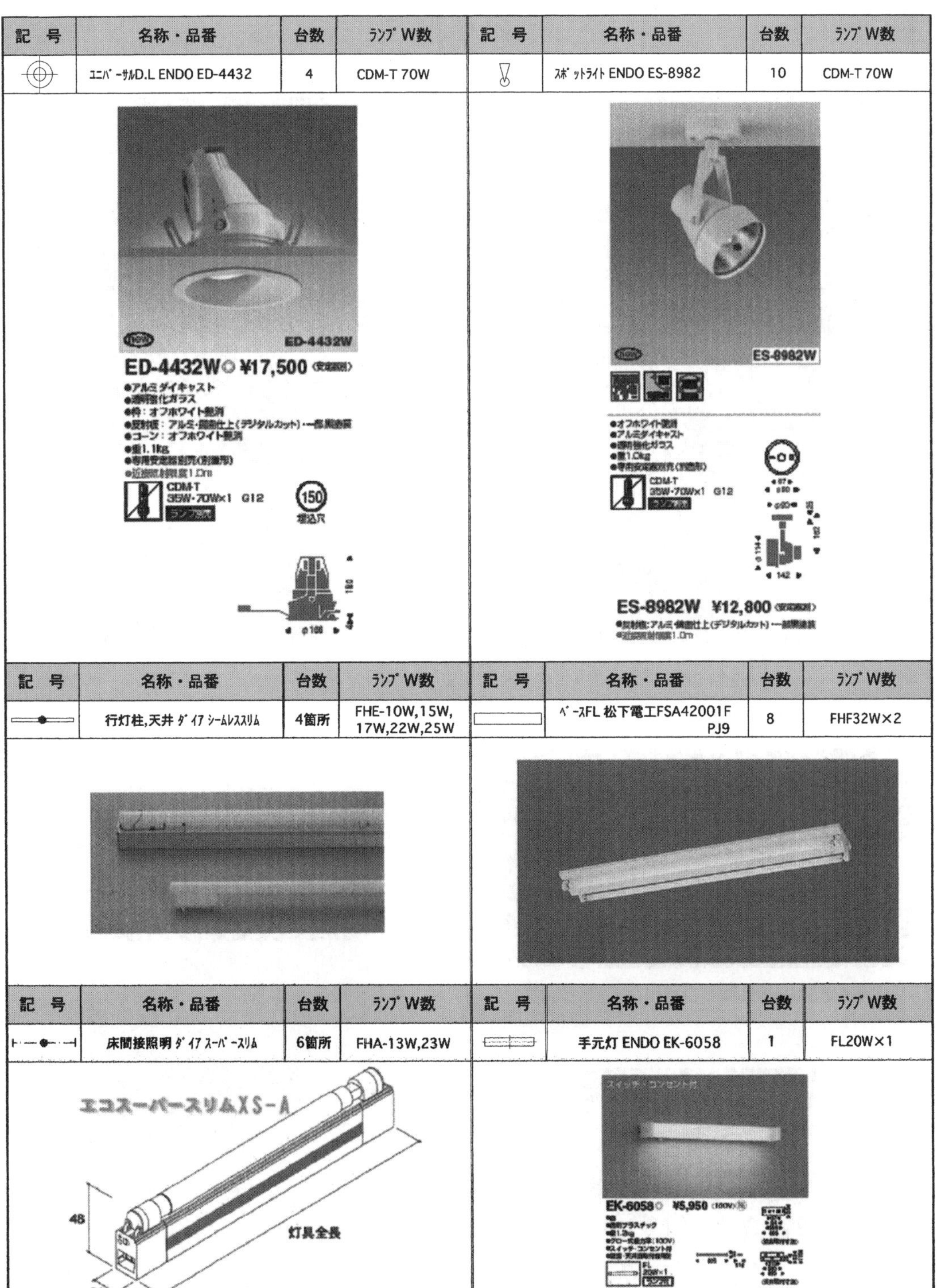

記号	名称・品番	台数	ﾗﾝﾌﾟW数
	ﾕﾆﾊﾞｰｻﾙD.L ENDO ED-4432	4	CDM-T 70W
	ｽﾎﾟｯﾄﾗｲﾄ ENDO ES-8982	10	CDM-T 70W
	行灯柱,天井 ﾀﾞｲｱ ｼｰﾑﾚｽｽﾘﾑ	4箇所	FHE-10W,15W,17W,22W,25W
	ﾍﾞｰｽFL 松下電工FSA42001F PJ9	8	FHF32W×2
	床間接照明 ﾀﾞｲｱ ｽｰﾊﾟｰｽﾘﾑ	6箇所	FHA-13W,23W
	手元灯 ENDO EK-6058	1	FL20W×1

音響器具リスト

記　号	名称・品番	台数	ﾗﾝﾌﾟ W数
AMP	アンプ(出力:150W×6)	1	

マルチチャンネルパワーアンプ　3U　EEEngine

XM6150 ¥147,000（本体価格¥140,000）

リアパネル

XM6150主要規格

●連続出力……150W×6（@1kHz/4Ω）
●全高調波歪率……HALF POWER 20Hz～20kHz　0.2%以下
●SN……100dB
●チャンネルセパレーション……60dB以上（入力600Ωシャント）
●最大電圧利得……32.1dB（ATT max）
●インジケーター……POWER、PROTECTION、CLIP、SIGNAL
●保護回路……POWERスイッチオンミュート、DC検出、温度検出（ヒートシンク≧85°C）
●電源電圧……100V・50／60Hz
●消費電力……400W
●寸法・重量……480W×132H×319Dmm・18kg

XM6150入出力規格

端子名称	インピーダンス	適合インピーダンス/スピーカー	入力感度	使用コネクター
INPUT CH A～F	30kΩ（Balanced） 15kΩ（Balanced）	600Ω～5kΩライン	0dB	XLR3-31タイプ・ ユーロブロック・
SPEAKER CH A～F	――	4～8Ω ※70V（150W×3）	――	5way バインディングポスト

※70Vライン対応のハイインピーダンススピーカー使用時

記　号	名称・品番	台数	ﾗﾝﾌﾟ W数
AMP	アンプ(出力50W×2)	1	

パワーアンプリファイアー　2U½

A100a ¥33,600（本体価格¥32,000）

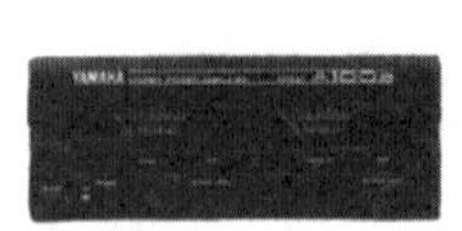

リアパネル

A100a主要規格

●連続出力……50W＋50W（ST 8Ω）
●全高調波歪率……ST 8Ω　0.02%
●周波数特性……0dB±0.5dB 20Hz～20kHz
●SN……107dB以上（入力ショート、IHF-A）
●チャンネルセパレーション……70dB（1kHz、60dB@20Hz～20kHz）
●最大電圧利得……38.2dB（ATT＝－10dB@1kHz）
●メーター……大型VUメーター：CH A・B
●ACアウトレット……最大200W（非連動式）
●電源電圧……AC100V・50／60Hz
●消費電力……85W
●寸法・重量……220W×97.5H×297.3Dmm・4.6kg

A100a入出力規格

端子名称	インピーダンス	適合インピーダンス	入力感度	実効出力	使用コネクター
INPUT[*1] CH A/B	7.5kΩ	600Ω～5kΩライン	－10dB（245mV）	――	フォーン[*1] RCAピン[*1]
SPEAKER	――	8Ωspeakers（STEREO）	――	50Wrms	プッシュターミナル×4
PHONES	――	8Ω PHONES	――	－22dB[*2]	フォーン

[*1]フォーンジャック優先／[*2]最大出力

記　号	名称・品番	台数	ﾗﾝﾌﾟ W数
BGM	天井吊込型ｽﾋﾟｰｶｰ	18	許容入力50～150W

記　号	名称・品番	台数	ﾗﾝﾌﾟ W数
BGM	天井埋込型ｽﾋﾟｰｶｰ	1	定格入力3W

記　号	名称・品番	台数	ﾗﾝﾌﾟ W数	記　号	名称・品番	台数	ﾗﾝﾌﾟ W数
AMP	アンプ(出力:10W)	1			ステレオミキサー	1	

インフォメーションアンプ

TA-102 10W

¥22,000(税別)

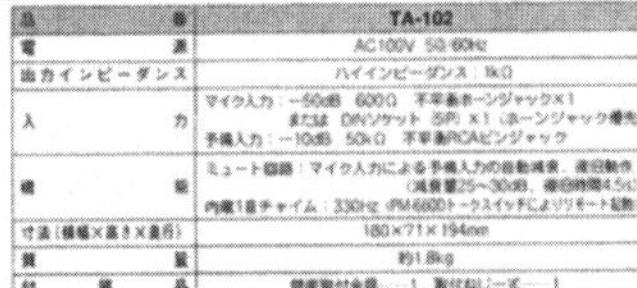

品番	TA-102
電源	AC100V 50/60Hz
出力インピーダンス	ハイインピーダンス：1kΩ
入力	マイク入力：−50dB 600Ω 不平衡ホーンジャック×1 または DINソケット（5P）×1（ホーンジャック優先） 予備入力：−10dB 50kΩ 不平衡RCAピンジャック
機能	ミュート回路：マイク入力による予備入力の自動減衰、復旧動作 （減衰量25〜30dB、復旧時間4.5s） 内蔵1音チャイム：330Hz（PM-660トークスイッチによりリモート起動）
寸法（横幅×高さ×奥行）	180×71×194mm
質量	約1.8kg
付属品	壁面取付金具……1、取付ねじ一式……1

M-243 1U

¥78,000(税別)

●3元独立の出力系を装備。オートミュート回路も搭載した汎用形ステレオミキサー。

●オートミュート(=アナキーパ)回路搭載

品番	M-243
電源	
入力	モノラル×2、ステレオ×4
出力	ステレオ(L,R)、モノラル×2、REC(L,R)
寸法(横幅×高さ×奥行)	483×46×301.8mm
質量	約3.8kg

※キャノンコネクター：3番HOT

記　号	名称・品番	台数	ﾗﾝﾌﾟ W数	記　号	名称・品番	台数	ﾗﾝﾌﾟ W数

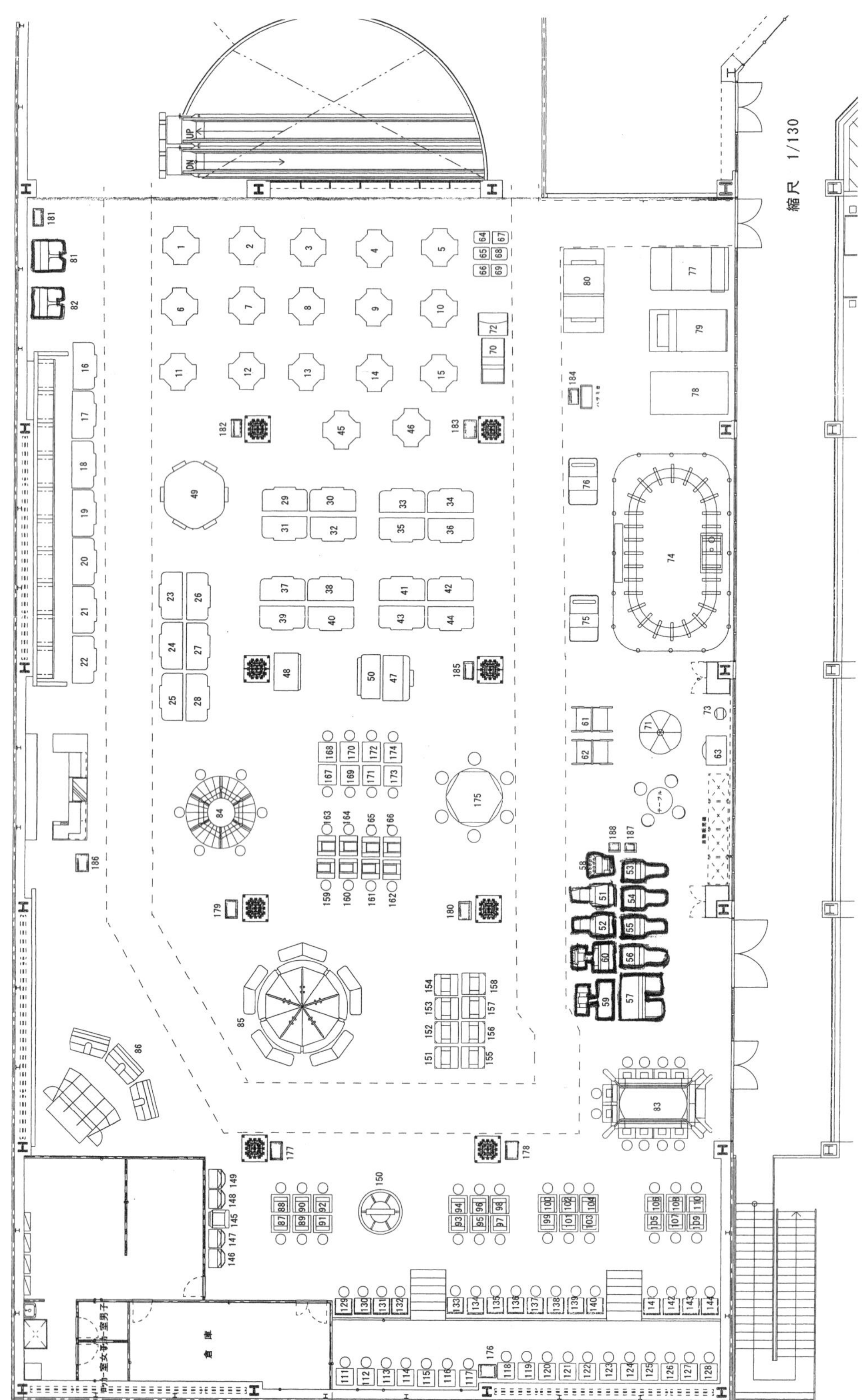

遊技設備配置図

遊技設備リスト　1／2

ジャンル	ゲーム機No.	機　種　名	遊技設備の区分	台数
プライズ	1～15	スウィートランド4	その他の遊技設備（その他の型）	15
	16～44	カプリチオG－ONE	その他の遊技設備（その他の型）	29
	45～46	メチャとれ	その他の遊技設備（その他の型）	2
	47	ファンシーリフターツイン	その他の遊技設備（その他の型）	1
	48	とめばあちゃんの駄菓子屋本店	その他の遊技設備（その他の型）	1
	49	ビッグスイートランド	その他の遊技設備（その他の型）	1
	50	コンビにキャッチャー2	その他の遊技設備（その他の型）	1
		小　計		50
ドライブ・ガン	51～52	頭文字D3	テレビゲーム（その他の型）	2
音楽など	53～56	ゾイドインフィニティー	テレビゲーム（その他の型）	4
	57	バトルギア	テレビゲーム（その他の型）	1
	58	ポップンミュージック	テレビゲーム（その他の型）	1
	59	タイムクライシス3	テレビゲーム（その他の型）	1
	60	ザ・ハウスオブデッド3	テレビゲーム（その他の型）	1
	81～82	太鼓の達人4	テレビゲーム（その他の型）	2
		小　計		12
その他	61	アンパンマンエアーホッケー	その他の遊技設備（その他の型）	1
	62	ワンダーホッケー	その他の遊技設備（その他の型）	1
	63	アンパンマンのポップコーン工場2	その他の遊技設備（その他の型）	1
	64～69	ムシキング	その他の遊技設備（その他の型）	6
	70	アンパンマンねらってたまいれ	その他の遊技設備（その他の型）	1
	71	アンパンマンころりんらんど	その他の遊技設備（その他の型）	1
	72	ワニワニパニック2	その他の遊技設備（その他の型）	1
	73	キャンデーディスペンサー	その他の遊技設備（その他の型）	1
		小　計		13
子供用乗り物	74	トーマスレール	その他の遊技設備（その他の型）	1
	75	とれとれ！けんせつしゃ	その他の遊技設備（その他の型）	1
	76	ちびっこ電車ドアがひらきまーす	その他の遊技設備（その他の型）	1
		小計		3
シール機	77	百花絢爛	その他の遊技設備（その他の型）	1
	78	花鳥風月2	その他の遊技設備（その他の型）	1
	79	美神宣言	その他の遊技設備（その他の型）	1
	80	華恋	その他の遊技設備（その他の型）	1
		小　計		4

遊技設備リスト　2／2

メダル	83	G－1ターフワイルド2	スロットマシーン等（その他の型）	1
	84	ダイノ　キング	スロットマシーン等（その他の型）	1
	85	フォーチュンオーブ　第二章伝説の宝珠	スロットマシーン等（その他の型）	1
	86	ウイングファンタジア	スロットマシーン等（その他の型）	1
	87～88	スーパー8ウェイズ　ボーナススピンZ	スロットマシーン等（その他の型）	2
	89～90	スーパー8ウェイズ（HDWDB－BSJ）	スロットマシーン等（その他の型）	2
	91～92	スーパー8ウェイズ（ゴールデンフェニックス）	スロットマシーン等（その他の型）	2
	93～94	スーパー8ウェイズ（HDWD－BSD）	スロットマシーン等（その他の型）	2
	95～96	風雷神　15リール	スロットマシーン等（その他の型）	2
	97～98	ボーナススピンZX（ゼクロス）	スロットマシーン等（その他の型）	2
	99～100	ポーカー（HDWDB－EJ）	スロットマシーン等（その他の型）	2
	101～102	ポーカー（HDIM－52JSD）メダル	スロットマシーン等（その他の型）	2
	103～104	ポーカー（HDWD－JDRSD）メダル	スロットマシーン等（その他の型）	2
	105～106	ポーカー（HDIM－EJSD）メダル	スロットマシーン等（その他の型）	2
	107～108	ポーカー（HRIM－JWDD）メダル	スロットマシーン等（その他の型）	2
	109～110	ポーカー（HDWD－SWSD）メダル	スロットマシーン等（その他の型）	2
	111～128	プロハンターFX	スロットマシーン等（その他の型）	18
	129～144	MAX	スロットマシーン等（その他の型）	16
	145	ロンファー麻雀センターユニット	スロットマシーン等（その他の型）	1
	146～149	ロンファー麻雀ステーション	スロットマシーン等（その他の型）	4
	150	トゥインクルドーム	スロットマシーン等（その他の型）	1
	151～158	ワイドプッシャー	スロットマシーン等（その他の型）	8
	159～166	MS	スロットマシーン等（その他の型）	8
	167～168	シークファイブ	スロットマシーン等（その他の型）	2
	169～170	ハードクライマー	スロットマシーン等（その他の型）	2
	171～172	リフリービジョン（トロピカルスピン）	スロットマシーン等（その他の型）	2
	173～174	リフリービジョン（ワイルドアロー）	スロットマシーン等（その他の型）	2
	175	シネマチックルーレット	スロットマシーン等（その他の型）	1
		小　　計		93
両替機　等	176～180	メダル貸機（AC3000T）		5
	181～185	高額紙幣両替機（AC－5000T）		5
	186	メダルバンク		1
	187	ゾイド券売機		1
	188	券売機（HOC32－JAJ）		1
		小　　計		13

		合　　計		188

遊技設備姿図

NO. 1

1〜15 **スウィートランド4**

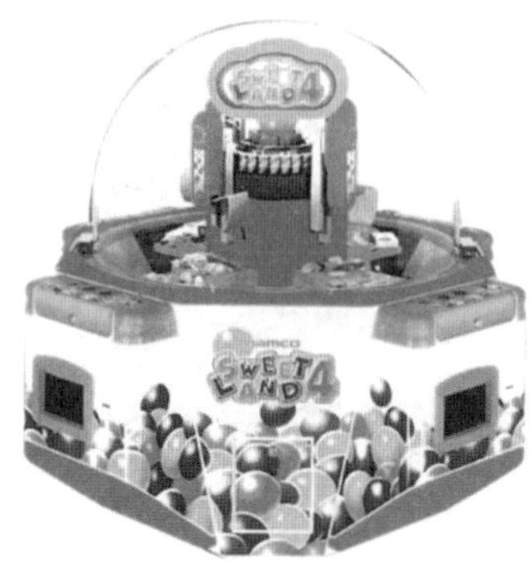

ｻｲｽﾞ/1390（W）X 1390（D）X 1300（H）
ﾒｰｶｰ/ﾅﾑｺ

16〜44 **カプリチオG−ONE**

ｻｲｽﾞ/1760（W）X 905（D）X 1964（H）
ﾒｰｶｰ/ﾀｲﾄｰ

45〜46 **メチャとれ**

ｻｲｽﾞ/1400（W）X 1400（D）X 1320（H）
ﾒｰｶｰ/ｶﾌﾟｺﾝ

47 **ファンシーリフターツイン**

ｻｲｽﾞ/1680（W）X 1185（D）X 1950（H）
ﾒｰｶｰ/ﾅﾑｺ/ｶﾄｳ

（NO.2～NO.13は省略）NO.14

169～170 **ハードクライマー**

ｻｲｽﾞ/700（W）X 855（D）X 1508（H）
ﾒｰｶｰ/ｱﾙｾﾞ

171～172 **リフリービジョン（トロピカルスピン）**

ｻｲｽﾞ/700（W）X 850（D）X 1850（H）
ﾒｰｶｰ/ｺﾅﾐ

173～174 **リフリービジョン（ワイルドアロー）**

ｻｲｽﾞ/700（W）X 850（D）X 1850（H）
ﾒｰｶｰ/ｺﾅﾐ

175 **シネマチックルーレット**

ｻｲｽﾞ/2315.4（W）X 2315.4（D）X 2236.2（H）
ﾒｰｶｰ/ﾀｲﾄｰ

第 8 号営業（〔シミュレーションゴルフ等〕ゲームセンター等）の記載例

※　〔シミュレーションゴルフ等〕を営む場合には、風俗営業法上、第 8 号営業（ゲームセンター等）の許可を取得する必要があります。詳しくは、**後述「○新たな形態の 8 号営業の扱いについて」**を参照してください。

※　本稿には、第 8 号営業（〔シミュレーションゴルフ等〕ゲームセンター等）の記載例として、「営業所求積図」、「営業所平面図」、「テーブル・いす形状図」及び「ゴルフゾンパーツ f 寸法図」のみを掲載しました。したがって、これ以外に必要な他の書類については、**別稿「第 8 号営業（ゲームセンター等）の記載例」**を参照してください。

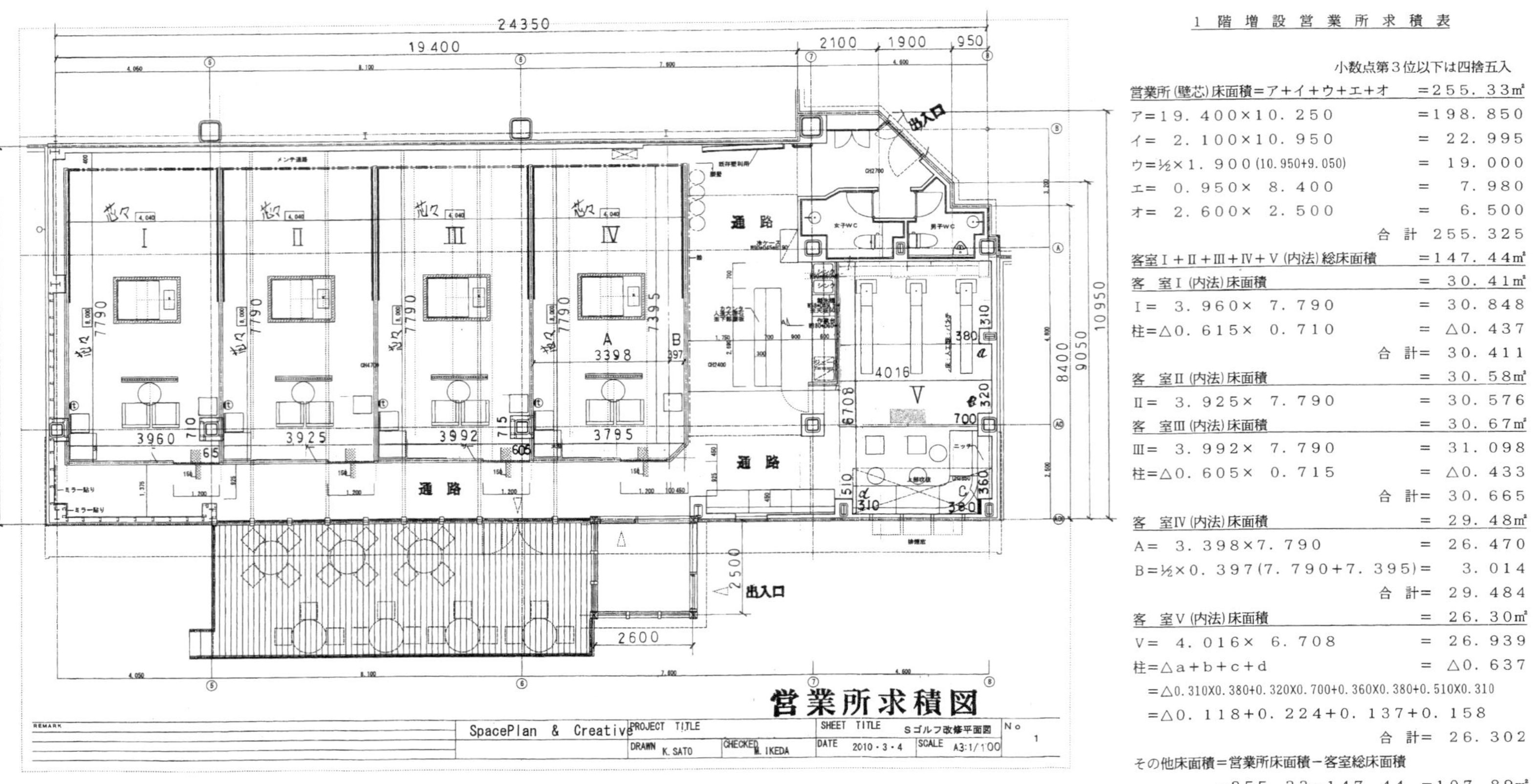

1 階 増 設 営 業 所 求 積 表

小数点第3位以下は四捨五入

営業所(壁芯)床面積＝ア＋イ＋ウ＋エ＋オ　＝255.33㎡

ア＝19.400×10.250　＝198.850

イ＝ 2.100×10.950　＝ 22.995

ウ＝½×1.900(10.950+9.050)　＝ 19.000

エ＝ 0.950× 8.400　＝ 7.980

オ＝ 2.600× 2.500　＝ 6.500

合 計 255.325

客室I＋II＋III＋IV＋V(内法)総床面積　＝147.44㎡

客 室I(内法)床面積　＝ 30.41㎡

I＝ 3.960× 7.790　＝ 30.848

柱＝△0.615× 0.710　＝ △0.437

合 計＝ 30.411

客 室II(内法)床面積　＝ 30.58㎡

II＝ 3.925× 7.790　＝ 30.576

客 室III(内法)床面積　＝ 30.67㎡

III＝ 3.992× 7.790　＝ 31.098

柱＝△0.605× 0.715　＝ △0.433

合 計＝ 30.665

客 室IV(内法)床面積　＝ 29.48㎡

A＝ 3.398×7.790　＝ 26.470

B＝½×0.397(7.790+7.395)＝ 3.014

合 計＝ 29.484

客 室V(内法)床面積　＝ 26.30㎡

V＝ 4.016× 6.708　＝ 26.939

柱＝△a＋b＋c＋d　＝ △0.637

＝△0.310X0.380+0.320X0.700+0.360X0.380+0.510X0.310

＝△0.118＋0.224＋0.137＋0.158

合 計＝ 26.302

その他床面積＝営業所床面積－客室総床面積

＝255.33－147.44 ＝107.89㎡

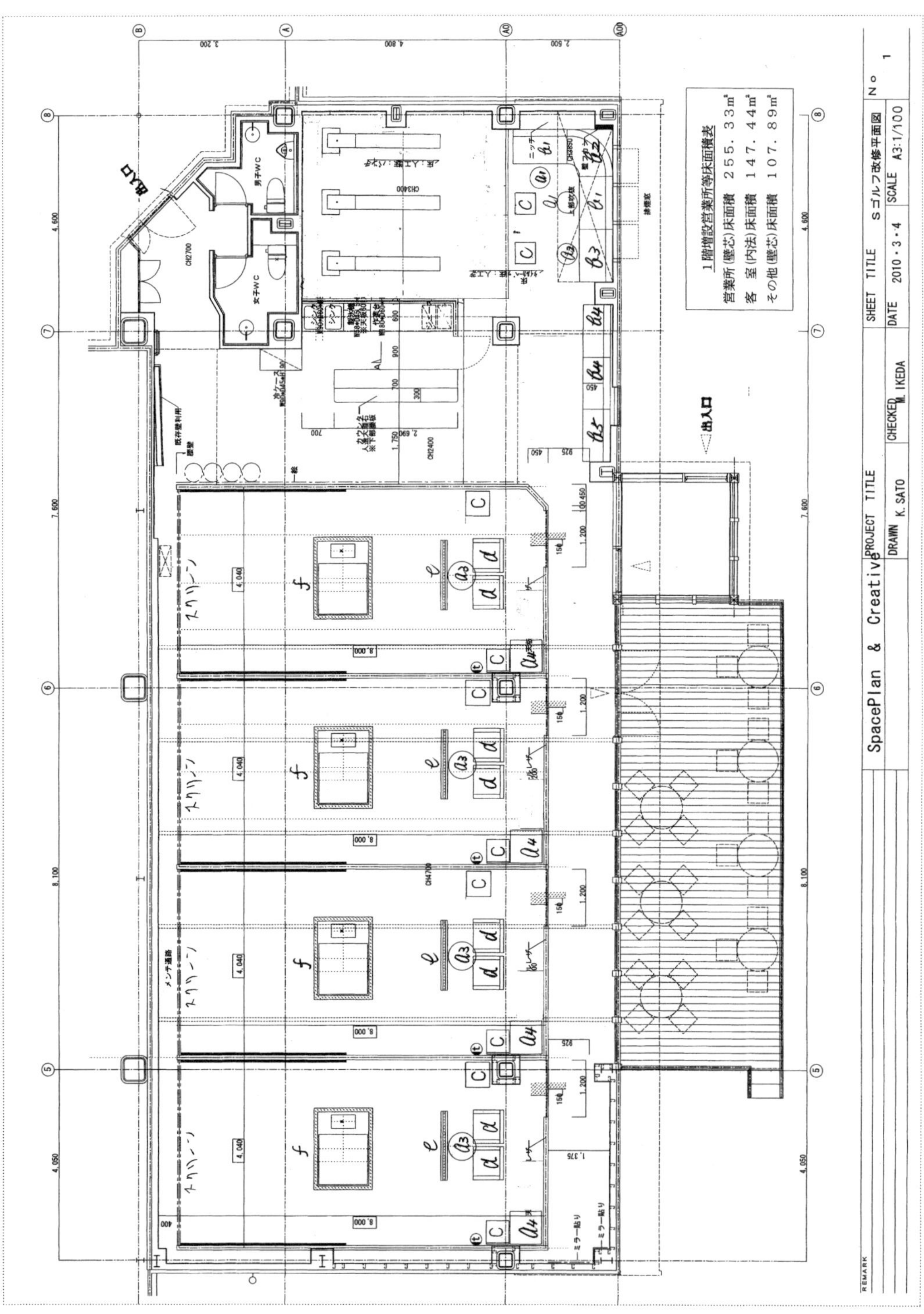
1階増設営業所等床面積表
営業所(壁芯)床面積　255．33m²
客　室(内法)床面積　147．44m²
その他(壁芯)床面積　107．89m²
出入口
男子WC
女子WC
スクリーン
SpacePlan & Creative
PROJECT TITLE
DRAWN K. SATO
CHECKED M. IKEDA
SHEET TITLE Sゴルフ改修平面図
DATE 2010・3・4
SCALE A3:1/100
No 1
REMARK

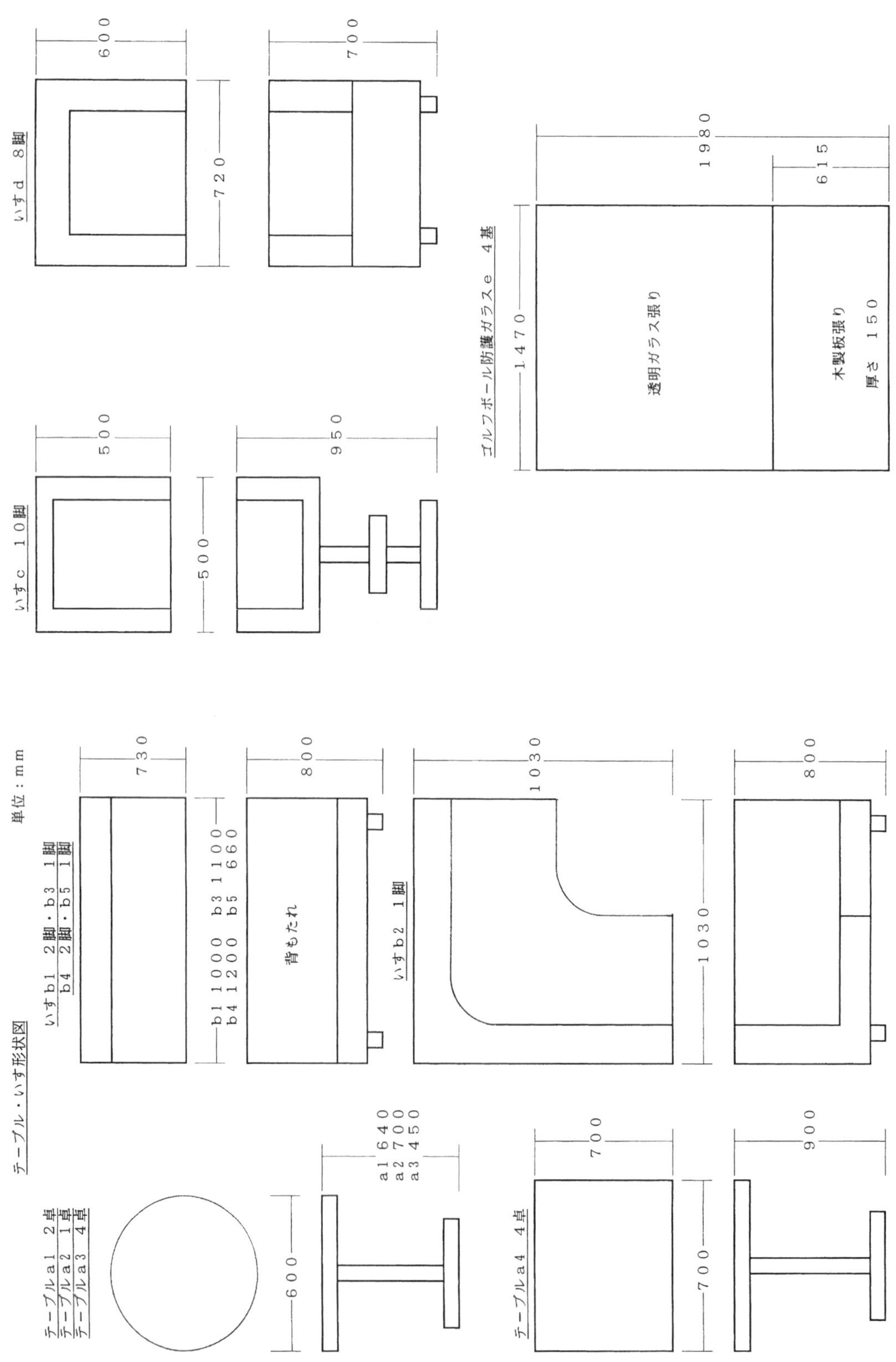
テーブル・いす形状図
単位：mm
テーブルa1　2卓
テーブルa2　1卓
テーブルa3　4卓
a1 640
a2 700
a3 450
600
テーブルa4　4卓
700
700
900
いすb1　2脚・b3　1脚
b4　2脚・b5　1脚
b1 1000　b3 1100
b4 1200　b5 660
背もたれ
730
800
いすb2　1脚
1030
1030
800
いすc　10脚
500
500
950
いすd　8脚
600
720
700
ゴルフボール防護ガラスe　4基
1470
1980
615
透明ガラス張り
木製板張り
厚さ　150

ゴルフゾンパーツｆ寸法

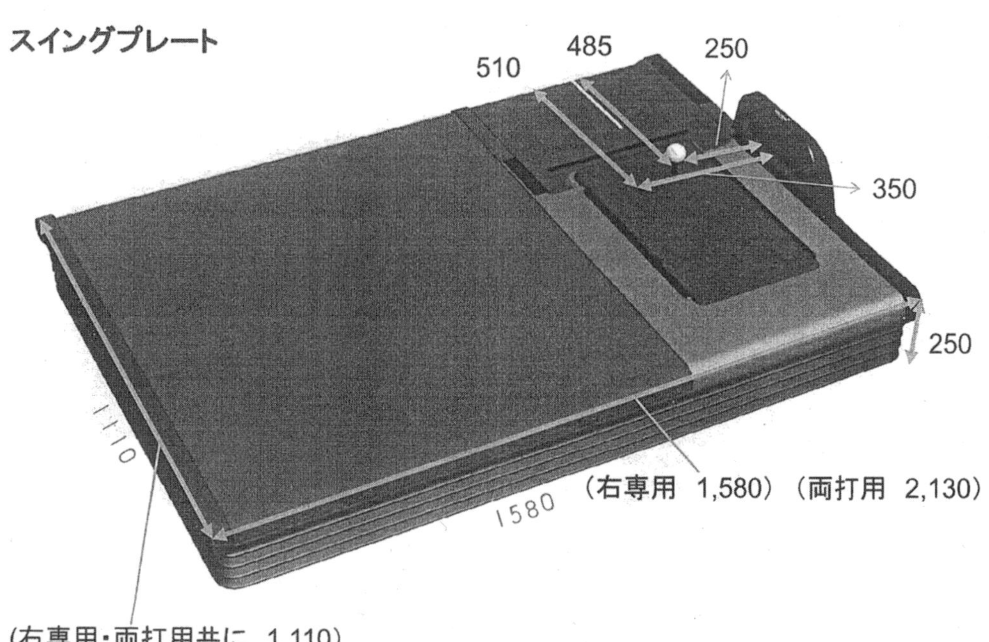

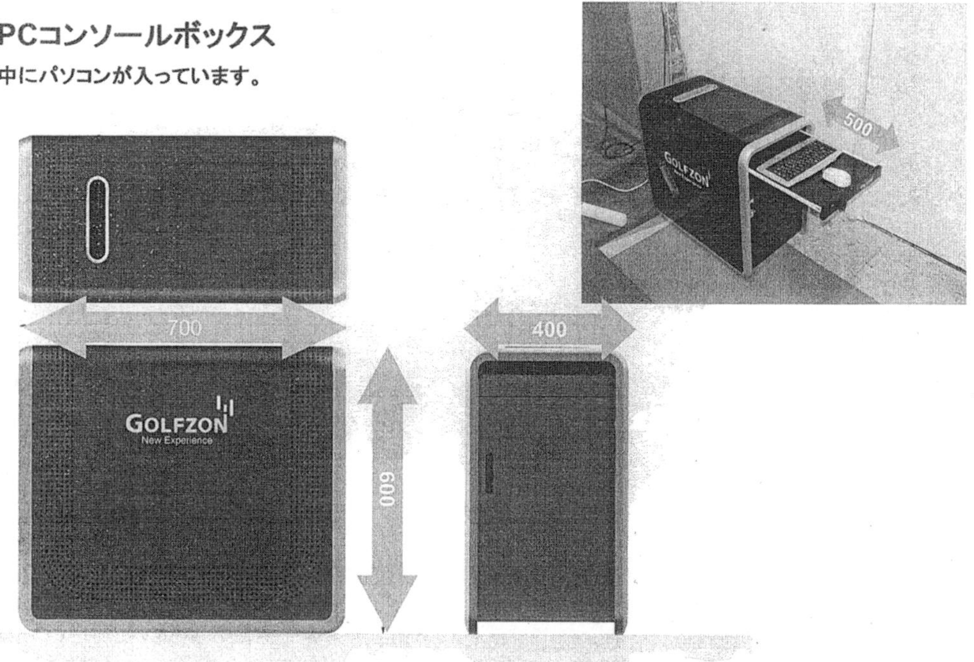

原議保存期間５年
（平成25年12月31日まで）

各管区警察局広域調整部長
警察庁生活安全部長　殿
各道府県警察（方面）本部長

警察庁丁生環発第259号
平成20年９月17日
警察庁生活安全局生活環境課長

新たな形態の８号営業の扱いについて

先般、某県においてゴルフの疑似体験をさせる設備（いわゆる「シミュレーションゴルフ」「バーチャルゴルフ」）を併設する酒類提供飲食店から風俗営業等の規制及び業務の適正化等に関する法律（以下「法」という。）第２条第１項第８号に規定する営業（以下「８号営業」という。）の許可申請がなされた。

同営業は、都市部を中心に出現していると認められるところであるが、今後、各都道府県において同種営業の許可申請等が予想されるところである。

そこで、当該設備の８号営業の該当性、留意事項については下記のとおりであるから、適正な許可事務に配意されたい。

記

１　当該設備の遊技内容等

防球ネット等で区画された区画内の打席から、ゴルフコースの映像が投影された大型スクリーンに向かって、実際にゴルフクラブでボールを打撃することにより、センサーで感知した情報がコンピュータで処理され、スクリーン上に結果としての飛球方向の軌跡やボールの位置、飛距離、スコア等が表示され、いかに少ない打数でボールをカップインさせられるかを競うものである。

遊技には、合計打数・ホール毎等の結果を競う対戦モードや練習モード等の機能を有するものがある。

２　８号営業の該当性

８号営業は、「スロットマシン、テレビゲーム機その他の遊技設備で、本来の用途以外の用途として射幸心をそそるおそれのある遊技に用いることができるもの（国家公安委員会規則で定めるものに限る。）を備える店舗その他これに類する区画された施設において当該遊技設備により客に遊技をさせる営業」であり、次により当該営業は８号営業に該当するものと解される。

⑴　国家公安委員会規則で定める遊技設備の該当性

当該遊技設備は、遊技の結果としてスクリーン上にスコア等が表示されることから、風俗営業等の規制及び業務の適正化等に関する法律施行規則（以下「施行規則」という。）第５条第４号の「遊技の結果が数字、文字その他の記号により表示される遊技設備」に当たるが、同遊技設備は、「人の身体の力を表示する遊技の用に供するものその他射幸心をそそるおそれがある遊技の用に供されないことが明らかであるものを除く。」としているところである。

ア　「人の身体の力を表示する遊技の用に供するものとは、投げた球のスピードを計測するもの、パンチの強さを計測するもの等、人の身体の能力を計測するものいう」（「風俗営業等の規制及び業務の適正化等に関する法律等の解釈運用基準について」（平成18年４月24日付け警察庁丙生環発第16号、丙少発第17号。以下「解釈運用基準」という。）第３－２⑷）とされているが、単に打球の飛距離のみを表示するもの等であれば、人の身体の能力を計測するものに当たると考えられるが、当該設備は、ボールをカップインさせるためには相応の技術力を要するものであるから、人の身体の力を表示する遊技の用に供するものに該当しないと解される。

イ　「射幸心をそそるおそれがある遊技の用に供されないことが明らかであるものとは、同一の条件の下に繰り返し遊技したとしても結果に変わりがない遊技設備」（解釈運用基準第３－２⑷）とされているが、当該設備は、実際のゴルフと同様に偶然性に左右される場合があり、同一の条件の下に繰り返し遊技したとしても、結果に変わりがない遊技設備に当たらないことは明らかである。

⑵　解釈運用基準で定める規制対象外の遊技設備の該当性

規制対象外の遊技設備として、「実物に類似する運転席や操縦席が設けられていて「ドライブゲーム」、「飛行機操縦ゲーム」その他これに類する疑似体験を行わせるゲーム機（戦闘により倒した敵の数を競うもの等、運転や操縦以外の結果が数字等により表示されるものを除く。）」（解釈運用基準第３－２）とされているが、上記のとおり、遊技の結果が数字で表示されることから、規制対象外の遊技設備には該当しない。

以上のことから、当該遊技設備は、施行規則第５条第４号の遊技設備に当たるものと解される。

３　留意事項

⑴　設置環境等による許可の要否

当該設備は、元来、ゴルフショップ等に設置されゴルフクラブの試し打ちや練習等に使用されていたものであろうが、最近では、ゴルフ場やフィットネスクラブ等のスポーツ施設に設置され、レッスンプロやインストラクターの元で指導を受けるといった営業形態も出現している。そのような営業形態であって、レッスンプロやインストラクター等による指導を受けている場合など、営業者の適切な管理の下で、本来の用途として使用され、当該設備が射幸心をそそる遊技の用に供されるおそれがないと明らかに認められる場合には、対象遊技設備に該当しないと解され、許可を要しない。

⑵　遊技設備の占める面積の算出方法

「ゲーム機設置部分を含む店舗の１フロアの客の用に供される部分の床面積に対して客の遊技の用に供される部分（店舗でない区画された部分も含む。）の床面積（当該床面積は、客の占めるスペース、遊技設備の種類等を勘案し、遊技設備の直接占める面積のおおむね３倍として計算するものとする。ただし、１台の遊技設備の直接占める面積の３倍が1.5平方メートルに満たないときは、当該遊技設備に係る床面積は1.5平方メートルとして計算するものとする。）が占める割合が10パーセントを超えない場合は、当面問題を生じないかどうかの推移を見守ることとし、風俗営業の許可を要しない扱いとする。」（解釈運用基準第３―３⑴イ）とされているが、当該遊技設備は、通常、客の占めるスペースは防球ネット内に限られ、当該遊技設備の直接占める面積の３倍計算をする必要はないと解されることから、原則として、防球ネット等で区画された面積を客の遊技の用に供される部分の床面積として計算することとする。

ただし、同伴者の待機エリアが設けられている場合など、防球ネット等で区画された部分以外にも客の用に供される部分が存在する場合には、その面積も加算して計算することとする。

4　パチンコ店等の「構造・設備の変更承認申請書類」と「遊技機の変更承認申請書類」の記載例

○構造・設備の変更承認申請書類

別記様式第11号（第20条関係）

<table>
<tr><td></td><td>※受　理
年 月 日</td><td></td><td>※受　理
番　号</td><td></td><td>※変更承認
年 月 日</td><td></td></tr>
<tr><td colspan="7">変 更 承 認 申 請 書
風俗営業等の規制及び業務の適正化等に関する法律第９条第１項（同法第20条第10項において準用する場合を含む。）の規定により変更の承認を申請します。
埼玉県　公安委員会　殿
平成○○年１１月１日
申請者の氏名又は名称及び住所
東京都足立区○○○町１丁目11番11号
株式会社　足　立　産　業
代表取締役　足　立　太　郎</td></tr>
<tr><td colspan="2">（ふりがな）
氏名又は名称</td><td colspan="5">あだちさんぎょう
株式会社　足　立　産　業</td></tr>
<tr><td colspan="2">住　所</td><td colspan="5">〒（120-0026）
東京都足立区○○○町１丁目11番11号
（03）3881局○○○○番</td></tr>
<tr><td colspan="2">（ふりがな）
法人にあっては、その代表者の氏名</td><td colspan="5">あ だち た ろう
代表取締役　足　立　太　郎</td></tr>
<tr><td colspan="2">（ふりがな）
営業所の名称</td><td colspan="5">ぱちんこるうとよんごうてん
パ チ ン コ ル ー ト ４ 号 店</td></tr>
<tr><td colspan="2">営業所の所在地</td><td colspan="5">〒（330-0802）
埼玉県さいたま市大宮区宮町１丁目○番○号
（048）○○○局○○○○番</td></tr>
<tr><td colspan="2">風俗営業の種別</td><td colspan="5">法第２条第１項第７号の営業（パチンコ店等）</td></tr>
<tr><td colspan="2">許可年月日</td><td colspan="2">平成８年９月16日</td><td colspan="2">許可番号</td><td>第96A0009号</td></tr>
<tr><td rowspan="2">変更事項</td><td colspan="3">新</td><td colspan="3">旧</td></tr>
<tr><td colspan="3">別紙書面のとおり</td><td colspan="3">別紙書面のとおり</td></tr>
<tr><td>変更の事由</td><td colspan="6">別 紙 書 面 の と お り</td></tr>
</table>

<table>
<tr><td>変</td><td colspan="2">新</td><td colspan="2">旧</td></tr>
<tr><td rowspan="6">更
事
項</td><td>営　業　所床面積</td><td>552.98㎡</td><td>営　業　所床面積</td><td>565.18㎡</td></tr>
<tr><td>客　　　室床面積</td><td>404.46㎡</td><td>客　　　室床面積</td><td>319.33㎡</td></tr>
<tr><td>そ　の　他床面積</td><td>148.52㎡</td><td>そ　の　他床面積</td><td>245.85㎡</td></tr>
<tr><td>ぱちんこ遊技機</td><td>162台</td><td>ぱちんこ遊技機</td><td>162台</td></tr>
<tr><td>回 胴 式遊技機</td><td>189台</td><td>回 胴 式遊技機</td><td>106台</td></tr>
<tr><td></td><td>合計　351台</td><td></td><td>合計　268台</td></tr>
<tr><td>変
更
の
事
由</td><td colspan="4">風除室（12.20㎡）の撤去により、営業所床面積が12.20㎡減床し、さらに、客室の床面積を85.13㎡増床したことにより、客室の床面積が404.46㎡、その他の床面積が148.52㎡となったものです。
なお、営業用建物の外壁は既存のままとし、一切手を加えていません。
従前、遊技機総台数が268台であった営業所に、遊技機を83台増台し、遊技機総台数を351台にするものです。</td></tr>
</table>

新

<table>
<tr><td colspan="9">その2(B)（法第2条第1項第7号の営業）</td></tr>
<tr><td rowspan="15">営業所の構造及び設備の概要</td><td colspan="2">建物の構造</td><td colspan="6">鉄骨造陸屋根2階建</td></tr>
<tr><td colspan="2">建物内の営業所の位置</td><td colspan="6">1階全部</td></tr>
<tr><td colspan="2">客室数</td><td colspan="2">1　室</td><td colspan="2">営業所の床面積</td><td colspan="2">552.98㎡</td></tr>
<tr><td rowspan="2">客室の総床面積</td><td rowspan="2">404.46㎡</td><td rowspan="2">各客室の床面積</td><td colspan="3">404.46㎡</td><td colspan="2">以下余白　㎡</td></tr>
<tr><td colspan="3">㎡</td><td colspan="2">㎡</td></tr>
<tr><td colspan="2">照明設備</td><td colspan="6">別紙「照明設備図」のとおり</td></tr>
<tr><td colspan="2">音響設備</td><td colspan="6">別紙「音響設備図」のとおり</td></tr>
<tr><td colspan="2">防音設備</td><td colspan="6">別紙「防音設備図」のとおり</td></tr>
<tr><td rowspan="6">遊技設備</td><td rowspan="2">まあじゃん台の台数</td><td colspan="2">普通台</td><td colspan="2">半自動台</td><td>全自動台</td><td>計</td></tr>
<tr><td colspan="2">台</td><td colspan="2">台</td><td>台</td><td>台</td></tr>
<tr><td rowspan="3">法第四条第四項に規定する営業に係る遊技機</td><td>区分</td><td>ぱちんこ遊技機</td><td>回胴式遊技機</td><td>アレンジボール遊技機</td><td>じゃん球遊技機</td><td>その他の遊技機</td></tr>
<tr><td>型式数</td><td>9型式</td><td>11型式</td><td>型式</td><td>型式</td><td>型式</td></tr>
<tr><td>台数</td><td>162台</td><td>189台</td><td>台</td><td>台</td><td>台</td></tr>
<tr><td>その他の遊技設備</td><td colspan="6">該当なし</td></tr>
<tr><td colspan="2">その他</td><td colspan="6">営業所の出入口は2カ所とします。</td></tr>
<tr><td colspan="3">※　風俗営業の種類</td><td colspan="6"></td></tr>
<tr><td colspan="3">※　兼　業</td><td colspan="6"></td></tr>
<tr><td colspan="3">※　同時申請の有無</td><td colspan="2">①　有　　②　無</td><td colspan="2">※　受理警察署長</td><td colspan="2"></td></tr>
<tr><td rowspan="3">※条件</td><td colspan="2">年　月　日</td><td colspan="6"></td></tr>
<tr><td colspan="2">年　月　日</td><td colspan="6"></td></tr>
<tr><td colspan="2">年　月　日</td><td colspan="6"></td></tr>
</table>

（遊技機の計：20型式、351台）

旧

<table>
<tr><td colspan="10">その2(B)（法第2条第1項第7号の営業）</td></tr>
<tr><td rowspan="15">営業所の構造及び設備の概要</td><td colspan="3">建物の構造</td><td colspan="6">鉄骨造陸屋根2階建</td></tr>
<tr><td colspan="3">建物内の営業所の位置</td><td colspan="6">1階全部</td></tr>
<tr><td colspan="3">客室数</td><td colspan="2">1　室</td><td colspan="2">営業所の床面積</td><td colspan="2">565.18㎡</td></tr>
<tr><td colspan="2" rowspan="2">客室の総床面積</td><td rowspan="2">319.33㎡</td><td rowspan="2">各客室の床面積</td><td colspan="2">319.33㎡</td><td colspan="3">以下余白　㎡</td></tr>
<tr><td colspan="2">㎡</td><td colspan="3">㎡</td></tr>
<tr><td colspan="3">照明設備</td><td colspan="6">別紙「照明設備図」のとおり</td></tr>
<tr><td colspan="3">音響設備</td><td colspan="6">別紙「音響設備図」のとおり</td></tr>
<tr><td colspan="3">防音設備</td><td colspan="6">別紙「防音設備図」のとおり</td></tr>
<tr><td rowspan="6">遊技設備</td><td rowspan="2">まあじゃん台の台数</td><td colspan="2">普通台</td><td colspan="2">半自動台</td><td colspan="2">全自動台</td><td>計</td></tr>
<tr><td colspan="2">台</td><td colspan="2">台</td><td colspan="2">台</td><td>台</td></tr>
<tr><td rowspan="3">法第四条第四項に規定する営業に係る遊技機</td><td>区分</td><td>ぱちんこ遊技機</td><td>回胴式遊技機</td><td>アレンジボール遊技機</td><td>じゃん球遊技機</td><td>その他の遊技機</td><td>計</td></tr>
<tr><td>型式数</td><td>9型式</td><td>10型式</td><td>型式</td><td>型式</td><td>型式</td><td>19型式</td></tr>
<tr><td>台数</td><td>162台</td><td>106台</td><td>台</td><td>台</td><td>台</td><td>268台</td></tr>
<tr><td colspan="2">その他の遊技設備</td><td colspan="6">該当なし</td></tr>
<tr><td colspan="3">その他</td><td colspan="6">営業所の出入口は4カ所とします。</td></tr>
<tr><td colspan="4">※　風俗営業の種類</td><td colspan="6"></td></tr>
<tr><td colspan="4">※　兼業</td><td colspan="6"></td></tr>
<tr><td colspan="4">※　同時申請の有無</td><td colspan="2">①　有　　②　無</td><td colspan="2">※　受理警察署長</td><td colspan="2"></td></tr>
<tr><td rowspan="3">※条件</td><td colspan="3">年　月　日</td><td colspan="6"></td></tr>
<tr><td colspan="3">年　月　日</td><td colspan="6"></td></tr>
<tr><td colspan="3">年　月　日</td><td colspan="6"></td></tr>
</table>

〔空　　白〕

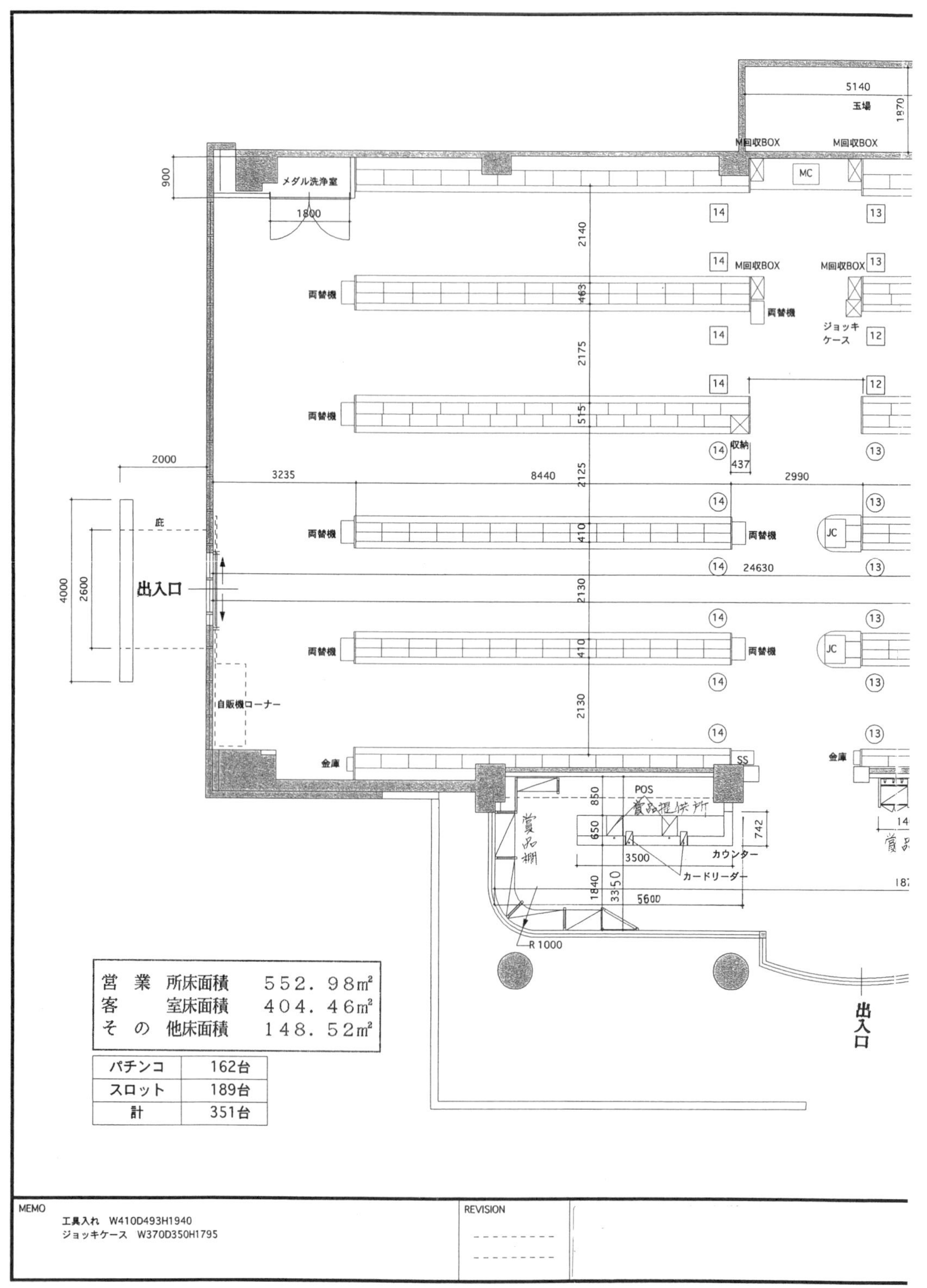

営業所床面積	552.98㎡
客室床面積	404.46㎡
その他床面積	148.52㎡

パチンコ	162台
スロット	189台
計	351台

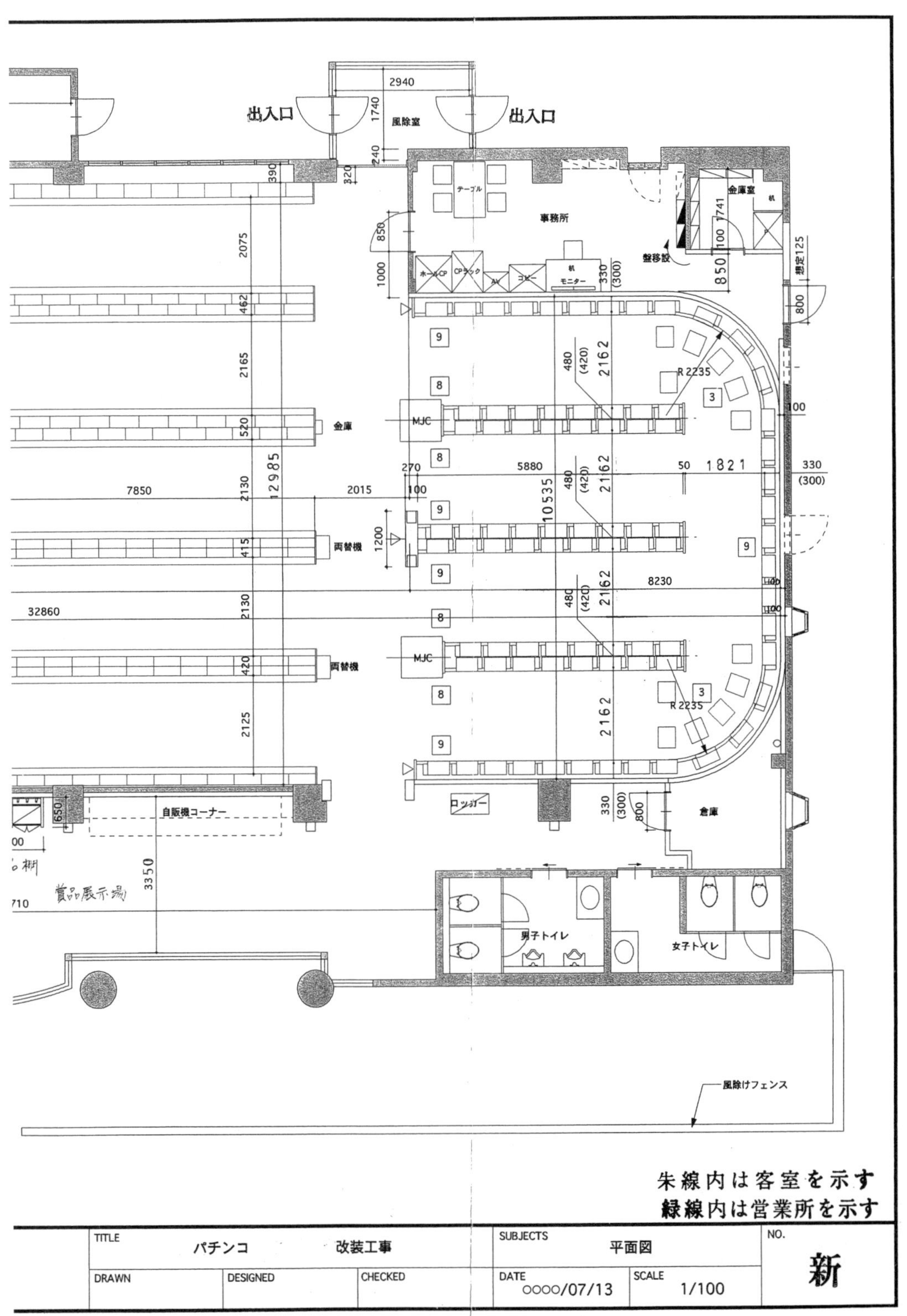
出入口
風除室
出入口
事務所
金庫室
テーブル
ホールCP
CPラック
AV
コピー
机
モニター
金庫
両替機
両替機
MJC
MJC
自販機コーナー
ロッカー
倉庫
男子トイレ
女子トイレ
賞品展示場
風除けフェンス
朱線内は客室を示す
緑線内は営業所を示す
TITLE
パチンコ　改装工事
SUBJECTS
平面図
NO.
新
DRAWN
DESIGNED
CHECKED
DATE
0000/07/13
SCALE
1/100

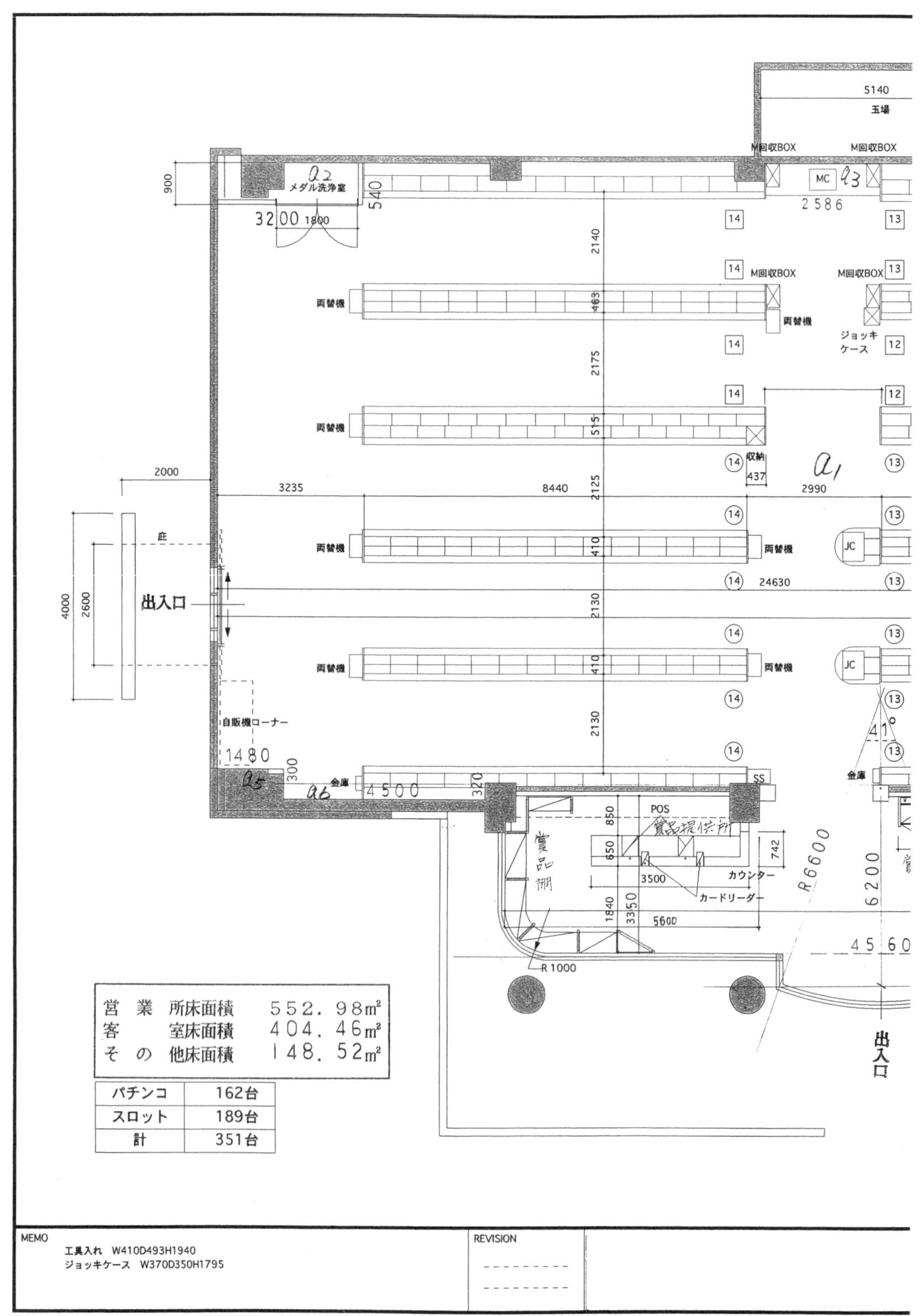

営業所床面積	552.98㎡
客室床面積	404.46㎡
その他床面積	148.52㎡

パチンコ	162台
スロット	189台
計	351台

MEMO
工具入れ　W410D493H1940
ジョッキケース　W370D350H1795

REVISION

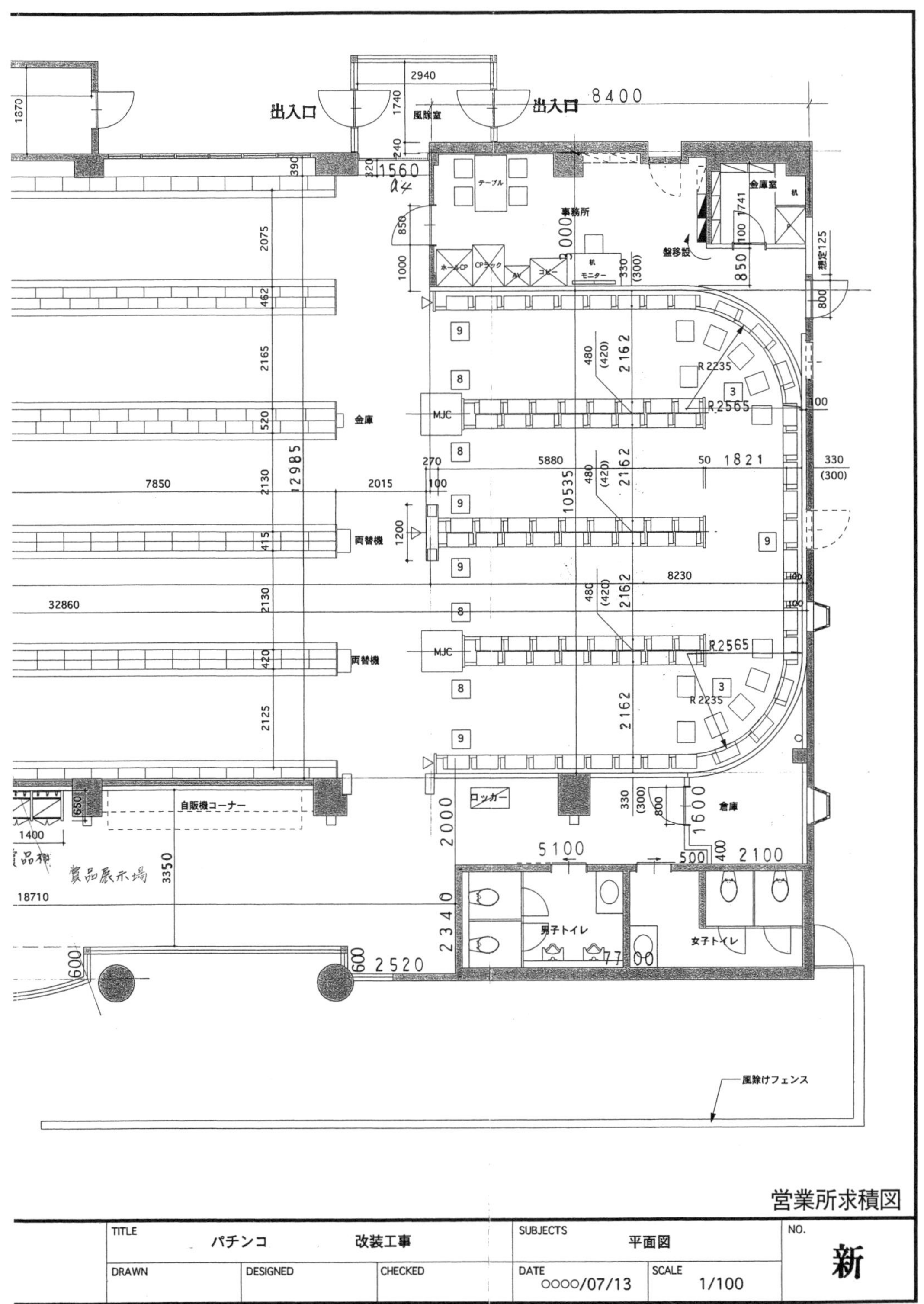
出入口
風除室
出入口
事務所
テーブル
金庫室
盤移設
机
モニター
ホールCP
CPラック
コピー
金庫
両替機
両替機
MJC
MJC
ロッカー
倉庫
自販機コーナー
賞品展示場
男子トイレ
女子トイレ
風除けフェンス
営業所求積図
TITLE
パチンコ　改装工事
SUBJECTS
平面図
NO.
新
DRAWN
DESIGNED
CHECKED
DATE
○○○○/07/13
SCALE
1/100

新

[営業所面積求積表]

（小数点第３位以下は四捨五入）

営業所床面積（壁芯面積）　404.46（客室）＋148.52（その他）　＝552.98㎡

客室床面積（内法面積）　Ａ＋Ｂ＝320.59＋83.87　＝404.46㎡

Ａ＝ａ１－ａ２＋ａ３＋ａ４－ａ５＋ａ６　＝320.59㎡

ａ１＝24.63×12.985＝319.82
ａ２＝3.20×0.54　＝△1.72
ａ３＝2.586×0.39　＝　1.00
ａ４＝1.56×0.32　＝　0.49
ａ５＝1.48×0.30　＝△0.44
ａ６＝4.50×0.32　＝　1.44

Ｂ＝8.23×10.535－（$2 \times 2.565^2 - 2 \times 1/4 \times 3.14 \times 2.565^2$）
＝86.70－（13.15－10.32）　＝83.87㎡

その他床面積（壁芯面積）　①＋②＋③＋④＋⑤＋⑥＋⑦＋⑧　＝148.52㎡

その他面積の内訳

①　メダル洗浄室　3.20×0.90　＝2.88㎡

②　玉場　5.14×1.87　＝9.61㎡

③　風除室　2.94×1.74＋1.56×0.24＝5.11＋0.37　＝5.48㎡

④　事務所　8.40×3.00＋（$2.565^2 - 1/4 \times 3.14 \times 2.565^2$）
＝25.20＋1.41　＝26.61㎡

⑤　倉庫　2.60×1.60＋2.1×0.40＋（$2.565^2 - 1/4 \times 3.14 \times 2.565^2$）
＝4.16＋0.84＋1.41　＝6.41㎡

⑥　男・女トイレ　7.70×2.34　＝18.01㎡

⑦　賞品コーナー　18.71×3.35－（$1.00^2 - 1/4 \times 3.14 \times 1.00^2$）
＋4.56×0.60＋（$41/360 \times 3.14 \times 6.60^2$
－$1/2 \times 4.56 \times 6.20$）＋2.52×0.60＋5.1×2.00＋0.5×0.4
＝62.67－0.22＋2.73＋1.44＋1.51＋10.20＋0.20　＝78.53㎡

（内賞品交換所　3.50×1.50＝5.25㎡）

⑧　その他の壁等　148.52－147.53（①～⑦）　＝0.99㎡

防　音　設　備　図

構造　鉄骨造陸屋根2階建

天井　軽鉄下地PB貼りAFP塗装仕上げ

外壁　鉄骨・鉄筋コンクリート造り

内壁　基本壁補修PB貼りAFP塗装仕上げ

床　コンクリートスラブモルタル塗り塩ビタイル貼り

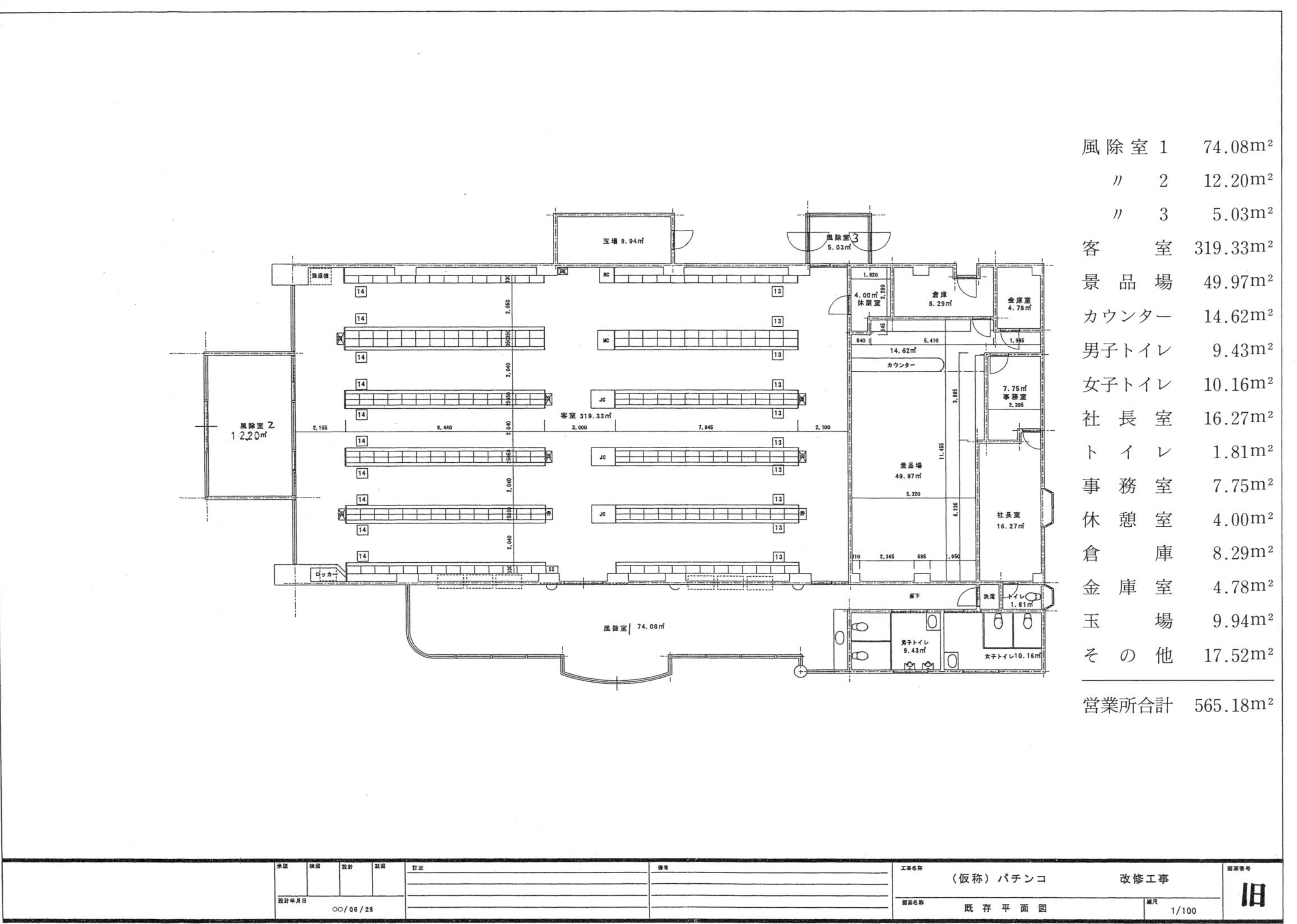
風除室1　74.08m²
〃　2　12.20m²
〃　3　5.03m²
客　室　319.33m²
景品場　49.97m²
カウンター　14.62m²
男子トイレ　9.43m²
女子トイレ　10.16m²
社長室　16.27m²
トイレ　1.81m²
事務室　7.75m²
休憩室　4.00m²
倉　庫　8.29m²
金庫室　4.78m²
玉　場　9.94m²
その他　17.52m²
営業所合計　565.18m²
（仮称）パチンコ　改修工事
既存平面図
1/100
旧
○○/06/28

○遊技機の変更承認申請書類

別記様式第11号（第20条関係）

	※受理年月日		※受理番号		※変更承認年月日	

変更承認申請書

風俗営業等の規制及び業務の適正化等に関する法律第9条第1項（同法第20条第10項において準用する場合を含む。）の規定により変更の承認を申請します。

埼玉県　公安委員会　殿

平成○○年11月1日
申請者の氏名又は名称及び住所
東京都足立区○○○町1丁目11番11号
株式会社　足　立　産　業
代表取締役　足　立　太　郎

（ふりがな）	あだちさんぎょう		
氏名又は名称	株式会社　足　立　産　業		
住所	〒（120-0026） 東京都足立区○○○町1丁目11番11号 （03）3881局○○○○番		
（ふりがな）	あ だち た ろう		
法人にあっては、その代表者の氏名	代表取締役　足　立　太　郎		
（ふりがな）	ぱちんこるうとよんごうてん		
営業所の名称	パチンコルート4号店		
営業所の所在地	〒（330-0802） 埼玉県さいたま市大宮区宮町1丁目○番○号 （048）○○○局○○○○番		
風俗営業の種別	法第2条第1項第7号の営業（パチンコ店等）		
許可年月日	平成8年9月16日	許可番号	第96A0009号

変更事項	新		旧	
	1　CR新海物語M8Z	54台	1　CR新海物語M27	54台
	2　CR幕末の風FN	13台	2　ミルキーバー	8台
	3　CR新銭形くんR	13台	3　CR暴れん坊将軍C	6台
	4　ゴーゴージャグラーV	6台	4　CRフィーバーマジックパーティーJXα	6台
	5　ボンバーパワフル	7台	5　CR花満開極GS	6台
	6　ホクトノケン	49台	6　キョジンノホシ	6台
	7　ヨシムネS	10台		
	8　シュヤクハゼニガタ	17台		
	合計	169台	合計	86台
変更の事由	遊技機入れ替え169台。			

［遊 技 機 入 替 状 況］

平成〇〇年11月01日

番号	遊技機の名称	認定・検定番号	入替前の台数	今回の入替		入替後の台数
				減らした数	増やした数	
1	CR 新海物語Ｍ８Ｚ	平〇〇.04.23 第301098号	0	0	54	54
2	CR 新海物語 M27	平〇〇.11.29 第200757号	82	54	0	28
3	CR 新海物語 M56	平〇〇.02.28 第200944号	26	0	0	26
4	CR ポパイ FN	平〇〇.05.21 第400216号	7	0	0	7
5	CR がんばれ！！ロボコン MB	平〇〇.03.19 第400048号	7	0	0	7
6	CR 幕末の風 FN	平〇〇.07.02 第400321号	0	0	13	13
7	CR 新銭形くんＲ	平〇〇.05.21 第400186号	0	0	13	13
8	CR ニューロードスターＶ	平〇〇.06.12 第520146号	6	0	0	6
9	ナナシー	平〇〇.06.22 第520087号	8	0	0	8
10	ホクトノケン	平〇〇.10.24 第340635号	52	0	0	52
11	アントニオイノキジシンガパチスロキ	平〇〇.11.07 第340664号	6	0	0	6
12	デジフラッシュ	平〇〇.05.28 第440174号	8	0	0	8
13	キングパルサーエース	平〇〇.10.24 第340645号	7	0	0	7
14	ゴーゴージャグラーＶ	平〇〇.01.16 第240131号	0	0	6	6
15	ジャグラーガール	平〇〇.02.14 第240903号	6	0	0	6
16	スーパービンゴ	平〇〇.08.02 第240312号	7	0	0	7
17	ボンバーパワフル	平〇〇.06.25 第440279号	0	0	7	7
18	テッケンＲ	平〇〇.04.23 第440008号	7	0	0	7
19	ホクトノケン	平〇〇.10.24 第340635号	0	0	49	49
20	ヨシムネＳ	平〇〇.07.25 第340413号	7	0	10	17
21	シュヤクハゼニガタ	平〇〇.04.09 第440055号	0	0	17	17
22	ミルキーバー	平〇〇.07.13 第520195号	8	8	0	0
23	CR 暴れん坊将軍Ｃ	平〇〇.02.13 第301039号	6	6	0	0
24	CR フィーバーマジックパーティー JXα	平〇〇.04.23 第400192号	6	6	0	0
25	CR 花満開極 GS	平〇〇.02.27 第301048号	6	6	0	0
26	キョジンノホシ	平〇〇.09.06 第240405号	6	6	0	0
合計			268台	86台	169台	351台

遊技機の配置図

⑮

612	613	615	616	617	618	620	621	622	623	625	626	627	628	630

19　ホクトノケン　15台　新台

⑨

611	610	608	607	606	605	603	602	601	
19	ホクトノケン　9台 新台								
19	ホクトノケン　8台 新台								
715	716	717	718	720	721	722	723	⑧	
713	712	711	710	708	707	706	705	⑧	
21	シュヤクハゼニガタ　8台新台								
21	シュヤクハゼニガタ　9台新台								
683	685	686	687	688	700	701	702	703	
682	681	680	678	677	676	675	673	672	
20	ヨシムネS　9台 新台								
20	ヨシムネS　8台 新台								
662	663	665	666	667	668	670	671	⑧	
661	660	658	657	656	655	653	652	⑧	
19	ホクトノケン　8台 新台								
19	ホクトノケン　9台 新台								
631	632	633	635	636	637	638	650	651	

033	032	031	030	028	027	026	025
1	CR新海物語M8Z						
1	CR新海物語M8Z						
035	036	037	038	050	051	052	053
121	120	118	117	116	115	113	112
3	CR新海物語M56						
3	CR新海物語M56						
122	123	125	126	127	128	130	131
208	207	206	205	203	202	201	200
6	CR幕末の風FN						
7	CR新銭形くんR						
210	211	212	213	215	216	217	218
332	331	330	328	327	326	325	323
10	ホクトノケン						
10	ホクトノケン						
333	335	336	337	338	350	351	352
518	517	516	515	513	512	511	510
14	ゴーゴージャグラーV　6台 新台					13	キ
15	ジャグラーガール　6台					16	
520	521	522	523	525	526	527	528

遊技機の名称

	番号	遊技機の台番号	遊技機の名称	台数
新台	1	001~077	CR新海物語M8Z	54
	2	078~105 138~165	CR新海物語M27	28
	3	106~137	CR新海物語M56	26
移動台	4	166~173	CRポパイFN	7
移動台	5	175~182	CRがんばれ!!ロボコンMB	7
新台	6	183~208	CR幕末の風FN	13
新台	7	210~225	CR新銭形くんR	13
	8	226~232	CRニューロードスターV	6
	9	233~252	ナナシー	8
	10	301~375	ホクトノケン	52

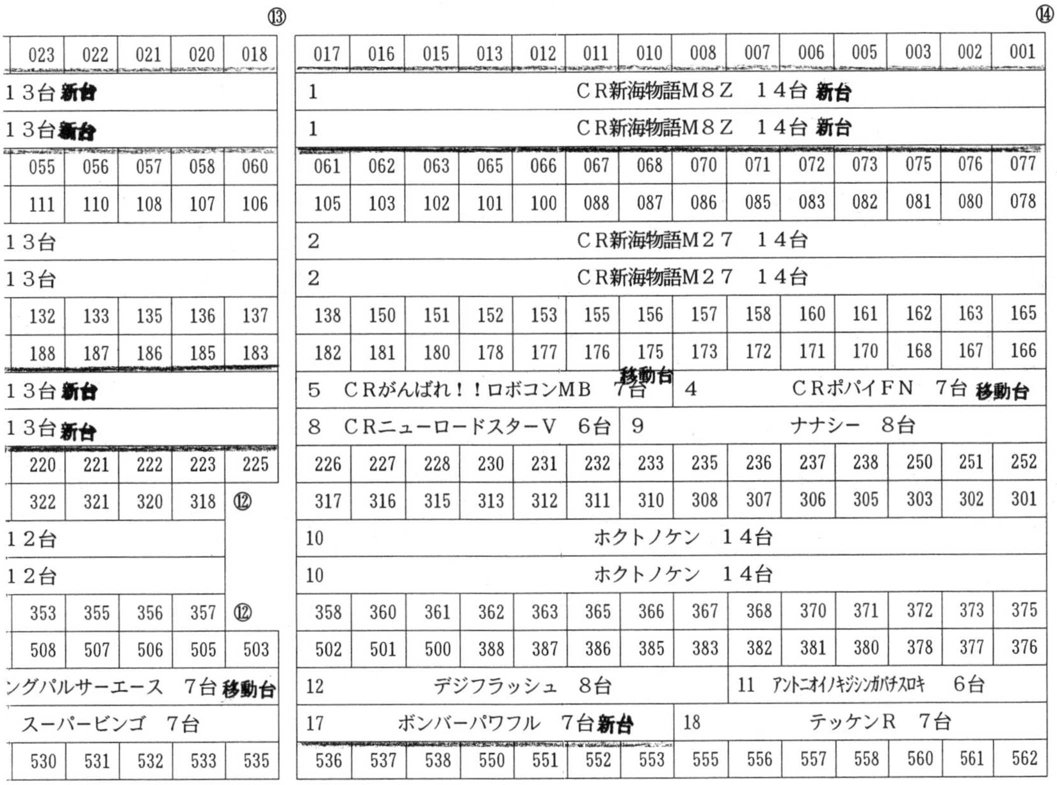

⑬

023	022	021	020	018
13台 新台				
13台 新台				
055	056	057	058	060
111	110	108	107	106
13台				
13台				
132	133	135	136	137
188	187	186	185	183
13台 新台				
13台 新台				
220	221	222	223	225
322	321	320	318	⑫
12台				
12台				
353	355	356	357	⑫
508	507	506	505	503
ングパルサーエース　7台 移動台				
スーパービンゴ　7台				
530	531	532	533	535

⑭

017	016	015	013	012	011	010	008	007	006	005	003	002	001
1　ＣＲ新海物語Ｍ８Ｚ　１４台 新台													
1　ＣＲ新海物語Ｍ８Ｚ　１４台 新台													
061	062	063	065	066	067	068	070	071	072	073	075	076	077
105	103	102	101	100	088	087	086	085	083	082	081	080	078
2　ＣＲ新海物語Ｍ２７　１４台													
2　ＣＲ新海物語Ｍ２７　１４台													
138	150	151	152	153	155	156	157	158	160	161	162	163	165
182	181	180	178	177	176	175	173	172	171	170	168	167	166
5　ＣＲがんばれ！！ロボコンMB　7台 移動台							4　ＣＲポパイＦＮ　7台 移動台						
8　ＣＲニューロードスターＶ　6台						9　ナナシー　8台							
226	227	228	230	231	232	233	235	236	237	238	250	251	252
317	316	315	313	312	311	310	308	307	306	305	303	302	301
10　ホクトノケン　１４台													
10　ホクトノケン　１４台													
358	360	361	362	363	365	366	367	368	370	371	372	373	375
502	501	500	388	387	386	385	383	382	381	380	378	377	376
12　デジフラッシュ　8台								11　アントニオイノキジシンガパチスロキ　6台					
17　ボンバーパワフル　7台 新台							18　テッケンＲ　7台						
536	537	538	550	551	552	553	555	556	557	558	560	561	562

	１１	376~382	アントニオイノキジシンガパチスロキ	6
	１２	383~502	デジフラッシュ	8
移動台	１３	503~511	キングパルサーエース	7
新台	１４	512~518	ゴーゴージャグラーV	6
	１５	520~526	ジャグラーガール	6
	１６	527~535	スーパービンゴ	7
新台	１７	536~553	ボンバーパワフル	7
	１８	555~562	テッケンR	7
新台	１９	601~661 715~723	ホクトノケン	49
新台	２０	662~682	ヨシムネS	17
新台	２１	683~713	シュヤクハゼニガタ	17
	合計			351

5　合併承認申請書類の記載例

別記様式第８号（第15条関係）

	※受理年月日		※受理番号		※合併承認年月日	

合併承認申請書

風俗営業等の規制及び業務の適正化等に関する法律第７条の２第１項の規定により合併の承認を申請します。

平成○○年１１月１日

東京都　公安委員会　殿

申請者の名称及び住所（存続会社）
東京都荒川区○○○町１丁目10番10号
株式会社　荒　川　産　業
代表取締役　荒　川　太　郎　㊞

申請者の名称及び住所（消滅会社）
東京都足立区○○○町１丁目１番11号
株式会社　足　立　産　業
代表取締役　足　立　太　郎　㊞

（ふりがな）	かぶしきがいしゃ　あらかわさんぎょう		
合併後存続し、又は合併により設立される法人の名称	株式会社　荒川産業		
合併後存続し、又は合併により設立される法人の住所	〒（116-8501） 東京都荒川区○○○町１丁目10番10号 （03）3802局○○○○番		
（ふりがな）	ぱちんこるうとななごうてん		
営業所の名称	パチンコルート７号店		
営業所の所在地	〒（116-8501） 東京都荒川区○○○町１丁目10番10号 （03）3802局○○○○番		
風俗営業の種別	法第２条第１項第７号の営業（パチンコ店等）		
許可年月日	平成13年４月20日	許可番号	第○○○○号
（ふりがな）	かぶしきがいしゃ　あだちさんぎょう		
合併後消滅する風俗営業者たる法人の名称	株式会社　足立産業		
合併後消滅する風俗営業者たる法人の住所	〒（120-0026） 東京都足立区○○○町１丁目１番11号 （03）3881局○○○○番		
（ふりがな）	あだち　たろう		
合併後消滅する風俗営業者たる法人の代表者の氏名	代表取締役　足立太郎		
合併後消滅する法人の名称	該当なし		

合併後消滅する法人の住所	該当なし		
（ふりがな） 合併後消滅する法人の代表者の氏名	該当なし		
合併予定年月日	平成○○年12月31日		
合併の理由	経営上の都合により、株式会社荒川産業が株式会社足立産業を吸収合併するものです。		
※　風俗営業の種類			
※　同時申請の有無	①　有　　②　無	※　受理警察署長	

合併後存続する株式会社荒川産業の役員の氏名及び住所

	（あらかわたろう）	
代表取締役	荒川太郎	東京都荒川区○○○町1丁目10番10号
	（あらかわじろう）	
取締役	荒川次郎	東京都荒川区○○○町1丁目10番10号
	（あらかわさぶろう）	
取締役	荒川三郎	東京都荒川区○○○町1丁目10番10号
	（あらかわしろう）	
監査役	荒川四郎	東京都荒川区○○○町1丁目10番10号

その他の添付書類

1．合併後存続する株式会社荒川産業の登記事項証明書

2．合併後消滅する株式会社足立産業の登記事項証明書

3．合併後存続する株式会社荒川産業の役員（就任予定者を含む。）に係る

・法第4条第1項第1号から第7号の2までに掲げる者のいずれにも該当しないことを誓約する書面（後掲参照）

・住民票の写し

・成年被後見人又は被保佐人に該当しない旨の登記事項証明書

・成年被後見人とみなされる者、被保佐人とみなされる者、準禁治産者又は破産者で復権を得ないものに該当しない旨の市町村（特別区を含む。）の長の（身分）証明書

〔役員用〕

誓　約　書

株式会社荒川産業の役員である私共は、風俗営業等の規制及び業務の適正化等に関する法律第4条第1項第1号から第7号の2までに掲げる者のいずれにも該当しないことを誓約します。

営業所の所在地　　東京都荒川区○○○町1丁目10番10号

営業所の名称　　パチンコルート7号店

平成○○年11月1日

氏　名　代表取締役　荒川　太郎　㊞

氏　名　取　締　役　荒川　次郎　㊞

氏　名　取　締　役　荒川　三郎　㊞

氏　名　監　査　役　荒川　四郎　㊞

東京都　公安委員会　殿

合　併　契　約　書

株式会社荒川産業（以下甲という。）と株式会社足立産業（以下乙という。）とは、経営の合理化と販路を拡張し、競争力を強化するために次のとおり合併契約を締結する。

（合併の方式）
第１条　甲及び乙は合併して、甲は存続し、乙は解散する。

（定款の変更）
第２条　甲は、合併により次のとおり定款を変更する。

（発行する株式の総数）
第５条　当会社の発行する株式の総数は、8,000株とする。

（取締役及び監査役の員数）
第20条　当会社の取締役は８名以内、監査役は２名以内とする。

（合併に際しての新株式の発行及び割当て）
第３条　甲は、合併に際して普通株式1,000株を発行し、合併期日前日の乙の株主名簿に記載された株主に対して、その所有する乙の株式１株につき甲の株式１株の割合をもって割り当て交付する。

（増加すべき資本金、資本準備金その他）
第４条　甲が合併により増加すべき資本の額、資本準備金、利益準備金、任意積立金その他の留保利益の額は、次のとおりとする。

１　増加すべき資本金　　金5,000万円とする。
２　資本準備金　　合併差益の額から第３号及び第４号の金額を控除した額
３　利益準備金　　金600万円及び乙が平成○○年３月31日に終了する営業期の利益処分により積み立てる額
４　任意積立金その他留保利益の額
金800万円並びに乙が平成○○年３月31日に終了する営業期の利益処分に基づき加減する特別積立金の額及び留保する利益の額。但し、積み立てるべき項目は、甲・乙協議のうえ決定する。

②　合併差益の額が、前項第３号以下の金額の合計に満たないときは、第４号、３号の順に、その増加額を合併差益の額まで減少する。

（合併期日）
第５条　合併期日は、平成○○年７月５日とする。但し、合併手続きの進行に応じ、必要があるときは甲・乙協議してこれを変更することができる。

（会社財産の引継ぎ）

第６条　乙は、平成○○年３月31日現在の貸借対照表、財産目録その他同日現在の計算書を基礎とし、その資産、負債及び権利義務の一切を合併期日において甲に引き継ぐ。

②　乙は、平成○○年４月１日から合併期日に至る間の資産及び負債の変動につき、別途に計算書を添付して、その内容を甲に明示する。

（会社財産の善管注意義務）

第７条　甲及び乙は、本契約締結後合併期日に至るまで、善良なる管理者の注意をもってそれぞれ業務を執行し、かつ、一切の財産を管理・運営するものとし、その財産及び権利義務に重要なる影響を及ぼす事項を行う場合には、あらかじめ甲・乙協議をして、合意のうえこれを実行する。

（利益処分に関する協議）

第８条　甲及び乙は、平成○○年３月31日に終了する営業期について、それぞれ従前の例にならい利益処分を行う。

②　前項の利益処分に関する議案の作成については、あらかじめ甲・乙協議する。

（利益配当の起算日）

第９条　甲が第３条により、合併に際して乙の株主に対して割り当て発行する株式に対する利益配当金は、平成○○年４月１日（平成○○年７月５日として、合併交付金を支払うこととしてもよい。）から起算するものとし、平成○○年４月１日以降合併期日に至る間の配当相当額に見合う合併交付金の支払いは行わない。

（従業員の引継ぎ）

第10条　甲は、乙の従業員全員を合併期日において引き継ぐ。なお、勤続年数については、乙における計算方式による年数を通算し、その他については甲・乙協議して決定する。

（取締役及び監査役の選任）

第11条　合併に際して就任すべき甲の取締役及び監査役は、次のとおりである。

取締役　荒川太郎、荒川次郎、荒川三郎

監査役　荒川四郎

（取締役・監査役の退職慰労金）

第12条　乙の取締役又は監査役で前条により合併に際して甲の取締役又は監査役に就任しなかった者に対する退職慰労金については、次条に規定する平成○○年５月25日開催の定時株主総会において乙の賃金規定に従って決定し、合併後遅滞なく甲において支払う。

（合併承認総会）

第13条　甲は平成○○年5月25日開催の定時株主総会において、乙は平成○○年5月26日開催の定時株主総会において、それぞれ本契約の承認及び合併に必要な事項について決議を求める。但し、やむを得ない事情があるときは、甲・乙協議のうえこの期日を変更することができる。

（合併条件の変更、契約の解除）

第14条　本契約締結の日から合併期日に至る間において、天災地変その他の事由により、甲又は乙の資産若しくは経営状態に重大な変動を生じたときは、甲・乙協議のうえ合併条件を変更し、又は本契約を解除することができる。

（合併契約の効力）

第15条　本契約は第13条に定める甲及び乙の株主総会の承認を得たときにその効力を生じ、法令に定められた関係官庁の承認が得られないときは、その効力を失う。

（本契約に定めなき事項）

第16条　本契約に定めるもののほか、合併に関し必要な事項は本契約の趣旨に従って、甲・乙協議のうえこれを決定する。

本契約の成立を証するため、契約書2通を作成し、甲・乙記名・押印のうえ各1通を保有する。

平成○○年3月15日

東京都荒川区○○町1丁目10番10号
（甲）　株式会社荒川産業
代表取締役　荒川　太郎　㊞

東京都足立区○○町1丁目1番11号
（乙）　株式会社足立産業
代表取締役　足立　太郎　㊞

参考文献

1　勝田一男著『合併／解散／継続／清算の登記ハンドブック』2002年　中央経済社
2　勝田一男著『合併手続の簡素化と登記手続き<第2版>』2001年　中央経済社

別記様式第10号（第18条、第23条関係）

	※受理年月日		※受理番号		※書換え年月日	

許可証書換え申請書

風俗営業等の規制及び業務の適正化等に関する法律第7条第5項（同法第7条の2第3項又は第7条の3第3項において準用する場合を含む。）/第9条第4項の規定により許可証の書換えを申請します。

平成○○年1月10日

東京都　公安委員会　殿

申請者の名称及び住所
東京都荒川区○○○町1丁目10番10号
株式会社　荒　川　産　業
代表取締役　荒　川　太　郎

（ふりがな）	かぶしきがいしゃ　あらかわさんぎょう		
氏名又は名称	株式会社　荒川産業		
住所	〒（116-8501） 東京都荒川区○○○町1丁目10番10号 (03) 3802局○○○○番		
（ふりがな）	あらかわ たろう		
法人にあっては、その代表者の氏名	代表取締役　荒　川　太　郎		
（ふりがな）	ぱちんこるうとななごうてん		
営業所の名称	パチンコルート7号店		
営業所の所在地	〒（116-8501） 東京都荒川区○○○町1丁目10番10号 (03) 3802局○○○○番		
風俗営業の種別	法第2条第1項第7号の営業（パチンコ店等）		
許可年月日	平成13年4月20日	許可番号	第○○○○号
相続承認年月日	年　月　日	相続承認番号	
合併承認年月日	平成○○年12月1日	合併承認番号	第○○○○号
分割承認年月日	年　月　日	分割承認番号	
書換え事項	法人の商号 （新）株式会社　荒　川　産　業 （旧）株式会社　足　立　産　業		
書換えの事由	経営上の都合により、株式会社荒川産業が株式会社足立産業を吸収合併したものです。		

添付書類

・　株式会社足立産業の（パチンコ店等）営業許可証

6　分割承認申請書類の記載例

別記様式第9号（第16条関係）

<table>
<tr><td></td><td>※受理年月日</td><td></td><td>※受理番号</td><td></td><td>※分割承認年月日</td><td></td></tr>
<tr><td colspan="7">分割承認申請書

風俗営業等の規制及び業務の適正化等に関する法律第7条の3第1項の規定により分割の承認を申請します。
平成○○年11月1日
東京都　公安委員会　殿
申請者の名称及び住所
東京都足立区○○○町1丁目1番11号
株式会社　足立産業
代表取締役　足立太郎　㊞
東京都荒川区○○○町1丁目10番10号
株式会社　荒川産業
代表取締役　荒川太郎　㊞</td></tr>
<tr><td colspan="2">（ふりがな）
分割により風俗営業を承継する法人の名称</td><td colspan="5">かぶしきがいしゃ　あらかわさんぎょう
株式会社　荒川産業</td></tr>
<tr><td colspan="2">分割により風俗営業を承継する法人の住所</td><td colspan="5">〒（116-8501）
東京都荒川区○○○町1丁目10番10号
（03）3802局○○○○番</td></tr>
<tr><td colspan="2">（ふりがな）
営業所の名称</td><td colspan="5">ぱちんこるうとななごうてん
パチンコルート7号店</td></tr>
<tr><td colspan="2">営業所の所在地</td><td colspan="5">〒（116-8501）
東京都荒川区○○○町1丁目10番10号
（03）3802局○○○○番</td></tr>
<tr><td colspan="2">風俗営業の種別</td><td colspan="5">法第2条第1項第7号の営業（パチンコ店等）</td></tr>
<tr><td colspan="2">許可年月日</td><td>平成13年4月20日</td><td colspan="2">許可番号</td><td colspan="2">第○○○○号</td></tr>
<tr><td colspan="2">（ふりがな）
分割により風俗営業を承継させる法人の名称</td><td colspan="5">かぶしきがいしゃ　あだちさんぎょう
株式会社　足立産業</td></tr>
<tr><td colspan="2">分割により風俗営業を承継させる法人の住所</td><td colspan="5">〒（120-0026）
東京都足立区○○○町1丁目1番11号
（03）3881局○○○○番</td></tr>
<tr><td colspan="2">分割により風俗営業を承継させる法人の代表者の氏名</td><td colspan="5">代表取締役　足立太郎</td></tr>
<tr><td colspan="2">分割予定年月日</td><td colspan="5">平成○○年12月31日</td></tr>
<tr><td colspan="2">分割の理由</td><td colspan="5">株式会社足立産業の上記パチンコ店等の営業権を、経営上の都合により株式会社荒川産業に吸収分割により承継させるものです。</td></tr>
<tr><td colspan="2">※　風俗営業の種類</td><td colspan="5"></td></tr>
<tr><td colspan="2">※　同時申請の有無</td><td>①　有　　②　無</td><td colspan="2">※　受理警察署長</td><td colspan="2"></td></tr>
</table>

分割により風俗営業を承継する株式会社荒川産業の役員の氏名及び住所

代表取締役	（あらかわたろう） 荒　川　太　郎	東京都荒川区○○○町１丁目10番10号
取　締　役	（あらかわじろう） 荒　川　次　郎	東京都荒川区○○○町１丁目10番10号
取　締　役	（あらかわさぶろう） 荒　川　三　郎	東京都荒川区○○○町１丁目10番10号
監　査　役	（あらかわしろう） 荒　川　四　郎	東京都荒川区○○○町１丁目10番10号

その他の添付書類

１．分割により風俗営業を承継する株式会社荒川産業の登記事項証明書

２．分割により風俗営業を承継させる株式会社足立産業の登記事項証明書

３．分割により風俗営業を承継する株式会社荒川産業の役員（就任予定者を含む。）に係る

・法第４条第１項第１号から第７号の２までに掲げる者のいずれにも該当しないことを誓約する書面（後掲参照）

・住民票の写し

・成年被後見人又は被保佐人に該当しない旨の登記事項証明書

・成年被後見人とみなされる者、被保佐人とみなされる者、準禁治産者又は破産者で復権を得ないものに該当しない旨の市町村（特別区を含む。）の長の（身分）証明書

〔役員用〕

誓　約　書

株式会社荒川産業の役員である私共は、風俗営業等の規制及び業務の適正化等に関する法律第４条第１項第１号から第７号の２までに掲げる者のいずれにも該当しないことを誓約します。

営業所の所在地　東京都荒川区○○○町１丁目10番10号

営業所の名称　パチンコルート７号店

平成○○年１１月１日

氏　名　代表取締役　荒川　太郎　㊞

氏　名　取　締　役　荒川　次郎　㊞

氏　名　取　締　役　荒川　三郎　㊞

氏　名　監　査　役　荒川　四郎　㊞

東京都　公安委員会　殿

[分割契約書]

株式会社足立産業（以下「甲」という。）及び株式会社荒川産業（以下「乙」という。）は、次のとおり会社分割に関する契約を締結する。

第1条（目的）

甲及び乙は、甲の営む営業のうち、遊技施設の開発・運営に関する営業（以下「本件営業」という。）を乙に承継させるための会社分割（以下「本件吸収分割」という。）を行う。

2．甲及び乙は、本件吸収分割により、本件営業に関する意思決定の迅速化、経営効率の向上、競争力の強化を図る。

第2条（分割に際して発行する株式の割当）

乙は、本件吸収分割に際し、普通株式20,000株を発行し、そのすべてを甲に割り当てる。

第3条（増加すべき乙の資本金及び準備金等）

乙が本件吸収分割により増加する資本金、資本準備金、利益準備金及び任意積立金その他留保利益の額は、次のとおりとする。

⑴　資本金　180百万円。分割後の乙の資本金は480百万円とする。

⑵　資本準備金　商法288条ノ2第1項第3号ノ3の超過額から、次の利益準備金及び任意積立金その他の留保利益を控除した額。

⑶　利益準備金　0円

⑷　任意積立金その他留保利益　0円

第4条（分割交付金）

乙は、本件吸収分割に際し、甲に対して分割交付金を支払わない。

第5条（分割により承継する権利業務）

⑴　甲は、平成〇〇年3月31日現在の貸借対照表その他同日現在の計算を基礎とする別紙「承継権利義務明細表」に、分割期日前日までの増減を加減した資産、負債及び権利義務を、分割期日において乙に引き継ぐ。

⑵　甲は、平成〇〇年3月31日から分割期日前日に至る間の資産及び負債の増減について

は別に計算書を添付してその内容を乙に明示する。

(3) 甲から乙に対する債務の承継は、重畳的債務引受の方法による。

(4) 甲は、本件営業に関する契約上の地位及びこれらの契約に基づき発生した一切の権利を乙に引き継ぐ。

第6条（登記、登録、通知等）

甲及び乙は、第8条に定める分割期日後遅滞なく、前条の規定により承継される資産に関し必要な登記、登録、通知等の手続きを行う。

2．前項の手続きに要する登録免許税その他一切の費用は、乙の負担とする。

第7条（分割承認総会）

甲は商法第374条ノ22の規定に基づき、分割契約書につき株主総会の承認を得ないで分割する。

2．乙は、平成○○年5月25日に株主総会を開催し、本契約書の承認及び分割に必要な事項に関する決議を求める。但し、分割手続進行上の必要性その他の事由により、甲乙協議の上これを変更することができる。

第8条（分割期日）

本件吸収分割の分割期日は、平成○○年12月1日とする。但し、本件吸収分割手続進行に応じ、必要があるときは、甲乙協議の上これを変更することができる。

第9条（利益配当の限度額）

甲は、平成○○年3月31日の最終の株主名簿及び実質株主名簿に記載された株主または登録質権者に対し、平成○○年6月18日に開催される甲の定時株主総会における承認を得て、総額158,283,480円（1株当たり15円）を限度として利益配当を行うことができる。また、甲は、平成○○年9月30日の最終の株主名簿及び実質株主名簿に記載された株主または登録質権者に対して、総額金162,000,000円（1株当たり15円）を限度として、商法第293条ノ5第1項の金銭の分配（以下「中間配当」という。）を行うことができる。なお、中間配当の限度額は、平成○○年6月18日に開催予定の甲の定時株主総会において、第29期利益処分案が承認されることを前提条件として算定したものである。

第10条（分割に際して就任する役員等）

分割期日前に乙の取締役及び監査役に就任した者の任期は、本件吸収分割がない場合に在任すべき時までとする。

第11条（競業避止義務）
甲は、乙が承継する営業について競業避止義務を負う。

第12条（分割条件の変更及び分割契約の解除）
本契約の日から分割期日前日までの間において、天災地変その他の事由により、甲または乙の資産状態、経営状態に重大な変更が生じたときは、甲乙協議の上、分割条件を変更しまたは本契約を解除することができる。

第13条（本契約の効力）
本契約は、第７条に定める乙の定時株主総会の承認または法令に定める関係官庁の承認を得られないときは、その効力を失う。

第14条（本契約書に定めの無い事項）
本契約は、第８条に定める事項のほか、本件吸収分割に際し必要な事項は、本契約の趣旨にしたがい、甲乙協議の上定める。

本契約締結の証として本書二通を作成し、甲乙記名捺印の上、各一通を保有する。

平成○○年５月10日

甲　東京都足立区○○○町１丁目１番11号
株式会社　足　立　産　業
代表取締役　足　立　太　郎　　㊞

乙　東京都荒川区○○○町１丁目10番10号
株式会社　荒　川　産　業
代表取締役　荒　川　太　郎　　㊞

[承継権利義務明細表]

1．資産

(1)　流動資産

①　現金　¥＿＿＿＿＿＿

②　売掛金　¥＿＿＿＿＿＿

③　棚卸資産　¥＿＿＿＿＿＿

④　前払費用　¥＿＿＿＿＿＿

⑤　未収入金　¥＿＿＿＿＿＿

(2)　固定資産

有形固定資産

①　建物及び付属設備　¥＿＿＿＿＿＿

②　構築物　¥＿＿＿＿＿＿

③　器具備品　¥＿＿＿＿＿＿

無形固定資産

①　電話加入権　¥＿＿＿＿＿＿

投資等

①　差入保証金　¥＿＿＿＿＿＿

②　長期未収入金　¥＿＿＿＿＿＿

2．負債

(1)　流動負債

①　支払手形　¥＿＿＿＿＿＿

②　未払金　¥＿＿＿＿＿＿

③　賞与引当金　¥＿＿＿＿＿＿

3．債権債務

本契約書により分割すべき営業に関する債権債務その他契約関係全てを乙が承継することとする。

4．労働契約上の権利義務

本契約書により分割すべき営業に従事する甲の従業員は、乙に出向することとし、出向期間満了時に当該従業員の同意を得られることを条件とし、乙が引き継ぎ、以降乙の従業員として雇用する。

参考文献
1　今中利昭ほか監修・編『会社分割の理論・実務と書式』2001年　民事法研究会
2　勝田一男著『会社分割の登記ハンドブック』2004年　中央経済社

別記様式第10号（第18条、第23条関係）

※受理年月日		※受理番号		※書換え年月日	

許可証書換え申請書

風俗営業等の規制及び業務の適正化等に関する法律第７条第５項（同法第７条の２第３項又は第７条の３第３項において準用する場合を含む。）／第９条第４項の規定により許可証の書換えを申請します。

平成○○年１月１０日

東京都　公安委員会　殿

申請者の名称及び住所
東京都荒川区○○○町１丁目10番10号
株式会社　荒　川　産　業
代表取締役　荒　川　太　郎　㊞

（ふりがな） 氏名又は名称	かぶしきがいしゃ　あらかわさんぎょう 株式会社　荒川産業		
住所	〒（116-8501） 東京都荒川区○○○町１丁目10番10号 （03）3802局○○○○番		
（ふりがな） 法人にあっては、その代表者の氏名	あらかわ たろう 代表取締役　荒　川　太　郎		
（ふりがな） 営業所の名称	ぱちんこるうとななごうてん パチンコルート７号店		
営業所の所在地	〒（116-8501） 東京都荒川区○○○町１丁目10番10号 （03）3802局○○○○番		
風俗営業の種別	法第２条第１項第７号の営業（パチンコ店等）		
許可年月日	平成13年４月20日	許可番号	第○○○○号
相続承認年月日	年　月　日	相続承認番号	
合併承認年月日	年　月　日	合併承認番号	
分割承認年月日	平成○○年12月１日	分割承認番号	第○○○○号
書換え事項	法人の商号 （新）株式会社　荒　川　産　業 （旧）株式会社　足　立　産　業		
書換えの事由	株式会社足立産業の上記パチンコ店等の営業権を、経営上の都合により株式会社荒川産業が吸収分割により承継したものです。		

添付書類
・　株式会社足立産業の（パチンコ店等）営業許可証

7　無店舗型性風俗特殊営業（第１号営業デリバリーヘルス）営業開始届出書類の記載例

別記様式第26号（第51条関係）

<table>
<tr><td rowspan="2">その１</td><td>※受　理
年月日</td><td></td><td>※許　可
年月日</td><td></td></tr>
<tr><td>※受　理
番　号</td><td></td><td>※許　可
番　号</td><td></td></tr>
</table>

無店舗型性風俗特殊営業営業開始届出書

風俗営業等の規制及び業務の適正化等に関する法律第31条の２第１項の規定により届出をします。

平成○○年１１月１日

東京都　公安委員会　殿

届出者の氏名又は名称及び住所
東京都新宿区歌舞伎町１丁目○番○号
有限会社　　新　宿　興　業
代表取締役　新　宿　太　郎　㊞

<table>
<tr><td colspan="3">（ふ　り　が　な）
氏　名　又　は　名　称</td><td>ゆうげんがいしゃ　しんじゅくこうぎょう
有　限　会　社　　新　宿　興　業</td></tr>
<tr><td colspan="3">住　　　　所</td><td>〒（160-0021）
東京都新宿区歌舞伎町１丁目○番○号
（03）3209局○○○○番</td></tr>
<tr><td colspan="3">本　籍　・　国　籍</td><td></td></tr>
<tr><td colspan="3">生　年　月　日</td><td></td></tr>
<tr><td rowspan="4">法人にあっては、その代表者</td><td colspan="2">（ふりがな）
氏　　名</td><td>しんじゅくたろう
代表取締役　新　宿　太　郎</td></tr>
<tr><td colspan="2">住　　所</td><td>〒（160-0021）
東京都新宿区歌舞伎町１丁目○番○号
（03）3209局○○○○番</td></tr>
<tr><td colspan="2">本籍・国籍</td><td>東京都新宿区歌舞伎町１丁目○番○号</td></tr>
<tr><td colspan="2">生年月日</td><td>昭和○○年○○月○○日</td></tr>
<tr><td colspan="2" rowspan="4">（ふ　り　が　な）
広告又は宣伝をする場合に使用する呼称</td><td>1</td><td>でりばりいへるすふれんど
デリバリーヘルスフレンド</td></tr>
<tr><td>2</td><td></td></tr>
<tr><td>3</td><td></td></tr>
<tr><td>4</td><td></td></tr>
<tr><td colspan="3">事　務　所　の　所　在　地</td><td>〒（160-0021）
東京都新宿区歌舞伎町１丁目○番○号
（03）3209局○○○○番</td></tr>
<tr><td colspan="3">無店舗型性風俗特殊営業の種別</td><td>法第２条第７項第１号の営業</td></tr>
</table>

<table>
<tr><td colspan="3">その２</td></tr>
<tr><td colspan="2">客の依頼を受ける方法</td><td>1　電話
2　インターネット</td></tr>
<tr><td colspan="2">客の依頼を受けるための電話番号その他の連絡先</td><td>1　電話番号　(03) 3209局○○○○番
2　URL　http://www.friend.co.jp
3　Eメール　delivery.friend.co.jp</td></tr>
<tr><td rowspan="3">受付所</td><td>所在地</td><td>〒(　　　)
(　)　局　番</td></tr>
<tr><td>建物の構造</td><td></td></tr>
<tr><td>建物内の受付所の位置</td><td></td></tr>
<tr><td rowspan="3">待機所</td><td>所在地</td><td>〒 (160-0021)
東京都新宿区歌舞伎町１丁目○番○号
(03) 3209局○○○○番</td></tr>
<tr><td>建物内の待機所の位置</td><td>別紙図面のとおり</td></tr>
<tr><td>待機所としての専用状況</td><td>待機所専用</td></tr>
<tr><td colspan="2">営業を開始しようとする年月日</td><td>平成23年11月１日</td></tr>
</table>

備考

1　※印欄には、記載しないこと。

2　届出者は、氏名を記載し及び押印することに代えて、署名することができる。

3　「本籍・国籍」欄には、日本国籍を有する者は本籍を、日本国籍を有しない者は国籍を記載すること。

4　「広告又は宣伝をする場合に使用する呼称」欄には、当該営業につき広告又は宣伝をする場合に当該営業を示すものとして使用する呼称（当該呼称が２以上ある場合にあつては、それら全部の呼称）を記載すること。

5　「事務所の所在地」欄には、営業の本拠となる事務所（事務所のない者にあつては、住所）の所在地を記載すること。

6　「客の依頼を受ける方法」欄には、客の依頼を受ける方法をすべて記載すること。

7　「客の依頼を受けるための電話番号その他の連絡先」欄には、客の依頼を受ける方法に応じ、その連絡先となる電話番号、郵便の宛先、振込口座、URL 等の事項をすべて記載すること。

8　「建物の構造」欄には、木造家屋にあつては平屋建又は２階建等の別を、木造以外の家屋にあつては鉄骨鉄筋コンクリート造、鉄筋コンクリート造、鉄骨造、れんが造又はコンクリートブロック造の別及び階数（地階を含む。）の別を記載すること。

9　「受付所」、「待機所」欄中の「建物内の受付所の位置」及び「建物内の待機所の位置」欄には、受付所又は待機所の位置する階の別及び当該階の全部又は一部の使用の別を記載すること。

10　「待機所」欄中の「待機所としての専用状況」欄には、当該待機所を営業以外の用途で使用しているかどうかについて記載すること。他の用途に使用している場合は、その内容について具体的に記載すること。

11　所定の欄に記載し得ないときは、別紙に記載の上、これを添付すること。

12　用紙の大きさは、日本工業規格Ａ４とすること。

別記様式第29号（第53条関係）

その1

営 業 の 方 法
（無店舗型性風俗特殊営業）

氏名又は名称	有限会社　新宿興業
広告又は宣伝をする場合に使用する呼称	デリバリーヘルスフレンド
事務所の所在地	東京都新宿区歌舞伎町1丁目○番○号
無店舗型性風俗特殊営業の種別	法第2条第7項第1号の営業（派遣型ファッションヘルス）

広告又は宣伝の態様		①　する　　②　しない
	広告又は宣伝の方法	①　広告物の表示　（場所：　） (②)新聞・雑誌　（広告の頻度：毎週1回程度雑誌に掲載　） (③)インターネット（URL：http://www.friend.co.jp　） ④　割引券、ビラ等の頒布（場所：　） ⑤　その他　（　） ⑥　広告又は宣伝はしない
	広告又は宣伝をするときに18歳未満の者の利用禁止を明らかにする方法	各広告の右下に、10ポイントの黒字で「18歳未満のお客様のご利用は固くお断り致します」と印刷する。
日本国籍を有しない者を従業者として使用すること		①　する　(②　しない)
		①の場合：その者の従事する業務の内容（具体的に）
18歳未満の者を従業者として使用すること		①　する　(②　しない)
		①の場合：その者の従事する業務の内容（具体的に）
役務提供の態様		身体を洗いマッサージします。

その２（法第２条第７項第１号の営業を営む場合において、受付所を設ける場合）	
営　業　時　間	午前 午後　時　分から　午前 午後　時　分まで
受付所の入り口における18歳未満の者の立入禁止の表示方法	
酒　類　の　提　供	①　する　②　しない
	①の場合：提供する酒類の種類、提供の方法及び20歳未満の者への酒類の提供を防止する方法
受付所において他の営業を兼業すること	①　する　②　しない
	①の場合：当該兼業する営業の内容

備考

1　「広告又は宣伝の方法」欄には、広告又は宣伝を行う予定がある場合、その媒体及び各媒体ごとに必要な事項を記載すること。

2　「役務提供の態様」欄には、次の事項を記載すること。

⑴　法第２条第７項第１号の営業にあつては、異性の客に接触する役務の種類（身体を洗うか否かの別、マッサージをするか否かの別等）

⑵　法第２条第７項第２号の営業にあつては、販売又は貸付けの別、物品の種類（令第４条各号のいずれに該当するかの別）等

3　「提供する酒類の種類、提供の方法及び20歳未満の者への酒類の提供を防止する方法」欄には、営業において提供する酒類（ビール、ウイスキー、日本酒等）のうち主なものの種類、その提供の方法（調理の有無、給仕の方法等）及び20歳未満の者への種類の提供を防止する方法を記載すること。

4　所定の欄に記載し得ないときは、別紙に記載の上、これを添付すること。

5　用紙の大きさは、日本工業規格Ａ４とすること。

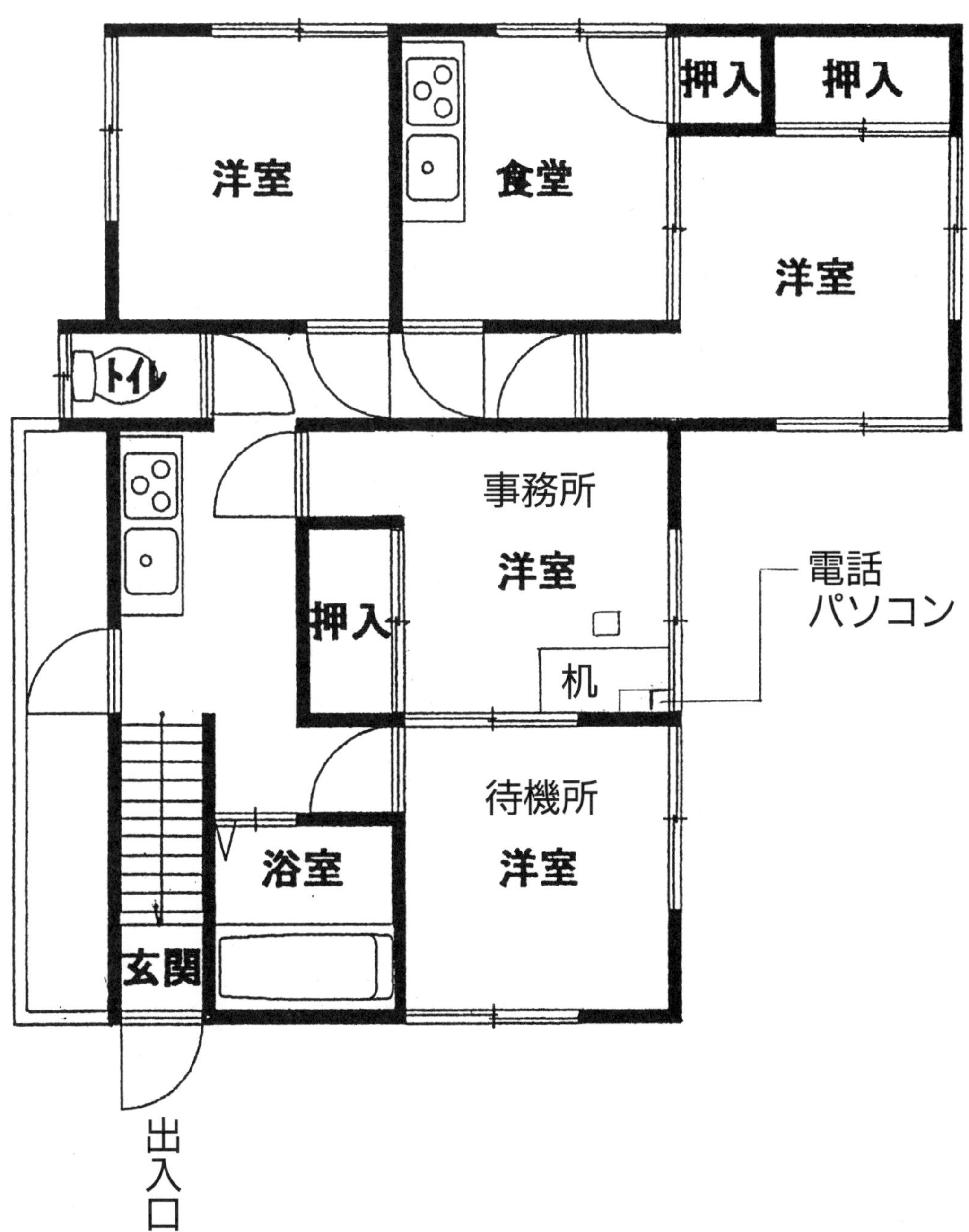

営業所の平面図

○派遣型ファッションヘルス営業に係る関係法令

行政書士が取り扱う性風俗関連特殊営業の届出手続の中でもその件数が最も多いのは、**受付所を設置しない派遣型ファッションヘルス営業の届出手続**である。しかしながら、同手続は風俗営業許可申請手続に比べてかなり特殊であり、かつその関係法令も相当錯綜しているために、この営業に関する法令を熟知することは容易なことではない。そこで、以下にこの営業に係る関係法令を抽出して列記し、この業務に携わる行政書士の参考に供したい。

風俗営業等の規制及び業務の適正化等に関する法律（抄）（昭和23年７月10日法律第122号）

第４章　性風俗関連特殊営業等の規制

第１節　性風俗関連特殊営業の規制

第２款　無店舗型性風俗特殊営業の規制

（営業等の届出）

第31条の２　〔１項１号から６号まで省略〕

七　第２条第７項第１号の営業につき、**受付所（同号に規定する役務の提供以外の客に接する業務を行うための施設をいう**。以下同じ。）又は**待機所（客の依頼を受けて派遣される同号に規定する役務を行う者を待機させるための施設**をいう。第37条第２項第３号において同じ。）を設ける場合にあっては、その旨及びこれらの所在地

〔２項から３項まで省略〕

４　公安委員会は、第１項又は第２項の届出書（同項の届出書にあっては、無店舗型性風俗特殊営業を廃止した場合におけるものを除く。）の提出があったときは、その旨を記載した書面を当該届出書を提出した者に交付しなければならない。ただし、当該届出書に受付所を設ける旨が記載されている場合において、**当該届出書に係る受付所が、第31条の３第２項の規定により適用する第28条第１項の規定又は同条第２項の規定に基づく条例の規定により、受付所を設けて営む第２条第７項第１号の営業（受付所における業務に係る部分に限る。以下この款において「受付所営業」という。）を営んではならないこととされる区域又は地域にあるときは、この限りでない。**

５　無店舗型性風俗特殊営業を営む者は、前項の規定により交付された書面を事務所に備え付けるとともに、関係者から請求があったときは、これを提示しなければならない。

（接客従業者に対する拘束的行為の規制等）

第31条の３　〔１項省略〕

２　**受付所営業者は、第２条第６項第２号の営業〔ファッションヘルス等の店舗型性風俗特殊営業〕とみなして**、第28条第１項から第４項まで、第６項、第10項及び第12項（第

３号を除く。）の規定を適用する。〔以下省略〕

【第31条の３第２項の規定によるみなし適用後の第28条第１項から第４項まで、第６項、第10項及び第12項（第３号を除く。）】は次のとおり。

第28条　受付所営業は、一団地の官公庁施設（官公庁施設の建設等に関する法律（昭和26年法律第181号）第２条第４項に規定するものをいう。）、学校（学校教育法（昭和22年法律第26号）第１条に規定するものをいう。）、図書館（図書館法（昭和25年法律第118号）第２条第１項に規定するものをいう。）、若しくは児童福祉施設（児童福祉法（昭和22年法律第164号）第７条第１項に規定するものをいう。）又はその他の施設でその周辺における善良の風俗若しくは清浄な風俗環境を害する行為若しくは少年の健全な育成に障害を及ぼす行為を防止する必要のあるものとして都道府県の条例で定めるものの敷地（これらの用に供するものと決定した土地を含む。）の周囲200メートルの区域内においては、これを営んではならない。

２　前項に定めるもののほか、都道府県は、善良の風俗若しくは清浄な風俗環境を害する行為又は少年の健全な育成に障害を及ぼす行為を防止するため必要があるときは、条例により、地域を定めて、受付所営業を営むことを禁止することができる。

〔３項から12項まで省略〕

風俗営業等の規制及び業務の適正化等に関する法律等の解釈運用基準（抄）

（平成22年７月９日警察庁丙保発14・丙少発22）

第６　無店舗型性風俗特殊営業の定義について（法第２条第７項関係）

１　派遣型ファッションヘルス営業（法第２条第７項第１号）

〔(1)から(3)まで省略〕

(4)　「客の依頼」を受ける方法については、２のアダルトビデオ等通信販売営業の場合と異なり、制限がない。ただし、客が来訪する施設において「客の依頼」を受ける場合、当該施設は法第31条の２第１項第７号の「受付所」に該当することから、受付所で「客の依頼」を受ける業務については、法第31条の３第２項の規則（第19中３を参照すること。）を受ける。

〔(5)から２まで省略〕

第17　性風俗特殊営業の届出について（法第27条、第31条の２、第31条の７、第31条の12及び第31条の17関係）

〔１から２まで省略〕

３　無店舗型性風俗特殊営業の届出

〔(1)省略〕

(2)　法第31条の２第１項各号列記以外の部分中「**事務所**」とは、当該無店舗型性風俗特殊営業の営業活動の中心である一定の場所のことをいい、事務所が複数ある場合には、それらのうちの中枢となる事務所が「営業の本拠となる事務所」に当たる。この場合、「事務所」といえる場所がないときは、当該営業を営む者の「住所」がこれに代わることとなる。

〔(3)から(4)まで省略〕

(5)　法第31条の2第1項第7号中「同号に規定する役務の提供以外の客に接する業務」とは、派遣型ファッションヘルス営業に係る「客に接する業務」(第10中4を参照すること。)のうち「異性の客の性的好奇心に応じてその客に接触する役務」(法第2条第7項第1号)を提供する業務以外のものであり、具体的には、**来訪した客と対面して行う次のような業務が広く含まれる。**

①　客から役務の提供の依頼を受ける業務(受付業務)

②　接客従業者の写真を見せるなどして、客に紹介する業務

したがって、これらの業務を行うための施設を設ける場合には、受付所を設ける旨及びその所在地を届出書に記載しなければならない。事務所と同一の施設を受付所として用いる場合には、届出書にその旨を記載しなければならない。

一方、客が来訪せず、電話やファックスのみにより客の依頼を受け付ける事務所は、受付所に当たらない。

なお、いわゆる風俗案内所等の第三者が、派遣型ファッションヘルス営業を営む者の委託を受け、広告又は宣伝の範囲を超えて、当該第三者の施設に来訪する者と対面して前記①、②の業務を行っている場合、当該施設は、当該派遣型ファッションヘルス営業を営む者が設ける受付所に当たる。

(6)　法第31条の2第1項第7号中「**待機所**」とは、客の依頼を受けたときに「異性の客の性的好奇心に応じてその客に接触する役務」(法第2条第7項第1号)を行うために派遣することができる状態で従業者を待機させるための施設又は施設の区画された部分をいい、単に従業者が居住している施設は、これに当たらない。

〔4から6まで省略〕

7　届出書の添付書類

〔(1)省略〕

(2)　営業所、事務所、受付所及び待機所の「使用について権原を有することを疎明する書類」、「平面図」及び「周囲の略図」(府令第9条第1号、第12条第1号等)の意義については、第11中13(2)、(3)及び(4)を参照すること。なお、派遣型ファッションヘルス営業について、住所を事務所とする場合には当該営業の用に供される部分を特定した平面図を提出させることとしている(府令第12条第1号ハ)が、これは、警察職員の立入りの対象となる範囲を明確にする趣旨である。なお、待機所が人の住居の一部である場合については、待機所の用に供する部分のみが届出義務の対象であるから、特に「待機所の用に供される部分を特定したもの」との限定は設けていない（府令第12条第１号ホ）。

8　深夜における酒類提供飲食店営業営業開始届出書類の記載例

別記様式第41号（第78条関係）

※受理年月日		※受理番号	

深夜における酒類提供飲食店営業営業開始届出書

風俗営業等の規制及び業務の適正化等に関する法律第33条第１項の規定により届出をします。

平成○○年１１月１日

埼玉県　公安委員会　殿

届出者の氏名又は名称及び住所
埼玉県さいたま市大宮区宮町１丁目○番○号
宮町ビル３階
有限会社　ショーガール
代表取締役　大宮太郎　㊞

（ふりがな） 氏名又は名称		ゆうげんがいしゃ　しょうがある 有限会社　ショーガール			
住所		〒（330-0802） 埼玉県さいたま市大宮区宮町１丁目○番○号　宮町ビル３階 （048）○○○局○○○○番			
（ふりがな） 法人にあっては、その代表者の氏名		おおみや たろう 代表取締役　大宮太郎			
（ふりがな） 営業所の名称		しょうがある ショーガール			
営業所の所在地		〒（330-0802） 埼玉県さいたま市大宮区宮町１丁目○番○号　宮町ビル３階 （048）○○○局○○○○番			
営業所の構造及び設備の概要	建物の構造	鉄筋コンクリート造陸屋根４階建			
	建物内の営業所の位置	３階一部			
	客室数	１室	営業所の床面積	144.33㎡	
	客室の総床面積	60.37㎡	各客室の床面積	60.37㎡	以下余白　㎡
	照明設備	別紙「照明設備図」のとおり			
	音響設備	別紙「音響設備図」のとおり			
	防音設備	天井　サインボーダー下地耐火ジプトーン貼り 外壁　鉄骨造ALC版　内壁　耐火ボード下地クロス貼り 床　シリンダーコンクリート下地フローリング貼り			
	その他	営業所の出入口は１カ所とする。 客室に間仕切りはない。 客室に装飾はない。			

備考

1　※印欄には、記載しないこと。
2　届出者は、氏名を記載し及び押印することに代えて、署名することができる。
3　「建物の構造」欄には、木造家屋にあつては平家建又は 2 階建等の別を、木造以外の家屋にあつては鉄骨鉄筋コンクリート造、鉄筋コンクリート造、鉄骨造、れんが造又はコンクリートブロック造の別及び階数（地階を含む。）の別を記載すること。
4　「建物内の営業所の位置」欄には、営業所の位置する階の別及び当該階の全部又は一部の使用の別を記載すること。
5　「照明設備」欄には、照明設備の種類、仕様、基数、設置位置等を記載すること。
6　「音響設備」欄には、音響設備の種類、仕様、台数、設置位置等を記載すること。
7　「防音設備」欄には、防音設備の種類、仕様等を記載すること。
8　「その他」欄には、出入口の数、間仕切りの位置及び数、装飾その他の設備の概要等を記載すること。
9　所定の欄に記載し得ないときは、別紙に記載の上、これを添付すること。
10　用紙の大きさは、日本工業規格Ａ 4 とすること。

別記様式第42号（第78条関係）

<table>
<tr><td colspan="3">営　業　の　方　法
営業所の名称　ショーガール
営業所の所在地　埼玉県さいたま市大宮区宮町１丁目○番○号　宮町ビル３階</td></tr>
<tr><td>営　業　時　間</td><td colspan="2">午前 午後（午後に丸印） 7 時 00 分から 午前（午前に丸印） 午後 4 時 00 分まで
ただし、――――の日にあっては、
午前 午後 ―― 時 ―― 分から 午前 午後 ―― 時 ―― 分まで</td></tr>
<tr><td rowspan="2">18歳未満の者を従業者として使用すること</td><td colspan="2">①　する　　②　しない（②に丸印）</td></tr>
<tr><td colspan="2">①の場合：その者の従事する業務の内容（具体的に）</td></tr>
<tr><td rowspan="2">18歳未満の者を客として立ち入らせること</td><td colspan="2">①　する（①に丸印）　　②　しない</td></tr>
<tr><td colspan="2">①の場合：保護者が同伴しない18歳未満の者を客として立ち入らせることを防止する方法
営業所の出入口に「当店は保護者が同伴しない18歳未満のお客様のご入店をお断り致します」と記載した表示板を掲示する。</td></tr>
<tr><td rowspan="2">飲食物（酒類を除く。）の提供</td><td colspan="2">①　する（①に丸印）　　②　しない</td></tr>
<tr><td colspan="2">①の場合：提供する飲食物の種類及び提供の方法
客の求めに応じて各種おつまみ類やオードブルを提供する。</td></tr>
<tr><td rowspan="2">酒　類　の　提　供</td><td colspan="2">提供する酒類の種類及び提供の方法
客の求めに応じてビール、日本酒、洋酒等を有料で提供する。</td></tr>
<tr><td colspan="2">20歳未満の者への酒類の提供を防止する方法
営業所内の客の見やすい場所に「当店は20歳未満のお客様への酒類の提供をお断り致します」と記載した表示板を掲示する。</td></tr>
<tr><td rowspan="2">客に遊興をさせる場合はその内容及び時間帯</td><td>遊興の内容</td><td>芸能人による演芸、歌謡及び舞踏等のショウを不特定多数の客に観覧させる。</td></tr>
<tr><td>時　間　帯</td><td>午前 午後（午後に丸印） 9 時 00 分から 午前（午前に丸印） 午後 0 時 00 分まで</td></tr>
<tr><td rowspan="2">当該営業所において他の営業を兼業すること</td><td colspan="2">①　する　　②　しない（②に丸印）</td></tr>
<tr><td colspan="2">①の場合：当該兼業する営業の内容</td></tr>
</table>

添付書類については、**後掲「深夜における酒類提供飲食店営業営業開始届出手続に必要な書類一覧」を参照**されたい。

備考

1　「提供する飲食物の種類及び提供の方法」欄には、営業において提供する飲食物（酒類を除く。）のうち主なものの種類及びその提供の方法（調理の有無、給仕の方法等）を記載すること。

2　「提供する酒類の種類及び提供の方法」欄には、営業において提供する酒類（ビール、ウイスキー、日本酒等）のうち主なものの種類、その提供の方法（調理の有無、給仕の方法等）を記載すること。

3　「20歳未満の者への酒類の提供を防止する方法」欄には、20歳未満の者に酒類の提供を防止する方法を記載すること。

4　「遊興の内容」欄には、遊興の種類（ダンス、ショウ、生演奏、ゲーム等)、これを行う方法（不特定多数の客に見せる、聞かせる等。カラオケ、楽器等を利用して遊興させる場合は、その利用方法。）を記載すること。

5　所定の欄に記載し得ないときは、別紙に記載の上、これを添付すること。

6　用紙の大きさは、日本工業規格Ａ４とすること。

○深夜における酒類提供飲食店営業営業開始届出手続に必要な書類一覧

	届出書及び添付書類の種別 ＼ 届出者の主体別／個人・法人の別及び届出業者でない者・届出業者の別	深夜酒類提供飲食店営業の手続の種別：深夜酒類提供飲食店営業の営業開始届出 個人 届出業者でない者	個人 届出業者	法人 届出業者でない者	法人 届出業者	深夜酒類提供飲食店営業の営業開始届出書の記載事項変更届出 個人	法人	深夜酒類提供飲食店営業の営業廃止届出
1	深夜における酒類提供飲食店営業の営業開始届出書（別記様式第41号） 関係条文・施行規則第78条、内閣府令第19条	○	○	○	○			
2	（深夜酒類提供飲食店営業の営業開始届出書記載事項）変更届出書（別記様式第20号） 関係条文・施行規則第79条、内閣府令第19条					○	○	
3	（深夜酒類提供飲食店営業の営業）廃止届出書（別記様式第19号） 関係条文・施行規則第79条、内閣府令第19条							○
4	営業の方法を記載した書類（別記様式第42号） 関係条文・施行規則第78条	○	○	○	○	○	○	
5	営業所の平面図（・求積図・照明設備図・音響設備図）	○	○	○	○	○	○	
6	届出者の住民票の写し（外国人の場合を含む）	○	△			○		
7	届出法人の定款			○				
8	届出法人の登記事項証明書の謄本			○	△		○	
9	法人の役員の住民票の写し（外国人の場合を含む）			○	△		○	
内閣府令第19条該当条文		第1号	第1号	第1号	第1号	第1号 第2号	第1号 第2号	

注　1　△印を付した書類の省略は、同一の公安委員会の管轄区域内の届出済業者のみに適用される。

2　営業所の平面図（・求積図・照明設備図・音響設備図）については、前掲風俗営業（第２号営業・社交飲食店）許可申請書類中のそれらの図面に準ずる。

3　なお、平面図以外の各図面は、届出者が任意に提出する決定外の図面である。

第2節■風俗営業者等の自衛に役立つ行政処分と罰則の基礎知識

風俗営業者等が、その営業に関し法令違反にあたる行為等をした場合には、「指示」、「営業の停止」、「営業の廃止」及び「許可の取消し」等の行政処分だけではなく、「過料」、「罰金」及び「懲役」等の行政罰も科されます。

風俗営業者等の許可申請手続等を通じてそれらの業者を顧客としている行政書士にとり、関与先業者から、より一層の信頼を得るためには、このような、風営適正化法（以下、「風俗営業等の規制及び業務の適正化等に関する法律」の略称とする。）の行政処分と罰則について精通しておくことも、その重要な一手段です。

そこで、本稿を編集するにあたっては、風俗営業者等に係る行政処分と罰則について、行政書士や風俗営業等に携わる関係者が共に学べるように工夫をこらしました。

風俗営業等を取り締まる警察職員等による、**営業所等に対する立入検査の際の風俗営業関係者の適切な対応によって、法令違反を摘発されずに、行政処分や行政罰を避けるための指針**にしていただければ幸いです。

さらに、この論稿は、税理士、社会保険労務士、司法書士及び土地家屋調査士等他の法律関連職では既に業務として法定化されている、「行政不服審査請求の手続の代理」を、近い将来、行政書士も業とする事態に直面した場合をも想定して叙述してあります。

●風俗営業等の規制及び業務の適正化等に関する法律（抄）

（昭和23年7月10日法律第122号）

最終改正：平成23年6月24日法律第74号

＝報告及び立入り＝

風俗営業者等に対する行政処分や行政罰は、公安委員会による風俗営業者等に対する業務に関する報告又は資料の提出命令や、警察職員等による風俗営業所等への立入検査を、その端緒とする場合が少なくない。そこで、まず始めに、「公安委員会による報告の徴収及び警察職員による立入り」に関する条文から掲げることとする。

（報告及び立入り）

第37条　公安委員会は、この法律の施行に必要な限度において、風俗営業者、性風俗関連特殊営業を営む者、第33条第6項に規定する酒類提供飲食店営業を営む者、深夜において飲食店営業（酒類提供飲食店営業を除く。）を営む者又は接客業務受託営業を営む者に対し、**その業務に関し報告又は資料の提出を求めることができる。**

2　警察職員は、この法律の施行に必要な限度において、**次に掲げる場所に立ち入ることができる。**ただし、第1号、第2号又は第4号から第6号までに掲げる営業所に設けられている個室その他これに類する施設で客が在室するものについては、この限りでない。

一　風俗営業の営業所

二　店舗型性風俗特殊営業の営業所

三　第2条第7項第1号の営業の事務所、受付所又は待機所

四　店舗型電話異性紹介営業の営業所

五　第33条第6項に規定する酒類提供飲食店営業の営業所

六　前各号に掲げるもののほか、設備を設けて客に飲食をさせる営業の営業所（深夜において営業しているものに限る。）

3　前項の規定による警察職員が立ち入るときは、その身分を示す証明書を携帯し、関係者に提示しなければならない。

4　第2項の規定による権限は、犯罪捜査のために認められたものと解してはならない。

㈲　「報告及び立入り」の具体的な解釈運用基準については、（風俗営業等の規制及び業務の適正化等に関する法律等の解釈運用基準　平成22年7月9日警察庁丙保発14・丙少発22）第31「報告及び立入りについて」の項を参照されたい。

=行政処分=

風俗営業者等の営業に関し、各条文中に条番号のみで規定されている、**「行政処分」が科される法令違反にあたる行為名等**を知りたい場合には、後掲「行政罰」中の当該条番号の欄を参照されたい。

ア　風俗営業者に対する指示処分

（指示）

第25条　公安委員会は、風俗営業者又はその代理人等が、当該営業に関し、法令又はこの法律に基づく条例の規定に違反した場合において、善良の風俗若しくは清浄な風俗環境を害し、又は少年の健全な育成に障害を及ぼすおそれがあると認めるときは、当該風俗営業者に対し、善良の風俗若しくは清浄な風俗環境を害する行為又は少年の健全な育成に障害を及ぼす行為を防止するため**必要な指示**※**をすることができる。**

※1　趣旨

指示の規定は、営業者の自主的な努力を促す手段として設けたものである。

2　留意事項

「指示」は、比例原則にのっとって行うべきものであり、営業者に過大な負担を課す

ものであってはならない。

また、指示の内容は、違反状態の解消のための措置、将来の違反の防止のための措置等を具体的に示すものでなければならない。

3　法的性格

「指示」は、行政処分であり、施行規則第86条第1項の書面に不服申立てをすることができる旨を記載して行うものである。

（解釈運用基準第26－1～3）

㈲　「指示」の具体的な解釈運用基準については、前記「解釈運用基準」第26　指示についての項を参照されたい。

イ　風俗営業者に対する営業の停止命令と許可の取消し

（営業の停止等）

第26条　公安委員会は、風俗営業者若しくはその代理人等が当該営業に関し法令若しくはこの法律に基づく条例の規定に違反した場合において**著しく**善良の風俗若しくは清浄な風俗環境を害し若しくは少年の健全な育成に障害を及ぼすおそれがあると認めるとき※、又は風俗営業者がこの法律に基づく処分若しくは第3条第2項の規定に基づき付された条件に違反したときは、当該風俗営業者に対し、**当該風俗営業の許可を取り消し、又は6月を超えない範囲内で期間を定めて当該風俗営業の全部若しくは一部の停止を命ずることができる。**

2　公安委員会は、前項の規定により風俗営業（第2条第1項第4号、第7号及び第8号の営業を除く。以下この項において同じ。）の許可を取り消し、又は風俗営業の停止を命ずるときは、当該風俗営業を営む者に対し、当該施設を用いて営む**飲食店営業について、6月**（前項の規定により風俗営業の停止を命ずるときは、その停止の期間）**を超えない範囲内で期間を定めて営業の全部又は一部の停止を命ずることができる。**

【罰則】　1項・2項＝法49条4号〔2年以下の懲役・200万円以下の罰金又は併科〕法56条（両罰規定（以下同じ。））

※　法第26条第1項に規定する**風俗営業の営業の停止等の要件**は、法令違反があり、かつ、具体的な状況で善良の風俗を害する等のおそれがある場合に営業停止等を命じ得ることとしているものである。これに対し、〔中略〕**性風俗関連特殊営業の停止等の要件**は、一定の罪に当たる違法な行為その他重大な不正行為等をした場合に限定されるが、具体的な状況で善良の風俗を害する等のおそれがあることを要しない。

なお、法第34条第2項に規定する**飲食店営業の停止の要件**は、風俗営業と同様である（解釈運用基準第27－2－⑹）。

㈲　「営業の停止等について」の具体的な解釈運用基準については、前記「解釈運用基準」第27

営業の停止等についての項を参照されたい。

（許可の取消し）

第8条　公安委員会は、第3条第1項の許可を受けた者（第7条第1項、第7条の2第1項又は前条第1項の承認を受けた者を含む。第11条において同じ。）について、次の各号に掲げるいずれかの事実が判明したときは、**その許可を取り消すことができる。**

一　偽りその他不正の手段により当該許可又は承認を受けたこと。

二　第4条第1項各号に掲げる者のいずれかに該当していること。

三　正当な事由がないのに、当該許可を受けてから6月以内に営業を開始せず、又は引き続き6月以上営業を休止し、現に営業を営んでいないこと。

四　3月以上所在不明であること。

ウ　風俗営業者*の遵守事項等

◇　構造及び設備の維持（法第12条）

◇　営業時間の制限（法第13条）

◇　照度の規制（法第14条）

◇　騒音及び振動の規制（法第15条）

◇　広告及び宣伝の規制（法第16条）

◇　料金の表示（法第17条）

◇　年少者の立入禁止の表示（法第18条）

◇　接客従業者に対する拘束的行為の規制（法第18条の2）

◇　遊技料金等の規制（法第19条）

◇　遊技機の規制及び認定等（法第20条）

〔罰則は次のとおり〕

【罰則】　6項＝法51条〔1年以下の懲役・100万円以下の罰金〕

10項において準用する法9条1項＝法50条1項1号・2号〔1年以下の懲役・100万円以下の罰金又は併科〕法56条

10項において準用する法9条3項＝法55条3号〔30万円以下の罰金〕法56条

◇　都道府県の条例による風俗営業者の行為についての制限（法第21条）

◇　**風俗営業を営む者*の禁止行為**（法第22条）

一　営業に関し客引きをすること。

二　営業に関し客引きをするため、道路その他公共の場所で、人の身辺に立ちふさがり、又はつきまとうこと。

三　営業所で、18歳未満の者に客の接待をさせ、又は客の相手となってダンスをさせること。

四　営業所で午後10時から翌日の日出時での時間において18歳未満の者を客に接する業務に従事させること。

五　18歳未満の者を営業所に客として立ち入らせること（第２条第１項第８号〔ゲームセンター等〕の営業に係る営業所にあっては、午後10時（同号の営業に係る営業所に関し、都道府県の条例で、18歳以下の条例で定める年齢に満たない者につき、午後10時前の時を定めたときは、その者についてはそのとき）から翌日の日出時での時間において客として立ち入らせること。））

六　営業所で、20歳未満の者に酒類又はたばこを提供すること。

【罰則】　１号・２号＝法52条１号〔６月以下の懲役・100万円以下の罰金又は併科〕法56条

３号～６号＝法50条１項４号〔１年以下の懲役・100万円以下の罰金又は併科〕法56条

３号・４号＝法50条２項（営業者が当該18歳未満の者の年齢を知らなかったことにつき過失がなかったときは別として、その年齢を知らなかったことを理由に処罰を免れることはできない旨の規定である（以下同じ））

◇　**遊技場営業者**の禁止行為（法第23条）

第２条第１項第７号の営業（ぱちんこ屋その他政令で定めるものに限る。）を営む者は、前条の規定によるほか、その営業に関し、次に掲げる行為をしてはならない。

一　現金又は有価証券を賞品として提供すること。

二　客に提供した賞品を買い取ること。

三　遊技の用に供する玉、メダルその他これらに類する物（次号において「遊技球等」という。）を客に営業所外に持ち出させること。

四　遊技球等を客のために保管したことを表示する書面を客に発行すること。

2　第２条第１項第７号のまあじゃん屋又は同項第８号の営業を営む者は、前条の規定によるほか、その営業に関し、遊技の結果に応じて賞品を提供してはならない。

3　第１項第３号及び第４号の規定は、第２条第１項第８号の営業を営む者について準用する。

【罰則】　１項１号・２号＝法52条２号〔６月以下の懲役・100万円以下の罰金又は併科〕法56条

１項３号・４号（３項において準用する場合を含む。）＝法54条４号〔50万円以下の罰金〕法56条

２項＝法52条３号〔６月以下の懲役・100万円以下の罰金又は併科〕法56条

※　「風俗営業者」と「風俗営業を営む者」及び「遊技場営業者」と「遊技場営業を営む者」との相違点

法第12条から第20条までに掲げる行為等が規制されるのは、許可を受けた「風俗営業

者」に限られる。

他方、法第22条各号及び第23条第１項各号に掲げる行為が禁止されるのは、「風俗営業を営む者」及び「遊技場営業を営む者」であり、「風俗営業者」及び「遊技場営業者」に限られないことから、無許可で風俗営業を営む者及び遊技場営業を営む者も当該行為の禁止の対象となる〔「解釈運用基準第16－８(6)及び第３節Ⅱに掲げた参考文献参照〕。

◇　営業所の管理者選任義務等（法第24条）

【罰則】　１項＝法54条５号〔50万円以下の罰金〕法56条

エ　性風俗関連特殊営業等を営む者に対する指示処分

◎　店舗型性風俗特殊営業を営む者に対する指示処分

（指示）

第29条　公安委員会は、店舗型性風俗特殊営業を営む者又はその代理人等が、当該営業に関し、この法律又はこの法律に基づく命令若しくは条例の規定（前条第１項の規定又は同条第２項の規定に基づく条例の規定を除く。）に違反したときは、当該店舗型性風俗特殊営業を営む者に対し、善良の風俗若しくは清浄な風俗環境を害する行為又は少年の健全な育成に障害を及ぼす行為を防止するため**必要な指示をすることができる。**

◎　以下、店舗型性風俗特殊営業を営む者以外の性風俗関連特殊営業等を営む者に対する「指示」については、条文を省略して業種名と当該条番号のみを掲げる。

◇　無店舗型性風俗特殊営業を営む者に対する指示（第31条の４第１項、第31条の６第２項第１号）

◇　映像送信型性風俗特殊営業を営む者に対する指示（第31条の９第１項、第31条の11第２項第１号）

◇　店舗型電話異性紹介営業を営む者に対する指示（第31条の14）

◇　無店舗型電話異性紹介営業を営む者に対する指示（第31条の19第１項、法第31条の21第２項第１号）

◇　飲食店営業を営む者に対する指示（第34条第１項）

・深夜における飲食店営業を営む者に対する指示（第34条第１項）

・深夜における酒類提供飲食店営業を営む者に対する指示（第34条第１項）

◇　接客業務受託営業を営む者に対する指示（第35条の４第１項及び第４項第１号）

オ　性風俗関連特殊営業等を営む者に対する営業の停止命令と廃止命令

◎　店舗型性風俗特殊営業を営む者に対する営業の停止命令と廃止命令

（営業の停止等）

第30条　公安委員会は、店舗型性風俗特殊営業を営む者若しくはその代理人等が当該営業に関しこの法律に規定する罪（第49条第５号及び第６号の罪を除く。）若しくは第４条第１項第２号ロからヘまで、チ、リ、ル若しくはヲに掲げる罪に当たる違法な行為その他善良の風俗を害し若しくは少年の健全な育成に障害を及ぼす重大な不正行為で政令で定めるものをしたとき、又は店舗型性風俗特殊営業を営む者がこの法律に基づく処分に違反したときは、当該店舗型性風俗特殊営業を営む者に対し、当該施設を用いて営む店舗型性風俗特殊営業を営む者について、**８月を超えない範囲内で期間を定めて当該店舗型性風俗特殊営業の全部又は一部の停止を命ずることができる。**

2　公安委員会は、前項の場合において、当該店舗型性風俗特殊営業を営む者が第28条第１項の規定又は同条第２項の規定に基づく条例の規定により**店舗型性風俗特殊営業を営んではならないこととされる区域又は地域において店舗型性風俗特殊営業を営む者であるとき**は、その者に対し、前項の規定による停止の命令に代えて、当該施設を用いて営む**店舗型性風俗特殊営業の廃止を命ずることができる。**

3　公安委員会は、前２項の規定により店舗型性風俗特殊営業（第２条第６項第１号、第３号又は第４号の営業に限る。以下この項において同じ。）の停止又は廃止を命ずるときは、当該店舗型性風俗特殊営業を営む者に対し、当該施設を用いて営む**浴場業営業**（公衆浴場法第２条第１項の許可を受けて営む営業をいう。以下同じ。）、**興行場営業**（興行場法第２条第１項の許可を受けて営む営業をいう。以下同じ。）又は**旅館業**（旅館業法（昭和23年法律第138号）第３条第１項の許可を受けて営む営業をいう。以下同じ。）**について、８月**（第１項の規定により店舗型性風俗特殊営業の停止を命ずるときは、その停止の期間）**を超えない範囲内で期間を定めて営業の全部又は一部の停止を命ずることができる。**

【罰則】　１項～３項＝法49条４号〔２年以下の懲役・200万円以下の罰金又は併科〕法56条

◎　以下、店舗型性風俗特殊営業を営む者以外の性風俗関連特殊営業等を営む者に対する営業の停止命令と廃止命令については、条文を省略して業種名と当該条番号のみを掲げる。

◇　無店舗型性風俗特殊営業を営む者に対する営業の停止命令又は第31条の２第１項第７号の受付所営業の停止命令若しくは廃止命令等（第31条の５、第31条の６第２項第２号及び第３号）

◇　映像送信型性風俗特殊営業を営む者に対する措置勧告又は措置命令等（第31条の９第２項、第31条の11第２項第２号）

◇　店舗型電話異性紹介営業を営む者に対する営業の停止命令又は廃止命令（第31条の15）

◇　無店舗型電話異性紹介営業を営む者に対する営業の停止命令等（第31条の20、第31条の21第２項第２号）

◇　飲食店営業を営む者に対する営業の停止命令（第34条第２項）
・深夜における飲食店営業を営む者に対する営業の停止命令（第34条第２項）
・深夜における酒類提供飲食店営業を営む者に対する営業の停止命令（第34条第２項）
◇　興行場営業を営む者に対する営業の停止命令（第35条）
◇　特定性風俗物品販売等営業を営む者に対する営業の停止命令（第35条の２）
◇　接客業務受託営業を営む者に対する営業の停止命令等（第35条の４第２項及び第４項第２号）

カ　性風俗関連特殊営業等の規制

(1)　性風俗関連特殊営業の規制
◇　店舗型性風俗特殊営業の規制（第27条～第31条）

（営業等の届出）

第27条　〔略〕

（広告宣伝の禁止）

第27条の２　前条第１項の届出書を提出した者（同条第４項ただし書きの規定により同項の書面の交付がなされなかった者を除く。）は、当該店舗型性風俗特殊営業以外の店舗型性風俗特殊営業を営む目的をもって、広告又は宣伝をしてはならない。

2　前項に規定する者以外の者は、店舗型性風俗特殊営業を営む目的をもって、広告又は宣伝をしてはならない。

【罰則】　１項・２項＝法53条１号〔100万円以下の罰金〕法56条

（店舗型性風俗特殊営業の禁止区域等）

第28条　〔要旨〕

1　営業禁止区域
2　営業禁止地域
3　既得権による店舗型性風俗特殊営業の営業禁止区・地域の適用除外
4　営業時間の制限
5　規制される広告又は宣伝の方法
　一　広告制限区域等における広告物の規制
　　イ　広告制限区域
　　ロ　広告制限地域
　二　人の住居へのビラ等配布等の禁止
　三　広告制限区域内、又は広告制限区域外での18歳未満の者へのビラ等頒布の禁止
6　既得権による店舗型性風俗特殊営業者の広告又は宣伝の規制の適用除外

7　新たな広告制限区域等における既得権による店舗型性風俗特殊営業者の広告又は宣伝の規制の適用除外

8　清浄な風俗環境を害するおそれのある方法での広告又は宣伝の禁止

9　広告又は宣伝をする場合の18歳未満の者の営業所立入禁止の表示義務

10　営業所入口への18歳未満の者の立入禁止の表示義務

11　接客従業者に対する拘束的行為の規制

12　店舗型性風俗特殊営業を営む者の禁止行為

一　営業に関し客引きをすること。

二　営業に関し客引きをするため、道路その他公共の場所で、人の身辺に立ちふさがり、又はつきまとうこと。

三　営業所で18歳未満の者を客に接する業務に従事させること。

四　18歳未満の者を営業所に客として立ち入らせること。

五　営業所で20歳未満の者に酒類又はたばこを提供すること。

【罰則】　１項・２項に基づく条例＝法49条５号・６号〔２年以下の懲役・200万円以下の罰金又は併科〕法56条５項＝法53条２号〔100万円以下の罰金〕法56条

12項１号・２号＝法52条１号〔６月以下の懲役・100万円以下の罰金又は併科〕

12項３号～５号＝法50条１項５号〔１年以下の懲役・100万円以下の罰金又は併科〕法56条

12項３号＝法50条２項（前掲◇風俗営業を営む者の禁止行為（第22条）中の【罰則】参照）

◎　以下、店舗型性風俗特殊営業を営む者以外の性風俗関連特殊営業等を営む者に対する営業の規制については、条文を省略して業種名と当該条番号のみを掲げる。

◇　無店舗型性風俗特殊営業の規制（第31条の２～第31条の６）

◇　映像送信型性風俗特殊営業の規制（第31条の７～第31条の11）

◇　店舗型電話異性紹介営業の規制（第31条の12～第31条の16）

◇　無店舗型電話異性紹介営業の規制（第31条の17～第31条の21）

◎　以下、性風俗関連特殊営業等を営む者以外の深夜における飲食店営業等を営む者等に対する営業の規制については、条文を省略して業種名と当該条番号のみを掲げる。

(2)　深夜における飲食店営業の規制等（第32条）

(3)　興行場営業の規制（第35条）

(4)　特定性風俗物品販売等営業の規制（第35条の２）

(5)　接客業務受託営業の規制（第35条の３・第35条の４）

〓行政罰〓

風営適正化法は、準用規定が多用されており、かつ、風俗営業は9業種、性風俗関連特殊営業は5業種、その他深夜における飲食店営業等の同法規制対象営業の4業種を加えると計18業種に及び、それらの業種に対する法的な規制も業態ごとにそれぞれ異なっております。

そのため、風俗営業者等に対する行政処分や行政罰は、風営適正化法に基づいて行われているにもかかわらず、何とも複雑でわかりにくい法律構成となっていることが、風俗営業等の関係者にとって悩みの種になっているところです。

そこで、本稿では、風営適正化法「第7章罰則」の条文をそのまま掲げるのではなく、風俗営業等の業態ごとに罪名及び罰条がひと目でわかるような体裁をとりました。

第7章　罰則

第49条　2年以下の懲役又は200万円以下の罰金・併科あり・両罰規定あり〔56条〕	
第1号	無許可風俗営業（第3条第1項違反）
第2号	偽りその他不正な手段による許可取得（第3条第1項）
	〃　相続承認取得（第7条第1項）
	〃　合併承認取得（第7条の2第1項）
	〃　分割承認取得（第7条の3第1項）
第3号	名義貸し（第11条違反）
第4号	風俗営業者の営業停止命令違反（第26条違反）
	店舗型性風俗特殊営業を営む者の営業停止命令違反（第30条違反）
	無店舗型性風俗特殊営業を営む者の 営業停止命令違反（第31条の5第1・2項違反） 移送営業停止命令違反（第31条の6第2項第2・3号違反）
	店舗型電話異性紹介営業を営む者の営業停止命令違反（第3条の15違反）
	無店舗型電話異性紹介営業者を営む者の 営業停止命令違反（第31条の20違反） 移送営業停止命令違反（第31条の21第2項第2号違反）
	飲食店営業を営む者の営業停止命令違反（第34条第2項違反）
	興行場営業を営む者の営業停止命令違反（第35条違反）
	特定性風俗物品販売等営業を営む者の営業停止命令違反（第35条の2違反）
	接客業務受託営業を営む者の 営業停止命令違反（第35条の4第2項違反） 移送営業停止命令違反（第35条の4第4項第2号違反）
第5号	店舗型性風俗特殊営業の営業禁止区域営業（第28条第1項違反）
	受付所営業の営業禁止区域営業（第31条の3第2項違反）
	店舗型電話異性紹介営業の営業禁止区域営業（第31条の13第1項違反）

第６号	店舗型性風俗特殊営業の営業禁止地域営業（第28条第２項違反）
	受付所営業の営業禁止地域営業（第31条の３第２項違反）
	店舗型電話異性紹介営業の営業禁止地域営業（第31条の13第１項違反）
第50条　１年以下の懲役又は100万円以下の罰金・併科あり・両罰規定あり	
第１項 第１号	構造設備の無承認変更（第９条第１項（第４条第４項に規定する遊技機を含む。））
	遊技機の無承認変更（第20条第10項）
第２号	偽りその他不正な手段による構造設備の変更承認取得（第９条第１項） 〃　遊技機の変更承認取得（第20条第10項）
第３号	偽りその他不正な手段による特例風俗営業者の認定取得（第10条の２第１項）
第４号	風俗営業を営む者が 18歳未満の者に接待等をさせること（第22条第３号違反[*1]） 〃　に夜間[*2]接客させること（第22条第４号違反[*1]） 〃　を営業所に立ち入らせること（第22条第５号違反） 20歳未満の者に酒類等を提供すること（第22条第６号違反） ※１　**18歳未満の者の使用者責任については、後掲第50条第２項を参照されたい。** ※２　「夜間」とは、午後10時から翌日の日出時までの時間をいう。
	飲食店営業を営む者が 18歳未満の者に夜間接客させること（第32条第３項違反[*1]） 〃　を夜間営業所に立ち入らせること（第32条第３項違反） 20歳未満の者に酒類等を提供すること（第32条第３項違反）
第５号	店舗型性風俗特殊営業を営む者が 18歳未満の者に接客させること（第28条第12項第３号違反[*1]） 〃　を営業所に立ち入らせること（第28条第12項第４号違反） 20歳未満の者に酒類等を提供すること（第28条第12項第５号違反）
	受付所営業を営む者が 18歳未満の者を受付所に立ち入らせること（第31条の３第２項違反） 20歳未満の者に酒類等を提供すること（第31条の３第２項違反）
第６号	無店舗型性風俗特殊営業を営む者が 18歳未満の者に接客させること（第31条の３第３項第１号違反[*1]）
第７号	映像送信型性風俗特殊営業を営む者の 措置命令違反（第31条の10違反） 移送措置命令違反（第31条の11第２項第２号違反）
第８号	店舗型電話異性紹介営業を営む者が 18歳未満の者に接客させること（第31条の13第２項第３号違反[*1]） 〃　を会話の当事者にさせること（第31条の13第２項第４号違反[*1]） 〃　を営業所に立ち入らせること（第31条の13第２項第５号違反） 20歳未満の者に酒類等を提供すること（第31条の13第２項第６号違反）
第９号	無店舗型電話異性紹介営業を営む者が 18歳未満の者を会話の当事者にさせること（第31条の18第２項第１号違反[*1]）
第10号	深夜酒類提供飲食店営業の営業禁止地域営業（第33条第４項違反）

第50条第２項　第22条第３号若しくは第４号（第32条第３項において準用する場合を含む。）、第28条第12項第３号、第31条の３第３項第１号、第31条の13第２項第３号若しくは第４号又は第31条の18第２項第１号に掲げる行為をした者は、当該18歳未満の者の年齢を知らないことを理由として、前項の規定による処罰を免れることができない。ただし、過失のないときは、この限りでない。	
第51条　１年以下の懲役又は100万円以下の罰金・併科なし・両罰規定なし	
	指定試験機関の役・職員等の秘密漏泄（第20条第６項違反）
	少年指導委員等の秘密漏泄（第38条第３項違反）
	都道府県風俗環境浄化協会の役・職員等の秘密漏泄（第39条第５項違反）
第52条　６月以下の懲役又は100万円以下の罰金・併科あり・両罰規定あり	
第１号	風俗営業を営む者の客引き（第22条第１号違反）
	〃　　の客引き準備行為（第22条第２号違反）
	深夜飲食店営業を営む者の客引き（第32条第３項違反）
	〃　　の客引き準備行為（第32条第３項違反）
	店舗型性風俗特殊営業を営む者の客引き（第28条第12項第１号違反）
	〃　　の客引き準備行為（第28条第12項第２号違反）
	受付所営業を営む者の客引き（第31条の３第２項違反）
	〃　　の客引き準備行為（第31条の３第２項違反）
	店舗型電話異性紹介営業を営む者の客引き（第31条の13第２項第１号違反）
	〃　　の客引き準備行為（第31条の13第２項第２号違反）
第２号	遊技場営業を営む者の現金等賞品提供（第23条第１項第１号違反）
	〃　　の賞品買い取り（第23条第１項第２号違反）
第３号	まあじゃん屋又は第８号営業を営む者の賞品提供（第23条第２項違反）
第４号	店舗型性風俗特殊営業の無届け営業（第27条第１項）
	無店舗型性風俗特殊営業の無届け営業（第31条の２第１項）
	映像送信型性風俗特殊営業の無届け営業（第31条の７第１項）
	店舗型電話異性紹介営業の無届け営業（第31条の12第１項）
	無店舗型電話異性紹介営業の無届け営業（第31条の17第１項）
第５号	性風俗関連特殊営業届出書等の虚偽記載（第27条第３項（準用第31条の12第２項。）、第31条の２第３項（準用第31条の７第２項及び第31条の17第２項。））
第53条　100万円以下の罰金・両罰規定あり	
第１号	店舗型性風俗特殊営業の無届営業者等の広告宣伝（第27条の２違反）
	無店舗型性風俗特殊営業の無届営業者等の広告宣伝（第31条の２の２違反）
第２号	性風俗関連特殊営業を営む者の広告宣伝方法違反（第28条第５項違反（準用第31条の３第１項、第31条の８第１項、第31条の13第１項及び第31条の18第１項。））
第３号	従業者名簿の不備等（第36条違反）
第４号	接客従業者生年月日等不確認（第36条の２第１項違反）
第５号	〃　確認記録不作成等（第36条の２第２項違反）

第６号	報告又は資料の提出義務違反（第37条第１項違反）
第７号	警察職員の風俗営業所等への立入忌避等（第37条第２項）
	少年指導委員の風俗営業所等への立入忌避等（第38条の２第１項）
第54条　50万円以下の罰金・両罰規定あり	
第１号	許可申請書等の虚偽記載（第５条第１項）
第２号	特例認定風俗営業者の構造設備無届け変更（第９条第５項違反）
	〃　構造設備変更届出書等虚偽記載（第９条第５項）
第３号	〃　認定申請書等虚偽記載（第10条の２第２項）
第４号	遊技場営業を営む者の遊技玉等持ち出させ行為（第23条第１項第３号違反）
	〃　の遊技玉等保管書面発行（第23条第１項第４号違反）
第５号	管理者の不選任（第24条第１項違反）
第６号	性風俗関連特殊営業者の変更届出書等の不提出（第27条第２項違反等）
	〃　の虚偽記載（第27条第２・３項等）
	深夜酒類提供飲食店営業の無届け営業（第33条第１項違反）
	〃　の営業届出書等虚偽記載（第33条第１・３項等）
第55条　30万円以下の罰金・両罰規定あり	
第１号	風俗営業許可証等の掲示義務不履行（第６条違反）
第２号	相続被承認者の許可証書替え義務不履行（第７条第５項違反）
	合併被承認者の　〃　（第７条の２第３項違反）
	分割被承認者の　〃　（第７条の３第３項違反）
第３号	構造設備の軽微な変更等届出書の不提出（第９条第３項違反）
	〃　の虚偽記載（第９条第３項）
	遊技機の軽微な変更等届出書の不提出（第20条第10項違反）
	〃　の虚偽記載（第20条第10項）
	深夜酒類提供飲食店営業変更届出書等の不提出（第33条第２項違反）
	〃　の虚偽記載（第33条第２・３項）
第４号	風俗営業許可証の不返納（第10条第１項違反）
第５号	特例風俗営業者認定証の不返納（第10条の２第７項違反）
第６号	営業停止標章の破壊等（第31条第４項違反等）
第56条　法人の代表者、法人又は人の代理人、使用人その他の従業者が、法人又は人の営業に関し、第49条、第50条第１項又は第52条から前条までの違反行為をしたときは、行為者を罰するほか、その法人又は人に対し、**各本条の罰金刑を科する。**	
第57条　10万円以下の過料・両罰規定なし	
第１号	相続不承認者の風俗営業許可証不返納（第７条第６項違反）
第２号	親族等の風俗営業許可証不返納（第10条第３項違反）
第３号	親族等の特例風俗営業者認定証不返納（第10条の２第９項違反）

○風俗営業者に対する「指示書」と「聴聞通知書」（見本）

埼玉県公安委員会指令第○○号
平 成 ○○ 年 ○○ 月 ○○ 日

住所又は所在地　○○○○○○○○○○○

氏名又は名称　風俗営業第２号営業「○○○○」営業者
有限会社　○○○○

埼玉県公安委員会

指　示　書

風俗営業等の規制及び業務の適正化等に関する法律（昭和23年法律第122号）第25条の規定により次の措置をとることを指示する。

1　違反事実　　平成○○年○○月○○日午後９時30分ころ、営業所前路上において客引きをした。

2　指示　　従業員に対し、管理者をして客引きを防止するため必要な指導監督を行うこと。

この処分に不服があるときは、行政不服審査法（昭和37年法律第160号）第６条により、この処分書を受け取った日の翌日から60日以内に、埼玉県公安委員会に対し、異議の申立てをすることができます。

（例）

聴 聞 通 知 書

都公委（　　）第　　号
平成　　年　　月　　日

住所又は営業所

殿

東京都公安委員会　印

○○法第　　条の規定による行政処分について、同法第　　条第　　項の規定に基づき公開による聴聞を次により行ないますから、定刻までに出席して下さい。

聴聞期日	平成　　年　　月　　日午前・後　　時　　分
聴聞場所	
処分事由の概要	

注1　代理人を出席させるときは、聴聞開始までに代理人の住所、職業、氏名、年令及びあなたとの関係を記載した委任状を公安委員会に提出して下さい。委任状がないと出席できません。

2　あなた又は代理人は、聴聞において意見を述べ、有利な証拠を提出することができます。

　なお、聴聞の当日は、聴聞主宰者に届け出て弁護人とともに出席できますので、弁護人が出席する場合は届書を提出して下さい。

3　あなた又は代理人が正当な理由がなく出席しなかったときは、聴聞を行ったものとみなされます。

……………………………… 切り取り線 ………………………………

受 領 書

平成　　年　　月　　日都公委（　　）第　　号による聴聞通知書1通を確かに受領いたしました。

平成　　年　　月　　日

受領場所
受 領 者　　　　　　印
（出席の有無）　出席、欠席

東京都公安委員会殿

平成　　年　　月　　日午前・後　　時　　分送達

送 達 者　　　　　　警 察 署
階 級　　　　氏名　　　　印

第3節■風俗営業許可申請手続等のための主要参考文献

Ⅰ　法令及び条例関係の参考図書

1　風営適正化法研究会編『六訂版風営適正化法関係法令集』2011年　東京法令出版

2　生活環境研究会編『改訂5版風営適正化法法令基準集』2008年　大成出版社

3　風俗問題研究会著『最新風営適正化法ハンドブック〔全訂第2版〕』2008年　立花書房

Ⅱ　注釈、判例、取締り・審理裁判関係の参考図書

1　蔭山信編著『注解風営法Ⅰ・Ⅱ』2008年　東京法令出版

2　飛田清弘他著『条解風俗営業等の規制及び業務の適正化等に関する法律』1986年　立花書房

3　平野龍一他編『注解特別刑法7風俗・軽犯罪編〔第二版〕』1988年　青林書院

4　佐藤文哉編『刑事裁判実務大系3風俗営業・売春防止』1994年　青林書院

Ⅲ　記載例とその様式用紙の参考図書

1　全国風俗環境浄化協会発行『風俗営業許可申請等の手引〈記入例つき〉』各都道府県風俗環境浄化協会（各都道府県防犯協会連合会内）で販売しておりますので、同協会へ直接又は所轄警察署にお問い合わせください。なお、各都道府県警察本部のホームページからも入手することができます。

2　許可認可等手続研究会編『許可認可等手続便覧（加除式全5巻中第1巻営業等取締編）』新日本法規

3　早川功他著『行政書士の実務　風俗営業許可申請業務』2010年　法学書院

Ⅳ　営業所周囲の略図関係の参考図書

ゼンリンの「住宅地図」は最寄りの公立図書館に、用途地域が明示された住宅地図の「ブルーマップ」は最寄りの法務局（出張所）にそれぞれ備え付けてありますので、同社からわざわざ購入することなく、必要個所を閲覧したり複写することができます。なお、同社の「住宅地図」の利用方法等については、同社のホームページで閲覧することもできます。

Ⅴ　営業所の平面図等関係の参考図書並びにソフト

1　岸田林太郎他著『だれにもわかる建築図面の見方・かき方』1990年　オーム社

2　キャド（CAD）製建築図面作成ソフト

ただし、このソフトは建築士用なので、使いこなすためにはそれと同レベルの建築図面等に関する専門的知識を習得する必要があります。

第４節■風俗営業等の営業所数等の推移（平成14～23年度）

前掲〔「行政書士報酬額に関する統計調査」に見る取扱い業務ランキング〕によれば、〔第２号営業　社交飲食店〕の風俗営業許可申請手続は第47位にしかランクされていないものの、本書第２編の許認可業務のノウハウ＆マニュアルにおける論稿は、風俗営業許可申請手続に係る論述にその大部分を割いております。

そこで、これらの業務の客観的な市場規模を知ることは、行政書士の当該業務の営業活動を進めていく上での一つの重要なファクターであるとの筆者の考えから、次に「風俗営業等の営業所数等の推移（平成14～23年度）」等を警察庁のホームページから見ていくこととします。なお、各都道府県における各年度ごとのそれらの統計については、当該都道府県庁のホームページ等から探ることができますのでぜひアクセスしてみてください。

付表1　風俗営業の営業所数の推移（平成14〜23年度）

区分＼年次	14	15	16	17	18	19	20	21	22	23
総　数（軒）	120,712	117,873	115,955	112,892	111,528	109,135	106,864	104,920	102,207	99,994
第1号営業（キャバレー等）	4,868	4,941	5,056	4,914	4,505	4,080	3,668	3,379	3,128	2,933
第2号営業（料理店、カフェー等）	68,058	67,103	67,031	66,217	66,998	67,352	67,330	67,034	66,009	65,313
第3号営業（ナイトクラブ等）	622	604	596	572	558	541	512	486	467	442
第4号営業（ダンスホール等）	421	386	370	343	326	241	232	216	197	187
第5号営業及び第6号営業	22	21	23	14	13	13	11	39	7	6
第7号営業（ナイトクラブ等）	35,222	34,059	32,770	31,317	30,037	28,256	26,974	26,104	25,262	24,465
まあじゃん屋	18,584	17,850	17,021	16,030	15,247	14,555	13,920	13,343	12,687	12,054
ぱちんこ屋等	16,504	16,076	15,617	15,165	14,674	13,585	12,937	12,652	12,479	12,323
その他	134	133	132	122	116	116	117	109	96	88
第8号営業（ゲームセンター等）	11,499	10,759	10,109	9,515	9,091	8,652	8,137	7,662	7,137	6,648

（出所）警察庁

付表２　性風俗関連特殊営業の届出数の推移（平成14～23年度）

区分＼年次	14	15	16	17	18	19	20	21	22	23
総　数（軒）	27,024	32,340	37,891	42,583	17,492	19,990	22,021	23,727	25,102	29,391
店舗型性風俗特殊営業	10,956	10,806	10,630	10,360	6,790	6,684	6,570	6,420	6,208	8,835
第１号営業（ソープランド等）	1,276	1,310	1,304	1,306	1,248	1,250	1,249	1,239	1,238	1,246
第２号営業（店舗型ファッションヘルス等）	994	1,010	1,013	1,021	823	875	862	847	836	822
第３号営業（ストリップ劇場等）	524	509	456	439	192	180	162	157	139	125
第４号営業（ラブホテル等）	6,868	6,710	6,636	6,414	4,167	4,031	3,944	3,837	3,692	6,259
第５号営業（アダルトショップ等）	1,294	1,267	1,221	1,180	360	348	353	340	303	272
無店舗型性風俗特殊営業	14,266	19,349	24,386	28,854	9,610	12,071	14,035	15,682	16,983	18,336
第１号営業（派遣型ファッションヘルス等）	12,251	16,846	21,570	25,727	8,936	11,236	13,093	14,648	15,889	17,204
第２号営業（アダルトビデオ等通信販売）	2,015	2,485	2,816	3,127	674	835	942	1,034	1,094	1,132
映像送信型性風俗特殊営業	929	1,334	2,031	2,575	626	811	1,026	1,240	1,554	1,888
店舗型電話異性紹介営業	514	483	469	432	299	245	209	195	174	151
無店舗型電話異性紹介営業	359	368	375	362	167	179	181	190	183	181

（出所）警察庁

付表３　深夜酒類提供飲食店の営業所数の推移（平成14～23年度）

区分＼年次	14	15	16	17	18	19	20	21	22	23
総　数（軒）	270,916	269,384	269,452	266,435	269,335	269,348	270,916	272,068	272,049	272,985

（出所）警察庁

第5節■風俗営業業界の最近の動向と今後の課題／将来性

風俗営業者の許可申請や届出手続を生業としている行政書士にとって、風俗営業者の盛衰は、そのままそれらの取扱い業務量の多寡につながる最も重大な関心事であります。

そこで、「風俗営業業界の最近の動向と今後の課題／将来性」について的確に論及している文献を紹介し、読者の参考に供したいと思います。

経営情報出版社刊・中小企業動向調査会編『業種別業界情報 2011年版』《サービス業》―娯楽の部中、パチンコ店、ゲームセンターについての論稿。

他に、業種別企業体を対象に、金融機関の融資判断のための手引きとして利用されている銀行研修社刊『最新業種別審査小事典 2009年版』も、風俗営業の業界動向を探る上でかなり参考になると思われます。

第５章　遺産相続手続

第１節■行政書士が遺産相続関係手続の業務範囲を超えて弁護士法72条違反の所為に及んだ事例

遺産相続関係手続報酬金請求訴訟第一審判決

≪判決要旨≫

1．相続財産や相続人の調査、相続分なきことの証明書や遺産分割協議書等の作成、右書類の内容について他の相続人に説明することは、行政書士の業務の範囲内である。

2．行政書士が、紛争の生じている遺産分割で依頼者のため折衝を行うのは、弁護士法72条１項に定める「法律事務」に当たり、行政書士の業務の範囲外である。

3．行政書士は、遺産分割の折衝に関する報酬を請求できない。

≪参照条文≫

弁護士法72条１項、行政書士法１条、民法648条・90条

（東京地裁平成４年(ワ)第7470号、報酬金請求事件
平成５年４月25日民事第17部判決、一部認容・控訴）

（出典　判例タイムズ829号227頁）

※判決文は、拙著『行政書士のための最新・許認可手続ガイドブック』2005年　大成出版社453～458頁に登載されておりますので、そちらの文献をご参照ください。

第２節■一面識もない相続人への遺産相続等の連絡文書

［一面識もない相続人への遺産相続等の連絡文書　その１］

○　○　　　○　様

冠省　突然このようなお便りとお願いを申し上げる非礼を先ずはお詫び申し上げます。

さて、私は故○○○様を雇用していた株式会社○○○○○○の代表者で○○○○と申す

者です。

ご用件に入る前に私と故○○○様との関係等について申し上げます。

故○○○様は私の中学時代の１年後輩にあたります。

故人は、若い頃から飲酒等が好きでやめられず、十数年前から身体を壊し入退院を繰り返していたためにそんな身体ではたいした定職にもつけず、当社で臨時雇い塗装工として働いてもらっていました。

また十数年前には、借金が元で親が残してくれた○○○の自宅も売り払ってしまったようです。

売った当初はお金も残り自由に遊んでいて連絡も途絶えていたのですが、お金も底をつき病気も再発し無一文になった時点でまた私に助けを求めてきました。

そこで私は故人の生活保護の申請やアパートの保証人等になってやり、その間少しずつ体調を回復し数年間仕事を続けていましたが、やはり飲酒がやめられず自己管理できなかったために昨年再発し、○○市立病院に入院療養しておりましたところ、４月に息を引き取られました。

埋葬は散骨になると市役所に言われたのですが、それではあまりにも惨めなので、市役所に頼んで火葬後仲間たちで収骨し、○○市○○寺にて葬儀を行い、無縁仏扱いで納骨していただいた次第です。

さてご用件ですが、この保険は○○市商工会にて当社が７、８年掛けていた保険です。故人にはお金を貸しておりましたし、アパートの片付けや葬儀費用等も当方で負担しておりますので、その一部をこの保険金でまかない、○様には些少ですが香典を渡せたらと考えておる次第です。

つきましては、この保険金請求のために同封の用紙の**「請求内容了知欄」に被保険者の遺族として、○様のご署名と捺印をいただきたく**、何卒宜しくお願い申し上げます。

草々

平成○○年○月29日

○○県○○市○○町○丁目○○番○○号
株式会社　○　○　○　○
代表取締役　○　○　　○　○
048（○○○）○○○○

［一面識もない相続人への遺産相続等の連絡文書　その２］

○　○　○　○　様

謹啓　初秋の候　益々ご健勝のこととお慶び申し上げます。

さて、突然のお便りで誠に恐縮でございますが、私は故○○○○の長女の○○○○と申す者でございます。

早速ですが、本日このお手紙をしたためましたのは、父○○はかねて病気療養中のところ、去る平成○○年○○月○○日に永眠（享年77歳）したことのお知らせと、その遺産相続に関するご相談をするためでございます。

本来ならば速やかにこのことをお知らせすべきところでございましたが、亡き父の生存中に○○様のご消息については何も聞いていなかったために、今日までにそのお知らせが遅れてしまいましたこと、心から深くお詫び申し上げます。

本人はそれほど苦しまずに永眠できたことが私たち近親者に取りましてせめてもの慰めであり、その後の葬儀等につきましても滞りなく済ませましたのでご安心ください。

さて、遺産相続の件についてですが、父○○の遺産は別紙遺産分割協議書にあるとおり、土地のみでございます。そこで、父○○が遺言書を残さずに永眠しましたので、母○○○共々熟慮しましたところ、でき得ればその土地全部を私○○に相続させたいというのが母○○○の意志のようでございます。

そこで、誠に唐突とは存じますが協議書を作成し送らせていただいた次第です。つきましては、もしこれにご承諾いただけるようでございましたら、○○様のご署名と実印での捺印、そして印鑑証明書１通をご返送賜れば幸いに存じます。

なお、これらの件で○○様にいろいろご面倒をおかけするかと思いますので、お詫びとして誠に些少とは存じますが後日御礼を申し上げたいと思っておりますので、その節はご受納の程よろしくお願い申し上げます。

末筆ながら、○○様におかれまして、もしこちらにおいでになり亡き父のお墓参りをなさるようでありますればいつでもご案内するつもりでおりますので、何とぞお気軽にお申し出くださいますよう母共々お持ち申し上げております。

それでは、まずはお知らせとお願いまで。　敬具

平成○○年○○月29日

○○県○○市○○町○丁目○○番○○号

○　○　○　○

○　○　○○○

048（○○○）○○○○

第3節■遺産相続手続に精通するための基礎知識

「行政書士報酬額に関する統計調査」によれば、遺産分割協議書の作成業務は、行政書士が取り扱う業務全体の23.4%を占め、第7位にランクされています。

しかしながらこの業務は、弁護士の遺産相続手続全般と、司法書士の不動産の相続登記手続と、税理士の相続税の申告手続などとの間で職域がそれぞれ競合しています。

したがって私たち行政書士が遺産分割協議書の作成を依頼されるのは、主に、遺産相続に関して争いのない、銀行などの預貯金、自動車、許認可権に係る遺産相続手続に限られるものと考えられます。

そこでここでは、遺産相続手続に精通するための基礎知識を得るために必要不可欠な参考文献を、はしがきと目次により紹介し、読者の参考に供したいと思います。

●堀内仁・鈴木正和・石井眞司／編『精選銀行取引手続書式大事典第1巻〔新訂版〕』
1985年　銀行研修社

10章相続預金／1節相続の受付／2節各種取引の相続／3節相続預金の払戻し（通常の場合）／4節相続預金の払戻し（特殊な場合）／5節遺言による相続預金の払戻し

●青山修／著『図解　相続人・相続分確定の実務―相続分計算と相続税務の基礎知識―』
1998年　新日本法規出版

本書は、相続が発生した場合に避けては通れない、相続人、法定相続分、遺留分などの具体的計算根拠を解説しようとするものです。…本書では、単に、相続人の確定方法や相続分・遺留分などの計算事例を解説するだけでなく、コラム欄を設けて相続税についての基礎的な知識も解説をしています。
―はじめにより

●東京弁護士会法友全期会相続実務研究会／編『遺産分割実務マニュアル』1993年　ぎょうせい

今回は、遺産分割紛争を実際に担当した経験を生かして、若手弁護士が遺産分割紛争に関与した際の参考となる実務上の基本的事項をまとめた「マニュアル」を作成することを考えた。

もとより遺産分割は、必ずしも弁護士が関与しなければならないものではなく、現実には相続人間の話し合いによる解決が図られていることが圧倒的に多い。従って、このマニュアルが一般の方々の目にもとまる機会のあることも考慮して作成するようにした。
―はしがきより

●小川正行／著『遺産分割・遺留分ｍｅｍｏ』1999年　新日本法規出版

…、調停委員が遺産分割事件を処理する上で必要とされる事項や関連事項の基礎知識を集約した遺産分割手引書を作成したものであるが、これに、名古屋家庭裁判所在勤中に収集した資料や作成したメモのほか、研修、研究会における講義のために作成した講義資料などを加えたものが本書である。

本書が遺産分割事件を担当される方々、遺産分割や遺留分あるいはそれらに関連する事項についての基礎知識を習得されたい方々、並びに遺産分割や遺留分に関心をお持ちの方々の参考となり、遺産分割に関する紛争が円満に解決する一助となれば幸いである。

―はじめにより

●成毛鐵二／著『相続争いを防ぐための遺言―作り方と解説―』1982年　日本加除出版

本書は、広く一般国民にも読んでもらうために、さしえを入れたり、文章もできるだけやさしく、特に第７章の遺言の必要性及び第13章以下の遺言書の書き方については、わかりやすく書いたつもりであるが、何分にも法律というのは、専門語があって、その専門語を使わないとピンとこないし、それをいろいろ解説していると長文になってしまうので、その点はほどほどにしているからご了承を願いたい。

本書が、遺言についていろいろ相談を受ける市町村の市民相談室の職員、人権擁護委員、司法書士、土地家屋調査士、税理士、行政書士等の指導者の方々及びこれから遺言書を作る一般国民にもご参考となれば幸甚である。

―まえがきより

●中村人知／著『相続手続のすすめ方―法律手続と納税手続―』1999年　税務経理協会

法事は慣習でわかるが、法的な手続はどうすればよいか、誰かが亡くなった後の法律手続・納税手続のすすめ方を、図解・書式文例を入れ、わかりやすく説明。

―書式文例―

財産を処分するときの法律手続／遺言書があるとき・ないときの法律手続／遺産分割協議後の法律手続／遺産分割ができないときの法律手続／相続税の申告・延納・物納手続

●原秀男 他／監修『遺産相続の手続き事典-実例でわかる法律相談と節税の手引』

1998年　小学館

いろいろの人が遭遇するさまざまなケースや、よく起こるトラブルを、実例に即してわかりやすく解説してあります。そして遺産額の算出方法や税の計算など、遺産相続に関する基礎知識から、複雑な問題まで解き明かしています。

―はじめにより

●東京相続遺言研究会／編著『これからの相続対策と遺言の書き方』1987年　主婦の友社

序章遺言と相続の重み／第１章意外に知らない相続の常識／第２章ケース別遺言のつくり方／第３章正しい遺書の書き方／第４章遺言を受け止めるとき／第５章相続と節

税のポイント／第6章国際相続と遺言／相続・遺言に関する資料

●財産管理実務研究会／編『不在者・相続人不存在財産管理の実務』

1993年　新日本法規出版

第1章序説―財産管理事件の種類と特質／第2章不在者の財産の管理に関する処分／第3章相続財産の管理に関する処分

●内田恒久／著『判例による相続・遺言の諸問題』2002年　新日本法規出版

第1部判例による遺産共有の総括／第2部相続させる趣旨の遺言の研究（平成3年4月19日最高裁判決を中心として）／第3部相続させる旨の遺言における遺言執行者／第4部遺留分の構造とその算定／第5部判例による遺贈及びこれに対する遺留分減殺請求の効果

●雨宮則夫・石田敏明／編著『遺産相続訴訟の実務』2001年　新日本法規出版

第1章序論／第2章遺産分割の協議、調停、審判／第3章当事者の範囲に関する紛争／第4章遺産の範囲に関する紛争／第5章相続分に関する紛争／第6章遺産分割に伴う紛争／第7章遺言に関する紛争／第8章遺留分減殺請求／第9章遺産分割の周辺の紛争／第10章遺産分割後の紛争

●浦川登志夫・岡本和夫／著『遺言に関する文例書式と解説』1999年　新日本法規出版

本書は、遺言書の作成から遺言の執行及び遺留分などに関するあらゆる文例・書式例を中心に、遺言法全般並びにそれに関する事項について実用的に解説したものである。その方法として、まず遺言法全般を簡単に概説し、次いで各遺言方式による遺言文例・書式例に関連した事項を説明するという三段構えによって解説することにした。また、遺言に関する判例を条文ごとに分類してその要旨集を巻末に掲載した。

本書は前記のような意図に基づいて企画され発行されたものであるが、遺言を正しく活用して、遺言者の死後における遺産に関する紛争を未然に防ぎ、健全な親族関係を維持していくために、本書がその一助となれば著者として望外の幸せである。

―はしがきより

●髙妻新・荒木文明／著『全訂・相続における戸籍の見方と登記手続』

2005年　日本加除出版

第1戸籍の様式・編製と改製・再製／第2戸籍簿・除籍簿等の保存期間と謄抄本の請求方法／第3相続適格者認定上の基本的事項／第4被相続人と相続人の戸籍／第5法定・任意の代理人等の資格を証する戸籍・登記／第6氏名の変更を証する戸籍／第7相続登記申請の添付書面と申請書（各種の相続関係説明図、遺産分割協議書、相続分

不存在証明書、その他の添付書面及び登記申請書）／第８死因贈与・遺贈と負担付贈与と登記手続／第９相続関係の審判と登記手続

●髙妻新／編『〔新版〕判例・先例・学説・実例　相続における実務総覧ー旧法以前より現行法までー』　2002年　日本加除出版

●髙妻新／著『〔増補〕旧法・韓国・中国関係Q&A相続登記の手引き』　1998年　日本加除出版

第１編　旧法関係の相続準拠法

１総説／２明治31年民法施行前の親族・相続の慣例／３明治31年民法施行後、応急措置法施行前（旧法中）の親族・相続関係／４民法の応急措置法施行中の親族・相続関係／５現行民法附則第25条・第26条の親族・相続関係

第２編　韓国人・中国人の相続準拠法

１国際的相続問題と準拠法の決定／２韓国関係／３北朝鮮関係／４中国関係／５韓国人・中国人の相続登記に必要な添付書面（外国語によるものには、日本語の訳文を添付する）

●河瀬俊雄・西山国顕／著『ー旧慣習法時代から現行大韓民国民法までー図解・韓国相続登記事例集』　1996年　日本加除出版

序章渉外相続及び登記の準拠法／第１章戸籍承継（1991年（平成３年）１月１日から現在まで）／第２章戸籍承継人／第３章相続／第４章相続人／第５章1979年（昭和54年）１月１日から、1990年（平成２年）12月31日までの間の相続／第６章1960年（昭和35年）１月１日から、1978年（昭和53年）12月31日までの間の相続／第７章朝鮮民事令による1912年（明治45年）４月１日から、1959年（昭和34年）12月31日までの間の相続／第８章相続の具体的事例／第９章相続登記申請の添付書面

●東京都特別区戸籍実務研究会・日本加除出版株式会社企画部／共編『行政証明の実務と参考様式集ー戸籍・住基・印鑑・外国人登録関係ー』　2003年　日本加除出版

第１編総説／第２編行政証明の取扱い／第３編行政証明の様式／第４編資料　東京都23区助役会申し合せ「一般行政証明取扱処理方針」

●日本加除出版法令編纂室／編『平成21年戸籍実務六法』2009年　日本加除出版

●日本加除出版編集部／編『平成23年版住民基本台帳六法』2011年　日本加除出版

第4節■適切な内容証明を作るための基礎知識

「行政書士報酬額に関する統計調査」によれば、内容証明郵便の作成業務は、行政書士が取り扱う業務全体の16.9%を占め、第16位にランクされています。

しかしながらこの業務は、主に、銀行などの金融機関・リース会社・カード会社においては債務履行の催告書として、弁護士においては各種法律事件の法的通知文として多用されております。

したがって私たち行政書士が内容証明郵便の作成を依頼されるのは、主にそれらの催告や通知を受けた企業や個人からのものはもとより、企業間や個人間における売掛代金・地代・家賃・貸金・各種損害賠償金の請求、さらには親族間における相続分をめぐる異議申立てなど広範多岐にわたります。

そこでここでは、内容証明郵便の作成業務に精通するための基礎知識を得るために必要不可欠な参考文献を紹介し、読者の参考に供したいと思います。

●小山齋／編著『内容証明モデル文例集　正・続』1985・1987年　新日本法規出版

本書は、以下の特色をもっています。

1　分かりやすい解説

内容証明郵便を出すには、相手に配達される内容文書と2通の謄本を差し出さなければなりません。内容文書を作成するには一定のルールがあり、謄本を作成するにも一定のルールがあります。このルールを図例を入れて分かりやすく解説し、そのうえで、実務における内容証明郵便の作り方の手順を紹介しました。また、内容証明郵便の出し方や、これが相手方に届かなかった場合の次の手順についても、解説してあります。

2　豊富で実務的な文例

本書では、単に、不動産の売買や賃貸借、金銭消費貸借といった一般的なものにとどまらず、各種取引や人事労務の関係、損害賠償や親族相続の関係、消費者保護の関係に至るまで、495例という広範で豊富な文例を納めました。また、これらの文例はいずれも実務的な内容をもっており、通知と回答そして再通知といった文例群も用意してあり、すぐに役立つように構成してあります。

3　問題処理の展望

更に本書の特色は、文例ごとに関係条文を合わせ掲載したことです。文例をよく読み、そして条文に目をとおせば、法律上の専門知識が得られることのほか、将来における紛争解決や問題処理についての展望が開けるはずです。　一はしがきより

解　説

文　例

Ａ不動産売買に関する内容証明／Ｂ取引に関する内容証明／Ｃ不動産賃貸借に関する内容証明／⑴土　地／⑵建　物／Ｄ貸金その他債権債務に関する内容証明／Ｅ担保に関する内容証明／Ｆ人事労務に関する内容証明／Ｇ株式会社その他の法人に関する内容証明／⑴株式会社／⑵その他の法人／Ｈ損害賠償に関する内容証明／Ｉ親族・相続に関する内容証明／⑴親族関係／⑵相続関係／Ｊ不正競争防止・消費者保護その他に関する内容証明（以上正編の目次）／Ｊ消費者保護に関する内容証明／Ｋ無体財産権、不正競争防止等に関する内容証明（以上続編の目次）

□付録

○株式会社設立手続チェックリスト

会社設立№1

株式会社の概要

※下記レ印の個所に必要事項をご記入ください。

□1．商　　　号　＿＿＿＿＿＿＿＿＿＿＿＿＿＿＿＿＿＿（類似商号確認要）
□2．本店所在地　＿＿＿＿＿＿＿＿＿＿＿＿＿＿＿＿＿＿（住居表示確認要）
□3．事業の目的　（事業目的の適否判断要）
　1．＿＿＿＿＿＿＿＿＿＿＿＿＿＿＿＿＿＿
　2．＿＿＿＿＿＿＿＿＿＿＿＿＿＿＿＿＿＿
　3．＿＿＿＿＿＿＿＿＿＿＿＿＿＿＿＿＿＿
　4．＿＿＿＿＿＿＿＿＿＿＿＿＿＿＿＿＿＿
　5．＿＿＿＿＿＿＿＿＿＿＿＿＿＿＿＿＿＿
　6．＿＿＿＿＿＿＿＿＿＿＿＿＿＿＿＿＿＿
□4．資本金の額　＿＿＿＿万円（建設業の場合は500万円以上とすること）
□5．役員（株主）の氏名並びに引受株数
　（取締役は1名でも可、監査役はいなくても可、引受株数確認要）

	（株主の氏名）	引受株数	
代表取締役	＿＿＿＿＿＿＿＿	＿＿＿＿株	（印鑑証明書　　通）
取　締　役	＿＿＿＿＿＿＿＿	＿＿＿＿〃	（　〃　　〃）
取　締　役	＿＿＿＿＿＿＿＿	＿＿＿＿〃	（　〃　　〃）
監　査　役	＿＿＿＿＿＿＿＿	＿＿＿＿〃	（　〃　　〃）
その他株主	＿＿＿＿＿＿＿＿	＿＿＿＿〃	（　〃　　〃）

□6．決　算　期　＿＿＿＿月末日（設立から1年以内）　7．設立希望月日　＿＿＿＿
□8．各株主がそれぞれの引受株数に相当する金額を、代表取締役となる本人の預金口座に払込みをしたことが確認できる預金通帳の写しや取引明細書を準備する。なお、払込み銀行等は本店所在地に限らず全国どこの銀行等でもよい。
□9．会社の横ゴム印・会社印・登録会社印（代表取締役印）作製
　※登録会社印は個人の認印・実印等でも可（但し、印鑑の大きさ等に制限あり）
　依頼者氏名　＿＿＿＿＿＿＿＿　TEL　＿＿＿＿＿＿＿＿
　紹介者氏名　＿＿＿＿＿＿＿＿　FAX　＿＿＿＿＿＿＿＿

株式会社設立手続の費用、報酬額、作成・登記期間

※報酬額には司法書士の登記申請手続報酬を含む。

種　類	費　用	報酬額	作成期間	登記期間
1．公証人手数料 2．設立登記の登録免許税 3．登記簿謄本代 4．印鑑証明代	51,500円 150,000円 （資本金2,143万円未満まで同額） 2,800円（4通分） 1,000円（2通分）	104,700円 ～ 164,700円	2日間	約1週間
合　計	205,300円	104,700円～164,700円		
総　計	31～37万円			

注意事項
1．定款認証は本店所在地を管轄する公証人役場でします。
2．定款の原本には印紙税法上4万円の収入印紙を貼付する必要があります。
3．本店所在地が市外等の場合は別途日当を加算致します。
4．事業目的が9業種以上の場合や役員が4名以上の場合は別途報酬を加算致します。

○合同（持分）会社設立手続チェックリスト

会社設立№２

合同（持分）会社の概要

※下記レ印の個所に必要事項をご記入ください。

□１．商　　　号 ＿＿＿＿＿＿＿＿＿＿（類似商号確認要）
□２．本店所在地 ＿＿＿＿＿＿＿＿＿＿（住居表示確認要）
□３．事業の目的　（事業目的の適否判断要）
　１．＿＿＿＿＿＿＿＿
　２．＿＿＿＿＿＿＿＿
　３．＿＿＿＿＿＿＿＿
　４．＿＿＿＿＿＿＿＿
　５．＿＿＿＿＿＿＿＿
　６．＿＿＿＿＿＿＿＿
□４．資本金の額 ＿＿＿＿万円（建設業の場合は500万円以上とすること）
□５．業務執行社員（出資者）の氏名並びに出資金額
　（業務執行社員は１名でも可、出資金額確認要）

	（出　資　者）	出資金額	
代　　表社員	＿＿＿＿	＿＿＿＿万円	（印鑑証明書　　通）
業務執行社員	＿＿＿＿	＿＿＿＿〃	
〃	＿＿＿＿	＿＿＿＿〃	
〃	＿＿＿＿	＿＿＿＿〃	
〃	＿＿＿＿	＿＿＿＿〃	
〃	＿＿＿＿	＿＿＿＿〃	

□６．決　算　期 ＿＿＿＿月末日（設立から１年以内）　７．設立希望月日 ＿＿＿＿
□８．各業務執行社員（出資者）がそれぞれの出資金額を、代表社員となる本人の預金口座に払込みをしたことが確認できる預金通帳の写しや取引明細書を準備する。なお、払込み銀行等は本店所在地に限らず全国どこの銀行等でもよい。
□９．会社の横ゴム印・会社印・登録会社印（代表社員の印）作製
　※登録会社印は個人の認印・実印等でも可（但し、印鑑の大きさ等に制限あり）
　依頼者氏名 ＿＿＿＿＿＿　TEL ＿＿＿＿＿＿
　紹介者氏名 ＿＿＿＿＿＿　FAX ＿＿＿＿＿＿

合同会社設立手続の費用、報酬額、作成・登記期間
※報酬額には司法書士の登記申請手続報酬を含む。

種　　類	費　　　用	報酬額	作成期間	登記期間
１．設立登記の登録免許税 ２．登記簿謄本代 ３．印鑑証明代	60,000円 （資本金860万円未満まで同額） 2,800円（４通分） 1,000円（２通分）	56,200円 ～ 86,200円	２日	約１週間
合　　計	63,800円	56,200円～86,200円		
総　　計	12～15万円			

注意事項
１．定款の原本には印紙税法上４万円の収入印紙を貼付する必要があります。
２．本店所在地が市外等の場合は別途日当を加算致します。
３．事業目的が９業種以上の場合や業務執行社員が４名以上の場合は別途報酬を加算致します。

○許認可申請手続を進めるために行政書士が備えるべき法的知識と技能

1　建設業の許可申請等手続業務を進めるためには、建設業法に係わる法的知識だけでは足りず、税理士、社会保険労務士及び司法書士の職務分野での初歩的知識が要求される。なお、この業務は事業年度終了報告手続で税理士とバッティングする。

2　宅地建物取引業者の免許申請手続業務を進めるためには、宅地建物取引業法に係わる法的知識だけでは足りず、税理士及び司法書士の職務分野での初歩的知識が要求される。

3　産業廃棄物処理業の許可申請手続業務を進めるためには、廃棄物の処理及び清掃に関する法律に係わる法的知識だけでは足りず、税理士及び司法書士の職務分野での初歩的知識が要求される。

4　風俗営業の許可申請手続業務を進めるためには、風俗営業等の規制び業務の適正化等に関する法律に係わる法的知識だけでは足りず、建築士・土地家屋調査士・司法書士の職務分野での初歩的知識や技能が要求される。

5　貨物自動車運送事業の許可申請手続業務を進めるためには、貨物自動車運送事業法に係わる法的知識だけでは足りず、建築士、土地家屋調査士、司法書士及び税理士の職務分野での初歩的知識や技能が要求される。

6　労働者派遣事業の許可申請手続業務を進めるためには、労働者派遣事業の適正な運営の確保及び派遣労働者の就業条件の整備に関する法律に係わる法的知識だけでは足りず、司法書士、税理士及び社会保険労務士の職務分野での初歩的知識が要求される。なお、この業務は社会保険労務士とバッティングする。

7　会社の設立手続業務を進めるためには、会社法に係わる法的知識だけでは足りず、司法書士、税理士及び社会保険労務士の職務分野での初歩的知識が要求される。なお、この業務は設立登記手続で司法書士との協力関係が必要となる。

8　遺産相続手続業務を進めるためには、民法に係わる法的知識だけでは足りず、司法書士及び税理士の職務分野での初歩的知識が要求される。なお、この業務は弁護士、司法書士及び税理士とバッティングする反面、不動産の相続登記手続及び相続税の申告手続等で司法書士及び税理士等との協力関係が必要となる。

○埼玉県における建設業許可更新手続等のダンピング競争に対する筆者の見解

県下の行政書士事務所の経営は、**需要の先細り、過当競争、低収益の三重苦**による業務環境の中で、すでに限界に達しつつあります。そこで筆者は、埼玉会会員の職域確保等のために次のことを提言したいと思います。

1　埼玉会の一般会員よりも高い倫理観が求められる執行部の役員は、少なくとも、①所属支部のエリア内においてのみ営業活動を行ない、全県下への営業活動は差し控えていただきたい。②大多数の会員が採用している報酬額よりも極端に低い料金をセールスポイントにする、いわゆるダンピング等のアンフェアーな営業活動は差し控えていただきたい。なお、これらの自粛要請に応じず自由に営業活動をしたいのであれば、全会員に示しがつかないので当該役員はその職を辞するべきである。

2　報酬額のダンピング競争は、建設業許可更新申請手続及び同事業年度終了報告手続において顕著である。これの営業活動の元となっているのが、次の点で見逃すことのできない、それら行政書士等の使用人による県庁における同書類の閲覧なのである。

そもそもこの閲覧制度の趣旨は、建築業者や県民が建築工事を受注・発注する際に、当該建設業者の事業規模等を調べることを目的として制度化されたものであり、決して行政書士等の営業活動のために制度化されたものではないことを知るべきである。

そして、昨今の一部会員による、のべつまくなしの閲覧には目に余るものがあり、そのため建築業者や県民はもちろん、閲覧担当課も多大の迷惑を被っているように見受けられる。このような閲覧制度の趣旨に反する閲覧者は、他の首都圏の閲覧所では見当たらず、本県のみの特異な現象であり、誠に恥ずべき行為である。よって埼玉会としては、全会員に対して、閲覧制度の趣旨に反する上記のような閲覧を自粛するよう指導するべきである。

3　最近の一部会員による報酬額のダンピングによる営業活動を止めさせ、適切で妥当な報酬額で営業活動をするように指導するのは、埼玉会の喫緊の課題である。その課題を解決するためには、報酬額の算定に関する次のような指導が有効であろうと考える。

報酬額の算定にあたっては、次の7要素を勘案して依頼者が納得し、合わせて行政書士の生活も成り立つような適切で妥当な金額を会員個々の状況に応じて算定し、例えば、埼玉県の最低賃金を下回るような行政書士の生活でさえも成り立たない金額で営業活動をしないように指導すること。

報酬額の算定要素

①　行政許認可手続業務の難易度

②　業務遂行に費やした時間と労力

③　事務所を維持していくための費用

④　最近の賞与を含む民間年間平均給与総額約400万円を下回らない程度の所得金額

⑤　依頼者の行政許認可の必要度とその経済的効果
⑥　依頼者の事業規模、例えば売上金額や従業員数及び事業の態様
⑦　社会保険労務士等他の法律関連職との報酬額のバランス

4　特に今年と来年は、建設業許可更新年度の谷間の年なのでこの業務が殆ど無くなることにより、この業務から収入の大半を得ている大方の会員は無収入状態に追い込まれ、「建設業事業年度終了報告手続」業務等で果てしないダンピング競争が起こりかねず、その業務環境は一段と悪化することが予想される。

そのような業務環境になることを回避し、ダンピングに頼らずとも適切で妥当な報酬額で当該業務が獲得できるように会員を指導すること、更には、非行政書士等を排除して当該業務の職域確保を図ることが埼玉会に課せられた当面の最重要課題であると考える。

○著者の事務所のホームページ

2013（平成25）年１月１日更新

許認可手続コンサルタント
後藤行政法務事務所のご案内

行政書士事務所ってどんなことをするところ?
あなたの疑問にお答えします

＝企業の安全と発展を共に考える・行政許認可手続の専門家＝

◇　お客様へのメッセージ

♥　この事務所開設して40周年を迎えます。これからも、お客様に「この事務所を訪れて幸運だった」と評価されるような事務所をめざしていきたいと思います。

♥　当事務所は、豊富な法律知識を駆使して、お客様に最高レベルの法務サービスを提供すると共に、お客様の問題解決に向けて誠実に対応いたします。

♥　お客様の営業開始後の経営上の諸問題に対するアフターケアーも万全です。

♥　許認可手続に関することならどんなことでもお気軽にご相談ください。

♥　建設業経営事項審査の評点アップのためのご相談にも応じます。

♥　当事務所の業務手数料は、お客様と協議の上で決定いたします。

♥　今までの営業許可取扱い件数
建設業者600店／不動産業者100店／接待飲食店200店／パチンコ店300店／ゲームセンター80店／麻雀店100店

＝まずはお電話かメールでお気軽にお問い合わせください＝

◇　取扱い業務のご案内

・接待飲食店・パチンコ店・ゲームセンター・麻雀店等の風俗営業許認可手続
・建設業／経営事項審査・入札資格審査／宅地建物取引業の許認可手続
・産業廃棄物処理業／薬事法・人材派遣業等の許認可手続
・農地移転・権利設定・転用許認可手続／開発許認可手続
・外国人の入国・在留・帰化に関する許認可手続
・株式会社・合同会社等の設立手続／各種協同組合の設立手続
・公益法人の設立手続・移行手続に関する許認可手続
・年金・介護保険・生活保護の給付申請に関する許認可手続
・遺産相続上の諸手続／離婚・扶養等夫婦・親子関係等の法律文書作成

・不動産・金銭消費貸借契約書・交通事故等の示談書／各種民事上・商事上・刑事上の法律文書作成

◇　主な関与先

建設業者：㈱拓洋／トバセ電気工事㈱／㈱奉建社／㈱和建企画／㈱飯島設計

パチンコ店：安田屋／ビックリ屋／宇宙センター／パチンコ千成／アリーナグループ／ショーグングループ

ゲームセンター：ディズニーアンバサダーホテル／ウエアハウスグループ／タイトーグループ

◇　主な業務エリア

埼玉県／東京都／千葉県／神奈川県／茨城県／栃木県

◇　主な著書

・『行政書士法の解説』昭57ぎょうせい
・『行政書士制度の成立過程―帝国議会・国会議事録集成―』平元ぎょうせい
・『行政書士開業マニュアル』平元東京法経出版
・『建設業財務諸表作り方の手引き」（２版）平６大成出版社
・『行政書士のための許認可申請ハンドブック―建設業・経営事項審査・指名参加・不動産業・風俗営業・行政書士の職務と責任・行政手続法―』平11大成出版社
・『最新・建設業財務諸表の作り方』（２版）平16大成出版社
・『行政書士のための最新・許認可手続ガイドブック―建設業・経営事項審査・指名参加・不動産業・風俗営業・行政書士の職務と責任・行政手続法―』平17大成出版社
・『行政書士　実務成功の条件と報酬額―行政書士制度改革への展望―』平24大成出版社
・『行政書士　ハンドブック―事務所経営と許認可業務のノウハウ＆マニュアル―』平25大成出版社

◇　私のオフタイム

♥　鉄道旅行、山登り、断崖・峠・古道・古寺・石仏・磨崖仏を探訪すること。
♥　野生動物との出会いを求めて、日本列島の魅力を堪能すること。
♥　ミステリー小説　中でも外国人作家によるものを耽読すること。

◇　私の略歴

1945（昭和20）年生まれ。1972（昭和47）年行政書士登録、埼玉県行政書士会所属、埼玉県行政書士会副会長、行政書士賠償責任保険審査会会長歴任、現在埼玉県行政書士会相談役。

建設業、風俗営業などの営業許認可手続、経営審査、経営相談などの企業法務、遺産相続、家族関係、税金・ローンなど国民生活に直結する問題全般にわたり幅広く実務をこなす。

♥　下記小冊子を無料で差し上げます。ご希望の方はお気軽にお申込みください。

★☆住宅建設業者のための最新業界情報　2013年版★☆

《目　次》

〓住宅建設業者のための最新業界情報〓

○　全国の行政書士会一覧表

平成23年２月１日現在

行政書士会名	郵便番号	所　　在　　地	TEL（上段） FAX（下段）
北海道行政書士会	060-0001	北海道札幌市中央区北１条西10―１―６ 北海道行政書士会館	011-221-1221 011-281-4138
秋田県行政書士会	010-0951	秋田県秋田市山王４―４―14 秋田県教育会館４Ｆ	018-864-3098 018-865-3771
岩手県行政書士会	020-0024	岩手県盛岡市菜園１―３―６ 農林会館５Ｆ	019-623-1555 019-651-9655
青森県行政書士会	030-0966	青森県青森市花園１―７―16	017-742-1128 017-742-1422
福島県行政書士会	963-8005	福島県郡山市方八町２―13―９ 光建ビル５Ｆ	024-942-2001 024-942-2005
宮城県行政書士会	980-0803	宮城県仙台市青葉区国分町３―３―５	022-261-6768 022-261-0610
山形県行政書士会	990-2432	山形県山形市荒楯町１―７―８ 山形県行政書士会館	023-642-5487 023-622-7624
東京都行政書士会	153-0042	東京都目黒区青葉台３―１―６ 行政書士会館１Ｆ	03-3477-2881 03-3463-0669
神奈川県行政書士会	231-0023	神奈川県横浜市中区山下町２ 産業貿易センタービル７Ｆ	045-641-0739 045-664-5027
千葉県行政書士会	260-0013	千葉県千葉市中央区中央４丁目13番10号 千葉県教育会館　本館４階	043-227-8009 043-225-8634
茨城県行政書士会	310-0852	茨城県水戸市笠原町978―25 開発公社ビル５Ｆ	029-305-3731 029-305-3732
栃木県行政書士会	320-0046	栃木県宇都宮市西一の沢町１―22 栃木県行政書士会館	028-635-1411 028-635-1410
埼玉県行政書士会	330-0062	埼玉県さいたま市浦和区仲町３―11―11 埼玉県行政書士会館	048-833-0900 048-833-0777
群馬県行政書士会	371-0017	群馬県前橋市日吉町１―８―１ 前橋商工会議所４Ｆ	027-234-3677 027-233-2943
長野県行政書士会	380-0836	長野県長野市南県町1009―３ 長野県行政書士会館	026-224-1300 026-224-1305
山梨県行政書士会	400-0031	山梨県甲府市丸の内３―27―５ 山梨県行政書士会館	055-237-2601 055-235-6837
静岡県行政書士会	420-0856	静岡県静岡市葵区駿府町２―113 静岡県行政書士会館	054-254-3003 054-254-9368
新潟県行政書士会	950-0911	新潟県新潟市中央区笹口３―４―８ 新潟県行政書士会館	025-255-5225 025-249-5311
愛知県行政書士会	461-0004	愛知県名古屋市東区葵１―15―30 愛知県行政書士会館	052-931-4068 052-932-3647
岐阜県行政書士会	500-8113	岐阜県岐阜市金園町１―16 NCリンクビル３Ｆ	058-263-6580 058-264-9829
三重県行政書士会	514-0006	三重県津市広明町349―１ いけだビル２Ｆ	059-226-3137 059-226-4707
福井県行政書士会	910-0005	福井県福井市大手３―７―１ 福井県繊協ビル６Ｆ―604	0776-27-7165 0776-26-6203
石川県行政書士会	920-8203	石川県金沢市鞍月２丁目２番地 石川県繊維会館３Ｆ	076-268-9555 076-268-9556

富山県行政書士会	930-0085	富山県富山市丸の内1－8－15 余川ビル2F	076-431-1526 076-431-0645
滋賀県行政書士会	520-0056	滋賀県大津市末広町2－1 滋賀県行政書士会館	077-525-0360 077-528-5606
大阪府行政書士会	541-0048	大阪府大阪市中央区瓦町1－7－7 ランズ瓦町ビルディング4F	06-6231-7077 06-6231-7080
京都府行政書士会	615-0022	京都府京都市右京区西院平町25番 ライフプラザ西大路四条7F　7010	075-323-3131 075-323-3138
奈良県行政書士会	630-8241	奈良県奈良市高天町10－1 ㈱T．Tビル3F	0742-95-5400 0742-26-6400
和歌山県行政書士会	640-8155	和歌山県和歌山市九番丁1 中谷ビル2F	073-432-9775 073-432-9787
兵庫県行政書士会	650-0023	兵庫県神戸市中央区栄町通5－2－16 イトーピア栄町通ビル	078-371-6361 078-371-4715
鳥取県行政書士会	680-0845	鳥取県鳥取市富安2－159 久本ビル5F	0857-24-2744 0857-24-8502
島根県行政書士会	690-0887	島根県松江市殿町2番地 島根県第二分庁舎2F	0852-21-0670 0852-27-8244
岡山県行政書士会	700-0822	岡山県岡山市北区表町3－22－22 岡山県行政書士会館	086-222-9111 086-222-9150
広島県行政書士会	730-0037	広島県広島市中区中町8－18 広島クリスタルプラザ10F	082-249-2480 082-247-4927
山口県行政書士会	753-0048	山口県山口市駅通り2－4－17 山口県林業会館2F	083-924-5059 083-924-5197
香川県行政書士会	761-0301	香川県高松市林町2217－15 香川産業頭脳化センター4F　407号	087-866-1121 087-866-1018
徳島県行政書士会	770-0939	徳島県徳島市かちどき橋1－41 徳島県林業センター4F	088-626-2083 088-626-1523
高知県行政書士会	780-0935	高知県高知市旭町2－59－1 アサヒプラザ2F	088-802-2343 088-873-4447
愛媛県行政書士会	790-0877	愛媛県松山市錦町98－1 愛媛県行政書士会館	089-946-1444 089-941-7051
福岡県行政書士会	812-0045	福岡県福岡市博多区東公園2－31 福岡県行政書士会館	092-641-2501 092-641-2503
佐賀県行政書士会	849-0937	佐賀県佐賀市鍋島3－15－23 佐賀県行政書士会館	0952-36-6051 0952-32-0227
長崎県行政書士会	850-0031	長崎県長崎市桜町3－12 中尾ビル5F	095-826-5452 095-828-2182
熊本県行政書士会	862-0956	熊本県熊本市中央区水前寺公園13番36号	096-385-7300 096-385-7333
大分県行政書士会	870-0045	大分県大分市城崎町1－2－3 大分県住宅供給公社ビル3F	097-537-7089 097-535-0622
宮崎県行政書士会	880-0013	宮崎県宮崎市松橋1丁目2－18 新井ビル2F	0985-24-4356 0985-24-4195
鹿児島県行政書士会	890-0062	鹿児島県鹿児島市与次郎2－4－35 KSC鴨池ビル202	099-253-6500 099-213-7033
沖縄県行政書士会	901-2132	沖縄県浦添市伊祖4－6－2 沖縄県行政書士会館	098-870-1488 098-876-8411

（出所）日本行政書士会連合会（Admimistrative scrivener association）のホームページから作成

【編著者紹介】

後藤　紘和（ごとう・ひろかず）

1945（昭和20）年生まれ。1972（昭和47）年行政書士登録、埼玉県行政書士会所属、埼玉県行政書士会副会長、行政書士賠償責任保険審査会会長歴任。
建設業、風俗営業などの営業許認可手続、経営審査、経営相談などの企業法務、遺産相続、家族関係、税金・ローンなど国民生活に直結する問題全般にわたり幅広く実務をこなす。
主な著書に、『行政書士法の解説』、『行政書士制度の成立過程―帝国議会・国会議事録集成―』（以上ぎょうせい）、『行政書士開業マニュアル』（東京法経学院）、『建設業財務諸表作り方の手引き』、『行政書士のための許認可申請ハンドブック』、『最新・建設業財務諸表の作り方』、『行政書士のための最新・許認可手続ガイドブック』、『行政書士　実務成功の条件と報酬額―行政書士制度改革への展望―』（以上大成出版社）などがある。

（『新訂　行政書士のための最新・許認可手続ガイドブック』を大幅改訂したものです。）

行政書士ハンドブック
事務所経営と許認可業務のノウハウ&マニュアル

1999年4月20日　第1版第1刷発行
2005年5月27日　第2版第1刷発行
2013年7月19日　第3版第1刷発行

編　著　行政許認可手続研究会
編集代表　後　藤　紘　和

発行者　松　林　久　行
発行所　株式会社大成出版社

東京都世田谷区羽根木1－7－11
〒156-0042　電話03（3321）4131㈹
http://www.taisei-shuppan.co.jp/

印刷　信教印刷

ISBN978-4-8028-3029-4